中国1931—1937

动荡下的希望

王旸 著

中共党史出版社

图书在版编目(CIP)数据

中国1931～1937:动荡下的希望/王旸著. —北京:中共党史出版社,2015.3
ISBN 978-7-5098-2912-7

Ⅰ.①中… Ⅱ.①王… Ⅲ.①日本—侵华—历史—研究—1931～1937 Ⅳ.①K264.307

中国版本图书馆CIP数据核字(2014)第274567号

出版发行:中共党史出版社
责任编辑:潘　鹏
复　　审:韩冬梅
终　　审:汪晓军
责任校对:龚秀华
责任印制:谷智宇
责任监制:贺冬英
社　　址:北京市海淀区芙蓉里南街6号院1号楼
邮　　编:100080
网　　址:www.dscbs.com
经　　销:新华书店
印　　刷:北京盛通印刷股份有限公司
开　　本:170mm×240mm　1/16
字　　数:334千字
印　　张:24.75
印　　数:1—5000册
版　　次:2015年3月第1版
印　　次:2015年3月第1次印刷

ISBN 978-7-5098-2912-7
定　　价:43.00元

写在前面的话

2015年是抗日战争胜利70周年。

相信从官方、学界及民间将有热烈非凡的纪念活动。而有关抗日战争的书籍也必将“大量云集”。

而我用20年的时间（老实讲，并非一以贯之，而是断断续续的）“磨叽”出的这部书，又将以何种“姿态”与“特色”乃至“价值”获得学界、读者的认同而不被淹没于“书海”之中呢？！

说到“姿态”，涉及的自然是为什么要写这部书。这很容易回答。我是个曾经专业从事过抗日战争研究，并且持续对此热情不减的研究者。在抗日战争胜利70周年这样的大活动中，没有理由不参与其中。再者，无论何种情况下，我的血液里，始终澎湃和燃烧着爱国主义那不息的激情和坚信中国必将走向民主、富强、文明的营火。这是我写作这部书的动机。另外，我想写出一部“与众不同”的书。你可以把这看作“追求”，也可以认为是“妄想”。没关系，读过这部书，你随便评价。而于我，这是认真的。

关于“特色”，当然是我要努力做到写出“让人读得懂、看得下去”的历史书。看过很多有关抗日战争的书，要么“过于严肃”，非专业人士很难读下去；要么“过于传奇”，吸引读者却离历史很远。于是，我想，写一部既“严肃”又能够让人读下去的书。书中那些档案资料可以为“严肃”作证，而学中文出身的我（偶尔不忘写写散文、随笔）用心让表述严谨而不失流畅、清新而不“青涩”……我还是别说了，再说像“广告”，招人烦，还是读读吧。读了，你自有判断。

再说“价值”，恐怕真有“自我吹嘘”之嫌了。不过，有三点是我写这部书要努力做到的：一、关于1931—1937年的中国政局，在我或许“狭窄的”视野里，除了零碎的研究、叙述外，还没有一部完整阐述这一时期的书（如果我遗漏了，我道歉）；二、我力求更接近真相，更客观地写这段历史；三、我希望读到这部书的人，不后悔“浪费”了时间，并且有所收获。

关于这部书，就写这么多吧。

如果你足够细心，你有和我一样的习惯，看书先看前言，那么，你会发现，我的前言本身就是“与众不同”的。

王　旸

2014年夏

目录

序　论

1931—1937年的中国政局，是纷乱而动荡的。

1931—1937年的中国政局，也是凝聚力量与滋生希望的。

1931—1937年，是中国由纷争到御侮的重要时期。它的前面，是军阀混战，各自为政，国家积弱，民不聊生；它的后面，则是中华民族团结一致，抗击日本侵略的伟大的民族解放战争。由动荡纷争到团结御侮，在六年时间里，经历了怎样的浴火重生；那些走向未来光明与胜利的希望又是怎样顽强地滋生起来的。这里，有太多的事、太多的人可讲（每件事、每个人都可以用长长的文字来叙述）。用一部书写这段历史或许反映不了它的纷繁杂乱，只能把那些最重要的历史线索与重要的历史事件、人物做一分镜式的描述，知道在这一时期究竟发生了什么。如：日本在发动侵略中国东北的九一八事变后，何以没有燃起全面侵华的战争，以图实现其蓄谋已久的变中国为其殖民地的"大陆政策"？在九一八事变和七七事变这长达六年之久的时间里，日本是如何由东北而深入到对华北的侵略，继而燃起全面侵华的战火？九一八事变与七七事变之间存在着怎样的联系？七七事变的爆发是偶然事件还是日本实施全面侵华方针的必然？在日本步步深入的侵华过程中，中国国内又是如何由分裂而走向团结统一的？中国不同政党、阶级、阶层是如何在抗日救亡的前提下，捐弃前嫌、携手同存的？国际社会对日本侵略中国这一事件是怎样的态度？一句话，那场中华民族前赴后继、悲壮慷慨、英勇无畏的抗日战争是怎样发生的。

这是本书要写的。

这是中国历史要记录的。

这也是你、我、所有的中国人要铭记的。

一

日本对中国的侵略阴谋由来已久，早在明治中期，就形成了以中国为主要扩张目标的大陆政策。在明治维新以后的70多年里，日本曾发动和参加了14次对外侵略战争，其中有10次是对华侵略。经过甲午战争和日俄两次战争，后进的日本不仅挤进了帝国主义列强瓜分中国的行列，而且取得了在中国东北地区的优势地位。日俄战争后，日本已发展成为一个军事封建帝国主义国家，以武力夺取世界霸权的欲望更加强烈。为了独霸中国，日本利用列强准备和进行第一次世界大战的有利时机，扶植奉系军阀张作霖，夺取德国在山东的权益，并利用袁世凯称帝的机会提出了灭亡中国的“二十一条”。随着20世纪20年代后半期日本法西斯势力的崛起，日本的侵华活动更加猖獗。

1927年田中义一内阁召开东方会议，制定了《对华政策纲要》。其核心是首先把满蒙从中国分离出去，然后以满蒙为基地进一步向中国内地扩张。会后，田中给天皇的奏章中提出了更为详细的侵略扩张纲领。奏折中说：“历代内阁之施政于满蒙者，无不依明治大帝之遗训，扩展其规模，完成新大陆政策，……惟欲征服支那，必先征服满蒙；如欲征服世界，必先征服支那。倘支那完全可被我国征服，其他如小中亚细亚及印度南洋等，异服之民族必畏我敬我而降于我，使世界知东亚为我国之东亚，永不敢向我侵犯。此乃明治大帝之遗策，是亦我日本帝国之存立上必要之事也。……考虑我国之现势及将来，如欲造成昭和新政，必须以积极的对满蒙强取权利为主义，以权利而培养贸易。此不但可制支那工业之发达，亦可避欧势东渐，策之优，计之善，莫过于此。我对满蒙权利如可真实的到我手，则以满蒙为根据，以贸易之假面具风靡支那四百余州；再则以满蒙之权利为司令塔，而攫取全支那之利源。以支那之富源而作征服印度及南洋各岛以及中小亚细欧罗巴之用，我大和民族之欲步武于亚细亚大陆者，握执满蒙利权乃其第一大关键也。”①东方会议是日本将对外侵略的大陆政策进一步发展和具体化的重要会议，它将日本的对外侵略路线推进到一个新阶段，是日本侵华史上一个重大事件。《田中奏折》所体现的是日本征服世界、征服中国的狂妄野心，而在如何征服和侵略中国问题上，奏折中的表述极为清晰：第一步，先用“强权（武力）”占据满蒙，将此建成巩固的日本占领区。第二步，以满蒙为根据点，用“贸易”（即经济侵略）的方式渐向中国其他地区推进，逐步扩张日本的权益，并最终攫取“全支那之利源”。

根据这一侵略计划与步骤，日本加快了侵略中国、实施新大陆政策的步伐。东方会议后，日本两次出兵山东，并相继制造了济南惨案和皇姑屯事件。当1930年席卷资本主义世界的经济危机波及日本后，为了摆脱危机，日本便迫不及待地准备发动侵华战争，企图首先把东北变成它直接统治的殖民地。在西方列强苦于应付经济危机，苏联忙于国内建设和中国贫弱与内乱重叠的情况下，日本于1931年首先在东北制造了九一八事变，发动了对中国的武装进攻，迈出了独霸中国、争夺亚洲，称霸世界的第一步。至此，日本开始了对中国有计划的、有步骤的，并不断扩大规模与推进占领地的侵略战争。

日本在发动九一八事变，武装占领中国东北后，即按其“新大陆政策”预定的侵略步骤向中国内地扩张。日本首先选准了与东北毗邻的华北。华北不仅有着特殊而重要的政治地理位置，而且有着丰富的经济资源，若占有华北，日本灭亡全中国的企图便等于推进了一大步。因而日本在占领东北后，便迫不及待地将矛头指向华北。囿于国际社会的掣肘，中国人民的反抗，自身国力的不足与巩固东北占领区的需要，以及新大陆政策所规定的“经济侵略”的方式，日本对华北的侵略不再以武力征

① 南京《时事日报》第1卷第3期，1929年2月。

服为主，而改以武力威胁作后盾，通过外交讹诈与“政治谋略”的手法逐步侵吞华北。

日本侵略华北的所谓“政治谋略”手段，是试图通过“华北自治”（即将国民党政权和中央系势力排除出华北，建立受日本指使的亲日的地方政权）的方法达到对中国华北的控制，实现不战而取华北的目的。为此，日军制定了分离华北的三个步骤：第一步，要求国民党和中央军退出华北，使华北政权陷入真空状态，为达到这一层目的，日军在华北制造了河北事件与张北事件；第二步，选择傀儡对象，实行由日本军人操纵的自治，日本为此制造了大大小小几十件所谓的“自治事件”，最终出现了一个冀东伪自治政府与具有半独立性质的冀察政务委员会；第三步，全面压迫国民政府，承认日本在华北五省的指导地位。为此，日本与国民政府进行了长达一年余的关于华北问题的交涉。为了夺取华北，在卢沟桥事变前，日本采用了除武力之外的各种阴谋手段。如：“广田外交”开展中央谈判，诱使国民政府实行“亲日外交”与陆军悍然逼签现地协定，压迫地方当局屈服同时并举的策略，两者默契配合，交替推进对华北的侵略；以“分离华北”为重点，企求朝着“分治”和全面控制中国的方面推进；从反对“以夷制夷”，阻止国民政府靠近英美，转为以“共同防共”为口号，拉拢中国“反对苏联，依附日本”；从“广田外交”到“佐藤外交”一一失败后，日本陆军中“对华一击论”抬头，并最终在近卫内阁时确定为日本侵略华北的最后方针。这一切的一切都是为了占有与掠夺华北，继而图谋全中国的目的。当日本制造的“华北自治运动”遭到国民政府明的反对和以宋哲元为首的地方实力派暗的抵制；当国民政府以“拖”的方式同日本进行调整邦交的谈判，而又在全国人民抗日热情高涨的影响下中断了与日方的谈判；当中国国内由内战而和平，由分裂而团结局面出现时，日本欲用政治谋略夺取华北不成，便终于又走到了武力征服的老路，“对华一击论”被确定为侵略华北的国策。这样，七七事变作为一个“偶然事件”却又是那么必然地发生了。而由七七事变引发的中日间的全面战争，既是日本精心策划的一系列侵华阴谋的归结与高潮；更是中国内政由纷争到团结，一致对外，不甘欺辱的结果。

二

“帝国主义的一个重要的特点，是几个大国都想争夺霸权，即争夺领土”。①“‘世界霸权’是帝国主义政治的内容，而帝国主义政治的继续便是帝国主义战争。”②继帝国主义争夺霸权的第一次世界大战之后，各帝国主义国家立即开始了新的争夺霸权的斗争。英、法、美、意、日等战胜国在战争造成新的格局的基础上，经过激烈斗争，建立了帝国主义的凡尔赛—华盛顿国际体系，实现了对全球利益的再分割。但是，这个新的体系不仅没有解决它们之间的固有矛盾，反而增加了战胜国与战败国之间，各战胜国之间的新矛盾。这种状况，预示着新的国际冲突的不可避免。特别应当指出的是，第一次世界大战后，出现了一个社会主义苏联。这一划时代的变化，打破了帝国主义世界的一统天下，使帝国主义与社会主义之间，帝国主义与殖民地半殖民地国家之间的矛盾，成为国际关系的重要内容。随着帝国主义经济、政治发展的不平衡，德、意、日等国的实力很快得到恢复与发展，它们要求重新划分势力范围，成为英、法、美等国的对手，使帝国主义之间的矛盾重新尖锐起来。而1929—1933年的世界资本主义经济危机，更加剧了帝国主义之间的争夺，逐渐形成了以英、法、美为一方的“维持现状派”和以德、日、意为另一方的“打破现状派”。这两个集团之间的争夺愈演愈烈。为适应对外扩张争霸的需要，德、意、日开始向法西斯化迈进。它们既与苏联和被压迫民族、周边弱小国家为敌，也与其他西方大国为敌，甚至不惜通过战争手段改变凡尔赛—华盛顿体系的格局，企图建立由他们主宰的世界新秩序。正是在这种背景下，日本开始了对中国的侵略扩张，并由此开始了日本与西方列强之间围绕中国问题的一系列错综复杂的矛盾与斗争。

---

① 《列宁选集》第2卷，人民出版社1972年版，第810页。

② 《列宁军事文集》，战士出版社1981年版，第289页。

这一矛盾在处理九一八事变和华北事变问题上得到了充分的体现，但这一矛盾和斗争并非自九一八事变始，它的渊源可以追溯到20世纪初。在1905年的日俄战争中，日本依靠英美的支持打败了俄国，将侵略势力伸入中国东北。从此，每当帝国主义之间相互划分殖民地与势力范围时，中国东北总被看作是日本的地盘。日俄战争后，日本独占中国东北的野心不断膨胀，直至抬到“生命线”的高度，英美等西方列强为了在远东阻挡苏俄的影响，并把日本对中国的争夺限制在长城以北，对日本在中国东北的“特殊地位”一直采取默认的态度。

伴随着1929—1933年资本主义经济危机而来的战后政治经济关系的动摇，中国市场对日本经济的重要性进一步提高，这使日本帝国主义独霸中国的野心变得比以往更加疯狂。它要把“生命线”紧紧抓在自己手中，把整个中国东北直接纳入其殖民主义的经济体系。1931年9月18日，当日本以武力侵略的手段强行将这一野心付诸实现时，其与西方列强（主要是英美）之间产生了不可避免的矛盾。一方面，日本争夺的地盘只要限制在长城以北，不超出东北三省，帝国主义列强是可以容许的；但是另一方面，日本采取的武力吞并手段是对西方列强利益的战后体制和国际条约的公然破坏，是他们所不能默认的。

日本摸准了列强对武力侵占中国东北既不愿过分干涉，又不能不有所表示的复杂心态后，从两个方面同时展开了外交攻势。一方面，强调日本对“满蒙”要求的“合法性”，以求得列强从帝国主义的共同立场出发，对日本在自己的“势力范围”内采取的行动给予充分的谅解，在这方面列出的理由有：历史上就有的“合法权益”“特殊地位”，日本的经济需要、日本的国防安全、反共防苏的需要，等等。另一方面，为自己所使用的武力吞并手段极力辩护，以排除列强进行干涉的理论根据。这方面列出的理由有：日本的做法并不违背现存国际条约体系；制定所有这些条约的客观形势已发生变化，因此应考虑执行条约时的灵活性；日本过去坚持、现在仍愿意坚持门户开放机会均等的原则，等等。两方面的活动归结到一点，就是力图排除列强干扰，保证军事入侵的顺利进行。

日本在武力侵略中国东北时，对列强的干涉是有所顾忌的，特别是顾虑列强采取实质性的干涉措施，如经济制裁、武力干涉等。为避免这些局面出现，在每一步行动实施之前，日本都要充分估计分析国际动向，采取相应的对策。在形势不利时，便钳制关东军，放慢军事行动，减少国际压力。反之，当看到列强“宽容”“谅解”，无意制裁时，便放手让关东军大干，加紧侵略步伐。

而对日本向凡尔赛—华盛顿体系的正面挑战，西方列强的应战是软弱无力、目光短浅的。他们对日本违背第一次世界大战后国际公约体系的作法虽然表示了反对，但这种反对只停留在口头上，停留在所谓“道义制裁”的范围内。当日本为了进一步试探国联及英美等国在“中日问题”上的态度，悍然在上海发动一·二八事变时，英美才采取了联合抗衡日本的行动，这种抗衡表现的也仅仅是调停双方冲突而已。日本停止了在上海的战火，一在于中国军民的顽强抵抗；二在于日本只是借上海事变转移国际视线，在满洲采取进一步行动。于是英美认为在上海采取的行动已经有效阻止了日本南下的决心，“远东危机”已经通过国联的努力而获得解决。他们没有看到更大的危机不但未被消除，而且在酝酿和发展。日本借挑起一·二八上海事变之机，在东北制造伪满洲国，巩固了日本在整个满洲取得的权益。西方列强的软弱态度使日本摸清了底细，姑息和退让直接起了鼓励侵略、助长日本军国主义势力恶性膨胀的作用。日本正是看到了吞并中国东北，甚至退出国联也没有招来什么实质性的干涉，才敢于放胆在侵略中国的道路上越走越远。当中国东北还没有完全被占领时，日本就迫不及待地又把侵略矛头指向华北。

为了避免来自西方列强的干涉和激化与英美的矛盾。日本采用了“政治谋略”的方式侵吞华北。英美在华北有着巨大的利益。日本在华北制造了一系列旨在侵吞华北的事变，不能不引起英美的关注。日本与英美之间的矛盾开始加深。在这种情况下，英美的举动不是积极地介入中日冲突，干预并制裁日本的侵略，而是采取了力避与日本正面冲突，并通过外交及其他途径缓和与日本矛盾的政策，这无异于进一步助长了日本的侵略野心，使日本在挑起华北事变后，又紧接着制造“华北自治运动”，并最终挑起用武力侵略华北的七七事变，及至引发了中日间全面的战争。当然，我们也并不否认，随着日本侵华的深入，英美为了保护其在华利益，给国民政府有限的支持，使其增强抵御日本的能力。只是，这种支持是在不引起与日本之间新的冲突的前提下的有条件的援助。在日本侵略行为刚刚发动之初，英美等国并没有针锋相对，予以反击，而是采取观望、不介入的政策，幻想用满足侵略者某种愿望的方法平息事件，达成妥协，维持和平。然而，历史事实的发展证明，妥协并没有换来和平。历史无情地迫使那些热衷于为自身利益而置他方利益不顾、苟安于一时的人，最终会为他们的行为付出重大代价。日本继七七事变挑起全面侵华战争后，侵略者的欲望便一发不可收拾。1941年，日本偷袭珍珠港，挑起了与英美决战的太平洋战争，日本的屠刀终于砍到了英美的头上。

在中国的国际关系中，苏联是个特例。苏联主导的共产国际是中国共产党的“上级”。在国共的内争中，苏联是支持中共反抗国民党的斗争的。但日本对中国东北的入侵，把始终视日本为最危险敌人的苏联拖入到随时可能与日本开战的危机之中，这迫使苏联不得不适当调整对华政策。

九一八事变发生后，苏联采取了不介入的姿态。但是，日本侵占中国东北三省，并很快扶植起一个伪满洲国，使苏联确信日本占据中国东北“是进攻苏联的序幕”。①由于苏联的政治经济重心在其欧洲部分，西伯利亚及远东地区交通线过长，防御力量较弱，十分容易受到攻击，因此，苏方的态度是除非迫不得已，绝不主动挑起与日本之间的冲突。日本占领中国东北的过程中，苏联始终保持一种中立态度。也正因为如此，苏联大胆支持关内中共反对国民党的斗争，力图帮助中共推翻国民党，从而达到根本牵制日本北进的目的；却对关外各种抗日力量，包括中共的抗日武装，绝不给予支持。大批战败的中国军队退入苏联境内，均被缴械后送至其中亚地区，然后通过新疆遣返回国。中共在东北的地下组织及其抗日武装几度主动过境联系苏军，要求援助，也

① 参见《真理报》1931年11月6日、1932年5月1日。

都遭到拒绝。①

而与此形成鲜明对照的是，尽管中苏两国政府之间依旧互不信任，苏联方面也并没有放弃对中共的支持，但日本入侵东北，对两国的安全都构成了极其严重的威胁，出于牵制日本的考虑，中苏两国在1932年底正式宣告复交。

就在苏联高度警惕日本侵略阴谋的同时，1933年1月30日，高唱反苏反共的德国纳粹党取得了国家政权，并很快开始在全国实行法西斯制度。法西斯德国的崛起远比日本在远东对苏联的威胁严峻得多，苏联迅速调整其外交政策。

首先，为了减少与日本发生冲突的危险，保持远东的平静，苏联政府不顾中国方面的抗议，于1933年5月2日公开向日本提议让售中东铁路，并于6月26日在东京与伪满洲国代表开始进行正式会谈。

其次，为了尽可能地安抚中国政府，并且确保中国不会成为制造麻烦的策源地，苏联政府于8月6日正式通知南京国民政府外交部，同意签订互不侵犯条约，并很快向中国方面提交了中苏互不侵犯条约的草案，开始了同南京国民政府的正式谈判。

最后，苏联为了摆脱政治上的孤立状态，于1933年12月正式决定提出建立集体安全体系的建议，主张在国际范围内签订区域性的防止侵略的相互保护协定。很快，苏联一改过去抵制的态度，主动加入了国际联盟。

苏联外交政策的调整，直接影响到共产国际的方针。

从1933年3月起，共产国际一改过去极端反对社会民主党的做法，开始尝试着与各国社会党建立统一战线，以共同争取世界和平。1934年7月，新任共产国际总书记季米特洛夫正式提出："必须抛弃那种认为统一战线只能在下面实行的观点，同时必须不再把向社会民主党领导发出的一切呼吁看成是机会主义"。今后，共产国际将只"在基本的政策和策略问题上给予各国共产党以指导"，根本改变"那些不顾各国、各党和

① 沈志华主编：《中苏关系史纲》，社会科学文献出版社2011年版，第54页。

各个组织的特点”的千篇一律的革命纲领和革命口号。①

共产国际政策的这种调整，最终促成了共产国际第七次代表大会在1935年七八月间正式召开。大会正式宣告以争取和平和捍卫苏联为中心思想的新的统一战线政策的确立。依据这样一种中心思想，中共驻共产国际代表团也明确提出抗日民族统一战线的新政策。

苏联外交政策的调整，对中国带来了两个直接影响：一是中苏关系开始改善；二是国共由对立到和解出现转机。一方面，苏联与蒋介石及国民政府开始沟通与改善关系，签订《中苏互不侵犯条约》。抗战爆发后，苏联迅速给予中国军事援助。一方面，中国共产党与中国国民党开始秘密接触与谈判。中共政策从“反蒋”逐步转向“联蒋”。国共两党也因此再度走上合作之路。

三

日本制造九一八事变，侵占中国东北，既是日本帝国主义发动侵略中国战争的起点，也是中国人民进行曲折的抵抗侵略的开端。

当日本密谋侵略中国的时候，中国还是一个贫弱积存、四分五裂、内争不息的国家，而九一八事变后，伴随着日本对中国步步深入的侵略，中日民族矛盾开始上升为中国社会的主要矛盾，团结御侮、抗日救亡逐渐成为中国社会的政治主题和全民族的共同诉求，它迫使中国不同政党、阶级、阶层放弃自身小集团的利益，而服从于民族救亡的需要，并终使中国由内战纷争走向团结统一，共同抵御日本侵略。

中国政治舞台上有三支重要力量：一为中国国民党，一为中国共产党，一为地方实力派，这三者的政治主张与行为或多或少地影响和左右着中国政局的发展。

① 参见《季米特洛夫就代表大会第二项日程给委员会的信》，1934 年 7 月 1 日；《季米特洛夫在委员会关于代表大会第二项日程的会议上的讲话》，1934 年 7 月 2 日。

面对日本的入侵，中国共产党尽管还处在被“围剿”的环境中，尽管受到“左”的错误的干扰，尽管受共产国际的指示坚决继续进行推翻国民党政权的斗争，但在反对蒋介石国民党的对日妥协，主张武装抗日方面是坚定的。九一八事变后，中国共产党连续发表宣言、决议，号召全国人民武装反抗日本的侵略，并派出大批干部加强中共满洲省委，开展东北的抗日斗争。在中国共产党领导、支持影响下，东北沦陷区和其他地区人民及部分爱国军队，开展了波澜壮阔的抗日救亡运动。在华北危急，中华民族面临生死存亡之际，中国共产党站在抗日救亡最前沿，积极引导和推动部分爱国军队和广大群众，开展多种形式的抗日斗争。同时，发表“八一宣言”，作出“十二月决议”，提出建立抗日民族统一战线的主张，并领导了震惊中外的一二·九运动。在此期间，中国共产党还积极开展了全国各阶层的统一战线工作，尤其是对地方实力派的统战工作，引导他们走上抗日御侮的道路，为保卫华北，保卫中国而努力。同时，中国共产党也开始了与国民党建立统一战线的努力。党的方针由“反蒋抗日”一改为“逼蒋抗日”，再改为“联蒋抗日”，并在西安事变爆发后，确定了和平解决事变的方针，力主事变的和平解决，实行“联蒋抗日”的方针，使西安事变得以和平解决。从此，中国结束了内战，国共两党开始谈判合作、共同抗日问题，抗日民族统一战线初步形成。

中国国民党在对日态度上有一个逐步演变的过程。1931年九一八事变到1935年华北事变前期，国民政府的对日方针基本上是妥协退让的。妥协不等于投降，但妥协是有代价的。这个代价就是东北的沦丧、华北的危机与国内政局的动荡。九一八事变发生后，由于主政东北的张学良奉行对日侵略的“不抵抗”政策，几十万东北军不战而退，导致东北国土的迅速沦丧；也在国内外造成了恶劣影响。此局面下，国民政府采取了依赖国联解决事端的方式。一·二八上海事变时，国民政府采取了“一面交涉，一面抵抗”的方针，这里的抵抗，是有限度的抵抗，其目的在于交涉。重点是通过西方列强的干预而进行对日的交涉、谈判，达成停战。结果是产生了一个中国在上海及其附近地区丧失驻军权，国际共管上海及附近区域的有损中国尊严与主权的《上海停战协定》。国民党的退让并没有换来安稳的局面，日本进而把侵略魔爪伸向华北。1933年，日军向关内进侵，中国军队在长城一线进行了顽强阻击，未能阻止日军侵略的步伐。在日军越过长城线，兵临平津时，国民政府屈辱地接受了严重有损中国主权的《塘沽协定》。进入1935年，日本又相继制造了河北事件与张北事件，国民政府再一次妥协与退让，与日本达成“何梅协定”与“秦土协定”，使华北在政治上处于真空化状态。接着便是日军一手导演的“华北自治运动”的恶剧。

国民政府的步步退让妥协，根源于其“攘外必先安内”的国策。蒋介石国民党认为，在国内四分五裂，内争不已的情况下，对日抵抗没有丝毫胜算。在未完成“剿共”、“统一中国”的情形下，对日本的侵略便只有妥协与退让了。但是，随着日本侵略给中华民族造成危机的日渐深重，随着中国人民反抗日本侵略者呼声的高涨，国民政府不得不逐步修改自己的对日政策，如若不是这样，其统治地位必遭倾覆。所以从抵制日方制造的“华北自治运动”开始，国民政府的对日态度逐渐由妥协转向抗争，在中日华北问题的交涉谈判中，拒绝了日本有关“广田三原则”“华北共同防共”“华北自治”的要求，同时积极寻求西方的援助，改善与苏联的关系，确立联苏制日的方针。在国内开始与共产党秘密接触谈判，在西安事变后接受中国共产党“结束内战，一致抗日”的主张，使中国国内走向团结统一的道路，国民党五届三中全会上确定了抗日的方针，国民党终于由“对内”转向“对外”。卢沟桥枪声四起，七七事变爆发后，蒋介石代表国民政府发表了著名的“最后关头”的演说，中华民族一致对外，开始了伟大而悲壮的抗日民族战争。

作为中国政治舞台上的另一支重要力量的地方实力派，既与国民党中央争长论短，占地要权；又与共产党对立隔膜。但在日本侵略中国，民族危机日深的情况下，应该说，还是表现了中国人的立场，保持了爱国主义的精神与传统。在一·二八事变中，十九路军奋起抵抗日军侵略；在1933年的长城抗战中，西北军宋哲元部、晋军傅作义部、东北军于学忠部都与日军浴血战斗，用热血和生命捍卫着中国的主权，并与国民政府的妥协政策作了不同程度的抗争。西南地方实力派的两广事变，虽有与国民党中央“抗衡”之因，但却是以“抗日救亡”为出师之名，促使国内各派力量在“抵御外侮”的前提下进一步凝聚力量，最终“宁粤和解”，国内政局实现了基本统一。东北军与西北军发动的西安事变，成为中国国内政局由内战纷争到团结御侮的关键转折，对抗日民族统一战线的形成功不可没。处在华北最前沿，主持冀察、平津政局的宋哲元集团的地位与作用，对华北政局的变化起着举足轻重的影响。在“华北自治运动”的恶浪中，宋哲元利用日、蒋矛盾，巧妙地据有了冀察、平津大权。从此，他便走上了一条充满荆棘与险象的道路，在民族利益和地方利益的交织纠葛中，他艰难地平衡着、选择着。在主政华北的两年中，他对日有妥协也有抗争；对国民党中央有矛盾也有服从；对中国共产党有隔阂也有通融。最后，在中国共产党抗日民族统一战线的感召下，在全中国人民抗日救亡运动的推动下，在日本帝国主义不断加深对华北的进侵下，逐步由地方化而中央化，由拒共而联共，由妥协而抵抗，并在七七事变中打响了反抗日本帝国主义武装侵略华北的第一枪。

中国共产党、中国国民党、地方实力派以及全中国人民在抗击日本侵略，在拯救民族危亡这个大前提下逐步团结起来，结成强大的抗日民族统一战线，准备着对日本进一步的侵略实施坚决反击。

以上所述，便是本书要重点阐述的内容。

笔者试图通过对日本侵略华北政策的不断演进、对中国国内政局的发展变化、对以英美为首西方国家的远东政策（尤其是对日本侵华的态度）的系统论述，来反映全面抗战爆发前中国国内政局的复杂局面，并借此揭示七七事变爆发的根本原因。同时，希望依据学术界新的研究成果和个人20余年对相关档案资料的研究心得，更接近真相地展示这段历史和客观评价涉及的重要历史人物。

‖第一章‖ 突变与耻辱

1931年，日本发动了侵略中国的九一八事变，几十万东北军不战而逃往关内。区区两万关东军在几个月之内轻取东北。东北军的“不战而逃”助长了日军的侵略气焰。东北沦陷之后，日军马不停蹄地兵指热河与关内，迫使国民政府签订了城下之盟《塘沽协定》，主政东北与华北的张学良黯然下野，华北政局更迭，中国国内陷于动荡之中。日本对中国的武装侵略，打破了外国在华势力的既定格局。美英苏对此作出了不同的反应。美国采取“不承认”政策，英国采取“观望”政策，苏联采取“不干涉”政策，这些政策究其实质不过是从自身利益出发，视事态的状况“等等、看看”，再说而已。

国民政府在日军进侵下采取“一边抵抗，一边交涉”的方针。《塘沽协定》便是交涉的结果，这个结果便是妥协。妥协不等于投降，却是有代价的。这个代价就是事实上对东北的放弃和进而出现的华北危局。

一、日军开启侵华之旅

明治维新让日本脱胎为一个强国，随之而来的是“对外扩张”，中国是其侵略的主要目标。从“大陆政策”到日陆军省不断滋生的侵华冲动，从关东军试探性的冲突到九一八事变，继而占领全东北……日军从1931年开始了公开的、武装侵略中国的历程。

1. 染指中国的开端

自19世纪中期开始，中国便处于英、法等西方列强的侵略之下，在列强的武力胁迫面前，清政府一次次屈辱地在一系列不平等条约上签字，割地赔款。1895年，在中日甲午战争中战败的清政府签订的中日《马关条约》，对日赔款额竟高达二亿两白银，超过了半个多世纪以来对西方列强的赔款总额。不仅如此，日本通过《马关条约》又割占了中国辽东半岛、台湾、澎湖列岛及附属岛屿。

《马关条约》造成的巨大财政赤字使清政府不得不以关税、盐税为担保，向西方列强举借外债，导致西方列强对中国经济命脉的进一步控制，而日本则用此赔款完成了工业革命，一跃成为亚洲军事强国。

自1868年9月改元为“明治”后，日本开始了一场自上而下的维新运动。明治维新涉及日本政治、军事、经济的方方面面。其核心就是“近代天皇制度”和“国家军事化”。通过明治维新，日本完成了由落后的封建社会向近代资本主义社会的转变。日本从此走上强国之路，也走上一条对外扩张的侵略之路。

囿于自身地理条件的限制，在加快经济发展的同时，为了争夺生存空间，日本将扩张其边境线的“大陆政策”确立为基本国策，立足于用战争手段逐步侵略和吞并周边的朝鲜及中国等大陆国家。该政策共分为六期战略目标：第一期：征服中国台湾；第二期：征服朝鲜；第三期：征服中国满蒙地区；第四期：征服中国内地和西伯利亚；第五期：征服整个亚洲；第六期：征服全世界。

在绘就这个妄图征服全世界的线路图之后，日本参谋本部于1888年制定了一个侵略时间表——《清国征讨方略》，提出要在五年内做好战争准备，择机侵略中国。

当西方列强组团侵略中国，镇压义和团运动时，已一跃成为亚洲军事帝国的日本不甘人后，积极参与侵略，成为获得权益最多的国家。八国联军迫使清政府与西方11国签订《辛丑条约》，赔偿白银4.5亿两，以关税、盐税和常关税作担保，分39年还清，本息共计9.8亿两，这笔巨额的战争赔款就是史上著名的“庚子赔款”。

由于西方列强在19世纪瓜分中国的狂潮中，已划分了各自的势力范围，所以《辛丑条约》没有割地条款，但加强了对中国的军事控制。《条约》规定：在北京东交民巷设立使馆区，由各国驻军把守，中国人一概不准在内居住；拆除大沽炮台和北京至海通道的各炮台；在天津周围20里内不得驻扎中国军队，列强可以在北京驻扎防守使馆的卫队，并在京榆铁路沿线包括山海关在内的12个要地驻扎军队；至少两年内禁止中国进口军火和制造军火的材料。

驻军和使馆区的设立使列强合法地陈兵中国。中国的经济命脉和国防安全置于西方列强控制之下，中国由一个主权国家沦为半殖民地国家。

《辛丑条约》的签订为日本提供了驻兵中国的机会。条约一签订，日本迅速成立“清国驻屯军”，在天津海光寺设立驻屯军司令部，在海光寺和北京东交民巷设立兵营，将兵力部署于北京、天津、塘沽、秦皇岛、山海关等地，为侵略中国作军事准备。日本瞄准的第一个目标是中国东北。

东北最初是沙俄的势力范围，当日本强迫清政府在《马关条约》中割让辽东半岛时，沙俄就曾不惜以武力迫使其放弃辽东半岛。为了对日本施加压力，沙俄伙同德、法两国上演了一场“三国干涉还辽”的闹剧，最终以清政府向日本缴纳赎金3000万两白银“赎回”辽东半岛收场。

《辛丑条约》签订后，因占据中国东北的沙俄违反约定，拒不撤军，使试图在中国东北分一杯羹的美国乘机暗中支持日本对俄国发难。1904年，在中国土地上爆发了日俄战争，一年后，获胜的日本逼迫清政府签订《中日会议东北事宜正约》，该条约共三款，另有附约12款，主要内容是：

1. 清政府承认日俄《朴茨茅斯条约》中给予日本的各项权利。

2. 开放辽阳、铁岭、哈尔滨、珲春、齐齐哈尔、海拉尔、瑷珲、满洲里共16处为商埠。

3. 设立“中日木植公司”，允许日本在鸭绿江右岸地区采伐林木，继续经营战时擅自铺设的安东（今丹东）至奉天（沈阳）的军用铁路至1923年，届期估价卖给中国。

4. 允许日本在营口、安东和奉天划定租界。

1907年，日本私下与俄国签订《日俄密约》，将中国东北划分为南满和北满两部分，南满属于日本，北满属于俄国。从日俄战争起，日本军队和各种人员便开始进入东北。在攫取南满铁路经营权后，日本又以护路的名义组建关东军，在旅顺设立关东军司令部，派驻军队。随着关东军的进驻，中国东北成了日本全面侵华的前沿。

1914年，日本借第一次世界大战之际向德国宣战，强行出兵占领了青岛和胶济铁路，还以支持袁世凯复辟帝制为条件，提出了一个要独霸中国的“二十一条”（据考证，袁世凯经过四个半月的反复谈判交涉后，只签了十一条）。通过此次谈判，日本一举攫取了德国在中国胶州湾的利益，将山东纳入其势力范围。

1916年，皇帝梦碎的袁世凯在众叛亲离中一命归天，执掌北洋政府的北洋军阀分裂为直系、皖系、奉系三派。围绕着政权之争，三派军阀战火不断，中国陷入了旷日持久的内乱之中。

奉系军阀张作霖在内乱纷争、盗贼遍地的年代里，乘机而起，从一个土匪头目，混迹为称霸东北的“东北王”，并举兵关内，一度执掌了北京政府的权力。张作霖的崛起与日本的支持分不开。张作霖“在其壮年时期，全面地依靠日本，以确立其在东三省的地盘。”[①]而日本的支持与藉此谋取其在东北的利益是分不开的。

1925年11月下旬，奉系名将郭松龄在冯玉祥的策动之下倒戈反奉，对张作霖威胁很大，日本再次支持了张作霖，同时提出如下条件：“1. 日本臣民在东三省和东部内蒙古均享有商租权；2. 尖岛地区行政权移让；

① ［日］河本大作：《我杀死了张作霖》，吉林文史出版社1986年版，第67页。

3. 吉敦铁路延长并于图们江以东与朝鲜铁路接轨联运；4. 洮昌道所属各县，准许日本开设领事馆；5. 以上四项的详细实施办法另由中日外交机构共同协商决定”。①这便是所谓的《日张密约》。张作霖为平定郭松龄，虚于接受以换取日本出兵干涉。12月9日，日本决定将驻朝鲜龙山的日军3200人速调奉省阻郭助张。张作霖有了日本援助，很快平定了郭松龄反奉事件。

1926年初，广东革命政府北伐直逼武汉，使盘踞在华中的吴佩孚和东南的孙传芳势力大为减弱，为对付广东革命政府，直奉两系军阀重新联手。11月29日，张作霖、孙传芳、张宗昌、诸玉璞等在天津举行会议，组成15省的“安国军”。张作霖被推为安国军总司令，宣布“反共讨赤”。1927年4月，蒋介石发动政变，建立了“南京国民政府”。蒋介石继续进行北伐，兵至山东。

1927年4月20日，日本“对华强硬派”、政友会出身的田中义一组成新内阁。田中义一上台即表示：“这次我出来组阁，主要是想解决中国问题，即亦处理满洲问题。满洲是日本的生命线，如果保持满洲的现状，国内会有许多意见，我无法应付下去。”②同时，为保日本控制东北局面，阻止国民政府北进，5月28日，日军以“保护侨民”为名，调驻大连关东军出兵山东。6月8日，蒋介石向张作霖提出：以信奉三民主义，改安国军为国民革命军，张作霖改安国军总司令为国民革命军总司令等为条件，实现“南北议和”。张作霖不甘心以屈从来实现南北议和，于是在北京纠集孙传芳、张宗昌及奉军将领吴俊升、张作相，于6月18日组成“安国军政府”，张作霖出任“中华民国陆海军大元帅”，企图以对等地位来同蒋介石实现“南北议和”。

当蒋介石与张作霖南北对峙时，6月27日—7月7日，田中义一主持召开了东方会议。确定“关于满洲，尤其是东三省”，对于日本“在国防上及国民生存上有重大利害关系”，“万一动乱波及满蒙”，日本“都必须

① 罗靖寰：《我所知道的张作霖对日外交》，载《天津文史资料选辑》第2辑，天津人民出版社1979年版，第21—32页。

② [日]河本大作：《我杀死了张作霖》，第9—10页。

抱定决心不失时机地采取适当措施”的政策。[①]7月20日，田中义一训令日本驻奉天总领事吉田茂，对张作霖施加压力，着手解决所谓铁路问题。8月4日，吉田茂与奉天省长莫德惠谈判，蛮横提出“满铁并行线问题”，即吉海路和打通其他铁路沿线的敷设问题。日本这种咄咄逼人的行径，激起了全中国人民的反日浪潮。仅在奉天省就有10余万人举行示威游行，迫使吉田茂不得不中断谈判。

8月13日，蒋介石为缓解内部矛盾宣布下野，并赴日本与日沟通。同日，森恪、吉田茂、芳泽谦吉等在旅大继开第二次东方会议。会议决定不许东北自建与日本利益有冲突的铁路，要求由满铁建筑吉会等数条铁路，并由日本银行整理奉票等事项。特别强调了“在满洲实行强硬手段”。[②]8月24日，日本驻华公使芳泽受田中之命，在北京又与张作霖开始直接交涉，要求解决所谓满蒙“悬案”。消息传开后，激起奉天、吉林、齐齐哈尔、洮南等地反日游行示威，迫使芳泽的交涉陷入停顿。

芳泽、张作霖的直接交涉虽然陷于停顿，但日本践于东方会议决策的活动并未停顿。早在8月初，田中义一还密派满铁总裁山本条太郎与张作霖密谈，又配备了与张作霖私交很深的中日实业公司的江滕丰二和张作霖的日本顾问町野武马两人为助手。在江滕和町野的斡旋下，日本人终于使张作霖就范了。10月15日，双方密订了《满蒙新五路协定》，规定由日本承包修筑敦图线、长大线、吉五线、洮索线、延海线五条铁路。当时日本人形容张作霖说，“当天的张作霖，真是‘踌珊踉跄’，一夜之间憔悴万分。”[③]不久，《满蒙新五路协定》在日本报刊披露，引起了英美当局对张作霖的强烈不满，提出了强硬质问。本不情愿的张作霖为不得罪英美，掩盖事实敷衍其事，授意杨宇霆发表谈话，其中说“时至今日，不希望日本在满蒙有垄断性发展”，因而又得罪了日本，使日张交涉又

---

① ［日］外务省编：《日本外交年表和主要文书（1848—1945）》下卷，原书房1969年版，第102页。

② ［日］日本历史学研究会：《太平洋战争史》第一卷，商务印书馆1959年版，第52页。

③ ［日］河本大作：《我杀死了张作霖》，第39页。

出现新的波折。原来日本政府就唯恐与张作霖个人订立的协约不合法定手续，现继续交涉，力图“将上项密约先改成政府间的正式协定”。①

蒋介石在取得日本谅解后，1928年1月重任北伐军总司令。4月初，他联合冯玉祥、阎锡山、李宗仁等进攻张作霖，无疑对张作霖是严重威胁。但政治野心很大的张作霖又不甘心退回关外，于是在5月9日发出“息事议和”通电重弹“凡属于讨赤者，虽敌为友”的老调，幻想“停战议和”。②中旬，又派代表到南京谈判，蒋介石也曾致电北京，双方代表往来协商，相互妥协，就成立善后委员会、国旗、国都等问题都曾进行了研究，因“蒋派大半赞成，唯冯派尚持异议”③而未果。张作霖为保存自己的实力，不仅对蒋介石妥协，而且“热心地开始与英国特别是美国人交往，在他自己身边也引进了美国顾问”。“向美国提议建筑热河至洮南、齐齐哈尔至黑龙江的铁路和向英美借款2000万元着手建葫芦岛港，与日本控制的大连进行竞争。并同意在夺取中东路时吸收美国银行投资，欢迎美国资本进入满洲”。④张作霖的联美活动有悖于日本人的“满蒙独立”阴谋，为日本所不容。他既把日本当靠山，但又让英美帝国主义在东北享有种种特权，日本对此十分不满。

当时，田中义一的构想是让蒋介石统治长城以南的国土，令张作霖统治北方，以利与日本合作，所以，当日、张交涉拖到1928年四五月间蒋介石迫近北京时，日本不仅制造了济南惨案以阻止蒋介石北进，同时，“决定乘此机会一举解决悬案的满蒙问题”。5月13日—15日，日方诱迫张作霖同意了延海线、洮蒙线、吉敦线、长大线四线的修筑权。16日，田中义一作出决议，对蒋介石和张作霖南北两军通告，维持满洲的治安，乃为帝国所重视者，这意味着张作霖如果在北京附近冲突之前撤退到东北的话，日军将不采取行动，如果与革命军交战败北而欲逃回东北，则张部和革命军都将被解除武装，并阻止其进入长城以北。17日深夜11

① 东亚同文会：《对华回忆录》，商务印书馆1959年版，第398页。

② 《晨报》1928年5月10日。

③ 《盛京时报》1928年5月29日。

④ 阿瓦林：《列强对满工作史》，东京科学出版社1934年版，第380页。

时，芳泽受田中之命访张作霖，面交日本政府备忘录，强硬提出“解决满蒙诸悬案”，“其苛毒不忍言”。①二人激烈争论到凌晨3时不欢而散。18日，张作霖召开紧急会议，商讨如何对付日本的要挟。同日，美国政府告驻美日使：东三省主权属于中国。25日，张作霖回答芳泽，“动乱及于京津一带，并将予满洲以影响的时候，日本将采取机宜的措施一节，断非中国政府所能承认。满洲和京津既为中国领土，当属中国主权的事宜，自不得不声明。无论该地方受到任何影响与否，对于外侨的安全，中国政府将充分负起责任，但鉴于济南事件的发生，切望日本政府不要再违犯国际惯例，并保持日华固有的亲睦。”在日本人心中，受日本“恩惠栽培”就不能有悖于日本。张作霖这种逆着日本通告的答复，在关东军中一些人看来，他已成为日本实现满洲政策的最大阻碍。

此时，奉军内部也开始动摇，杨宇霆也不断劝张作霖退出北京。奉天各方派代表赴京，吁请张作霖退保东北。面对各方面压力，张作霖终于顶不住了，1928年6月2日，发出“出关通电”，宣布退出北京回东北。此时的日本正在策划除去张作霖、在东北制造混乱，迫使东北实行“独立”的计划。

6月4日清晨，当张作霖的专列抵达沈阳附近的皇姑屯站时，日本起爆预先埋设的炸弹，炸死不甘心做傀儡的张作霖。

皇姑屯事件是日本侵略“满蒙”的“最高政策”的产物。日本制造皇姑屯事件的目的，不仅仅要除掉一个不肯继续供其驱使的工具张作霖，重要的是，准备制造借口，进而挑起大规模武装冲突，然后使用武力彻底解决“满蒙”问题，以实现“东方会议”制订的武装占领中国东北的“最高国策”。但是，英美等各方阻力迫使日本未敢实施进一步行动。

张作霖被炸时，张学良正在北京中南海主持奉军将领的军事会议。闻此噩耗，乘卫队骑兵连的闷罐车奔往沈阳。28岁的张学良，遵照张作霖遗令，出任奉天军务督办。7月4日，张学良就任东三省保安总司令。12月29日，通电易帜，宣告东北遵守三民主义、服从南京国民政府。

---

① 《时势新报》1928 年 6 月 14 日。

2. 制造九一八事变

东北政局的突变令日本深感如不对“满蒙问题作根本性的解决”，就有失去东北的可能。除了来自东北的危机感，日本国内此时也深陷经济危机之中，骤增的市场压力和日益激化的国内矛盾使其急欲对外扩张，转移矛盾。

关东军在阻挠东北易帜失败后，便转为扩大其在“满蒙”的权益，集中精力进行中日铁路交涉。张学良对日本采取不合作态度，并开始在南满洲铁路附近建设新的铁路设施，通过低廉的价格与之竞争，导致南满洲铁路陷入经营危机。对此关东军不断提出抗议，但张学良并不愿意妥协。因此，关东军决定发动战争来夺得主导权。

1928年10月，日本陆军大学兵科教官石原莞尔中佐调进关东军任参谋。石原莞尔号称日陆军总部的“鬼才”战略家。1927年他在日陆军大学所写的《现在及未来的日本国防》和到关东军后于1929年发表的《战争史大观》两篇文章中，阐述了“著名”的“石原构想”。石原认为：东西两大文明发展到一定时期要通过战争走向统一，从而创造最后最高的文明，使人类进入“黄金时代”。时至今日，东西两大文明已形成隔太平洋而相互对峙的局面。西洋文明的中心正由欧洲向美国转移，而日本将成为东方文明的代表。日美将通过世界大战，争夺统治世界的霸权。而以“日美为中心的世界战争即将爆发”。战争体制也由以往的线和面向立体转化，战斗单位变为个体，要求每一个国民都投入到这场战争中去……到那时，日本将陷入僵局，人口、粮食以及其他重要物资都将无法解决。日本只有通过占有满蒙，并在那里像在朝鲜、台湾一样建立起总督制，才能找到出路。为此，需要在战略上进行调整。因为这块土地本来就不是汉族的，当地居民比起汉族更接近于大和民族。只有通过日本的势力维持治安，才能获得迅速发展。同时，这对于难以确立中国人政权的满蒙来说，也是一种解救方法。①为准备对美国的持久战、消耗战，石原莞尔主张第一步即是要武力占领“满蒙”，确立“以战养战”的

---

① ［日］岛田俊彦：《关东军覆灭记》，辽宁教育出版社 1991 年版，第 54—55 页。

基地；第二步征服中国，威压苏联，确立东洋盟主地位；第三步由东洋文明的代表日本与西洋文明的代表美国进行总决战，取得世界霸主地位。石原构想与《田中奏折》一脉相承，是日本"大陆政策"的继续。石原莞尔带着他的构想来到了关东军司令部。为实现其"构想"，他在关东军内部积极制造战争理论，煽动战争狂热。他与同是关东军参谋的河本大作共同拟定了《攻取奉天城计划》，并提交关东军幕僚会议讨论。幕僚会议最终决定采用其方案——强攻。"不管情况如何，都要把兵力集中于奉天，攻下该城。"①"万一发生事端时"，将"闪电般地消灭奉天附近的军队，推翻其政权"。可见，九一八事变时关东军一夜间占领沈阳城，即是当时石原莞尔的计划。

1929年4月，河本大作退役，原驻奉天步兵第33联队长板垣征四郎大佐接替其职。板垣征四郎与石原莞尔一起积极蓄谋侵占"满蒙"。他们先后拟定《关东军占领满蒙计划》《为扭转国运之根本国策的解决——满蒙问题方案》《处理满蒙问题方案》等一系列侵略计划。这些方案和计划便是"石原构想"的具体化。石原莞尔还详细拟定了侵略东北的三个阶段，在军事、政治、经济等方面作了周密的规划，甚至对占领满蒙之后的统治政策也做了详细安排。②

6月，关东军正式向参谋本部表示，决意武力占领满洲。

为发动侵略战争，关东军不断制造事端，寻找武装侵略的借口。

当时的满洲，中日两国国民、军队之间充斥着尖锐的对立情绪，发生了无数次大小冲突。1931年春夏发生的万宝山事件和中村事件将中日冲突进一步扩大。

1931年4月，吉林省长春县"长农稻田公司"经理郝永德未经政府批准，骗取万宝山村附近12户农民的土地，并违法转租给188名朝鲜人耕种水稻。这些朝鲜人为引水灌田，无理占用中国农民耕地，在伊通河截流筑坝，开渠10余公里。且这条水渠挖通后，有可能引起水源伊通河泛

---

① ［日］岛田俊彦：《关东军覆灭记》，第57页。

② ［日］楪本捨三：《关东军秘史》，上海译文出版社1992年版，第85—86页。

滥，大片良田有受水淹之险，所以引起当地中国农民的反对。吉林省政府支持当地农民，批示“令朝侨出境”。5月底，长春县政府派警察到万宝山令朝鲜人停工。然而日本驻长春领事田代重德也派警到此横加干涉，制止朝鲜人撤走，用军警保护其筑渠。中国地方当局与驻长春领事馆交涉未果。6月下旬，朝鲜人在日警的武力保护下，强行开渠，使当地农民遭受严重损失。7月1日，万宝山一带数百名受害中国农民为阻止工程进行，联合起来平沟拆坝，并与朝鲜人发生冲突。日本警察当即开枪击伤中国农民，并抓走多人。7月2日，日方又增派武装警察，督护朝鲜人继续施工。在日本军警保护下，工程于7月5日竣工。

为煽动民族纠纷，激化中朝矛盾，并为侵略制造舆论，关东军嗾使日本领事馆颠倒黑白，通过《朝鲜日报》记者金利三，捏造新闻，诬称东北当局驱逐朝侨，数百名朝鲜农民在万宝山惨遭杀害，借此大肆煽动仇华情绪，掀起了朝鲜半岛大规模的排华风潮。当地华侨死伤数千人，酿成了震惊中外的排华血案，事态发展日趋严重。由于日本根本无意于谈判，真正目的是极力扩大这一事态，以便直接出兵中国，并占领“满蒙”，导致中日双方交涉历时三个半月，仍未解决任何问题。最后，这一阴谋由于东北的汉朝两民族的共同努力，被彻底揭穿，并且在全国各地激起了轰轰烈烈的反日怒潮。

就在中日双方交涉万宝山事件过程中，日本又借其军事间谍中村震太郎被杀一事，即所谓“中村事件”，大作文章，为侵略东北寻找借口，进一步煽动战争情绪。

1931年5月，日本参谋本部情报人员中村震太郎大尉和井杉延太郎一行四人非法侵入中国边境兴安岭索伦一带进行军事侦察，搜集情报。当其一行到达苏鄂公府附近时，被中国东北军兴安屯垦公署第三团团副董平舆（即董昆吾）发现并扣留。中国士兵从中村等人身上及所携带行李中，搜获“三八”式马枪、“南部”式手枪各一支，测绘用具一套，中、日军用地图各一份，日记本两册。日记中记载了中村一个月之前从海拉尔出发，经过东北兴安岭，索伦山一带进行军事侦察的情况，并且中村还把军用地图与实地情况进行了核对修正，并详细记载了所到之地的雨量、气候、村落、居民、土质、水源情况。尤其重点记录了兴安屯垦区的兵力部署情况、枪炮种类、口径、官兵数量、将校姓名、驻防地点、营房情况及车辆马匹辎重，等等，内容十分详尽。显然系军事间谍无疑。在罪证确凿的情况下，团长关玉衡下令将中村等人秘密处死。7月，关东军侦知此事，石原莞尔认为："此事是解决满蒙问题的最好机会，与炸死东北枭雄张作霖时不同，这次是对方杀害我方参谋本部成员等人，机不可失，时不再来……领事馆不能解决，可动用军事力量来解决。"[①]关东军抓住中村事件，在日本民众中煽风点火，歪曲说东北军士兵因谋财害命而杀死中村。日本领事馆也就此事大做文章，步步紧逼，利用报纸对中村事件进行了连篇累牍的报道，并宣称中村事件是"帝国"陆军和全体日本人的奇耻大辱。日本人在中国东北的生存权已被中国政府蹂躏，要武力解决"满蒙问题"。

万宝山事件与中村事件成为日本发动侵华战争的重要口实。1931年6月，在关东军建议下，陆军参谋本部同意以解决"满蒙"问题为名召开秘密省、部核心会议。19日，会议制定出《解决满洲问题方策大纲》草案。其主要内容为：以外务省当局的交涉为主，去缓和张学良政权的反日运动。如反日运动激烈时，则有必要采取军事行动。采取军事行动时，所需兵力及其行动指挥问题由参谋本部拟定方案，与内阁会议和外务省当局加强联系，使国内外了解满洲反日实况，采取周密措施谋求国内外对未来军事行动予以支持或谅解，这些措施务求于一年以内生效。[②]6月末，陆军省密令关东军参谋长三宅光治回东京，将《大纲》作为指令传达给关东军。石原莞尔、板垣征四郎等认为一年时间太久，主张立即动手，制造契机，占领"满蒙"。

8月，日本"大陆政策"的积极推动者本庄繁中将任关东军司令官。其一到任便全力贯彻武力占领"满蒙"的方针。

为武装占领中国东北，关东军针对东北的政治军事状况进行了周密

① ［日］楳本捨三：《关东军秘史》，第87页。

② ［日］《现代史资料7　满洲事变》，影印版，第164页。

的军事部署。为了解东北各地情况，制订侵略中国东北的作战方案，以研究“对苏作战计划”为名，在东北组织了三次带有军事色彩的“参谋旅行”及其他名目下的旅行、观光活动。实际上是借旅行的名义，调查东北各地的地形、气候、军事部署，以及运输、给养等情况。

关东军如此频繁的行动，中国方面虽有一定警觉，却未充分重视，没有采取任何行动。

与此同时，关东军进行了一系列频繁的军事演习。1930年，军事演习竟有百余次。1931年初，关东军特别加强了在奉天地区的军事演习。据不完全统计，九一八事变前，关东军仅驻奉天的军事演习就达40次。① 军事演习的目标，竟然是围攻沈阳北大营、兵工厂和沈阳全城。为保证发动战争时迅速击溃东北军，关东军参谋长亲自率领石原莞尔等人，以访问为由，进入东北军第7旅驻地北大营进行侦察。9月上旬，关东军第29联队、独立守备队、宪兵队等在辽宁兵工厂、沈阳北大营附近举行大规模包围式攻击演习。9月14日—17日，关东军天天在沈阳北大营一带进行实战演习，有一次甚至贴近了北大营围墙，17日竟然有两个日警闯入北大营将电线切断。

在军事演习的同时，关东军开始向东北调动兵力，进行战前军事部署。根据档案记载，至九一八事变前，日本在东北的总兵力约1. 05万人，由关东军司令官本庄繁中将统帅。关东军司令部及重炮兵大队驻旅顺，下辖第2师团5000人驻辽阳等地；独立守备队（下辖六个大队）约4000人，分驻南满铁路各站；关东宪兵队约500人，另有飞行队240人（八八式侦察机12架）。②关东军以沈阳为中心，部署于南满铁路沿线，以便于机动兵力。

1931年4月中旬，日军参谋部第2师团从仙台调到东北，与驻东北辽

---

① 军事科学院：《日本侵华战略方针的演变——从第一次进犯台湾岛到九一八事变》，载《人民日报》2005 年 9 月 13 日第 14 版。

② ［日］参谋部：《满洲事变作战经过概要》第 1 卷，中华书局 1981 年版，第 1—2 页。

阳的第16师团换防。该师团士兵来自日本北部寒冷地区，比较适于在中国东北作战。7月7日，日本军事参议官会议决定：废止驻东北日军两年调换一次的制度，调一个师团常驻东北。8月下旬至9月上旬，先后将驻大连柳树屯守备队秘密调到沈阳站，将驻安奉线守备队第3大队集中到沈阳苏家屯一带。8月27日、28日，关东军向在沈阳日侨发放枪支。9月7日，东北日侨在乡军人会会员奉陆军省密令，分赴沈阳、长春和哈尔滨报到。14日，抚顺独立守备队中队长川上精一召集该地警察署长、车站站长、煤矿庶务科长、宪兵分队长和在乡军人分会长（兼防备队长）等，开了一次紧急会议。会议要求大官屯、抚顺两站站长自即日起每晚11点30分过后，必须准备好夜间可以出动的四辆编组列车，以保证在突然事变发生时抚顺守备队能及时进占奉天；在事变发生后，驻地的安全秩序由防备队、警察、宪兵协助维持。

为了配合关东军的行动，军部又重新部署了驻朝日军。8月8日，日军第16师团5000人调往朝鲜的忠清南道、庆尚北道、全罗南道，原驻三地的第19、20师团借演习之名移驻鸭绿江沿岸。9月12日，日本又向朝鲜增派两个师团。

为增强攻击力量，关东军增加了武器装备。1931年7月，通过军部中央的永田铁山，从日本国内秘密运来两门24厘米口径榴弹炮和十几门口径28厘米的要塞炮，架设在沈阳的日军独立守备队第2大队的兵营内。8月下旬，关东军还从日本国内运来飞机30余架、野炮20余门至苏家屯、浑河车站附近。

1931年春，关东军高级参谋板垣征四郎、作战参谋石原莞尔和花谷正等人确定了具体的侵略方案，即“柳条沟（湖）计划”。具体计划包括三方面内容：一是爆破地点选择在距沈阳2.5公里处的柳条湖，这里比较偏僻，便于行事，更重要的是距北大营只有几百米远，便于攻击；二是时间安排在9月28日，那时庄稼已经割倒，大地裸露，便于作战；三是以铁路爆炸声为暗号，开始炮轰北大营，发起全面攻击，一夜之间占领奉天全城。

9月初，“柳条沟（湖）计划”泄露，币原外相向陆军省提出质问。驻奉天总领事劝说关东军“不要轻举妄动”。板垣征四郎和石原莞尔决定立即动手，并定于18号晚上采取行动，事变之时由板垣征四郎负责调动部队，全权指挥。18日晨，板垣征四郎借故返回奉天，石原莞尔随本庄繁于当日下午返回旅顺。这时，在奉天执行“柳条沟（湖）计划”的秘密组织成员已经做好了准备。按照计划，当晚10时，河本末守中尉带着数名部下前往柳条湖去执行巡察铁路路轨的任务。河本选择了从北大营南下大约800公尺的地点，亲自在铁轨上装设了骑兵用的小型炸弹，点上火。并将三具身穿东北军士兵服装的中国人尸体放在现场，作为东北军破坏铁路的证据。随着轰隆的巨响，铁轨和枕木被炸断，飞散各处。这时埋伏在爆破地点以北文宫屯的川岛中队长，即刻率兵南下，向北大营发起攻击。板垣征四郎在接到报告之后，当即用“代理关东军司令官、先遣参谋”的名义发布命令：令独立守备队第2大队扫荡北大营之敌，第5大队从北面进攻北大营，第29联队进攻奉天城，第2师团以主力增援之，并命令24厘米榴弹炮向北大营开炮。其他各部队也都按计划进入各自地点，担负起警戒、联络和进攻任务。当时，北大营驻守的东北军第7旅毫无防备，被打得措手不及。北大营逾万名守军被只有500多人的日军击溃。

板垣征四郎在发出作战命令，各地的日军开始展开作战攻击行动之后，才向旅顺关东军司令部报告。在接到报告后，关东军司令官本庄繁立即召集关东军全体幕僚紧急集合，立刻做出对中国发动攻击的作战建议。本庄繁命令驻辽阳的第二师团立即向沈阳出动，独立守备队各部依照最近演习计划，全面进攻铁路沿线安东、营口、凤凰城和长春等地的中国军政中心，并以私人名义请求驻朝鲜司令官林铣十郎中将立刻派兵增援关东军。同时，本庄繁决定，关东军司令部立即向奉天转移。

9月19日3时30分，本庄繁偕关东军司令部及第30联队乘火车向奉天进发，全面指挥日军行动。同时，本庄繁将这些命令电告了日本军部。就在军部召开会议之前，关东军已于晨6时30分，一夜之间占据北大营及奉天。关东军在事变爆发后仅五个多小时，就控制了局势。

3. 以武力侵吞东北

九一八事变之初，关东军全线出动，各部队迅速对满铁沿线主要城镇进行攻击。独立守备队第3大队负责进攻营口，直扑中国海防练军营、县政府等军政机关。由于东北军未进行有效抵抗，关东军一路进犯车站、码头等地，控制了交通枢纽，顺利占领营口；关东军第4营负责进攻凤凰城、安东（现为丹东）。关东军兵不血刃，解除了中方军警的武装，占领安东。长谷部率领的第4联队主力进攻长春宽城子，驻公主岭骑兵第2联队增援长春，黑石少佐率领第2大队进攻南岭。由于长春地处东北腹地，是中东铁路、南满铁路和吉长铁路的交会点，是吉林、哈尔滨和洮南的咽喉要道，战略地位十分重要。中日双方均有重兵驻守。在这里，关东军与东北军展开了激烈战斗。因东北军迭次接到不抵抗命令，无奈撤出战斗。不到一日，长春陷落。至9月19日10时，关东军先后攻占了奉天、四平、营口、凤凰城、安东等南满铁路、安奉铁路（安东—奉天）沿线18座城镇。关东军第2师团集结长春，为下一步侵占吉林、哈尔滨作准备。此时因关东军兵力有限，本庄繁向政府电报，要求派兵增援。日本军部即着手拟定应急动员朝鲜军一部和驻姬路的第10师团，派往中国东北增援关东军。没等天皇令下，9月21日，驻朝日军司令官林铣即派第39混成旅团（约4000兵力）赴奉天增援关东军。

随着驻朝日军的增援，使得侵占奉天的第2师团可以进行下一步行动——进攻吉林。关东军故伎重演，制造排日暴动，以“保护日侨”为借口，向吉林进犯。此时吉林方面，由于东北边防军副司令长官张作相为其父奔丧在锦州，吉林军政由军署参谋长熙洽代理。20日，熙洽派人赴长春与日军接洽，转达中国方面绝对不抵抗的态度。同时，以“奉谕避免冲突，中日事件由外交解决”为托辞，命令驻扎省城的中国军队三个团、五个营撤出省城待命。21日，熙洽引狼入室，多门师团不战而胜，开进省城，随即占领各军政机关。次日，省城全部被日军占领。23日，关东军占领软化，24日陷通辽、新民，25日进据洮南。在短短一个星期中，关东军侵占东北30座城市，并控制了北宁、沈海、四洮、吉长、吉敦、吉海等铁路线。

继侵占吉林之后，关东军开始准备进犯哈尔滨。哈尔滨当时是东三省特别行政区官署所在地，既是华洋杂处的国际市场，又是中苏共管的中东铁路总枢纽。九一八事变后，日本因顾及对苏关系，暂时没有对哈尔滨直接动手。而是绕过哈尔滨，继续第二个作战步骤：轰炸锦州，攻击齐齐哈尔。

锦州乃辽西重镇，通往关内的咽喉要道。九一八事变后，奉天的东北军大部撤退到锦州和辽西地区。9月23日，张学良通电在锦州重新设立东北边防军司令长官公署及辽宁省政府，同时调集东北军加强辽西防御。对关东军来说，夺取锦州和辽西地区，即能巩固日本对中国东北的占领，也为下一步侵占热河和入侵关内打下基础。

10月8日，石原莞尔亲自乘机指挥，关东军两个飞行中队，六架侦察机和五架战斗机，轰炸了锦州市内的政府大楼和兵营等重要目标。共投弹70多枚，重25公斤。关东军对锦州的轰炸震惊了西方列强，并引起国际联盟的指责。为共同解决“中日冲突”，国联于10月13日召开理事会全体会议，要求日本撤兵。最终日本公然表示拒绝撤军，以一票对13票，使决议未能通过（按照国际联盟约规定，决议案须理事会全体会议一致通过才能成立）。10月26日，日本内阁发表第二次《关于满洲事变的声明》，声称为确保在“满洲帝国臣民”的安全，不能把军队全部撤回南满铁路附属地内。同时提出中日谈判的五项基本原则，要求南京国民政府允诺永不抗日，并承认日本在中国东北的“权益”。

关东军轰炸锦州后，把进攻矛头转向黑龙江。因黑龙江与苏联接壤，关东军出兵有一定顾虑。于是，关东军采取迂回策略，诱骗原洮南镇守使张海鹏充当侵入齐齐哈尔的前锋。10月15日，张海鹏伪军向齐齐哈尔进犯，同时，关东军派出第29联队一部协同前进。此时，黑河警备司令兼步兵第3旅旅长马占山奉张学良之命，统率黑龙江部队并代理黑龙江省主席之职。16日晨，张海鹏伪军进抵嫩江，向黑龙江守军发起进攻，守军英勇反击，将伪军击溃。为阻止敌军再犯，马占山军将嫩江铁路桥拆毁三处。于是，关东军便以此为借口，认为洮昂铁路是满铁贷款所建，现债务未清，中国军队毁桥就是“侵害日本权益”。以此为借口，关东军一面调兵遣将，准备以武力保护修桥；一面设立特务机关，诱降马占山。10月26日，特务机关新任机关长林义秀到任，次日向马占山提出一份“要求书”，限中方一周内（11月3日）将桥修好，否则日方就以“武力保护”抢修。

就在中日双方交涉的同时，关东军第2师团第16联队的步、炮兵各一个大队和一个工兵中队，组成嫩江支队，由独立飞行第8中队主力协助，寻机占领了四洮铁路沿线主要城镇。11月1日，该支队分别从长春、吉林出发。11月3日，即抵达嫩江桥附近。一切准备就绪后，关东军在飞机支援下向中国守军发起攻击，黑龙江守军奋起抗击，英勇杀敌，将敌击退。关东军遂增派步兵、炮兵五个大队，由第3旅团长长谷部率领火速增援。5日晚以后，敌增援部队陆续赶到。6日拂晓，敌军在飞机、大炮、战车掩护下，向守军发起猛攻，守军各部不畏强敌，浴血奋战，其激烈程度为事变以来所未见。经两日激战，关东军最终占领嫩江桥，但也遭受重创。故诱降又成为主要手段。林义秀奉关东军之命，多次与马占山交涉，被拒。17日，关东军再次发起攻击。19日，中国守军终因伤亡惨重被迫撤离。黑龙江省城——齐齐哈尔遂陷落。至此，黑龙江省的大部分地区沦于敌手。关东军在占领齐齐哈尔之后，已无后顾之忧，便立即调转枪口直指锦州。

在关东军集中兵力侵犯黑龙江时，其打击锦州政权的活动并未停止。关东军多次收买汉奸，扶持伪政权，进行破坏活动，均以失败告终。11月间，关东军开始全力谋取锦州。为了制造出兵借口，关东军奉天特务机关长土肥原贤二在天津先后制造了两起暴乱事件。11月27日，本庄繁命令第2师团主力、混成第39旅团向奉天附近集结，沿北宁铁路向锦州方向进犯。27日、28日，关东军在白旗堡、饶阳河一带遭到东北军阻击，双方展开激战。这时，由于中国正在向国联建议在辽西设立缓冲地带，日本军部和政府恐因此引起国际社会强烈反对，遂命令关东军将部队撤回辽河以东。关东军不得已终止了攻势作战。12月初，关东军为了能够一举攻占锦州和辽西地区，作了多方面准备。12月13日，关东军司令部专门制定了《进攻锦州方略》，决定集中兵力从北向南直指锦州。15日，日军参谋本部即下达同意侵占锦州的命令。随后日军部增派混成第8旅团、第20师团司令部和第38旅团，以及坦克、野战炮兵等部队加入关东军序列。24日，本庄繁下达了全面进攻锦州的命令。东北军主力龟缩在大凌河一线消极待敌。29日，沿营沟线进攻之敌第2师团攻陷盘山。30日，沿北宁路西进敌军混成第39旅团攻占打虎山。31日，敌军占领三条铁路的要冲沟帮子，锦州完全暴露在日军面前。1932年1月1日，关东军从三面包围了锦州。锦州守军不战而退。从12月29日至1月3日晨，全部撤出锦州。日军于1932年1月3日下午兵不血刃地占领了锦州。2月5日，关东军将之前曾暂时放弃进攻的哈尔滨也夺到手里。至此，关东军在九一八事变后五个月内，就占领了除热河在外的大部分东北领土。

4. 炮制伪满洲国

九一八事变后，随着军事占领迅速扩大，关东军的野心逐渐膨胀，主张立即"领有满蒙"。但这一主张与参谋本部的意见发生了冲突。同时，关东军的军事占领激起了中国人民的强烈反抗，国际舆论也对日本纷纷谴责，加之国际联盟的介入，关东军最终放弃了直接侵吞满蒙的主张，拟定了《解决满蒙问题方案》。该方案明确提出在"满蒙"成立一个由日本支持、领土包括东北四省和蒙古、以宣统帝为元首的新政权；国防、外交、交通和通讯等委托日本帝国掌管；熙洽（吉林）、张海鹏（洮索地方）、汤玉麟（热河）、于芷山（东边道地方）和张景惠（哈尔滨）充当"镇守使"，协助日本维持地方治安。

关东军为此着手加紧策划。一方面委托朝鲜总督宇垣一成和满铁总裁内田康哉回国向陆军中央部和政府游说，另一方面加紧炮制"独立国"建立和治理的具体方案。10月21日，关东军国际法顾问松木侠起草了《满蒙共和国统治大纲草案》，详细规划了"独立国"的统治方针、政策、政体、统治机构、行政区划和日本的权益等。24日，关东军乘陆军中央部和参谋本部派遣代表来东北沟通意见之机，提出《解决满蒙问题的根本方策》，其核心思想即是建立一个独立的满蒙“新国家”，这个“新国家”与中国本土断绝一切关系，表面上由中国人统一管理，其实权掌握在日本人手中，以东北四省及内蒙古为其领域。①关东军将这一方案上报军部中央，希望中央部能够接受它。但陆军中央部要求关东军建立“独立政权”。关东军对此表示难以接受。关于满蒙的统治方式，双方直到12月10日仍未达成一致意见。

12月中旬，国联理事会决定派遣调查团到东北进行调查。国际局势的突变，促使日本政府、陆军中央部与关东军的意见趋于一致，其目的即是在国联调查团到来之前，造成建立东北“独立国”的既成事实。1932年1月6日，日本陆、海和外务三省共同制定了《中国问题处理方针纲要》，核心内容是引导“满蒙”从中国本部分离出来，使其逐渐具备“独立国家”的形态，使之与日本成为共同的经济体系。②这个纲要，成为制造伪满洲国的指导性文件。

1月13日，板垣征四郎将此《纲要》带回东北，加紧了建立“独立国”的步伐，网罗收买汉奸，策动满洲各地“独立”。在关东军策动下，吉、辽、黑三省先后建立地方伪政权。最早宣布“独立”的是吉林省的原东北边防署司令、省政府代理主席熙洽。在辽宁，九一八事变后，关东军逮捕了辽宁省省长臧式毅，企图诱降未逞。关东军对臧多方威胁、软硬兼施，最终臧式毅表示“服从”。12月16日，关东军解散伪“辽宁省地方维持委员会”，成立“奉天省政府”，臧式毅就任“奉天省长”。在黑龙江，因碍于苏联的关系，加上日本军部的限制，关东军未对哈尔滨采取武力进攻。但关东军并未真正放弃哈尔滨，而是展开了暗中拉拢、劝诱工作。在关东军支持下，东省特区行政长官张景惠于9月27日在哈尔滨组织成立“东省特别区治安维持委员会”，暗中投敌。10月20日，马占山就任代理黑龙江省主席职，同时就任军事总指挥，统率军队进行抗日活动。1932年1月1日，张景惠在哈尔滨宣布黑龙江省和东省特别区“独立”，并

① ［日］关宽治、岛田俊彦：《满洲事变》，上海译文出版社 1983 年版，第 418 页。
② ［日］《现代史资料 7　满洲事变》，美铃书房 1985 年版，第 342 页。

发表“独立宣言”，组织伪黑龙江省政府，声称就任“黑龙江省省长”。此时，驻锦州东北军已向关内撤退，锦州形势十分危急，马占山开始动摇。1月6日，马占山应关东军之约赴松浦镇与张景惠会晤，同意与其合作，“建设黑龙江省政府”。当日下午，张景惠赶赴齐齐哈尔，翌日在黑龙江省政府礼堂就任伪省长职。至此，关东军实现了辽宁、吉林、黑龙江三省的“独立”，并控制了伪政权。

关东军除在省城相继建立伪政权之外，还在一些地区和内蒙古东部拼凑伪政权，策动地方“独立”。在辽宁西部，关东军拉拢洮辽镇守使张海鹏。1931年10月，张海鹏在关东军的唆使下，宣布“独立”，自任“边境保安司令”，脱离张学良政权。在辽宁东部，东边道镇守使于芷山，于10月16日发表“独立”宣言，宣布与南京国民政府和张学良政权脱离关系。在关东军赞助下，于芷山成立“东边道自治保安司令部”，自任总司令。同年12月，他被任命为伪奉天省警备司令官，后改任伪第一军管区警备司令官。内蒙古地区，早在九一八事变前，关东军就曾策动过蒙古“独立运动”。九一八事变后，关东军以支持“蒙古独立”为诱饵，供给其枪支，帮助筹建反动武装“蒙古独立军”，并派军事顾问笼络蒙古亲日分子继续搞所谓蒙古“独立”。此外，关东军还诱使呼伦贝尔盟副都统凌升在呼伦贝尔等地勾结土匪，发展武装，搞“独立”活动。同时，还利用伪“奉天地方维持委员会”下设“临时蒙旗维持委员会”，以图控制哲里木盟、卓索图盟和昭乌达盟等地。

为了进一步控制各伪政权，关东军于1931年11月10日在沈阳成立“自治指导部”。为粉饰“自治”门面，关东军司令官本庄繁亲自出面指派中国人于冲汉为部长。“自治指导部”利用报纸和广播在东北各地大造舆论，炮制民意，大肆开展“促进建国活动”；还由各省推举代表到沈阳举行“总游行”，脱离国民政府建设新国家。

关东军为组建新国家，曾多方准备傀儡人选。经反复权衡，关东军最后选择了清朝末代皇帝溥仪。1931年9月末，关东军开始谋划将溥仪诱骗至东北。11月8日，土肥原贤二导演了天津事件，趁乱派人把溥仪带出“静园”，登上了日本的汽艇“北治山丸”，与郑孝胥、上角利一会合，经白河偷偷开出大沽口，又转乘商轮“淡路丸”，于11月13日清晨到达营口的满铁码头。

1932年1月初，关东军占领锦州之后，本庄繁认为炮制伪满洲国的时机已经成熟。1月27日，板垣征四郎拟定了所谓《新国家建设顺序纲要》，规定了国号、国旗、宣言、官制、人员配备、首府等。同时对伪“中央政务委员会”的组成，及所谓“独立宣言”等也都做了详细规定。2月5日，关东军占领哈尔滨，实现了对全东北的占领，筹建伪满洲国的步伐加快。从2月上旬到下旬，关东军连续召开九次“建国幕僚会议”。在本庄繁的命令下，张景惠以原东北政务委员会的名义，召集臧式毅、熙洽、马占山、于冲汉、袁金铠、赵欣伯等在沈阳大和旅馆举行会议，本庄繁、三宅光治、板垣征四郎、土肥原贤二、石原莞尔等参加了会议。18日，“东北行政委员会”向国内外发出通电，宣布与国民政府脱离关系，东北省区完全“独立”。随后，公开筹备建立伪满洲国。3月1日，张景惠以伪东北行政委员会的名义发表《建国宣言》。3月9日，关东军操纵溥仪上演了伪满洲国“执政”的“就职典礼”。伪满洲国正式成立。

二、“不抵抗”之下的退却与耻辱

九一八事变后，区区两万关东军在不到四个月的时间内，几乎没经过什么激烈的战斗，便先后占领了中国的辽、吉、黑三省。一年以后，又将热河轻易占去。中国国土沦丧之速，几十万东北军不战而逃；举世惊诧。这是中国军队奉行“不抵抗”命令的结果，实为中国近代史上罕见的一次国耻。

1. 对日军侵略的“不抵抗”

1931年9月18日晚，日军的进攻刚一开始，中国第621团团长何立中即用电话向第7旅旅长王以哲报告，王立刻向荣臻报告，荣命令部队不要抵抗。[①]并与臧式毅一起将情况报告给时在北平的张学良。正在陪人听戏的张学良立刻回到养病的协和医院，向荣臻等人指示：“尊重国联和平宗旨，避免冲突。”[②]荣把此令转告第7旅旅长王以哲，“令不抵抗，即使勒令缴械，占入营房，均可听其自便。”[③]同时，东北当局顾问赵欣伯亦多次向日领馆交涉。他在电话中称：“中国方面决定实行不抵抗主义，所以希望日本军队能立即停止进攻才好。”[④]11点30分左右，日步兵第29联队炮轰沈阳城，发起攻城战。据日本报纸所载总领馆当晚致外务省电，此时东北当局再次通知日领馆：“鉴于迟迟得不到关于日本这次军事行动的说明，我中国方面暂仍取不抵抗主义；……在北门附近中日两国人民杂居在一起，以炮火轰击城厢事关重大，请力劝停止此种行动。”[⑤]19日上午，外务省还收到另外一电，亦称：“中国方面声明完全出之以不抵抗主义。”[⑥]

日军继续炮击沈阳工业区，战事在扩大。荣又电张请示。张续令“不抵抗”。[⑦]第7旅为避免冲突，撤出北大营，向东陵转移。此时620团仅仅为突围和保障撤退进行过掩护性的军事行动。19日晨，日军第2师团第29联队攻占沈阳城。同一天，日军占领长春、安东、营口，21日占领吉林。三天内，日军占领除锦州之外的辽宁、吉林两省要地。日军占领这些地区后，无大规模军事行动。11月4日，日军向嫩江发起进攻，马占山部抗击来侵日军。19日，日军占领齐齐哈尔，黑龙江省要地除哈尔滨外都被日军侵占。

---

① 《京津泰晤士报》1931年9月25日。

② 秦孝仪主编：《中华民国重要史料初编——对日抗战时期》绪编（一），台北1981年版，第262页。

③ 秦孝仪主编：《中华民国重要史料初编——对日抗战时期》绪编（一），第262页。

④ ［日］森岛守人：《阴谋·暗杀·军刀——一个外交官的回忆》，黑龙江人民出版社1980年版，第53页。

⑤ 《京津日日新闻》1931年9月20日。

⑥ 罗家伦主编：《革命文献》第34辑，台北中央文物供应社1978年版，总第7706页。

⑦ 秦孝仪主编：《中华民国重要史料初编——对日抗战时期》绪编（一），第262页。

日军以少数兵力如此疯狂占领大片东北土地，其原因在于东北军未进行任何有效的抵抗。这缘于张学良“避免冲突”“不抵抗”的命令。他于19日致南京中央电中称：“日军自昨晚十时，开始向我北大营驻军实行攻击，我军抱不抵抗主义，毫无反响，日军竟致侵入营房，举火焚烧，并将我兵驱逐出营。”①9月24日，张学良致蒋介石等人的电中再次称，“为免除事件扩大起见，绝对抱不抵抗主义”。②

“不抵抗主义”一词，在北大营及沈阳遭袭后不久便被东北地方当局采用。19日晨5时，他们在致张学良电报中，再次使用了这个用语。张又将此语电告南京中央。同时公开用以说明处置事变的方针。9月21日晚，张学良接见外国记者时称：“当余闻及日军在东北将有某种行动时，余即命令中国军警收军器于兵库，取不抵抗主义。”③国民政府方面在19日获知事变消息后，亦在一些场合采用了“不抵抗主义”的提法。9月20日，国民党中执委会致古应芬等人电中就称：“综合现时所得之报告，日满铁守备队……向我北大营驻军施行攻击，我军抱不抵抗主义。”④

一直以来，有一个张学良之所以不抵抗是因听从了蒋介石的不抵抗令的传统说法。据现有的有关张学良致蒋介石的电文，在事变爆发后，张只向蒋和南京汇报日军入侵东北的情况，没有一封电文中有请求“抵抗”一词和反对蒋不抵抗令的痕迹。同时，也没有发现蒋介石在事变突发时径直下令东北军或张学良不抵抗的记载。而在蒋致张的电中，除锦州问题外，亦没有指令张坚决抵抗之字迹。

出现“听从”的说法，原因很多。就表面意义理解，是因为蒋介石当时是国民革命军陆海空司令，而张学良是副司令，副司令自然应听从于司令的指挥，责任也当由司令承担。但事实上，张虽然是蒋的副司令，但作为主政东北的地方实力派，在南京中央未有能力使全国政令统一的情况下，拥有相对的独立性和抗御蒋的实力，与蒋意见不同时，他便不

---

① 秦孝仪主编:《中华民国重要史料初编——对日抗战时期》绪编（一），第257页。

② 秦孝仪主编:《中华民国重要史料初编——对日抗战时期》绪编（一），第259页。

③ 北平《晨报》1931年9月22日。

④ 罗家伦主编:《革命文献》第35辑，总第7856页。

听从蒋指令。如在防守锦州问题上，蒋和南京政府数次令他抵抗，但张悄悄撤兵，使日军轻易地占领了锦州。如果张学良要抵御日军，但因蒋令他不抵抗而无奈放弃的话，那么蒋令他抵抗时，他应奋起抵抗才合乎逻辑，但张学良没有这样做。这一事实说明，张的不抵抗不是被迫的，而是主动的。60多年后，张学良回忆道："我当时没想到日本军队会那样做。我想绝对不会的。我认为日本是利用军事行动向我们挑衅，所以我下了不抵抗命令。""我不能把九一八事变中不抵抗的责任推卸给国民政府。""是我自己不想扩大事件，采取了不抵抗的政策。"①

张学良这一自述再次说明，他自觉、自主地奉行了不抵抗政策。

2. 为什么"不抵抗"

张学良与东北军对日军武装入侵的"不抵抗"，综合来看，基于这样几个原因：

一是对事件性质的错误判断。当关东军炸柳条湖的满铁一段铁路后，独立守备队步兵第二大队悍然突袭驻扎在北大营的东北边防军第7旅。该旅认为"此举不过寻常寻衅性质"，②与往常的军事挑衅没有两样，未能判断出这便是日本挑起事变的开端。所以在遭受日军攻击的紧急情况下，未采取应急措施反击日军。当时张学良在北京，在沈阳由东北边防军代理司令张作相和参谋长荣臻主持军务。荣臻火速电告在京的张学良，请示应付之对策。张令"尊重国联和平宗旨，避免冲突。"③

对事变性质的判断，直接影响到应对措施与政策的制定。九一八事变爆发后，张学良认为，这是日军的挑衅行为，是局部的军事行动，称之为"沈阳（奉天）事件"，一时未能判断出这是日本侵吞整个东北的开始，因此力求避免冲突，力争就地解决，防止事态扩大。事变前发生的

---

① [日]臼井胜美：《昭和史的最后证言——张学良》，辽宁大学出版社1993年版，第72—73页。

② 秦孝仪主编：《中华民国重要史料初编——对日抗战时期》绪编（一），第259页。

③ 秦孝仪主编：《中华民国重要史料初编——对日抗战时期》绪编（一），第262页。

万宝山事件和中村事件，张学良（包括蒋介石）同样采取了此种态度。对这两个事件，不用武力，而尽量用外交交涉来图谋解决。对九一八事变，作为前两次事件的继续，依旧采取了此种态度。前两次事件与此次事变虽有联系，但性质和规模已根本不同。因此，将九一八事变与万宝山事件和中村事件等同，采取了同样的处理方式——不以武力抵抗。错误的判断导致出错误的对策——不抵抗。

这一错误的判断，虽有主观因素，但也有客观原因。这与日本策划九一八事变的特点有直接关系。此次事变不是通过日本发动战争的国内程序和国际上的战争惯例来发动的战争，而是关东军的几位高级参谋板垣征四郎、石原莞尔等在一些陆军中央将校的怂恿下采用谋略形式发动的。因此，事变爆发后连日本政界对在中国东北发生的事件也不甚清楚。张学良在万宝山事件发生后的7月12日曾向蒋介石电告："据万宝山事件及朝鲜人之排华风潮，日本无疑在起动其大陆政策，有急剧侵略满蒙之意。其矛头指向中国或苏联尚不清，但与满蒙存亡有关，须仔细考虑。"①这说明张学良也在随时分析日军动向，觉察到其侵占满蒙的意图，但未想到它要侵吞整个东三省。1990年日本广播协会记者采访张时，他也说"当初未料到关东军会发动'九一八事变'，……我认为这是我的判断错误。"②此时未能及时判断出关东军军事行动的目的是可以理解的。

事变爆发后，日本外务省、陆军参谋本部与关东军就是否继续扩大军事行动和战争的最终目标等问题存有分歧。因此，关东军于9月21日占领吉林后未采取大规模军事行动。此时，张学良及南京国民政府都寄希望于反对扩大军事行动的币原外相及其外交，希望他们牵制和控制关东军的军事行动。张在回忆当时情况时说，"我想日本政府会控制关东军的"。③这又使得他对战争形势发展的判断产生错误。因此，在此种

① 日本外务省缩微胶卷档案：S483 卷，S1.1.1. 0—18，第 261—262 页。
② 《张学良访谈录》，载《参考消息》1990 年 12 月 23 日。
③ 《张学良访谈录》，载《参考消息》1990 年 12 月 23 日。

情况下他们仍不敢抵抗，不敢组织东北军反攻，而继续诉诸国联，想以外交手段促使日军撤回。为此，9月26日，张学良向东北军将士再次下达不抵抗命令："一、此次之所以命令不抵抗主义，是因将此次事变诉诸于国际公审，以外交求得最后胜利。二、尚未到与日军抗争之时机，因此各军将士对日人依然平常那样对待，不得侵害。"①

二是张学良"不想打"。张学良在1928年宣布东北"易帜"后，和日本之间的矛盾倍增。虽然张学良表面上保持着与日本的联系与合作态度，但对其扩大在东北利益的行径进行了实质性抵制。这主要表现在：他通过大力推进铁路、港湾及军队现代化等方面的建设，加强经济和国防力量。日本对张学良依附南京深为不满，更对其力量逐渐加强感到担忧。

为解决关键性的铁路问题日本和东北当局之间举行了多次谈判，均无实质性进展。1931年1月，"满铁"理事木村锐市亲自和张学良进行交涉，但双方要求相距甚远，以至谈判搁浅。2月底，张学良将谈判任务交给新任命的东北交通委员高纪毅，自己赴北平办公，而高亦于3月赴津，谈判遂无结果。当时，东北民间反对对日妥协的呼声甚高，而"满铁"经营状况的不景气使关东军和"满铁"均倾向于"不惜以实力行动"来加以解决。尤其是关东军，态度更"日趋僵硬化，反张的空气打破了历年的惯例，出现许多诸如事先不通知即进行军事演习；包围奉天城（即沈阳）的演习；拒绝中国军队进入附属地等事件"。而日方提出的所谓"柳原农场问题""十间房的陆军军用土地问题"等"悬案"，更加剧了东北形势的紧张。

张学良此时认为，"中国没有力量跟日本打"。1929年的中东路事件，减弱了他对东北国防力量的信心。"伯力议定书"在他心中留下了很重的阴影。既然他已认识到凭东北军实力不能在与苏联人冲突中冒险成功，那么他又能凭什么与日本人正面交锋呢？张学良的这种心态亦反映

① 关东军参谋本部：《关特报9（中国）》第32号，1931年9月28日，见远东军事法庭检察官资料缩微胶卷。

在东北军的军事布置上。根据日本军方调查，东北军在入关前部署大多集中在从山海关到辽河的北宁路沿线及中东路沿线等地，而作为东北首府的沈阳只有17000人，与朝鲜接壤的国境仅6000人，可见张学良并未作与日本发生大规模冲突的准备。①

1930年9月18日，正值蒋、冯、阎中原大战呈胶着状态时，张学良通电拥蒋，并率10万大军入关，中原大战即以冯、阎宣告下野而结束。张学良此次进兵关内，获得了河北、察哈尔地盘，却使东北边防的力量更趋薄弱，而新的地盘也需要巩固。因此，张学良不想与日本开战。他认为，如与日军交战定吃败仗。当时民众的抗日热情十分高涨，东北军不少将领也纷纷请战。张学良却认为："士气虽壮，款弹两缺，敌如大举前进，即举东北士兵尽数牺牲，亦难防守"，②"孤军作战，我小敌强，无非是徒然牺牲"。③这是对自我实力的一种认识，同时，也是"避战"、不想牺牲"地盘"的借口。敌强我弱是事实，但因此放弃抵抗，恐怕就不仅仅是"打不过"的问题。

三是地方实力派的利益使然。如果说，在日本攻占沈阳、齐齐哈尔等地时，张学良对事件的判断有误，那么在日军攻打锦州时，张学良仍然没有进行有效的抵抗，不能不说是他确实"不想打"。在他看来，打不过而打，结果只是削弱了东北军的实力与地盘。

日军占领齐齐哈尔后，其主力随即调转辽西，准备攻击锦州。锦州是辽西重镇，政治、军事要地。沈阳沦陷后，东北边防军司令长官公署和辽宁省政府迁移到此地，锦州成为张学良在东北的政治、军事中枢。日军如不占锦州，不从锦州驱逐张学良，就等于未完全摧垮张学良在东北的统治。东北军如死守锦州，则向全世界表明：中国人在抵抗，日军未完全占领东北，东北问题也并没有结束，日本也建立不了或只能推迟时间建立伪满洲国。军事上，锦州是榆关屏障，兵家必争之地，阻挡日军向华

---

① 参见土川竹大：《张学良与不抵抗政策》，载漠笛编：《张学良生涯论集》，光明日报出版社 1991 年版，第 57—65 页。

② 李云汉编：《九一八事变史料》，正中书局 1977 年版，第 277 页。

③ 张魁堂：《张学良传》，东方出版社 1991 年版，第 87 页。

北侵入的咽喉要地，锦州如失守便危及华北。鉴于上述原因，无论是对全国、对张学良而言，或对日本来说，锦州都是必争之地。

日军早已准备对锦州之战。11月，土肥原和中国驻屯军在天津挑起天津事件，其目的之一是为日军锦州作战作军事与舆论上的准备。①九一八事变时驻扎满铁附属地的日军出动，占领了辽吉两省要地，因此，驻扎在天津的中国驻屯军和驻扎京山线的日警备队有可能借机出动，挑起事端，从背后牵制张学良军队对锦州的增援。

对此，南京国民政府也采取了相应对策。首先，引诱外国军队介入天津，牵制天津驻屯军的军事行动。其次，派南京国民政府财政部所属的税警团五六千人去天津，归属张学良指挥。再次，11月25日，南京的特别外交委员会也同意，“是以锦州一带地方，如能获各国援助，以和平方法保存，固属万幸，万一无效，只能运用自国实力以图保守。”②此时日军威逼东北军撤到榆关。国民政府为以和平方法保住锦州，向英、美、法公使提议：“倘日本坚持要求我军撤退，我军可自锦州退至山海关，但日本须向英、法、美各国声明，担保不向锦州至山海关一段区域进兵，并不干涉该地域内中国之行政机关及警察，此项担保须经各该国认为满意。”③这是想把锦州划为中立地带之意。但英美不敢担保，且劝中国不要采取恶化局势的行动。④在此情况下，南京政府和蒋介石决定，“如日方相逼太甚，我方应以实力防卫”，⑤“惟万一彼仍步步进逼，则自不能不取正当防卫手段”。⑥任南京政府外交部代理部长的顾维钧于11月26日、27日两次把此意电告张学良。

---

① ［日］日本国际政治学会太平洋战争原因研究部编：《走向太平洋战争的道路》第二卷，朝日新闻社 1962 年版，第 89—91 页。

② 1931 年 11 月 25 日顾维钧等致张学良密电，载《民国档案》1985 年第 2 期，第 4 页。

③ 1931 年 11 月 24 日顾维钧等致张学良密电，载《民国档案》1985 年第 2 期，第 4 页。

④ 1931 年 11 月 26 日顾维钧致张学良密电，载《民国档案》1985 年第 2 期，第 5 页。

⑤ 1931 年 11 月 26 日顾维钧致张学良密电，载《民国档案》1985 年第 2 期，第 5 页。

⑥ 1931 年 11 月 27 日顾维钧致张学良密电，载《民国档案》1985 年第 2 期，第 5 页。

此时，张学良与南京政府一样，也有以划中立区来避免冲突，保锦州的想法，但不同的是，他拟与日直接谈判解决。11月底，驻北平日本公使馆参赞矢野访张学良，表示："英、法、美与中国提商拟以锦县一带为中立区，中国军队撤至山海关。日本对此原则上甚表同意，如贵方赞成此种方法，日方即可派代表商洽。"①张学良回答，"惟个人对此颇赞成"，并向南京建议："查划定中立区域办技，亦属避免冲突，以图和平解决之一道，日方既表同意，我方似与之商洽"。②张学良对划中立区提出两个条件："第一，希望日军最大限度不越过原遣地点即巨流河车站。第二，须留少数军队在锦县一带即中立区域内，以是敷防止匪患，维持治安为度。至将来日方如派代表时，总宜舍军事人员，而用外交人员。"③在此条件中，没有南京所提的英，美、法三国的担保问题，此点与南京不同，即在英、美、法不介入的条件下直接与日谈判。这表明在划中立区问题上张学良比南京、蒋介石更为积极。但矢野要求东北军全数撤退。④

南京政府不同意张学良与日直接谈判。南京政府虽然也曾向国联提出过锦州中立地带案，但是"其要点在中立国派视察员居间斡旋一层"，⑤由英、美、法观察员居间斡旋，监督中立地带的安全。因此，此时已任外长的顾维钧和宋子文不同意张学良的建议，其理由是："一、彼可以正由两国商洽办法为辞，请国联无庸参预，彼可于商洽时提出种种苛酷条件，从则难堪，不从即破裂。二、彼可藉口于彼已撤兵，迫我撤至山海关，我若不撤，被即责我违约，进兵攻我。"⑥并建议张"如日方无

① 1931年11月29日张学良致蒋介石密电，载《民国档案》1985年第2期，第5页。
② 1931年11月29日张学良致蒋介石密电，载《民国档案》1985年第2期，第6页。
③ 1931年11月29日张学良致蒋介石密电，载《民国档案》1985年第2期，第6页。
④ 1931年11月29日张学良致蒋介石密电，载《民国档案》1985年第2期，第7页。
⑤ 1931年11月29日宋子文、顾维钧致张学良密电，载《民国档案》1985年第2期，第7页。
⑥ 1931年11月29日宋子文、顾维钧致张学良密电，载《民国档案》1985年第2期，第7页。

理可喻，率队来攻，仍请兄当机立断，即以实力防御”。[①]12月2日，国民党中央政治会议就锦州问题决定：“锦州问题，如无中立国团体切实保证，不划缓冲地带，如日军进攻，应积极抵抗。”[②]

日本为排除列强的干涉，再次提出直接谈判。驻中国公使重光葵又向顾维钧外长提出直接谈判和东北军撤至榆关的要求，但顾维钧断然予以拒绝。在此种情况下，币原外相又令驻北平的矢野参赞再次说服张学良把锦州问题作为地方性问题直接与日谈判。但张学良的态度在南京政府和顾维钧的劝告下有所改变，没有承诺与日直接谈判。

但是，张学良与南京政府在是否死守锦州问题上发生了分歧。南京政府一面准备谈判，一面准备抵御，并劝张学良在锦州抵抗。但张未作死守锦州的战略、战术准备，反而从11月底或12月初开始拟撤出驻扎锦州一带的东北军主力。为此，顾维钧12月3日急电张学良，“兄拟将锦州驻军自动撤退，请暂从缓。”[③]5日顾维钧和宋子文又联名致电，再次劝张，“现在日人如进兵锦州，兄为国家计，为兄个人前途计，自当力排困难，期能抵御。”[④]蒋介石亦电张：“锦州军队此时切勿撤退”，[⑤]并派航空一队增援北平。可是张学良依然要从锦州撤两个旅。顾维钧闻此消息后立即致电张：“惟当此国人视线群集锦事之时，军队稍一移动，势必沸议全国，为兄着想，似万万不可出此。……缘日人诡计多端，我退则彼进，彼时新政权统一东北，则不可挽救也。”[⑥]南京政府也于25日、30日接连电张：“惟日军攻锦紧急，无论如何，必须积极抵抗，各官吏及军队均有守土之责，否则外启友邦之轻视，内招人民之责备，外交因此愈

---

① 1931年11月29日张学良致蒋介石密电，载《民国档案》1985年第2期，第7页。
② 1931年12月2日顾维钧致张学良密电，载《民国档案》1985年第2期，第9页。
③ 1931年12月3日顾维钧致张学良密电，载《民国档案》1985年第2期，第10页。
④ 1931年12月5日宋子文、顾维钧致张学良密电，载《民国档案》1985年第2期，第11页。
⑤ 秦孝仪主编：《中华民国重要史料初编——对日抗战时期》绪编（一），第312页。
⑥ 1931年12月9日顾维钧、刘哲致张学良密电，载《民国档案》1985年第2期，第18页。

陷绝境，将何辞以自解？日军攻锦时，天津或有异动，亦须预先防止。总之，该深体政府之意：激励将士，为国牺牲，是为至要。”①

此时，日关东军和陆军中央制定对锦州作战方案，并调驻朝鲜的第20师团和一个混成旅及重型轰炸机中队参加对锦作战。日军27日渡辽河，进入打虎山、沟帮子一线。日军在逼近锦州时，东北军仍在撤出锦州。据驻榆关日守备队的侦察，迄31日午间经山海关的东北军军列14，兵数1万余人，马匹2200。②1932年1月1日，关东军司令部下达第20师团占锦州之令时，东北军主力已撤出锦州一带，日军在侵入该地带时未遭到东北军的阻击和抵抗。1月3日，日军几乎兵不血刃地占领锦州和绥中一带。但张学良却电南京：“我军奋勇应战，激战十昼夜之久，前仆后继，死伤蔽野。卒以全力过疲，损失过重，无术继续坚持，致于江（三）日失守锦县。”③

张学良在主观上并不是不想抵抗。他曾说，“倘我愈让而彼愈逼，至万不得已时，亦只有采取正当防卫以保持国家之人格。”④但在行动上继续了“不抵抗”的行为。

张学良所以不抵抗，是以放弃东北来保住他占据的华北地盘。在以北平为中心的华北，张学良有20万大军。在日军即将吞并整个东三省的情况下，华北对张学良来说是维护其政治、军事地位的唯一基地，其重要性比以往任何时候都更为突出。张学良在致南京政府主席的电文中称：“自锦县以西，如秦皇岛塘沽天津，地处滨海，门户洞开，锦县一带，一有冲突，彼必同时以海军威胁我后方，并扰乱平津，使我首尾准顾，……顾此失彼，必不能免。”⑤26日亦称，“日本在天津现已集结大

---

① 秦孝仪主编：《中华民国重要史料初编——对日抗战时期》绪编（一），第313—314页。

② ［日］臼井胜美：《满洲事变》，中央公论社1974年版，第138页。

③ 1932年1月5日张学良致南京电，载李云汉编：《九一八事变史料》，第281页。

④ 1931年11月30日张学良致顾维钧等密电，载《民国档案》1985年第2期，第8页。

⑤ 1931年12月25日张学良致南京国民政府主席电，载李云汉编：《九一八事变史料》，第275页。

军，锦战一开，华北全局必将同时牵动，关于此节，尤须预筹应付策略；否则空言固守，实际有所为难。”①这是一种对可能发生的事态的客观考虑，但更主要体现的是张学良“保存实力”思想。作为其主动撤退锦州的理由有些“牵强”。

另外，张学良也表达过怕锦州的抵抗引起中日全面战争，并影响国家安危的考虑。11月30日，张学良向顾维钧表明“采取正当防卫以保国家之人格之意”的同时，又称：“惟兹事体大，影响系全国安危，又不能不慎重考虑之也。”②致南京国民政府电中也言及了此点。③这里的“影响全国安危”，应该是指中日间全面战争的爆发。张学良的这一顾虑，虽有军事上、战略上合理的一面，但亦不能成为不抵抗的理由。

张学良不抵抗的最根本原因，其实是其“不为瓦碎”的思想。王化一12月29日日记中记有张学良这样一句话：“汉公表示‘不为瓦碎’主张。他说如果是‘玉碎’还可以碎，要是瓦碎则不必。”④所谓“玉碎”是指全国抗战而言，所谓“瓦碎”是指东北或锦州的单独抵抗。张学良常对属下说：“我们是主张抗战的，但须全国抗战，如能全国抗战，东北军在第一线作战，是义不容辞的。”⑤这句话可以解读为：全国不抗战，我张学良也不单独抵抗。其理由是：东北军“孤军作战，我小敌强，无非是徒然牺牲”。⑥当时国民党四分五裂，内战不休，国共两党也“势不两立”。这便是当时蒋介石也好，张学良也好，未抵抗日军的历史背景。张学良如此说，并不完全是为不抵抗找借口。九一八事变爆发当天，蒋就在日记中哀叹：“是倭寇果乘粤逆叛变，内部分裂之时，而来侵略我东三

① 1931年12月26日张学良致南京国民政府电，载李云汉编：《九一八事变史料》，第276—277页。

② 1931年11月30日张学良致顾维钧等密电，载《民国档案》1985年第2期，第8页。

③ 1931年12月26日张学良致南京国民政府电，载李云汉编：《九一八事变史料》，第276—277页。

④ 张魁堂：《张学良传》，第86—87页。

⑤ 张魁堂：《张学良传》，第81页。

⑥ 张魁堂：《张学良传》，第81页。

省矣。呜呼，痛哉！夫我内战不止。”①因此蒋此时仍推行“攘外应先安内”政策，这一政策反过来又更加深了各势力间的分裂与对抗。

在中国四分五裂、内战不休的国情下，张学良以不抵抗和主动撤退来保存自己的势力，未与日军在东北、锦州决死一战，实出于地方实力派保存自己军事势力与地盘的考虑。这也是他在事变时尤其在处理锦州问题上的致命弱点，是他不“瓦碎”的根本原因。这使他抱定这样的主张：如全国各势力不风雨同舟，不生死与共，不同胜同败，就不单独在锦州抵抗；如全国一同抗战，同在锦州抵抗日敌，他也不会主动撤出锦州。在此种思想支配下，张放弃包括锦州在内的东北，一时保住了华北的地盘，但最终华北地盘也未能保住。

3. “不抵抗”的后果

“不抵抗主义”自九一八事变至1933年3月承德被日占领，虽为时不长，其影响却不允低估。

首先，它助长了日本的侵略气焰，引发了空前的民族危机。东北在全国的战略意义更大。“东北为华北各省的屏藩，平津内地的唯一门户”，东省既去，“华北各地随时都有敌军压境之可能，攫取平津更是易如反掌”。②

九一八事变时，关东军未遭中国军队抵抗因而狂妄异常。其司令官本庄繁在给日本天皇的奏折中狂称：“臣等敢放言之。对支那领土，可于3个月内完全占领也。”③陆军大臣东条英机亦吹嘘，“只要有竹枪2百万加上大和魂，就是对苏作战亦不足为惧！”④军事冒险的连续成功刺激了日本的侵略胃口，使其最终敢于发动全面侵华战争。

关东军成功的冒险加速了日方各侵华势力的协调统一。本来关东军的急进之举与东京方面的缓图之策存有分歧。九一八事变之初，日政府

① 秦孝仪主编：《中华民国重要史料初编——对日抗战时期》绪编（一），第275页。
② 太炎：《“九一八”给我们的损失》，载《国闻周报》第9卷37期。
③ 易显石等：《九·一八事变史》，辽宁人民出版社1981年版，第343页。
④ [日]森岛守人：《阴谋·暗杀·军刀——一个外交官的回忆》，第65页。

曾令关东军“勿扩大事态”，但关东军并没有服从军部命令，军部也对内阁决议“置若罔闻”。因此，出现了关东军“先斩后奏”，而军部及政府事后予以承认的情形。关东军连连得手，导致1931年底倾向于“不扩大方针”的若槻内阁倒台。犬养毅上台执政后，便与关东军及军部以武力解决“满蒙”问题的态度趋于统一。占领锦州后，日本军国主义势力更为膨胀，终于在1932年3月退出国联。日本各派侵华势力完全融于一体，这在热河之战中得以充分体现。如1933年2月23日，关东军进攻热河的炮声和日外务省向中方提出的要“中国军队退出热河”的备忘录遥相呼应。热河失陷之后，华北门户对日敞开，日本“华北分离”工作随即展开，日军挑衅事件纷起，华北危机四伏，最终酿成卢沟桥事变。

其次，它使国内政局更加混乱，国际形象严重受损。九一八事变时，民众对中国军队的忍辱退让及“不抵抗主义”的论调，虽大多数人认为是一种“无可掩饰的极端无耻”，①但还有人抱理解的态度。如1931年9月20日《北平晨报》有论评曰：“东北当局以变起仓猝，事关挑战，为保持国家大局计，只得隐忍严令军队不抵抗，自行撤退，静待正当解决，此乃不得已之苦衷，自为国人所共谅。”而嫩江桥马占山孤军抗战，以至齐齐哈尔失陷，则受到社会普遍的谴责。及锦州撤防，东北军不战而退，舆论界攻击更烈，甚至要枪毙张学良者有，要张学良自杀以谢国人者亦有。如上海各大学学生抗日救国联合会发表告全国同胞书，要求政府“出兵收复失地，并令北方将士：不接受张学良不抵抗命令，自动抗日”，“枪毙丧地辱国长官张学良”；上海宝山县国难会提出“将张学良撤职严惩，肆之市曹，以谢国民”。②公众对政府态度日趋不满，以至于外交部长王正廷被殴，国民党中央党部委员蔡元培挨揍，驻国联代表施肇基亦被打伤。③锦州危机期间，蒋介石最终下野，而新成立之政府亦受不住舆论的重压，旋即辞职。热河失守后，张学良被迫辞职，国内各界诟病执政党，要求还政于民的呼声日盛。蒋介石乃忍痛中止他的“剿匪”大计，迅

① 《生活周刊》第6卷41期，1931年10月3日。

② 《申报》1932年1月7日。

③ 《顾维钧回忆录》第1册，中华书局1985年版，第414、423页。

速北上，安定人心，被迫作出抗战姿态。

“不抵抗主义”的奉行使东北四省尽失，南京国民政府威信扫地，反对势力借此施以猛烈攻击。国内政局一片混乱。

如果说九一八事变后，张学良与蒋介石实行“不抵抗主义”是为了使中国获得国际同情，依靠国联使日本尽速撤兵的话，那么，一而再、再而三的不抵抗举动，徒使国际舆论相信日方的片面宣传，认为中国是未统一国家，中国军队只勇于内战而怯于对外。尤其是国联在通过限期日军撤兵案之后，锦州撤防更使外人认为中国军队毫无战斗力，不敢迎击敌人。“李顿调查团报告书”被国联大会接受之时，各“友好国家”均希望中国“坚决抗日”。但中国在热河的军队非但没有守住阵地，抵抗日军进攻，而且接二连三地放弃战略要地。这使中国驻国联代表处境尴尬，甚至联名申请辞职。

由于中国的“不抵抗”，日本毫不费力地攫取了大片中国领土，国力大增。这使一些国家认为中国是个完全不能保持自尊和独立的国家，不配被视为国际大家庭中具备独立自主标准的一个成员，此类看法助长了各国对日本侵华的绥靖态度，致使中国利益受损。①

最后，它的恶劣影响促使国人知耻而后勇。九一八事变中的“不抵抗”政策，将东三省拱手送于日军。从此，东北的大好河山与3000万同胞饱受日军蹂躏，被奴役长达14年之久。这一历史教训是深刻的。对于国家而言，中国人吸取教训，在一·二八上海事变中则采取“一面抵抗，一面谈判”的政策，在热河交战中则采取“抵抗而不谈判”（最后是谈判）的政策，在七七事变后经过长期持久的全面抵抗，直至最后胜利。对于个人而言，张学良也好，蒋介石也好，都从九一八事变中得到了应有的教训。因此，在此后日本侵略面前采取了虽逐步的但坚决的抵抗政策。张学良在民族危机之时，发动西安事变，使国内结束了内战与纷争，自己从“不抵抗将军”变成民族英雄；蒋介石在全面抗战爆发后，或许在困局之下曾有过动摇，但始终在坚持抗战。除了民族大义以外，

① 参见冯筱才：《“不抵抗主义”再探》一文，载《抗日战争研究》1996年第1期。

“九一八”的耻辱毫无疑问既是他们心中挥之不去的痛，也是他们抵抗侵略洗耻的动力所在。

三、日军进侵华北与华北政局的更迭

全面灭亡中国，是日本的既定国策。但由于受其国力、军力和国际条件的限制，只能一步一步地实现其政治野心。九一八事变后，日本陆军当局在侵华作战的基本点中明确提出：“因为对苏必须严加警戒，所以对华作战必须极力缩小规模，以最少兵力尽速达到作战目的。”“要始终把战争限制在华北、华中或华南一个方面，这是根本方针。”“只在一方面作战不能消灭中国的武力，因此应只占领必要地区。如此持续下去给中国方面以痛苦，用此方法使中国不得不向我方屈服。”①按此方针，日军在侵占东北后，即着手巩固东北占领区；同时，逐步向华北渗透、扩大占领区，日军兵锋所指为关内的热河、冀东及平津一带。日军的企图是逼迫国民政府承认长城沿线为伪满洲国的边界线，并在长城以南制造一个非武装地带，为其下一步入侵华北奠定基础。为此，日军在九一八事变后，即迅速将侵略矛头指向与东北毗邻的华北，日军制造种种借口，挑起一个又一个事端，使华北继东北之后，成为又一块被日军蚕食和侵吞的地方。

1. 日军染指华北的开端：天津事变

1931年11月，日军在天津唆使一伙民族败类，制造了一起武装暴乱事件，史称“天津事变”。

天津事变发生在日军发动九一八事变以后不到两个月的时候，此时关东军已侵占辽、吉、黑三省省会，下一个目标是直取锦州与攻下哈

① [日]防卫厅防卫研究所战史室：《战史丛书·中国事变陆军作战》(1)，朝云新闻社 1975 年版，第 101 页。

尔滨。

为此目的，日军又在酝酿进一步的军事行动。但就在此时，国联召开第十二届大会，大会在12月24日通过了一项“对于中日争议的决议案”，要求日本军队从占领区撤退，撤兵日期为11月16日。无论国联是否有实际的行为与力量制止日本的侵略，但其通过的“决议”对日本不能不有所影响。此时日本还不愿意公开与国联对抗，于是，为了继续其侵略中国的行动，日军不得不寻找其他途径与借口，以延期撤兵，实现其制造伪满洲国的阴谋，而国联在决议日军撤兵的同时，又赋予日军在占领区的自由“剿匪权”，这使日军有了制造借口扩大侵略的便利条件。这样，日军策划了天津暴乱，藉以转移国际视听，同时牵制在华北的东北军兵力，并且由于天津驻屯军的趁火打劫，其阴谋拓展在华北势力的目的昭然若揭。天津事变便成为日军侵略华北的第一个信号。

日军选择在天津发动事变的原因，时任河北省政府秘书的张芾棠回忆说：“天津，为华北中心，同时也是东北军的根据地，所居地位万分重要。如果华北的中枢天津发生意外，而华北的大局，尤其在政治方面，必将起变化无疑。张学良将军所属东北军的根据地如一丢失，则东北军在山海关内的势力，亦将随之瓦解消失，造成的影响是巨大的。所以，如安排在天津发生暴动，可使东北军政人员把视线转移于天津，则日本准备的满蒙新傀儡政府，自会很快的粉墨登场，而早已潜伏在天津的土肥原贤二，即可挟走溥仪以满人治满。当能使日本占据东北合法化，名正言顺，又可博得国际间之支持也。现张学良将军驻节北平，而天津则为恢复东北指挥中心北平的屏障。将来日本人是否能如他所预想的那样长期占据东北，主要的则是要看东北在外的政权是否还有死灰复燃的可能。故在此种意义之上，日本人非使张学良领导的东北政权根本没落，则无以善其后，那么，日本有意发动天津事变，以使北平失却屏障，自是必然要发生之事。”①

---

① 政协天津市文史资料研究委员会编：《天津便衣队暴乱》，中国文史出版社1987年版，第3页。

根据资料与事实分析，笔者认为日军发动天津事变的目的有三：其一是为日军进攻锦州施放烟幕，寻找借口；其二是乘机挟溥仪由天津至东北；其三是为了破坏和削弱张学良在华北的势力，借机扩大日军在华北的势力。因而，笔者认为天津事变是日军侵略华北的先声。天津事变是关东军与中国驻屯军合演的“杰作”。关东军借中国驻屯军在天津制造的事变攻占了锦州，而中国驻屯军又乘关东军向张学良进攻的机会，扩大了自己在天津的势力。

1931年10月8日，关东军轰炸锦州，企图以武力侵占锦州。此举遭到国际社会一致谴责，日军被迫停止行动。10月下旬，关东军向奉天特务机务长土肥原贤二发出训令：“不管怎样，希望利用良机，将溥仪极为秘密地转移到最安全的地区。”①于是，土肥原奉命到天津，具体策划挟持溥仪的阴谋活动。此时，以中国驻屯军为名的驻天津日军也正跃跃欲试。“在此期间，司令部设在天津的中国驻屯军对锦州政权和华北的张学良势力，似乎表示了更大的关心。比如，十月中旬，中国驻屯军司令香椎（香椎梏平中将）在给关东军司令本庄繁的电报中说：‘对张学良的败退，不可掉以轻心，为使满蒙问题的解决更加容易，应尽快摧毁张学良在河北的势力’。表示了他对谋略活动的积极意图”。②天津日军有意有所作为，不想眼看着关东军将侵略中国的“功劳”全都占去，只可惜自身势单力微，充其量不过两个大队，还分布在山海关到北平数百里长的铁路线上。为此，驻屯军主要依靠施展谋略达到目的。土肥原的天津之行，恰好为天津日军提供了机会。

在日军中享有“中国通”之称的奉天特务机关长土肥原一到天津，即收买、网罗一批汉奸，并唆使李际春、张壁等组成“救国军”便衣队，拟于11月8日在天津闹事。李际春、张壁等汉奸部队，按计划首先在天津北门外的估衣街抢劫商店、搜抄行人财物、鸣枪示威，造成天津市内人心惶惶、混乱不安；随后袭击维持秩序的军警，破坏天津至北平的铁

① ［日］《现代史资料 11　满洲事变（续）》，美铃书房 1987 年版，第 351 页。
② ［日］关宽治、岛田俊彦：《满洲事变》，第 234 页。

路。暴乱遭到了中国驻军的镇压。

中国驻天津周围的部队，是东北军王树常（时任河北省政府主席）的第2军。11月9日，香椎浩平向王树常提出抗议，并要求中国在天津的保安队须后撤至日租界300米。为了缓和局势，保安队答应后退，但撤退后的地带成了“便衣队”出没无常的地方。日军又借口“流弹飞入租界”，不断制造扩大事变的借口，并从塘沽紧急调兵来津，发动日侨组成义勇队，摆出一副介入战斗的姿态。天津日军不断扩大事态的目的显而易见，它希望“利用这次事件，从无可掩饰的劣势兵力中摆脱出来。”①因而，事变一发生，天津日军即向参谋本部提出增兵华北的要求，但日参谋本部没有答应其要求，指示其“与有关方面密切联系。”②香椎梏平根据指示，一方面让日驻天津总领事桑岛主计与河北省政府交涉，进行外交叱欺，一方面再次寻机与关东军合作。

桑岛的交涉没有得到什么好处，津日军便在11月26日挑起便衣队的“第二次暴乱”。事件一发生，天津日军便急电关东军：“在天津附近，日华两军再次冲突，军（指中国驻屯军）决定断然行使自卫权，击退当面之中国军，切望迅速增兵。”本庄繁立即复电：“军（指关东军）准备立即集结兵力，然后向山海关前进，救援贵军的危急。”③关东军的迅速回应，在于“关东军自己也有由西进攻锦州进而推向山海关的计划。”④11月27日凌晨1时，本庄繁命令关东军第4旅团支援中国驻屯军。8时，日军在白旗堡、绕河一带与中国军队发生冲突。同日下午，日本政府与军部恐引起国际纠纷，两次电令关东军停止前进。日军遂撤退至辽河之东。这时，天津日军还在图谋扩大事态。27日，香椎梏平向王树常提出要求：中国军队必须撤离外国军队驻地20里以外，保安队必须撤至南运河与金钢桥以北，驻河北省内的中国军队一律中止移动，此遭到王树

① 中央档案馆等编：《日本帝国主义侵华资料选编——九一八事变》，中华书局1988年版，第473—474页。

② [日]《现代史资料11　满洲事变（续）》，第422、336页。

③ 中央档案馆等编：《日本帝国主义侵华资料选编——九一八事变》，第473—474页。

④ 中央档案馆等编：《日本帝国主义侵华资料选编——九一八事变》，第473—474页。

常的拒绝。[①]同日，日两艘驱逐舰与约90名陆战队员到达天津。28日，又一艘驱逐舰及40名陆战队员到达天津。日本参谋部也决定从关东军内抽调一个步兵大队到天津。[②]

自天津事变发生后，国民政府曾多次向驻华公使重光葵提出严重抗议，但均无结果，国民政府最后指示天津当局“退让”。中国驻军按照日方的要求，将保安队撤退到南运河、金钢桥以北地区，历时20余天的天津事变以中方的退让而告结束。天津事变的发生，预示着华北从此将再无宁静。

12月15日，日本参谋本部对关东军下达侵占锦州的命令。

1932年1月3日，日军占领锦州。

日军的下一个目标便是热河、榆关。

2. 热河、榆关之战

1932年底，关东军“调头”把进攻方向指向热河省。[③]日本这次扩大侵略的主要意图是：侵占热河，逼迫国民政府承认长城沿线为伪满洲国边界线，并在长城以南制造一个非武装带，以扩大占领区，巩固其对东北三省的殖民统治，为全面入侵华北乃至全中国打开方便之门。在侵略步骤上，采取两步走的方针：第一，以军事进攻为主，政治谋略为辅，武装侵占热河和长城各口，同时对华北进行策反工作。1933年2月10日，关东军在侵热计划中讲得很明白：“攻占热河的目的，在于使热河省真正成为满洲国的领域，并为消灭……华北张学良势力，创造条件。”[④]第二步，在以谋略为主，争取不战而取华北的情况下，改取“迫和为主，内部策动为从”的方针。[⑤]派兵入侵关内，威胁平津，逼迫中国政府订立城

---

① 政协天津市文史资料研究委员会编：《天津便衣队暴乱》，第39页。

② 王辅：《日军侵华战争（1931—1945）》第一卷，辽宁人民出版社1990年版，第123页。

③ [日]参谋部：《满洲事变作战经过概要》第2卷，中华书局1982年版，第69页。

④ [日]参谋部：《满洲事变作战经过概要》第2卷，第69、71页。

⑤ 吴相湘：《第二次中日战争史》上册，台北综合月刊社1973年版，第124页。

下之盟，在长城以南建立非武装区，为进一步南侵打开缺口。

为准备发动新的侵略战争，日本从多方面进行了准备。

一是大造舆论，鼓吹侵热“合法”。日本首相斋藤实、外相内田康哉和关东军司令部武藤信义都一再宣称：“热河为满洲国之一部，”“满洲国之国境系万里长城。”“所谓热河问题，纯粹为满洲国之内部问题”。“其在该省内捣乱治安者为满洲国之不逞分子，其侵入省内者为侵略者”。“根据日满协议书规定，对满洲国领域内之治安，两国有共同维持之责任。”日本报纸、杂志也连篇累牍指责张学良操纵义勇军，危害伪满洲国安全，并扬言要进行“惩罚”。①

二是调兵遣将，扩编伪军。关东军在九一八事变时有三个师，而到1932年为准备新的侵华战争总兵力已有约10万人。②同年6月6日，还发布了关东军司令部扩大编制的命令。8月更换了司令官和正副参谋长。与此同时还积极编组伪军，伪满初期共有伪军14万人，为侵犯热河，日军在辽西和吉西地区又组织了四个军的伪军。

三是密谋策划，频繁挑衅。1932年7月3日，东京参谋本部次长真崎甚三郎到锦州与关东军将领策划进攻热河。7月17日，驻义县日军300人以石本友三郎被义勇军拘捕为理由，向辽热边境的朝阳寺进攻。23日，日军飞机数架飞临热河上空侦察。8月19日，日军炸毁南岭铁桥。此后不断派飞机到热河上空散发传单。与此相配合，日军还派奉天特务机关长板垣征四郎到天津设立特务机关，策动“原华北各将领，使其伺机进行反蒋降日”。③至此，日军扩大侵略的一切准备就绪，只等寻机兵发榆关。

榆关即山海关，位于万里长城东端，北依燕山，南临渤海，地势险要，扼辽、冀之咽喉，为天津之屏障。日军占领榆关的目的很明确，拿下榆关，既可用少数兵力掩护其攻热部队的侧背安全，又可佯示攻略滦

① 军事科学院军事历史研究部：《中国抗日战争史》上卷，解放军出版社2005年版，第237页。

② [日]桑田悦等：《简明日本战史》，军事科学出版社1989年中文版，第55—56页。

③ [日]土肥原贤二刊行会：《土肥原秘录》，中华书局1980年中文版，第18页。

东，窥视平津，牵制中国兵力于冀东平原，以利攻热作战，并切断关内与关外的联系，为发动新的侵略战争造成有利的战略态势。

1932年5月起，日军为侵占榆关多次挑起事端，制造侵略借口。同时对何柱国进行拉拢诱降，企图不战而取榆关，但均遭何拒绝。①

1933年1月1日，日军沿袭九一八事变的故伎，在榆关宪兵分遣队和守备队派出所前面，制造了手榴弹爆炸事件。②以此为借口，向榆关中国守军发动进攻。中国守军以一团之众不足2000人与日军陆海空相配合的强兵3000余人激战三日，终因寡不敌众，被迫撤出榆关。

榆关失陷。

日军占领榆关后，一面调兵侵夺九龙口，攻击石门寨和石河口，从而控制并断绝中国援兵从陆路救热；一面威胁秦皇岛，从而控制海上援热，使自己在侵热的战略上处于十分有利的地位。

日军攻占榆关正值国联开会，中国即向国联申诉，引起与会国的关注，日本感到"因为牵扯到国际联盟总部，不便对热河实行讨伐"。③于是，一面由外相内田向美、英、法等国驻日大使声明，事态"不再扩大"；一面加紧侵热准备，等待国联开会结果。1933年1月28日，关东军发出关于作战准备的命令。2月17日，正式下达作战命令。日军确定的侵热方针是：首先进攻热河东北部，把中国军队牵制于热河北部；接着向热河南部进军，把热河与河北隔断，然后将热境内的中国军队压向西面或西南面聚而歼之。④

根据日军既占榆关，图热又急的情况，国民政府北平军分会制定了热河防御计划，其作战方针是："华北军以捍卫疆土收复失地为目的，务需确保冀热，巩固平津，以为将来进出辽河流域之根据，集中主力于冀、热东部和平津、察南一带，对由河北沿海登陆及自热河方面侵入之敌，

① 何柱国：《榆关失陷前后》，载《文史资料选辑》第37辑，第56—58页。
② 《侵略——日本战犯的自白》，山东人民出版社1988年版，第106—108页。
③ [日]土肥原贤二刊行会：《土肥原秘录》，第19页。
④ [日]参谋部：《满洲事变作战经过概要》第2卷，第71页。

预期各个击破之，并乘机东进，向辽西平原转取攻势。”①此时，华北军已编成八个军团和一个预备军团。其中直接用于热河作战的有四个军团八万人，其他军团配置于热河四周，津塘、滦东、冀南、察东与北平附近。中国军队采取了守势。

21日，日军开始进攻热河。

23日，日本领事上村向中国外交部面交备忘录，要求中国军队撤出热河，否则“难保战局不及于华北方面”，②中国方面予以拒绝。日本政府为摆脱国联对其扩大侵略战争的束缚，于2月20日决定了“退出国际联盟的方针。”③2月24日，当国联大会以42票赞成，一票反对，一票弃权的绝对多数通过了日本认为对自己不利的“大会报告书”时，日本政府便于27日正式宣布退出国联。同时，发动了侵热战争。

日军兵分三路向热河发动总攻击，热河境内中国军队也分三路应战。

但热河战役的进程及结果令中国人民悲愤万分，也使国际社会咋舌瞠目，从2月21日日军开始进攻到3月4日承德失陷，其间仅有十几天，热河大片领土便沦入敌手。

3. 张学良下野与华北政局更迭

日本对热河的侵略企图，早就尽人皆知。“满洲国”成立之时，热河即被划为其一行省。国联调查团在东北时，伪满当局向其声明“满洲国国境，系以万里长城为界”。④锦州得手之后，关东军图热愈急。时主政热河者为汤玉麟。汤治热期间，唯贩卖烟土、克扣军饷是务。九一八事变之后，他首尾两端，既与伪满通气，又对张学良逢迎，以保热省地盘。而

① 国民政府参谋部：《华北抗日战纪》第 1 卷，第 2 章第 3 节。

② 罗文干为日领事上村面复《节略》致蒋介石电，1933 年 2 月 23 日，总统府机要档案。

③ [日]古屋奎二：《蒋总统秘录》第 9 册，台北中央日报社译印 1977 年版，第 81—82 页。

④ 《时事月报》第 8 卷第 2 期，1932 年 3 月。

其部下如崔兴武、董福亭两旅，早密向日方输诚。①

鉴于热河形势之严峻，蒋介石在1932年7月初就给张学良指出两种解决方案：一是“先派兵三旅用夜间动作到热河附近，使倭与汤皆不及防，一俟我军接近热河，再调汤至察省，则汤必遂令，倭亦无法”；二是“先占热河，而暂弃于津，亦在所不惜”。他并请蒋伯诚嘱张：“此事万不可预先商汤，否则无异使汤召倭军占热也。”②但张学良与张作相等商量后，乃弃置蒋之计划，并以此事告汤。蒋遂在失望之余再建议张，“此事既已与汤提出，乃不可再三延缓”，“务请从速派队星夜驰进。以免受制于倭。”③可是张学良仍主张先与汤玉麟商妥，再派兵入热。汤早已视热河为其私产，不欲他人染指。他拒绝东北军开进热境。直到7月17日，日军突攻朝阳，汤才被迫允张派两个旅入热。是月底，张学良再以步兵四个旅集中热边。与汤商以其增防热境，而汤自称足以应付，力阻其入境。后几经协商，汤才允该军驻热南。张学良当时在关内拥有精兵10多万，东北义勇军在东三省的抗日运动正处高潮，他完全可以出兵一举占热，以绝后患。但到热战爆发时，张所属东北军仅上面六个旅用于热防，辽热接壤处及热河省府承德等要地，均任由汤军防守。

1933年元旦，日军自演爆炸案于山海关铁路守备队门前，2日遂藉此进攻中国驻关部队。3日，山海关在日军猛烈进攻下陷落。日军攻榆主要为牵制张学良增兵热河，并威胁平津。1月21日，日外相内田康哉公然宣称对热河问题甚为关切。④27日—29日，关东军司令武藤信义连发三道攻热命令，战争一触即发。此时，中国方面用来防守热河的兵力，包括汤军、万福麟军、冯占海军、孙殿英等部，有七八万之众，但有实际作战能力者仅万部于兆麟、缪徵流、沈克等旅。蒋介石不停地电催张学良派张

① 梁敬錞：《日本侵略华北史述》，载台《传记文学》第10卷第5期。
② 秦孝仪主编:《中华民国重要史料初编——对日抗战时期》绪编（一），第559页。
③ 秦孝仪主编:《中华民国重要史料初编——对日抗战时期》绪编（一），第559页。
④ 秦孝仪主编:《中华民国重要史料初编——对日抗战时期》绪编（一），第583页。

作相赴承德坐镇指挥，①并令陆军大学校长杨杰率幕僚赴平襄助。2月17日，宋子文、张学良等同赴承德，鼓励汤玉麟之守土决心。

2月23日，关东军兵分三路总攻热河。不出三日热河第一道防线即因守军叛逃和溃败，而被敌攻破。到3月2日，热境要地尽失，而汤玉麟毫无战意，承德城中弥漫“不抵抗”之空气。②3日，敌军陷平泉，汤则率所部一旅一团放弃承德，逃至滦平。日军川原部队闻讯，即以123人之先遣队急趋承德，于次日顺利进城。热河守军至此已全线崩溃。张学良之反攻计划亦告流产，日军直抵长城各口。

热河的失陷在全国引起强烈反响，举国一致谴责国民政府和张学良。张学良是统率华北军政大权的领袖。当时国民政府设在华北有两大机构：一是北平政务委员会，二是北平绥靖公署。其辖区是河北、察哈尔、热河、山东、山西、绥远六省，北平、天津、青岛三市。华北的大片国土虽有阎锡山、韩复榘颇具实力的军阀占据一方，但名义上都归张学良节制与管辖。因此，旬日之间热河全陷，顿时舆论大哗，一致要求严惩汤玉麟及负热河抗战重责之张学良。5日，立法院长孙科在沪提出：“在前线指挥之汤玉麟等各军长官，应予严惩；即负责最重之张学良，亦应立即引咎辞职，以谢国人。”③7日，监察院长于右任呈文中政会，要求“将违犯命令失陷地方之张学良、汤玉麟等，尽快惩治，以肃纲纪。”④全国商会联合会、上海市商会、上海市地方协会等公团亦联名致电南京，痛责张学良等人。⑤

素称天险，易守难攻的热河竟于10余天内全部失守，作为负责华北军政全责的张学良的确难辞其咎。对这次关系民族危亡，牵动全局的重

---

① 秦孝仪主编：《中华民国重要史料初编——对日抗战时期》绪编（一），第590—594页。

② 罗家伦主编：《革命文献》第38辑，台北中央文物供应社1978年版，总第8816页。

③ 中国社会科学院近代史所中华民国史研究室编：《中华民国史资料丛稿·大事记》第19辑，中华书局1981年版，第41页。

④ 罗家伦主编：《革命文献》第38辑，总第8986页。

⑤ 电文见《申报》1933年3月9日。

大战役，事先张学良已知日本作了各方面准备，热战已不可避免。但他囿于地方实力派保存实力与地盘的想法，始终未作认真准备。当时聚结在热河附近的部队虽有15万之众，却各不相属，彼此毫无联络。当日军大举攻热时，计划配置的中国军队有一半尚未到达防地，根本未构成一个防御体系。在将领的任用上，张也优柔寡断。一句话，张学良并没有下定坚决抵抗的决心，是导致热河迅即失陷的主要原因。

承德失陷后，张学良大为震惊，一面急令古北口驻军严阻逃军入境，张作相、万福麟等严守长城防线，表示要亲率东北军恢复热河，抗日到底。一面下令通缉不战而逃，弃守承德的汤玉麟。迫于舆论压力，张学良于3月7日致电南京政府，请求辞职。电文称："自东北沦陷之后，效命行间，妄冀待罪图功，勉求自赎。讵料热河之变，未逾旬日，失地千里，固有种种原因，酿成恶果，要皆学良一人诚信未孚，指挥不当，以致上负政府督责之殷，下无以对国民付托之重，戾愆丛集，百喙莫辞"，"应迅赐命令，准免各职，以示惩儆，一面迅派大员接替，用伸国民，转还之机，在此一举。"①

热河之战中，不能说张学良未作抵抗，但他将东北军大部留驻冀察观望，则表明他未下全力抵抗决心。热境险要之地，防守部队如汤军、晋军、义勇军等均无多大抵抗力，战局一开，即告崩溃。纵万部东北军"抗战皆甚艰苦"，②师、团长均有牺牲，亦无法挽回败势。

纵观此役，张虽无"不抵抗"之意，但一误再误的军事部署，及汤玉麟的不战而逃，朝阳童旅的临阵叛变等，却是"不抵抗"的现实说法。

热河失陷，也是国民政府推行"攘外必先安内"政策，一味依赖国联约束和制裁日本的恶果。

蒋介石国民政府在坚持"攘外"必先让位于"安内"时，在进行有限度的抵抗的同时，把希望寄托在国联上，希望借助国际社会的力量压制

① 中国社会科学院近代史所中华民国史研究室编：《中华民国史资料丛稿·长城抗战资料选辑》，中华书局1989年版，第39—40页。

② 罗家伦主编：《革命文献》第38辑，总第8982页。

日本。这种愿望与策略并非无一是处，但立足点是错误的。由于热河失守引起的各种矛盾错综复杂，蒋介石既要继续坚持其“安内攘外”的方针，又想尽快从热河失陷的困境中解脱出来，以稳定国民党中央的统治，于是在3月6日将“剿匪”一事交由陈诚办理，自己则以亲赴前线督师、筹划反攻为名匆匆北上，集中全力处理张学良问题，整顿华北军政。蒋介石的“安内”并不仅指消灭共产党，还包括控制与收抚地方实力派，以使中央政令通达全国。蒋介石此次北上的目的就是在张学良下野后，重组北平军分会（1932年8月，北平绥靖公署更设为北平军分会），由中央控制华北大权。9日，蒋介石在保定召集宋子文、张学良、何应钦等人开会，决议下述几点：（1）张学良辞职下野，以谢国人；（2）驻华北一带约16个旅的东北军，交中央统率；（3）何应钦代理北平军分会委员长之职；（4）商讨并决定日军如进窥华北之军事计划。①

张学良怀着难言的苦衷接受了决定，安排善后一切。决定将东北军改编为四个军。10日，他“在北平私邸召开所部平津军政领袖……开会，告以保定会议经过及下野决心，嘱服从中央，继续工作。”②11日，张学良发表下野通电，略谓：“此次蒋公北来，会商之下，益觉余今日之引咎辞职，即所以效忠党国巩固中央之最善办法，故毅然下野，以谢国人。”并盼国人鉴其“诚悃”，谅其“庸鲁”，而了解其“虽愆尤脞”，然“本心只知为国，余皆不复自计”之苦衷。③寥寥数语道出了其下野时的复杂心态。12日，国民政府明令准张学良辞去本兼各职。同日，何应钦到北平军分会视事。南京中央接管了张学良去后的华北军政大权。

在处理了张学良问题后，蒋介石又与刚刚回国的汪精卫会谈，劝其复任行政院长职，并答应汪精卫有对日外交的最后决定权。5月3日，为应付与日军就华北问题进行交涉，又成立了以黄郛为委员长的行政院驻北平政务整理委员会，负责对日交涉。这样，张学良下野后，华北政局的实

① 《申报月刊》第2卷第4号，1933年4月15日。
② 吴相湘：《第二次中日战争史》上册，第118—119页。
③ 中国社会科学院近代史研究所中华民国史研究室编：《中华民国史资料丛稿·长城抗战资料选辑》，第41页。

际主持人变成了何应钦与黄郛。北平有了国民党中央的两套班子：应付抗战，有何应钦按照蒋介石旨意指挥的北平军分会；对日交涉，靠汪精卫直接指挥的黄郛的北平政务整理委员会。国民政府总算把华北大权收归中央。

热河已陷，长城各口告急。蒋以何应钦为军分会委员长驻北平，自己坐镇保定部署长城抗战，将中央军徐庭瑶、关麟征、黄杰各部调驻密云，守古北口；以宋哲元、刘汝明、赵登禹之西北军，拔喜峰口，守罗文峪；以王以哲、何柱国、万福麟之东北军，分守滦东，冷口、界岭口；共计中央军11个师，东北军12个师，西北军、晋军，总兵力近30万人。

长城抗战从3月5日开始打响，关东军遭到中国军队有力抵抗。中国军队在长城各口尽力防守，表现卓越，战况惨烈，伤亡数万。长城抗战中，中国军队用鲜血洗去了“不抵抗”的耻辱。

4.《塘沽协定》与华北危机

日军侵占承德后，立即分兵进攻长城各口，同时派兵侵入滦东，以侧翼包抄策应在长城的正面进攻。长城各口被占后，日军迅速席卷滦东，进逼平津，以军事压迫和政治阴谋双管齐下的手段，迫使国民政府接受屈辱的停战条件，订立城下之盟。

热河、河北之交的长城沿线的古北口、喜峰口、罗文峪、马兰峪等隘口，是热河通往河北和平津的咽喉，地形险要，易守难攻。1933年2月10日，关东军在下达进攻热河的命令时，就要求所部不失时机占领长城沿线主要隘口。3月4日，日军占领承德后，即分兵向长城各口推进。中国军队沿长城布防，阻止日军前进。在全国人民抗日热潮影响下，在长城沿线与日军展开了激烈搏战。中国军队的顽强抵抗出乎日军意料，也为国民政府后面的停战谈判增加了一些底气。

从3月5日至3月底，在中国军队顽强抵抗下，日军被阻于长城一线，为此，日军采取侧后包抄战术，在长城东段南侧的滦东和南天门交替发动进攻，威胁中国守军侧背。同时，配合板垣征四郎在平津地区的策反工作。4月初，日军开始发动对滦东的进攻。4月17日，占据滦东。中国军队在滦河以西布防，与日军隔河对峙。

日军越过长城，占领滦东，威胁开滦煤矿，英国为此向日本提出警告。日本天皇恐越过长城线引起国际纠纷，于4月19日责成参谋副总长真崎甚三郎令关东军撤出滦东。①20日，关东军秘密令第6、第8师团于21日前逐次从滦东撤回长城线，但须仍“要保持威胁华北反抗势力的态势”。②日军入侵滦东的目的除了迂回中国守军侧背，突破长城线外，就是策应华北的“谋略工作”。

早在关东军开始进攻热河时，关东军特务机关长板垣征四郎即奉东京参谋部密令，担任华北策动国民党政府内变的工作。板垣奉命到天津后，立即组织了特务机关，直接受东京参谋本部指挥。在热河、长城抗战期间，板垣曾先后策动段祺瑞、吴佩孚和孙传芳等老军阀，但被拒绝。最后选定了早年任过湖南督军的张敬尧以及郝鹏举、石友三等人。4月18日，板垣密电关东军称张敬尧准备在4月21日晨北平起事，请关东军加紧向南进攻，以策应张之内变。

当板垣听到关东军撤兵的消息以“不要上中国缓兵之计的当”为由，反对停战，日驻平武官永津佐比重也提出了强烈的反对意见。③当时，日军军部考虑到：平津地方关系比较复杂，为国际所注目，国联已通过谴责日本行为的议案，在国际上比较孤立的情况下，日军再犯平津，难保不引起国际干涉；况且要占领平津需用更多兵力。当时日驻满兵力比较紧张，再扩大侵略尚需进行充分准备。因此，日本军部殷切期待板垣从事的策动“华北内变”的成功，在滦东作战也是为了策应并加速促成“华北内变”阴谋的实现。为此，武滕信义一面发布撤兵命令，一面为配合板垣策划的“内变”，集中兵力向南天门一线猛攻。

在此期间，中方开始谋求通过交涉停战。在华北，国民政府派出了与日本关系密切的汤尔和、雷寿荣、王克敏等人与日军驻华机关保持接触。4月末，军政部次长陈仪和日本驻华武官根本博在上海交换了停战

---

① ［日］土肥原贤二刊行会：《土肥原秘录》，第20页。

② ［日］参谋部：《满洲事变作战经过概要》第2卷，第99页。

③ ［日］土肥原贤二刊行会：《土肥原秘录》，第21页。

意见。

此时，国联对日本侵略中国华北的行为“并无强烈的反应”，而板垣策动内变的“主角”张敬尧被杀，“内变”一时变得无望。

鉴于上述情况，5月2日，关东军参谋长小矶国昭在东京与参谋部、陆军省制定了沿长城作战，“以迫和为主，内战策动为从”的关内作战方案，经天皇批准后，带回长春。据此，关东军司令部于5月3日下达了入侵关内的作战命令，决定给中国守军以“致命打击，挫折其挑战意志”。①

5月6日，东京参谋本部下达《华北方面紧急处理方案》。“方案”指出：这次用兵的目的是继续使用武力，压迫华北当局屈服或造成华北军队的分裂。至于夺取平津的事，应该继续让天津特务机关进行“内部策动”，假若内变不能如期得手，关东军应在有利的条件和动机下，从速和中国当局订立一个停战协定。②这个“方案”成为当时日本在华北进行军事侵略和政治阴谋的指导方针。

5月7日，关东军再次发动对关内的攻击，至24日，对北平形成三面迫围之势。北平城内一片混乱，华北军事当局也准备南退保定。此时，日本政府认为停战的有利时机已到，遂提出举行谈判。国民政府接受日方建议，于5月25日开始停战。5月31日，《塘沽协定》签订。

《塘沽协定》内容共五条，全文如下：

一、中国军一律撤退至延庆、昌平、高丽营、顺义、通州、香河、宝坻、林亭口、宁河、芦台所连之线以西、以南地区，尔后，不得越过该线。又不作一切挑战扰乱之行为。

二、日本军为证实第一项的实行情形，随时用飞机及其他方法进行监察。

中国方面对此应加保护，并给予各种便利。

三、日本军如证实中国军业已遵守第一项规定时，不再越过

① ［日］参谋部：《满洲事变作战经过概要》第2卷，第102—103页。

② ［日］《现代史资料7　满洲事变》，第514—515页。

上述中国军的撤退线继续进行追击，并自动回到大致长城一线。

四、长城线以南及第一项所示之线以北、以东地区内的治安维持，由中国方面警察机关担任之；上述警察机关，不可利用刺激日军感情的武力团体。

五、本协定盖印后，即发生效力。①

31日14时，中日代表继续开会，日方向中国口头表示希望四项：

（一）丰台西南方之骑兵第2师，望即撤去；（二）平津附近之40师华军，望即他调；（三）白河附近堑壕及其他军事设备，望予撤去；（四）中日纷争祸根之一排日，望即彻底取缔。②

熊斌口头允诺前三项，第四项因涉及政治问题，熊斌允为代转。当晚，中国代表返北平向何应钦、黄郛报告。

6月3日，国民党中政会召开临时会议，承认了《塘沽协定》。

《塘沽协定》通篇充满了战胜者对战败者的气势和口吻，而就其实际内容而言，则更具有损害中国主权的险恶用心。协议第一条规定，中国军队从此条规定之线撤退后，“不得越过该线前线”，这等于说中国不能越过该线，收复热河和东北三省失地；第二条规定，日本“可用飞机及其他方法视察”中国军队撤退以后的情形，这就可以作为日军今后随意越过该线，进攻华北，发动全面侵华战争的借口；第三条“规定日军回到大致长城线”，这就等于既承认了日军强占热河的事实，又为日军屯驻、出入长城各口埋下了伏笔；第四条规定要在长城以南非武装区内任用亲日警察，这就意味着日本对该区的实际占领，中国不能在非武装区驻军。

凡此种种表明：协定虽没有承认伪满洲国，划长城为界和涉及政治问题的词句，但实质上长城变成了新的政治分界线，非武装区变成了丧

① 张蓬舟：《近五十年中国与日本（1932—1982）》第1卷（1932—1934）附录，四川人民出版社1985年版，第345—346页。

② 王铁崖：《中外旧约章汇编》第2册，生活·读书·新知三联书店1962年版，第941页。

失主权区，使日军达到了划长城为界，并在长城以南建立新控制区的目的，为日军进一步在华北扩张打开了方便之门，至于达成的四项口头条约，更是对中国主权的蛮横干涉！难怪美国学者罗西·博格在多年后重提这段史实，谓此协定等于授给“日本以后侵略华北的特许状。”①其后，日本在华北制造了一系列事件，皆伏因于此。从此日军据此协定，逐步加深了对中国华北的侵略与掠夺，华北危机日渐深重。《塘沽协定》是最终导致中日间全面战争的引线。

3. 善后会谈与日军对华北侵略的加深

《塘沽协定》签订以后，中日双方还于7月上旬和11月上旬，分别就非武装区处理、铁路通车和停战善后事宜等问题在大连和北平举行会谈，最后达成《停战协定善后处理会谈》。这个“善后会谈”实际上是《塘沽协定》的继续与发展。

按照《塘沽协定》的规定，停战后日军应撤至长城线，由中国派警察接收战区。但日军在交接地区问题上设置重重障碍，使国民政府迟迟不能在战区恢复中国主权，引起中日间严重交涉。

当时，河北省境内有22县沦为战区。《塘沽协定》签署后，日本并没有完全“自动归还至长城之线”，而是故意拖延撤兵日期，并在原战区内扶植和支持李际春、郝鹏等伪军势力。李际春自称“中华民国抗日救国军总司令”，悬挂五色旗，大肆招兵买马，广揽关内外土匪，并自行向滦东东西各县指派长官，催征地丁钱粮，勒收苛捐杂税，盘踞县城，蹂躏乡村。郝鹏则打出“河北国民自治联军”旗号，发表“独立宣言”，自称管辖滦东20县，拥兵15万。由于伪军和土匪的捣乱与骚扰，原战区内一片混乱，中方的接收工作拖延了一月之久，仍无法顺利进行。

7月3日，华北战区接收委员会成立。由河北省主席于学忠任委员长，负责办理接收战区计划的准备与实施；接收地区内保安队之点验与编

① ［美］博格：《美国和1933—1938年的远东危机》，哈佛大学1964年版，第37页。

制；恢复各县区行政组织；协助铁路接收以及相关的中日交涉等。①

7月3日至6日，中方代表殷同、雷寿荣与关东军代表冈村宁次、喜多诚一及伪军代表在大连谈判接收战区问题，双方达成口头协议：

(1) 解散李际春部6000人，取消其行政组织，由中国政府发给官兵遣散费，并收编3500人为保安队，驻在滦县、永平、昌黎3县城；(2) 北宁铁路芦台至山海关段日军撤退后，仍由中国管理；(3) 从7月10日起由中国依序接收滦东、平北各县。②

据此，中国接收了战区各县，南京政府的旗帜是重新悬挂起来了，但实际统治权的行使由于日人从中作梗而枝节横生。该地区成为藏垢纳污之所，失意军人、汉奸、盗匪肆意活动，日人公开销售毒品，社会秩序混乱不堪。

11月6日，中日双方代表在北平继续商谈战区善后事宜。日本武官根本博向中国代表黄郛提出了关东军《关于北支善后交涉商定案》，并声明："这是关东军再三审议后决定的，贵方只可修正文字，绝对不容更动实质。"南京方面制定的应付方针是："现在国际均势已破，日本动辄可以影响我国安全，故对日本除割让东三省、热河，承认伪国为绝对不可能外，对其它次要问题……与之作相当之周旋，谋适宜之处置，极力避免一切刺激日方感情之行动及言论。"③

7日，双方正式谈判，黄郛根据南京政府规定的方针提出三项原则：

(1) 无论何种方案不得涉及"满洲国"；(2) 提出的方案必非强制的，而是协商的，必能容纳我方意见，作相当的修改；(3) 这次商谈以处理战区的善后为限，不能涉及政治、外交问题。④

双方代表围绕长城各口的警备权问题、"满洲国"机关问题展开了激烈争论。日方代表强调："那时平津已在日军掌握中，关东军是宽大为怀、自动撤退，这才有《塘沽协定》，这次会议是跟着《塘沽协定》来

① 《国闻周报》第10卷第27期，1933年7月10日。
② 吴相湘：《第二次中日战争史》上册，第153页。
③ 吴相湘：《第二次中日战争史》上册，第156页。
④ 吴相湘：《第二次中日战争史》上册，第56页。

的，如果贵方完全用对等的态度来事事争辩，就大错了。”①很明显，日方并不讳言双方的不平等地位，并不断以“罢议而归”相威胁。

9日，何应钦、黄郛在略作文字修改后，同意了日方提出的方案。主要内容如下：

(1) 关东军希望华北当局随着其维持治安机能的充实，迅速而完全地接收不包括长城在内的长城以南及以西地区；

(2) 华北当局承认最近期间在其接收地区内的连接或接近长城的地带（山海关、古北口、喜峰口、潘家口、冷口、界岭口）配置关东军为处理交通、经济等各种事项而指定的必要机关，并对此等机关的业务给予方便；

(3) 华北当局同意最近期间在其接收地区内将日本军队驻屯所需的土地和房屋租给日本（日军驻屯地点暂定：山海关、石门砦、建昌营、冷口、喜峰口、马兰峪、古北口）；

(4) 为了规定长城内外的贸易、交通、通讯等等，华北当局应派定必要的委员和关东军所指定的委员迅速地逐步地进行协议。②

同日，中方代表提出希望事项三条：

1. 在接收地区暂住的日本军队及配置的关东军所指定的各机关，不干预或妨碍所在地中国行政的一切事务；

2. 除根据本会谈已经华北当局同意者外，任何正规军队俱不得进入接收地区内；

3. 为了完成察东地区及多伦的接收，关东军同意华北当局讨伐处置该地的抗命部队及土匪。

15日，关东军答复：对于第一项，如在接收地区内没有排日行为，并且中方完全履行会谈第二款要旨，则无异议；对于第二项，要求中方撤回；对于第三项，不能同意，从而基本上否决了中国方面的希望要求。③

① 吴相湘：《第二次中日战争史》上册，第59页。

② [日]外务省编：《日本外交年表和主要文书（1848—1945）》下卷，第227—278页。

③ [日]外务省编：《日本外交年表和主要文书（1848—1945）》下卷，第278页。

此次善后谈判确定的方案载入了日本坚持的“不含长城线”字样，从而超越了《塘沽协定》的有关规定，使日军完全占领了长城沿线的中国领土；在非军事区的滦东地区同意日军暂行驻兵和暂设机关，更是严重损害中国华北的主权，为关东军以后逼迫南京政府进行关内外通车、通邮、设关、通航等交涉打开了缺口。

善后谈判告一段落后，日军继续提出关内外通车、通邮问题，并以十分强硬的态度催促南京政府进行谈判。

1934年4月8日，日本驻北平武官柴山兼四郎发表长篇声明，胁迫南京政府对解决华北悬案作出最后决定，并由关东军配合行动。不仅在长城各口频繁调动军队，而且在北平举行夜战演习，向国民政府施加压力。南京政府处于国内抗日舆论与日本武力威胁的夹击之间，没有做任何表示。直到5月14日，国联通过了关于满洲通邮的原则，可以与“满洲通邮”，但不承认“满洲国”。国民政府据此开始与日本交涉。

5月30日，国民党中央政治会议通过《通车办法大纲》。①6月28日，中日双方同时公布通车方案。7月1日正式通车。通车问题解决后，中日间进行关于通邮问题的交涉，于12月14日签署《中日通邮大纲》。②据此，中华邮政总局通告取消1932年7月23日对东三省及热河省的禁邮。

1935年1月9日，山海关汇通转递局及古北口分局成立，关内外正式恢复通邮。在此期间，中日间还就长城各口设卡问题进行交涉。当时，日军利用占领长城各口之机，通过走私方式向关内大量倾销工业品，掠夺华北物资。国民政府为了阻止走私活动，不得不与日本交涉在长城各口设卡征税。

8月中旬，经国民政府批准，天津海关发布公告，在沿长城一线的各口设缉私分卡一所，所有进出长城各项物资只准经由该各卡进出，日方也相应设卡。在交涉过程中，中方引用关内外通车办法，没有留下涉及“满洲国”的文字条款，但在实际上已默认将关外作为“外国”处

---

① 《国闻周报》第11卷第22期，1934年6月2日。

② 吴相湘：《第二次中日战争史》上册，第170页。

理，使中国原来的关内外市场陷入严重分裂状态，日军向华北的走私活动并没有因此得到遏制。冀东“非武装区”成了日本走私犯麇集的天堂，日本对华走私也逐渐演变成“制中国于死地的一个最毒辣、最可怕的手段”。①

国民政府在日本威逼下，同意实现关内外通车、通邮及长城各口设卡，虽然在一定程度上便利了关内外的交通，增加了政府的财政收入，保持了华北的苟安局面，但这一措举在实际上默认了“满洲国”的存在，更便于日本侵略势力向华北的政治、经济、军事渗透，使华北的局势潜伏着更大危机。

四、美英苏在九一八事变后的远东政策

日本发动的九一八事变以及随后对中国华北的侵略，在国际上引起了强烈反响。各国基于自身的利益对中日间的冲突制定了不同的对华政策。其中，美国采取“不承认”政策，英国采取“绥靖”政策，苏联采取“不干涉”政策，这些政策体现的是“与己无关”态度，其结果是日本侵略中国无所顾忌，中国依靠国际社会遏制日本侵略的策略只是黄粱一梦。中华民族面临着更深重的危机。

1. 美国的“不承认主义”

1931年9月19日，中国东北被日本事实上占领的消息传到华盛顿后引起美国注意，美国国务卿史汀生等关心甚切。众所周知，日俄战争结束后，美日争夺中国东北铁路权益的矛盾曾一度表现尖锐，以致在1909年美国国务卿诺克斯有“国际共管中国东北铁路计划”的提出。由于日俄的反对和英国的支持，诺克斯计划告吹。1917年，“兰辛—石井协定”的成立标志着日美之间帝国主义利益取得一次妥协，美国要的是“门户开

① 冯玉祥：《奋发起来和敌人拼命》，载《冯氏丛书》第6卷（上），第454页。

放”，日本要的是特殊利益。1921—1922年的华盛顿会议及其“九国公约”，虽然规定根据“门户开放”原则，美国可以分沾其他帝国主义在华侵略权益，但是整个20年代，日本极力阻止美国商品和资本大举进入其在中国东北的势力范围，美日之间的明争暗斗屡屡不绝。

九一八事变发生后，美国政府感到事态严重，华盛顿体系面临崩溃危机，但是美国在行动上小心翼翼，谨慎从事，未公开谴责日本。美国想以承认日本在中国东北的“特殊利益”换取日本答应维持对华“门户开放”原则不变，即实际上退回到“兰辛—石井协定”的局面。

美国所以如此，至少有以下四个方面原因：一是美国忙于处理国内经济危机，特别是金融危机；二是因为受到海军裁减军备协定义务的约束，在远东和太平洋上的美国海军力量有限，不能迅速以优势制服日本；三是美国当时对中国东北的贸易数额不大，投资不多，侨民也比较少；四是英国是否能够和美国精诚合作尚难以预料。

从九一八事变到《塘沽协定》签订这一时期，美国对九一八事变的态度大致可分为前后两个阶段。

第一阶段：在1932年1月3日日军侵占锦州前，美国基于对中日两国国情的陈旧认识，一时对九一八事变的性质和趋势判断不清，又受到来自日本方面的欺骗宣传，胡佛政府经过研究，决定不在国际外交上谴责日本，并且顺应日本的外交诡计，呼吁促进中日之间的直接谈判，以求“争端的解决”。①美国国务卿史汀生表示应尽量从旁支持币原喜重郎为代表的“日本温和派”，用以牵制日本军部和军队势力的战争冒险，使危机得以解除，否则会刺激日本战争势力，使日本政府失去回旋余地，局面无法收拾。②

但无论胡佛还是史汀生、诺克斯都一样，不会无视关东军的所作所为。10月，美国与国联合作，共同开展一场道义劝告运动，同时要防止国

---

① 《国闻周报》第8卷第39期，1931年10月5日。

② 孔华润：《美国领导人与东亚（1911—1938）》，见入江昭、孔华润编：《巨大的转变：美国与东亚（1931—1949）》，复旦大学出版社1991年版，第5页。

联设法把领导责任推卸给美国。①美国为了维持“九国公约”“非战公约”的条约体制，在国联要求下，答应与之合作。但美国虽派代表参加了国联讨论中日争端的活动，却明确其性质是旁听。其代表吉尔伯特的身份是“观察员”，作用是静观风云，一言不发。

10月8日，日本空袭锦州。美国担心日本向关内扩张，于10月9日召开专门内阁会议。史汀生在会上指出，日本的行动表明，它已把各项国际条约“视如一堆废纸”，提出对日本实行经济制裁可能导致美国卷入战争，只能施加外交压力，即所谓进行“道义制裁”。②10月下旬，胡佛发表谈话说：“假使日本人公开对我们说：我们不能再遵守华盛顿协议，因为……我们在北方已和布尔什维克的俄国为邻，如果在侧面再有一个布尔什维克化了的中国，我们的存亡就要受到威胁，所以，让我们有恢复中国秩序的机会吧！……我们是不能提出异议的。”③这样，美日之间虽然有矛盾，但美国的表态让日本放了心，对中国的侵略更加有恃无恐。11月初，日军向黑龙江推进，西方国家如释重负，以为它要进攻苏联了。于是，史汀生于11月5日向美国驻日大使宣称，美国对东三省事件的态度并未变更。11月16日，美国列席国联理事会的特别代表道威斯在巴黎发表谈话说：“日本为保卫日侨生命财产的安全起见，对满洲进兵是不可避免的。”④但是，当日军攻下黑龙江省会齐齐哈尔后，日本即照会苏联，表示对苏并无意采取敌对行动，而且于11月26日，由日本驻国联代表芳泽谦吉通知美国，日本准备回师进攻锦州。美国对此表示“殊为关切”，并建议中国政府划锦州为国联共管的“中立区”。美国以为此就可以束缚日本手脚，但美国错了。

第二阶段：日本为了独占中国东北，进而打开侵占华北的门户，于

① 孔华润：《美国领导人与东亚（1911—1938）》，见入江昭、孔华润编：《巨大的转变：美国与东亚（1931—1949）》，第6页。

② ［日］秦郁彦：《太平洋国际关系史》，福村出版股份公司1972年版，第201页。

③《中国近代对外关系史资料选辑（1840—1949）》下卷第1分册，上海人民出版社1977年版，第213页。

④《现代国际关系史》，知识出版社1984年版，第196页。

1932年1月3日占领锦州。美国据此认识到日本决不会再遵守“九国公约”“非战公约”的条约义务，华盛顿体系势难维持。

经过内阁会议讨论后，美国政府于1月7日向中日两国政府发出照会，宣称：鉴于目前的局势及在此局势下美国本身的权利与责任，美国政府认为它有义务照会日本帝国政府及中华民国政府，美国政府不能认许任何事实上的情势的合法性，也不拟承认中日政府或其代理人间所缔订的有损于美国或其在华国民的条约的权利——包括关于中华民国的主权、独立或领土及行政完整，或关于通称为门户开放政策的对华国际政策在内——任何条约或协定；也不拟承认用违反1928年8月27日中日美均为缔约国的巴黎公约之条款与义务的方法而获致的任何局势、条约或协定。①这就是美国所谓的“不承认主义”。

1月8日，美国国务院又发表补充宣言，表示美国丝毫无意干涉日本在满洲合法条约之权利，也不拟过问任何解决事件之方法，但此项方法不得破坏美国在中国的权利。美国政策的基本点是，既利用日本的北进行动，又限制日本向南扩张，一切均不得妨害美国在华权益。这清楚地说明，美国在“不承认主义”中维护的，并不是中国的主权，而是美国在华特权和利益，它对日本的侵略扩张，没有实际的制裁作用。但客观上讲，美国的“不承认主义”有着抑制日本过分嚣张的积极作用。鉴于美国在国际上的地位，日本对此不能不有所顾忌。

一·二八事变中，美国驻华使节随英国驻华使节在上海奔走中日停战，其主要目的是确保日本的侵略必不殃及上海租界区和损害美国在长江流域的商业和投资利益。在英美干预下，中日双方签订了停战协定。上海停战后，美国的态度便走向消极。1932年下半年美国进入大选活动，胡佛、史汀生等在共和党政府任职的最后几个月里，当然更不会有什么作为。1933年3月4日，富兰克林·罗斯福就任美国总统，宣布实施“新政”。一般说来，罗斯福执政之初，在对待日本侵华的问题上比胡佛政府更显消极。“与胡佛在1931年的处境一样，罗斯福有着比满洲的

① 《中美关系资料汇编》第1辑，世界知识出版社1957年版，第476页。

命运更为迫切的问题要处理，……当新总统一心推行他的‘新政’以结束大萧条时期和拯救美国的民主制度时，东亚的一切显得十分平静，至少对美国公众来说是如此。他丝毫不想与日本发生什么纠葛，而且连续几年不愿意援助遭受日本侵略的中国人。相反，他在白宫的第一任期的大部分时间里，偏向于……对日本进行绥靖而不是对抗的方针”。①

2. 英国的绥靖政策

英国对日本侵华的态度比美国更为消极。它对日本侵华的战争行径采取了典型的绥靖主义政策。九一八事变发生后，尽管英国爱好和平人士、英国自由党和工党中一些人谴责日本，同情中国，但以麦克唐纳为首的英国联合政府和英国保守党，不仅不肯带头抵制日本，反而偏袒和姑息日本。张伯伦公开宣称：“在满洲事变发生之初，日本曾容忍中国方面无数挑衅的举动，因此，局势是非难分，我的同情完全在日本方面。”②丘吉尔认为：“美国不应劝英国与日本相争，国联也不应与日本相争。”③英国《泰晤士报》在1931年11月2日发表评论说：“日本在南满之建设工作，吾人固予以同情与钦羡。日本在满洲所有之重要利益，吾人固承认之。华人妨碍日人合法事业之行为，……以及其他挑衅事件，如日人所陈诉者，……日本在中日交涉中似可立于不败之地矣。”④这显然是在不明就里的情况下对日本侵略行径的“误读”。

1931年9月21日，国联讨论中国对日本发动九一八事变的控诉时，英国出席国联理事会代表塞西尔当时还摸不清本国政府的政策意图，在发言中从维护国联的立场出发，谴责了日本。英国政府认为塞西尔的言论过于冒失。11月16日国联理事会移到巴黎开会时，则由英国外相西蒙

① 孔华润：《美国领导人与东亚（1931—1938）》，见入江昭、孔华润编：《巨大的转变：美国与东亚（1931—1949）》，第13页。

② 《现代国际关系史》，第195页。

③ 赵镜元：《英日关系论》，国民出版社1939年版，第42页。

④ 《东方杂志》第29卷第1号，第19页。

出席，换掉西塞尔，避免开罪日本。①

当日本侵占锦州，美国国务卿史汀生的“不承认主义”照会发表后，英国外交部次官艾登仍明确表示：“中日关于东三省之纠纷已达30年，英政府对此问题，屡加研究，愈不愿冒昧行事。”英国一个内阁成员甚至宣称：“英人最好保持一公平坦白之态度，无论对华对日，均不表示同情。”②1932年1月11日，《泰晤士报》在社论中评述英国政府关于中国东北问题的公告时声称，维护“中国的完整”不是英国的事情。“这种完整在1912年时没有存在过，今天也不存在”。“日本人并无意在满洲建立脱离中国而独立的行政机构”。③

1931年12月至1932年2月期间，英国政府和日本政府通过外交渠道暗地接触，英国的底牌是只要日本不侵犯英国在华利益，不违背包括中国东北地区在内继续施行“门户开放”原则，英国则不准备干涉日本在中国东北的战争行动，东北可以成立依附于日本的“半独立”政府。

1933年初，日军大举进犯热河，其势力已发展到长城脚下，直接威胁着英国在华北的利益。当战斗在秦皇岛附近爆发时，英国驻中国舰队司令凯利打算介入，但英外交部反对凯利采取行动。英国政府鉴于国内要求制裁日本的呼声存在，于2月27日做出了一个对交战双方实行武器禁运的决定。这实际上是给那些要求英国采取行动制止日本扩大战争的人们所做出的一个姿态。英国还希望由于武器禁运是双方的，可以不引起日本的怨恨。但是，仅此一项“不偏不倚”的政策也仅仅维持了两个星期后便被取消了。④

在1931—1933年的远东危机期间，英国对日本的侵略采取了袒护、纵容乃至做出重大让步的政策。英国采取这种政策的原因是多方面的。首先，英国出于帝国主义的共同利害关系，出于对中国反帝斗争的恐

---

① 黄淑良 :《英国远东政策》，上海文化书局 1938 年版，第 119 页。

② 《国闻周报》第 9 卷第 37 期，1932 年 9 月 19 日。

③ [苏] 耶 · 马 · 茹科夫编 :《远东国际关系史》，世界知识出版社 1959 年版，第 426 页。

④ 徐蓝:《英国与中日战争 (1931—1941)》，北京师范学院出版社 1991 年版，第 57 页。

惧，本能地同情日本，认为日本在“满洲”的“合法权益”应当受到保护。其次，英国出于保住在上海和长江流域以及在远东权益的自私目的，担心与日本争吵会迫使日本南下，因此不惜把在东北的权益让与日本。第三，英国在东方没有一个受保护的海军基地，因而英国生怕由于制裁日本而引起英日之间的战争。第四，英国自身衰弱，又不相信美国，英国需要远东的“均势”以达到反对苏联和牵制美国的作用。正是上述种种原因错综复杂地交织在一起，使英国在日本侵略之初不是采取针锋相对的强硬政策予以反击，而是仅想用牺牲中国，姑息与迁就、甚至满足侵略者某些欲望的方法与日本达成妥协苟安于一时。①但其结果是使日本的侵略野心更加膨胀，随着日本对华侵略的加深，日本在华势力的增强与权益的扩张，英日矛盾也日益激化。经过华北事变和卢沟桥事变，日本发动了全面侵华战争，并最终挑起了太平洋战争。日本的屠刀终于砍到了英美头上。

3. 苏联对中日冲突的不干涉政策

九一八事变后，苏联对中日冲突实行中立主义的不干涉政策，但这种政策也包含了某些非中立性的因素。

苏联对九一八事变作出的反应表现为两种趋向：道义上对中国的同情和具体政策上对这场冲突的不干涉。

苏联对中国道义上的同情，主要表现于苏联政府的声明和苏联报刊的言论。

1931年9月24日，苏联外交人民委员李维诺夫发表声明：“苏联在道义上、精神上、感情上完全同情中国，并愿作一切必要的帮助。”②

从9月23日至10月28日，苏联《真理报》相继发表《日本帝国主义在满洲》《对满洲的军事占领》《瓜分中国》等十几篇社论和署名文章，谴责日本的侵略，表示同情中国人民的斗争。但苏联对这场冲突的实际对

① 徐蓝：《英国与中日战争（1931—1941）》，第 47—49 页。

② 《国闻周报》第 8 卷第 39 期，1931 年 10 月 4 日。

策，奉行的是不干涉。

日本占领沈阳后，继续向东北扩张，因担心苏联出兵干涉，便照会苏联政府，如果苏军进入中东铁路区，日本将不得不保护其本国侨民，并保护洮安、齐齐哈尔间的铁路。苏联政府在回复照会中指出：苏联根本无意干涉“满洲事件”。①

九一八事变后不久，马占山率部发起江桥抗战，给日军以沉重打击。日本当局恼怒之余，竟指责苏联援助马占山抗日。苏联政府于10月29日致函日本政府声明：包括马占山在内的中国东北各支军队中从未有任何苏联教官，也从未得到苏联的任何武器和军事装备。②11月24日，李维诺夫致函日本驻苏大使广田，重申苏联对中日冲突采取不干涉政策，并进一步解释说：“苏联之采严格的不干涉政策，乃起自其不可更改历来之和平政策，乃尊重对华公约与他国独立的信念。”③11月20日，他在回答广田大使指责苏联同意用中东铁路运送中国军队的声明时宣布，“苏联政府在同其他国家的一切关系中一贯严格执行和平与睦邻关系的政策……它严格遵守不干涉各国之间冲突的政策。”允诺苏联政府无论如何不会同意在中日冲突中运送任何一方军队到前线。④1931年11月，国联决定派调查团到中国东北。当国联秘书长埃里克·德拉蒙德邀请苏联参加时，被苏联拒绝，理由是苏联政府实行的完全是“严格的中立路线”。⑤1933年2月，德拉蒙德再度邀请苏联参加关于“满洲”问题的常设委员会，苏联也以同样的理由予以拒绝。⑥

苏联采取不干涉政策的原因：一是出于自身利益的考虑。它认为：当时的中日冲突还仅仅影响中日两国，抵抗日本侵略，只是中国人自己

① 傅启学：《中国外交史》下册，台湾商务印书馆1983年版，第544页。

② 《消息报》1931年10月30日，见《国闻周报》第9卷第37期。

③ 《消息报》1931年11月14日，见《国闻周报》第9卷第37期。

④ 安·安·葛罗米柯：《苏联对外政策史（1917—1945）》，中国人民大学出版社1988年版，第318页。

⑤ 安·安·葛罗米柯：《苏联对外政策史（1917—1945）》，第184页。

⑥ 傅启学：《中国外交史》下册，第545页。

的事。1932年8月，苏联当局表示："在我们只是努力于自己的建设，关于中国的问题，就日下说，原是站在同样的关系上，我们只有中立。中国的事情只是要自己的努力了。"①二是为了避免直接卷入中日冲突。当时，苏联的远东形势相当严峻，防卫能力较弱，直至30年代中期，苏联西伯利亚大铁路的运输能力还不足以应付远东战争的需要。如果苏日矛盾激化，以至发生战争，对苏联十分不利。不仅如此，帝国主义国家都希望日本侵略苏联，以缓和相互之间的矛盾。基于这种形势，苏联一方面改善同中国的关系，因此有1932年的中苏复交；另一方面则极力缓和同日本的关系，以避免被日本抓住所谓干涉"满洲"事务的口实。

苏联对中日冲突的不干涉政策表面上是在中日两国间保持中立，但在实际执行这种政策时，所采取的某些做法实际上损及中国的抗日斗争和民族利益。具体表现在：

其一，同意日本用中东铁路运送军队。中东铁路属于商业性质，是不允许运送军队的，但是从1932年初起，苏联同意"向苏联边界方面上的一定的车站运送有限的日军"。②这种允诺此后便逐渐成为一种惯例。

1932年3月9日，伪满洲国成立。12天后，苏联就同意中东铁路用伪满洲国旗；15天后，苏联即承认伪满洲国对中东铁路的主权。苏联这一系列让步，客观上助长了日本的侵略，同时又是对中国主权的一种亵渎。九一八事变后，日本能迅速将其势力扩展到全东北，不断对抗日军民进行"围剿"，与用中东铁路运兵是有直接关系的。

其二，以中立为由限制了中国的某些抗日行动。例如：苏联当局不许中国人从欧洲各国购买用于抗日的军火途经苏联，不许爱国人士经苏联回国抗日。苏联表示："无论中国某一方，只要是含有政治意味的活动，苏联的境内都一样不许通过。"③

其三，出售中东铁路损害中国主权。根据1924年中苏协定中东铁路

---

① 惜梦：《海参崴拘留记》，载《大公报》1932年9月3日。

② C.L.齐赫文斯基：《苏联与1931年日本对中国东北的武装干涉》，载《国外中共党史研究动态》1993年第1期。

③ 《大公报》1932年9月3日。

由中苏两国共同管理，“中东铁路之前途，只能由中、俄两国取决，不许第三者干涉。”①但九一八事变后，苏联对中东铁路的处理违反了中苏协定。苏联以不给日本以任何挑起反苏战争的口实为由，从1933年6月起，置中国主权于不顾，单方面与日本、伪满洲国进行让售铁路的谈判。经双方数次讨价还价后，最后于1935年3月23日，苏联同日本、伪满在东京签订《中东铁路让渡基本协定》，苏联同意以极低的价格出售中东铁路于伪满。苏联与日本的这笔交易，实际上是出卖了中国对中东铁路所拥有的利权，而且在这次交易中事实上承认了伪满洲国，严重损伤了中国主权和中国人民的民族感情。

但是，日本侵占中国东北三省，并且很快扶植起一个伪满洲国，使苏联的处境变得异常微妙。毫无疑问，苏联确信日本占据中国东北，“是进攻苏联的序幕”。②由于苏联的政治、经济重心在其欧洲部分，西伯利亚及远东地区交通线过长，防御力量较弱，十分容易受到攻击，因此，苏方的态度是除非迫不得已，绝不主动挑起与日本之间的冲突。日本占领中国东北的过程中，苏联始终保持一种中立的态度，就是证明。也正因为如此，莫斯科大胆支持关内中共反对国民党的斗争，力图帮助中共推翻国民党，从而达到根本牵制日本北进的目的；对关外各种抗日力量，包括中共的抗日武装，却绝不给予支持。大批战败的中国军队退入苏联境内，均被缴械后送至其中亚地区，然后通过新疆遣返回国。中共在东北的地下组织及其抗日武装几度主动过境联系苏军，要求援助，也都遭到拒绝。1933年冯玉祥在中共北方组织帮助下，在察哈尔地区组成抗日同盟军，向苏联求援，同样被拒之门外，使得这支武装也很快归于瓦解。

而与此形成鲜明对照的是，尽管中苏两国政府之间依旧互不信任，苏联也并没有放弃对中共的支持，但由于日本入侵东北，对两国的安全都构成了极其严重的威胁，出于牵制日本的考虑，中苏两国在1932年底

① 《中国近代对外关系史资料选辑（1840—1949）》下卷第 1 分册，第 23 页。
② 参见《真理报》1931 年 11 月 6 日、1932 年 5 月 1 日。

正式宣告复交，此后也开始了联系与接触。这种情况很清楚地显示，因为日本威胁的加剧，苏联对中国的政策处于随时变动中。

总之，九一八事变后美英苏的远东政策实际上助长了日本的侵华气焰，使其毫无顾忌地不断扩大对中国的侵略。同时，它也迫使国民党不断改变其对日政策。由不抵抗、不交涉到一面抵抗、一面交涉，再到直接交涉。其间的曲折变化深受美英苏对日、对华政策的影响。

五、国民政府在日军进侵下的应对

以蒋介石为首的国民政府自九一八事变后，实施了“攘外必先安内”的政策。在蒋看来，国不统一，难挡外敌。内政方面，中国共产党领导的鄂豫皖、湘鄂西、湘赣、湘鄂赣、赣东北及左右江等红色根据地，是蒋的心腹大患，直接威胁着国民党政权的存在。此外，拥兵自重、占据一方的地方实力派，也是妨碍“国家统一”“政权凝固”的隐患。对外方面，是虎视眈眈、陈兵华北、觊觎平津的日军，但华北控制在张学良等地方实力派手中，因此华北危机对蒋介石来说是肢体之患。权衡轻重缓急，蒋认为不能处在两面作战的困难境地，决定对日本侵略实行妥协。他将重心放在“安内”上，倾全力发动对红军的“围剿”，并伺机将地方实力派手中的地盘与军权收归中央，对日本的侵略则依赖国联的力量，希望能借此阻止日军南下。

“攘外必先安内”政策确定了日本与中国共产党及其领导下的军队都是蒋介石政权的敌人。这条政策的制定是解决孰重孰轻的策略问题。安内为先，抗日在后，是这条政策的实质。但是日本军阀恰恰看准了蒋介石拆东墙补西墙的窘境，看准了他“佯为中日提携，暗中准备抗日”的心思，采取步步紧逼的方法，夺取东北后，又将魔爪伸向华北。一波未平，又起一波。因此，这一时期的中日外交是极为困难的外交，蒋介石除了依靠英美“以夷制夷”外，又采取了“一面抵抗、一面交涉”的方针。当然所谓抵抗也只限于局部抵抗，并不是真正意义上动员中国一切力量的抗日；交涉便是作出一定让步的妥协，用割肉饲虎的方法，拖延与等待“安内”的成功。故日本军部认为“这不是中日亲善”本质的转变，“不过是南京政府一时的敷衍政策”。于是加大打击力度，利用蒋介石政府妥协退让的政策，变本加厉，步步深入。很显然，日本的目的是继东北之后，占领华北，或促成华北自治，将政权控制在亲日派手中，从而达到分离中国的战略目的。

1. 依靠国联，解决事变

九一八事变发生后，国民政府一开始就确定了诉诸国联、依赖国联制日的外交方针。

九一八事变后的第一天，国民党中执委在南京举行国务会议，决定“对日方提出抗议，并电令驻外代表向国际间宣布”，同时电请蒋介石“回京”商议方策。①国民政府外交部则致电中国驻国际联盟代表施肇基，“请求国际联合会立即并有效地依照盟约条款，取适当之措置，使日军退出占领区域。”②9月20日下午，国民党中执委举行临时常委谈话会。会议“决议通电全国，对日本武力可退让，交涉绝不放松”，③并决定发表告世界各国民众书，“以唤起世界民众之同情，求人道公理之裁判。”④这样，基本确定了对日暂不抵抗，依靠国联裁决的外交方针。

9月21日，蒋介石由江西抵南京，声称：“余主张以日本侵占东省事实，先行提出国际联盟与签订非战公约数国，以此时惟有诉诸公理也。”随即，他召集高级军政长官会议，决定：“要求国人镇静忍耐”，“依赖国联公理处断。”⑤从而正式将解决九一八事变案，制止日本侵略的责任寄托于国联。

基于上述方针，国民政府集中注意力于国联，多次电示施肇基，敦

① 秦孝仪主编:《中华民国重要史料初编——对日抗战时期》绪编（一），第278页。
② 秦孝仪主编:《中华民国重要史料初编——对日抗战时期》绪编（一），第321页。
③ 《大公报》1931年9月21日。
④ 秦孝仪主编:《中华民国重要史料初编——对日抗战时期》绪编（一），第281页。
⑤ 秦孝仪主编:《中华民国重要史料初编——对日抗战时期》绪编（一），第321页。

促国联采取行动，制止日本侵略，并表示“中国政府决定服从国际联合会关于此事所为之任何决定。”①施肇基一再要求国联开会讨论“中日事件”，在国联行政会上吁请国联制裁日本：“中国已将其本身完全托付国联之手”，“中国已置身于国联之掌握，以其前途与文化精神之信任，待其结果，国联万不能失败。”②明确表示中国生存的希望在国联。

为了争取外交取胜，国民政府加紧进行外交部署。9月21日，国民政府设立特种外交委员会，作为对日决策研议机构，其成员非外交名宿即政府要员。同时，为了加强对欧美各国及国联的外交活动，南京政府对外交部组成人员及驻外使节也作了较大调整与充实。10月3日，南京政府核准王正廷辞外长职，任命驻国联代表施肇基继任，后又特请顾维钧代理外长，并派外交名宿颜惠庆为驻美公使。国民政府全力以赴于通过国联解决争端。为避免节外生枝，国民政府又下令全国放弃对日军的抵抗，“严格命令全国军队，对日军避免冲突”，“对于国民亦一致告诫，务必维持严肃镇静之态度”。“暂取逆来顺妥之态度，以待国际公理之判断。”③对在华日侨，“亦严令各地方官员受慎保护。”④

尽管国民政府为争取事变的早日解决对国联作了大量外交努力，国联也作出几个决议包括要求日本撤兵的决议，但它未能采取有效措施来保证执行。况且国联对日表现了不断的妥协迁就倾向，结果日军非但不收敛，反而进一步扩大其武力侵华行为。日军在1932年1月3日攻陷锦州后，又一举占领山海关以西之辽西地区。至此，整个东北几乎全部沦于敌手。这标志着国民政府军事上不做坚决抵抗，单纯依靠国联的力量解决事变的对日政策并未达到预想的结果。

应当肯定，九一八事变后国民政府在外交方面的确是尽了相当的努力，且始终坚持要求日军撤兵和恢复中国对东北的主权，并在一定程度上获得了国际上的支持和同情，使国际社会确认了东北主权属于中

---

① 《中央日报》1931年9月21日。

② 《东方杂志》第28卷第22号。

③ 秦孝仪主编:《中华民国重要史料初编——对日抗战时期》绪编(一),第321页。

④ 秦孝仪主编:《中华民国重要史料初编——对日抗战时期》绪编(一),第321页。

国，日本在事变后一切行为是“非法”的。可以说，中国在法律上或道义上取得了胜利，但要在实际中真正恢复中国对此的主权，制止日本的侵略，单纯依赖国联通过外交方式是根本不可能实现的，问题的解决最终必须靠中国自己的力量对来犯之敌进行坚决的军事抵抗。国民政府不是没有意识到这点，而是囿于“攘外必先安内”的政策，不可能将自己的主要力量用于武装抗击侵略，其结果必然是对日的妥协退让和大片国土的相继沦陷。同时，实事求是地讲，抵抗日军侵略应集中全国之力方可成功。而当时的国民政府还没有聚集全国之力的实力与号召力。中国之大，国民政府的权力所及不过是华东一带而已。

这时期，张学良与南京国民政府在依靠国联促使日军撤回原地的态度与政策上是一致的。当时中国是国联理事国，从国际法上看，国民政府作为中国主权国的代表占有一席。因此，张对国联外交上完全依赖蒋。张与顾维钧私交甚厚，后顾经外交部代理部长变为正式外交部长，张与顾电文往来频繁，顾可谓是张在南京的外交咨询代表。这样以顾为媒介，蒋、张二人共同实施对国联外交。在国联外交中，除二者在对日的直接交涉上有所分歧外，在其他问题上基本是一致的。蒋、张对国联的分析，对国联的态度及政策方面，虽有不切实际的幻想，但作为战时外交，可谓都尽了最大努力，并达到了有利于中国的部分目的。

围绕日本侵略东北问题，中国、日本和欧美列强这三者相互开展了“二重外交”。日本和欧美列强在侵略包括东北在内的中国问题上有二重关系。二者作为帝国主义列强都想侵略中国，在侵略上都有共同的利益，因此，二者在侵略中相互支持，相互同情。但二者在侵略中又相互争夺，获取对己有利的更多权益，因此，又相互牵制对方的侵略举动，而且有时利用中国反对外来侵略的欲望和行动牵制对方，甚至公然谴责对方的侵略行径。这便是帝国主义在中国的矛盾和对立。中国为抗衡日本侵略，在外交上利用日本与欧美列强的矛盾，对己有利的则加以评价和利用，对己不利的、侵害自己主权的则加以反对。这便是中国对欧美列强的“二重外交”。国联是以欧洲列强为核心组成的机构，美国虽没参加该联盟，但九一八事变时期作为观察员应邀出席该会，并派代表参加了该联盟派的李顿调查团，因此说，该联盟就代表欧美列强。围绕九一八事变的“二重外交”，也就是在该联盟的行政院和大会里展开的。李顿调查团和该团提出的关于九一八事变的调查报告典型地反映了欧美列强对九一八事变及中国的“二重外交”，而日本和中国对这一调查报告的态度也反映了它们对欧美列强的“二重外交”。中国肯定和接受对己有利的部分，日本也既肯定和接受对己侵略有利的部分，又否定和反对对己侵略不利的部分。但双方所接受和反对的，都是针锋相对、水火不容的。

事变爆发后，蒋、张诉诸国联不能说不对。他们在该联盟中做了中国应该做的事情，促使欧美列强否定了日本在东北的军事行动是自卫行动的说法，否定伪满洲国的合法性。但在战争时期，外交和军事行动犹若两轮，应相互配合，相互补充。军事上的胜利是达到外交目的的坚强后盾，没有这一后盾，外交则不能发挥其应有作用。事变期间，蒋介石、张学良在国联外交中的问题不在于诉诸国联，而在于不以军事上的抵抗来支撑这一外交。如蒋、张一面积极抵抗，一面诉诸国联，他们在外交上所取得的成果可能更大一些。如在一·二八上海事变时期，国民政府采取“一面抵抗、一面谈判”的政策，结果日本在上海基本上未取得实质性的新权益，只是把列强的注意力从东北转到上海，以此掩护了伪满成立的闹剧。

所以，诉诸国联并非不对，而是因不抵抗将希望寄托在国联身上，甚至把诉诸国联当成解决促使日军撤退的唯一手段。这是其错误的根由。

2. 一面交涉，一面抵抗

日军侵略东北的战火未熄，又于1932年1月28日在上海挑起事端，是为一·二八事变。事变发生后，驻守上海的十九路军奋勇还击，全国抗日呼声十分高涨。鉴于九一八事变的教训，国民政府在1月29、30两日，以外交部名义接连发表宣言，表示对日军进攻要“严予抵抗”。国民政府在1月30日迁都宣言中表示要“督饬军警，从事自卫，决不以尺土寸地授人。”①蒋介石发表《告全国将士电》，声称要“抱宁为玉碎勿为瓦全之决心，与破坏和平、蔑视信义之暴日周旋。”②并组派以张治中为军长的第五军驰援上海抗战。2月1日，蒋介石召集军事会议，决定划全国为四个防卫区的“全国防卫计划”。这是为防止日军扩大侵略的一种应变。同时，国民政府也没有放弃通过交涉阻止日军行动的方针。这时的国民政府采取的是“交涉与抵抗并行”的政策。

1月29日，蒋介石手定的对外政策便是：“一面预备交涉，一面积极抵抗。”③所以国民政府一方面表示，“我们决不签字于丧权辱国的条件，同时决定对日本的侵略行为，要予以抵抗”；另一方面又表示：“我们并不主张对日绝交”，也“不主张对日宣战”，“中国此时应联合签约各国，以制裁日本”。④即所谓“运用外交方法，要求各国履行其条约上之责任。”⑤这样，事变爆发后，国民政府在组织军事抵抗的同时，也把解决事变的希望再次寄托于国联及列强各国“主持公道”。

1月29日，国民政府紧急照会美、英、法、意、比等“九国公约”签字国，强调：日本对上海的进攻，除违反国际联盟盟约及非战公约外，对华盛顿“九国公约”更是直接的践踏。为了防止事态的进一步扩大和履行“九国公约”的神圣义务，敦请“九国公约”各签字国“速采有效之手段，严正制止日本在中国领土内一切军事行动，以及违反该公约之一切其他行动，俾使公约之尊严，与远东之和平，均得维持。”⑥同一天，国民政府还照会国联秘书长德鲁蒙，请求国联按其盟约对日实行经济制裁。⑦

上海是西方列强在中国的经济中心，它集中了英国在华投资的约

---

① 罗家伦主编：《革命文献》第38辑，第1428页。
② 罗家伦主编：《革命文献》第38辑，第1433页。
③ 秦孝仪主编：《中华民国重要史料初编——对日抗战时期》绪编（一），第431页。
④ 《国闻周报》第9卷第7期，1932年1月31日。
⑤ 《国闻周报》第9卷第7期，1932年1月30日。
⑥ 南京《中央日报》1932年1月31日。
⑦ [美]韦罗贝编：《中日纠纷与国联》，中译本，商务印书馆1937年版，第194页。

80%，美国的约60%，法国的约90%，意大利的约70%。[①]对国联和西方列强来说，上海和东北是不一样的。英美等国与上海有巨大的利益关系，日军在上海的大规模进攻，严重威胁着西方列强的在华利益。因此，英美等国对日本采取了较九一八事变时远为强硬的态度。1月30日，国联行政会通过了解决中日争端之具体办法，即由英、美、法、意、德、西、挪七国驻沪领事联合组成一个共同委员会，就上海事变的原因及最新的发展情况及时向国联报告，以供行政院采取进一步行动时参考。同日，英、美、法、意向日本施压，调集舰队开赴上海、南京等地。与此同时，英美积极奔走于中日之间，谋求双方的停战。

在国联及各国驻华公使斡旋下，中日双方于3月24日在上海英领事馆举行停战谈判。5月5日签署《淞沪停战协定》，协定规定日军必须定期撤退，且于5月31日由上海全部撤出。但中国为此付出了不得在上海及其周围驻军的权利。上海及其附近大部分地区划归各帝国主义共管，这些都是与中国主权和中华民族的尊严相违背的。并且，它不仅没有解除日本对中国的侵略及对国际和平的威胁，反而随着时间的推移变得越来越严重了。中国政府对国联解决中日冲突的能力也由希望、信任、依赖而逐步走向它的反面。到长城战役，日军兵临平津时，国民政府便主要依赖自己的力量与日本周旋、抗争了。

3. 妥协只限军事，不涉政治

1933年5月，平津地区形势岌岌可危，前线的中国军队已无力对抗日军。日军兵临北平城郊，中国举国震动，平津若失，华北难保，中国面临巨大危机。在无法守、无法战的情形下，国民政府只有谈判一途可谋了。

弱国无外交，离开实力作后盾，外交方针必然妥协委屈。因此，为阻止日军南下和保住平津城池，国民政府选择了与日谈判，以退让求停战的途径。1933年5月，南京中枢连续召开国防会议，商议对日交涉的方

① 《国闻周报》第9卷第6期。

针，决议如下：

（一）外交方面：近来英美意见日益接近，对日斡旋，俾我较有利的解决，当可做到，但恐缓不济急，于我平津目前之危，恐来不及解救。唯外交既有此希望，（宋）子文今日来电请注意，不必灰心。（二）军事方面：江西军队不能调开，其他军队则不听调。例如两广高谈抗战，但至今迄未出兵，中央对于华北各军苦战三月，不能不急筹援应。但能做到若干，已不难洞悉。（三）财政方面：（宋）子文赴美赴英，正在接洽，即使有望，缓不济急。平津若失，则海关收入骤形短缩。其他一切筹款办法亦惟有更形拮据。

根据以上外交、军事、财政情形，对于应付平津危局决定如下：甲：如日军来攻平津，我将士惟有尽力应战，不可轻于放弃。盖平津情形适与去春淞沪相同，极系世界之观听，我若示怯，从此国家人格更不堪问，且战争愈烈，愈容易引起各国之干涉。

乙：如暂时休战希望尚未完全断绝，仍希望继续进行；即在交战中，此种接洽仍不妨并用；"与对方商洽停战，以不用文字规定为原则。如万不得已，只可作为军事协定，不涉政治，其条件须经中央核准。"①

从国防会议精神来看，对日交涉是五条原则，不能动摇。

第一，平津决不能失，此为最后界限。平津失，华北亡，中国必亡。日军如攻平津，只有应战到底。

第二，谈判未到绝望，仍应继续进行。这条原则直至1937年七七事变前，一直为国民政府坚持对日交涉的基本方针，在1935年11月国民党第五次全国代表大会上，被蒋介石概括为："和平未到完全绝望时期，决不放弃和平；牺牲未到最后关头，决不轻言牺牲……果能和平有和平之限度，牺牲有牺牲之决心，以奠定最后牺牲之决心，而为和平最大之努力，期达奠定国家复兴之目的，深信此必为本党救国建国唯一之大方针

① 吴相湘：《第二次中日战争史》上册，第136页。

也。”①所谓谈判的限度即在平津失不失，这是最后关头的标志。

第三，对日交涉“只可作为军事协定，不涉政治”的原则。因为军事谈判，自应以军事停战条件为内容，由局部军事长官所派代表进行，其资格并不足以代表国家，在谈判中自然不得涉及有关领土完整的政治问题。因此，在日后的《塘沽协定》、“何梅协定”、“秦土协定”中，都是由负责当地的军事长官与日交涉，外交官员并不出面。蒋介石、汪精卫都明白，如涉及政治，日方必提出关于领土主权和权益等方面的条件，必使谈判陷于尴尬局面。例如东三省问题是中日交涉绕不过去的问题。日方必令中国承认“满洲国”，中方如不承认，谈判必破裂，继而导致更大的侵略战争；中方如同意，政府的丧权失地必引起全国上下一致反对，丧失民心，遭致覆灭，故谈判决不能涉及政治问题。中日间军事冲突或局部战争由双方军事负责人出面协议停战，因限于军事停战协定，而并非政治议和条约，中方自然能避免舆论的反对与政府中不同政见者的攻击。可以说，国民党当局的“只可作为军事协定，不涉政治”原则是对日交涉中比较“高明”的一种策略。

第四，“以不用文字规定”为原则。《塘沽协定》以及以后涉及华北问题的几个协议都是本着这条原则精神进行的。只要不留书面文字，只要不失平津，只要不涉及政治问题，可以说日方的任何要求中国都可以口头应允，并加以自动实施。对此原则，蒋介石、汪精卫都有解释。蒋介石在《塘沽协定》前曾指示何应钦、黄郛说：“委曲求全原非得已，中正自当负责。唯形诸文字，总以为不妥。且将来协议条款必有种种难堪之苛求，甚或东三省及热河字样必杂见其中，无异割让之承认，尤为可虑。顾停战协定即非议和条约，最宜极力避免题界划清。”②汪精卫在塘沽停战协定前也表示：“对于河北停战，弟等本不主张文字规定，惟前方有万不得已之情形已签订觉书，弟等自当共负责任。”③

---

① 天津《大公报》1935年11月20日。

② 吴相湘：《第二次中日战争史》上册，第136页。

③ 李云汉：《抗战前华北政局史料》，正中书局1982年版，第255页。

第五，停战协定须“先经中央核准”的原则。有了这条原则，一切停战协议都是由国民党中央决策的。因此，协议签订之后，蒋、汪都表示对此负责任。因为不管是何人签订的条约，最终是经蒋介石、汪精卫同意的，都是国民党中央的政策。如何能运用以上原则并能驾驭得当，从容应付日方呢？蒋介石自认为很难。他说：“日本狡猾成性，当谈判进行之际，且恐波折层出，忽软忽硬，乍阴乍阳，极威迫诱惑之能事”，因此，只望参预谈判者能很好地领会以上原则，“此则惟赖兄等慧心运用耳”。①

从5月22日正式谈判开始到5月31日签订《塘沽协定》，黄郛、何应钦等人绞尽脑汁，按照上述原则与日谈判。从参加《塘沽协定》谈判的代表身份看，几乎全是清一色的军人。中方首席代表是北平军分会总参议熊斌。中方没有外交官出席或列席，连主持交涉的黄郛也没有参加。在停战谈判举行正式会议前，熊斌考虑到中国政府训令中指示的谈判原则是不得涉及领土和政治问题。万一日方提出有关条件，谈判将无法进行。为预防会谈由此而陷入僵局，他遂先提出一份备忘录，转交日方代表。其中讲道：“中日两国，两种同文，本是兄弟之邦，竟以兵戎相见，实堪遗憾。今得聚会一堂，举行停战会议，顾名思义，自应完全以军事为范围，不宜涉及政治，以期圆满结果，迅速解决，请注意。”②《塘沽协定》的签署尽管未能遵照中枢“不以文字规定”的原则，而且中国军队撤离山海关将近200公里，实际上“承认”了中华民国与“满洲国”的国界为长城一线，日本飞机可在中国领土上空任意侦察，以及中国军队他调，军事设施拆除，中国取缔排日行为等极为苛刻的条件，应该说这是违反国民党中央所定原则的，这是一次丧权辱国、不成功的交涉。但从协定本身文字上看，应该属于军事性质，给了政府开脱的余地，并保住了平津地区，对蒋、汪来说，是可以接受的协定。故汪精卫在华北47名将

---

① 李云汉：《抗战前华北政局史料》，第255页。

② 中国社会科学院近代史研究所中华民国史研究室编：《中华民国史资料丛稿·长城抗战资料选辑》，第118页。

领通电反对《塘沽协定》时，仍能振振有词地发表谈话："此次河北停战谈判，限于军事，不涉及政治。即就前方军事当局所派出之代表，足以证明。盖军事代表，对于政治问题，固无谈判之权能也。当此之际，政府及其所辖之军队，一息尚存，最后牺牲之精神，必不放弃。故如外间所揣测谓将有签约于承认割让之举动，敢为国内外保证其必无。至于局部缓和，不影响于领土主权及在国际所得之地位，则为久劳之军队，穷困之人民，所得所苏息计，政府将毅然负责而为之。以是非利害诉于国民真实及悠久之判断可也。"①

前文说过，蒋介石对日妥协求和只是为了拖延时间以"安内"。因而，对于协定，规定了妥协的最低限度和不涉政治的最后原则。其目的是等待将来"安内"成功后，再与日本"计较"。当然，不管是文字协定，还是口头约定，其妥协退让皆在不言中，造成的危机和后果都是严重的。正是在国民政府对日妥协求和的情势下，日军恣意妄为，步步进侵，直至导致七七事变的发生。而中国人民对其所奉行的政策日渐不满，最终酿成西安事变的发生，迫使其改变政策，走入全民族团结抗战的阵营。

---

① 《申报》1933 年 6 月 4 日第 4 版。

‖第二章‖ 妥协与抵抗

日本的狂妄野心是建立以日本为中心，以天皇为领袖的世界帝国，其步骤是先征服中国，取得东方霸主地位，继而进攻苏联，最后决战美国，一统天下。因此，日军发动九一八事变，侵占中国东北，制造“满洲国”后，没有停止其侵略步伐，华北成了它进一步侵吞的目标。日本把东北看作它的“生命线”，而把华北视为侵略全中国和征服世界的“圣战基地”。如果说日军占领东北没有遭到西方列强强硬反对的话，那么侵吞华北便不得不“小心谨慎”，因为与日本逐步形成的独占东北的局面不同，华北却是列强“利益均沾”之地。对此，日本确立了有别于东北的侵略华北的方针。“华北自治运动”即是这一方针的体现。通过所谓“自治运动”企图达到“不战而得”之目的。其结果是国民政府的权利机构与中央军撤出华北。素来与国民政府抗衡的地方实力派被推到了主政华北的位置，宋哲元与冀察政务委员会出现在中国政治舞台最前沿，中国政局更加动荡不安。而此时，英美对华政策产生了微妙变化。英美两国在日本侵华问题上，虽然未采取强硬的遏制政策，但与中国的联系多了起来。毕竟，日本对他们底线的冲击与在华的巨大利益是他们不能不介意的。在国内，中国人民的抗日救亡浪潮时时涌动。国民政府在得不到美英有力支持、自认为自身力量不足以与日抗争的情况下，试图依靠外交政策，谋求中日关系的改善。但“广田外交”开展中央谈判与陆军悍然逼签“现地协定”并举，交替进行侵华的行为，打碎了中国政府试图改善中日关系的梦幻，使其由对日妥协而渐趋强硬与抗争。

一、抗日救亡与局部抗战

哪里有压迫，哪里就有反抗。中华民族并不缺少血性。富于爱国主义光荣传统的中国人民，绝不会屈服于日本帝国主义的侵略和奴役。随着日本挑起侵华之战，中华民族的反侵略战争揭开了战幕。全国性的抗日救亡浪潮时时涌动。东北抗日义勇军规模虽小，但抵抗的枪声遍燃东北全境；十九路军在上海让日军明白中国军人不是只会逃跑；而长城一战更彰显了中国军人的血性。“大刀向鬼子头上砍去”从此响彻中华大地。

1. 全国人民的抗日救亡运动

日本侵占东北，激起了中国人民的愤慨。当时，人们的心情，正像后来广为流传的那首名为《松花江上》的歌词那样：

> 我的家在东北松花江上，那里有森林煤矿，还有那满山遍野的大豆高粱。我的家在东北松花江上，那里有我的同胞，还有那衰老的爹娘，九一八，九一八，从那个悲惨的时候，九一八，九一八，从那个悲惨的时候，脱离了我的家乡，抛弃那无尽的宝藏，流浪！流浪！整日价在关内流浪；哪年，哪月，才能够回到我那可爱的故乡？哪年，哪月，才能够收回我那无尽的宝藏？爹娘啊，爹娘啊，什么时候才能欢聚一堂！？

这首凄婉悲凉的歌曲，催人泪下，激人奋起。所有具有爱国心的中国人都行动起来，迅速掀起了轰轰烈烈的抗日救亡运动的热潮。抗日救国逐步成为全国各阶层人民的迫切要求。

学生、工人和各界团体的抗日救亡活动。在抗日救亡运动中，爱国学生起了先锋作用；广大工人群众表现出工人阶级高度的爱国热情和坚定的斗争性；其他各界人民纷纷组织各种抗日团体，开展对日斗争。

九一八事变爆发后，上海、北平、南京、天津、杭州、太原、长沙、西安、开封、广州、福州、武汉、南昌等各大中城市的学生，立即行动起来，走上街头，举行集会游行，发表通电，进行抗日宣传，建立抗日团体；要求国民政府停止内战，一致对外，武装民众，出兵抗日。9月20日，北京大学学生会向国民政府发出代电：

> 日本帝国主义，屡向我国挑衅，愿欲藉故出兵，强占满蒙，今果悍然不顾，大肆武力侵略……事机迫切，国亡无日，是而可忍，孰不可忍，为今之计，唯有速息内战一致抗日，并望我国民众实行武装，誓做政府后盾。①

9月25日，北京师大学生和教职员工召开大会，通过决议，致电谴责南京国民政府的不抵抗政策：

> 国家养兵，原为抵御外侮，我国兵额之多，冠于全球，而一遇外敌，辄取不抵抗政策，洵属奇耻。此次日本入寇东省，如入无人之境，辽吉既已沦陷，平津又受威胁，似此情势，尚能持不抵抗主义乎。②

9月27日，北平学生抗日救国联合会发表《为东三省事件告全国民众书》，怒斥国民政府的“不抵抗主义”“向国联报告请求公判”等政策，是“软弱无效，坐以待毙的政策与行动”；呼吁“全国的工农兵学商联合起来”“武装起来”“打倒日本帝国主义”。③

9月下旬，全国各地学生代表汇集南京。9月28日，南京、上海两地学生5000余人，冒雨前往国民党中央党部请愿，因未得结果，随即转向外交部，得到的答复是等待国联解决，并要学生返校复课。愤怒的学生们殴打了国民政府外交部长王正廷。

10月初，全国各地学生举行反日示威。

---

① 陈觉：《九一八后国难痛史资料》第3卷，东北问题研究会1932年版，第3页。

② 陈觉：《九一八后国难痛史资料》第3卷，第4页。

③ 陈觉：《九一八后国难痛史资料》第3卷，第5—7页。

11月，日本特务在天津制造暴乱，北平、天津两地学生为此宣布总罢课，派代表到南京请愿，各地学生起而响应，赴京请愿学生1万余人。11月26日，请愿学生在国民政府门前示威竟日，强烈要求出兵抗日。第二天，蒋介石面见学生，答应抗日。

11月下旬，日军进逼锦州，国民政府电令中国驻国联代表施肇基，向国联提出划锦州为中立区、中国军队退守山海关的建议。此消息令全国哗然，群情激愤。各地学生请愿团即改为示威团赴南京示威。

12月6日，上海学生抗日联合会召开紧急会议，通过了援助北大同学，反对划锦州为中立区等项决议。7日，上海1.5万名学生举行示威，抗议国民政府压迫学生的爱国运动。9日，上海学生抗日联合会代表大会开会时，上海当局指示特务绑架了从南京到上海进行联络的北大学生，激起了学生们更大愤怒。当天下午，上海各校学生万余人，包围了国民党上海市政府，许多工人和店员也起来支援。市长张群答应了学生的请求，释放被绑架学生，下令查办公安局长陈希曾，通缉上海市党部常务委员陶百川。

12月11日，太原学生因山西省政府拒绝请愿抗日，捣毁了省政府。

12月17日，南京、北平、天津、上海、武汉、广州、济南、苏州、安庆等地的学生万余人，在南京举行联合大示威，包围国民党中央党部。党部大门紧闭，学生愤而将悬于大门口的党徽砸毁。下午，示威团学生因《中央日报》不真实报道学生的抗日活动，将报社捣毁。国民政府出动军警镇压，在附近珍珠桥打死打伤学生30余人，逮捕约百人。惨案的发生，激起了全国人民的更大愤慨，他们强烈抗议国民政府的行为。

以学生的爱国运动为先声，全国各界迅速形成了抗日救亡的群众运动。

工人阶级在九一八事变后的抗日救亡运动中发挥了重要作用。

1931年9月24日，上海市3.5万名码头工人举行反日大罢工，拒绝为日本船只装卸货物。接着，上海23家日商纱厂工人酝酿同盟总罢工，纷纷退厂，不替日本资本家做工。同时，成立了上海日商纱厂工人抗日救国会。上海各阶层人民自动抵制日货，举行反日示威，许多日本商号店员与私人雇佣的佣工陆续离去。随着全国抗日形势的发展，上海80多万工人组织了抗日救国会。各厂工人也纷纷组织抗日义勇军，派代表去南京要求国民政府发枪开赴东北抗日战场。9月26日，上海100多个工会和各界群众数万人，在公共体育场举行抗日救亡大会。会上通过了对日宣战、武装群众、惩办失职失地官吏等决议案，会后举行了声势浩大的示威游行。10月2日，上海150多个工会举行代表大会，讨论抗日救国纲领。会议决定发表《告世界工人书》，揭露日本帝国主义悍然出兵侵略中国的罪行。同时，还通过多项决议案：要求国民党政府“立即出兵抗日”，给义勇军“颁发军械”，“从速救济日厂华工”，一致对日实行经济绝交，查缴日货及严惩奸商奸细等。

除上海外，其他各大城市也先后爆发工人罢工、游行、抵制日货等斗争。9月底，北平邮电工人组织了抗日救国会和邮电工人义勇军。10月中旬，北平工界抗日救国会成立并发出通电，强烈要求政府出兵抗日，并作出组织义勇军和募集爱国捐款等项决定。10月初，天津英商自来水厂工人举行反日罢工。广州工人纷纷走上街头，进行反日宣传，曾与警察发生冲突，夺取了警察枪支。香港的中国工人在“九一八”后也不断举行抗日示威，并多次与阻止示威的英国巡警作斗争。在首都南京，各工业界成立了义勇军和抗日救国会，发表告世界工人书和抗日宣言。津浦铁路工人还组织了宣传列车，沿途宣讲日军侵华暴行，鼓动民众起来抗日。武汉、青岛、太原、芜湖、长沙、重庆、桂林、汕头以及许多偏远城市的工人，也纷纷以发表宣言、向政府请愿、征募爱国捐款、禁售日货等各种形式，开展抗日爱国运动。

东北的广大工人，直接处于国破家亡的境地，战斗在抗日救国斗争的最前线。9月19日，沈阳兵工厂工人砸开工厂粮栈的大门，动手分粮；三万多名工人拒绝为日本侵略者制造屠杀中国人的武器，先后离厂出走。日军占领长春后，中东路的铁路工人立即组织起来，将机车向北转移，阻碍日军运输。9月21日，哈尔滨成立了各界联合会，积极进行抗日活动。11月，各界联合会发表宣言指出，日本帝国主义是中国人民的死敌，表示：东北“有3000余万民众，200余万健儿，各输其财，各捐其躯，誓与日本帝国主义者作最后决斗。宁教白山黑水尽化为赤血之区，不愿华胄倭奴同立于黄海之岸”。①

在广大学生和工人阶级掀起救亡运动的同时，全国各界人民亦纷纷组织各种抗日团体，组织和支援抗日义勇军。

9月27日，从东北逃亡到北平的东北国民外交协会主席阎宝航、辽宁省商务会会长金哲忱、辽宁工会联合会会长卢广绩、辽宁省国民常识促进会会长车向忱、辽宁省农会会长高崇民等500余人，聚集在西单旧刑部街12号奉天会馆，组成“东北民众抗日救国会”，作为民众自发的抗日领导组织，担负起领导东北人民抗日救国之责，以“抵抗日本侵略，共谋收复失地，保护主权”为宗旨。②救国会成立后，以宣传工作和军事工作为中心广泛开展抗日救国活动，并派遣秘密出关工作的人员对各地群众和义勇军进行宣传和组织工作。

东北抗日救国会还组织了宣传队，沿津浦、平汉两线深入城镇和农村，广泛进行抗日救国的宣传活动，并向国民党政府报告九一八事变后东北人民抗日活动情况。11月初，日本进一步扩大侵略，为了督促国民政府出兵抗日，东北民众抗日救国会组织赴京请愿团，到南京强烈要求蒋介石出见。11月11日，高崇民慷慨陈词，质问蒋介石：“中央在敌寇入侵以来，不发一兵，不作明确抗日表示，一味依赖国联，使敌寇得寸进尺，侵略无止境，中央何以对（得）起东北人民？”③蒋介石无言以对，只好表态“到必要的时候，中央一定抵抗”。救国会创办的《救国旬刊》《覆巢月刊》《救国时报》等刊物，报道东北人民和东北抗日义勇军英勇抗日的战绩，揭露日军在东北的种种罪行，广泛宣传和动员民众起来抗日，收复失地。

东北各地的青年学生，东北大学、东北中学和救国会所办的各种训练班（如学生军）中的东北籍学生，纷纷参加各抗日队伍。北平各大专学校及其他地方也都有不少青年学生出关投军。

---

① 陈觉：《九一八后国难痛史资料》第3卷，第67—68页。

② 《东北抗日义勇军史》上，黑龙江人民出版社1987年版，第52页。

③ 《文史资料选辑》第6辑，中华书局1960年版，第92—93页。

北平各界30万人，于9月28日在太和门举行抗日救国大会，通过20条决议案，强烈要求国民政府即早对日宣战；立即宣布退出国联；实行征兵制；全国中等以上学校即行军事训练；要求全国组织抗日义勇军，组织募捐；要求全国各人民团体，一律用国货；号召海外侨胞一致团结；呼吁停止内战，一致对外等。会后分三路出发游行。

南京市各界10万多人，于9月23日在公共体育场召开抗日救国大会。会场响起哀乐，哭声震天，会上讲演者挥泪激昂，提出："南京市民众应走在最前线，杀到日本去。于是全场喊杀，杀，声闻数里"。①

10月20日，赵欣伯卖国投敌就任伪沈阳市长后，北平市新闻记者公会出于对汉奸的痛恨，直接发电报给赵欣伯，对其进行强烈谴责。南京新闻界为声援东北抗日义勇军对日作战，召开大会，通过决议，组成新闻界对日外交后援会。会后，通电国联和全国新闻界，揭露日军暴行。要求国联主持公道，号召全国新闻界同胞一致奋起，唤起民众，共赴国难，以挽危亡。1932年2月4日，新闻记者联合会、江宁律师公会、中央研究院、世界学会、中央大学、金陵大学、金陵女子文理学院、中央政治学校、中国科学社、中国工程师学会、合作学社等南京文化团体和教育机关，联合通电世界各国民众，宣布日军暴行，希望各国爱好和平的人民主持公道，谴责和制裁日本侵略罪行。

中国左翼作家联盟（简称"左联"）等中国共产党领导下的文化团体，对推动全国的抗日救亡运动也起了重要作用。左联通过发表文告、论文、杂文以及小说、戏剧、诗歌、摄影、歌曲等文艺作品，谴责日本的侵略和国民政府的不抵抗，揭露和批判救亡运动中各种反动和错误的流派，提出革命文学的战斗使命，呼吁国际无产阶级和劳动人民声援中国人民的抗日斗争。左联出版的《文艺新闻》《十字街头》《文学月刊》等刊物，不仅大量刊登抗日文学作品，而且发专刊和开辟专栏，揭露敌人，宣传群众，动员群众，进行抗日斗争。同时，左联作家还亲自参加各种群众性的政治活动，如参加上海反日大同盟举行的游行示威，到上海

---

① 陈觉：《九一八后国难痛史资料》第3卷，第42页。

各大学讲演，有组织地上街张贴标语，散发传单，以及动员爱国青年参加抗日武装斗争等。

上海妇女团体80余个2000余人召开大会，联合组成妇女救国大同盟。她们举办救护训练班，要求一般无家室之累者自愿报名，参加训练，并从医科大学请来专家进行指导；组织妇女救护队，开赴前方参加救护工作。南京妇女界代表人物吴木兰、王信芳、李志明、黎青等发起组织中华国民救国女子军，抱牺牲决心，舍身救国，三天签名参加者1300多人，以南京女子法政讲习所为筹备地点进行组织，分救护队、宣传队、决死队三部分，并开始征募训练。张学良夫人于凤至女士、于学忠夫人、张学铭夫人朱洛筠、沈能毅夫人、鲍毓麟夫人、沈祖同夫人等20余人，发起组织华北妇女救国会，支持抗战，并发表宣言："所望中外人士，一致动员，发挥善念，赐予赞助。"[①]开封妇女组织困难共济会，均由各界知名人物的夫人发起并带头捐款资助义勇军抗日，与会者当时就捐款3000余元。著名民主爱国人士何香凝发起组织的华侨青年救护队，直接参加了锦西前线的工作。

北平法源寺的僧人，中国佛教会等通令全国各省市佛教会转知各寺院僧侣，呼吁共赴国难，节约用费，犒劳前方将士。伊斯兰教清真教徒发起组织伊斯兰学友会，并发表宣言表示抗日。

广大农民群众也广泛开展了抗日救亡斗争。在抗日义勇军中，农民占主要成分。以分散的乡村为依托开展的群众性抗日游击战争，农民是游击战争的主要支持者。抗日游击战争之所以能在广阔的山区和平原迅速发展，是与广大农民在人力和物力等各方面对抗日军队的有力支援分不开的。南京农界成立了抗日救国会，组织了28队义勇团，并通电全国农界，以实际行动抗议日军侵略。江苏及全国各地农村也都广泛发动起来，投入抗日爱国运动。

民族资产阶级、国民党左派及部分军政人员与海外侨胞也积极进行抗日救亡活动。

---

① 陈觉：《九一八后国难痛史资料》第3卷，第12页。

在民族危亡的紧迫局势下，随着广大工人、学生及各界团体爱国运动的开展，上层小资产阶级、民族资产阶级的政治态度也发生了变化。他们公开指责国民政府“对日交涉不惜忍辱屈服，对于共产党势在必剿”的误国政策。《申报》等报刊，反映民族资产阶级的呼声，发表评论，要求国民政府“改弦更张”，进行抗日。

1931年9月21日，北平各界反日救国大会通电全国，提出“对日实行不合作主义”“不在日厂做工，不用日钞，不与日银行来往，不买日货，不坐日轮，不住日旅馆”，等等。接着，上海、汉口、天津、南昌等城市的工商业者组织，相继表示对日经济绝交，查禁封闭日货，拒绝与日商买办往来，拒收日本钞票，捐献救国。各地抵制日货机构分别规定：凡向日厂订购的货物一律取消；凡已经运到的日货均须缴交抵货机构封存处理；凡宣誓抵货以后仍然贩卖日货的则予严惩。北平市商会在抗日救国会做出决议之前，就将北平市各商所存日货一律封存，并声明绝对不贩售仇货及与日经济绝交，各商会均填表盖章。河北省各县商会代表在北平开会，通电全国，表示愿作政府后盾，共赴国难，请政府立即对日宣战。

这场抵制日货的运动严重打击了日本帝国主义的经济实力。据1932年8月2日《申报》的统计，1931年9月，日本对华输出比上年同期减少34.7%，10月减少59.7%，11月减少68%，12月减少63.8%；日本的在华商业地位由第1位降至第5位。另据《生活周刊》1931年11月7日记载：日本近因我国抗日运动激烈，在10月中旬日本停船之数量达519艘，总量为308687吨，预计至本年底，停船将达全日本总船舶吨量60%。这就是说，日本全国船业受到半数以上的影响。日本在华航业几乎陷于停顿，在华厂商的营业也几乎处于停顿状态。

1931年10月2日，全国商会联合会发表《告世界各国书》，揭露日本侵略东北各地的罪行；希望世界各国人民谴责日本侵略者，支持中国人民的抗日斗争。接着，全国各地商会纷纷通电掀起谴责日本侵略和声援东北义勇军抗日的爱国活动。黑龙江省黑河商会联合各人民团体，致电南京国民党政府，强烈要求支持马占山抗日，制止伪满洲国的成立。汉口市商会筹资1万元汇寄前方，以实际行动支援抗日。湖北省全省商会联合会联电南京国民党政府和国民党中央执委会，请即通令全国，举办救国军费，按人口每人一元计，汇集起来支援抗战。

国民党左派领导人宋庆龄、何香凝等，坚决反对蒋介石“攘外必先安内”的政策。宋庆龄在1931年12月19日发表宣言称：“中国国民党早丧失其革命集团之地位，至今日已成为不可掩蔽之事实。”“自十六年宁汉分立，因蒋介石个人之独裁与军阀官僚之争长，党与民众，日益背道而驰，藉反共之名，行反动之实。……五年以来内战政争，循环不已，党既分崩离析，遂不惜各自乞怜帝国主义，利用腐化势力，举北洋军阀官僚所不敢为者，一一悍然为之。”①冯玉祥说：“九一八的祸首就是蒋介石，蒋要向大家认罪下野。……我们要抗日，我们要收复失地，谁要阻止抗日，谁就是卖国贼。”②在日本侵华的威胁面前，一部分有民族气节的国民党基层组织和军政人员激于民族义愤，也积极提出各项抗日主张，支持和声援东北抗日义勇军的抗战活动。国民党驻东京直属支部执行委员会，为日军侵占东北，于1931年9月20日要求中央执行委员会“对日所提出之任何条件绝对不承认”，“彻底对日厉行经济绝交”，“作对日战争的准备”。③国民党驻巴黎总部执委会致电南京称：“国联对于东事解决，如不能使中国满意，中国应即向日本宣战。”④国民党驻美总支部致电南京国民党政府：“马占山将军，孤军抗日，捷报传来，海外腾欢，请即增兵逐日出境，还我河山。溥仪复辟甘为傀儡，请明令讨伐，以彰国法。”⑤国民党驻暹罗万磅支部全体党员致电黑龙江省主席云：“请强硬对敌，保守领土，本部同志，誓为后援。”⑥国民党湖南省长沙市、长沙县支部分别致电黑龙江代主席马占山，声援他率部抗战的爱国行动。

---

① 《申报》1931年12月20日。

② 冯玉祥：《我所认识的蒋介石》，黑龙江人民出版社1980年版，第28—29页。

③ 中国第二历史档案馆藏南京国民政府档案。

④ 《滨江时报》1931年11月27日。

⑤ 《滨江时报》1931年11月27日。

⑥ 《滨江时报》1931年11月27日。

国民党上海各区党员，分别致电慰问马占山等义勇军将领，如九区电称："此次暴日侵占我辽吉后，犹复得寸进尺，炮击津沽，进寇黑垣，势非灭我国奴我民而不止，幸我前敌将士忠勇奋发，力拒仇雠，既扫辽、吉不抵抗之奇耻，更坚强我国家民族之力量，除电请中央令饬军队增援外，特电慰劳，望继续努力，以作国家干城，以慰举国渴望。"①国民党中央军校有40多名学生自动离校，到热河参加抗战。

海外侨胞声援国内的抗日救亡活动。九一八事变后，侨居国外的爱国华侨，与国内同胞一样，以满腔的爱国热情，决心为抗日救亡的神圣事业贡献自己的力量。他们不仅进行声援，而且捐赠资金和物资，甚至组织华侨义勇军直接参加抗日战斗。

当时，回国旅行华侨首先在南京组织起华侨救国大会，呼吁各方放弃内嫌，团结对敌，拯救祖国。随后，侨居国外的华侨团体纷纷声援国内抗战。

在日本的中国留学生不愿逗留敌国，相继返回国内。东京工业大学、东京高师、士官学校的留日学生，联合组织中华民国留日学生会，召开各校代表会议，一致决议返回祖国，以示对日本帝国主义侵略中国东北的抗议。在日本陆军士官学校的中国留学生近300人，同仇敌忾，全体退学，并发表宣言说："同人等留学敌邦，仰教他人，深知谋我者不惠我，制人者常骄人，已觉留非其地，学难有成"。"窃念吾辈武学生，职在捍国，当此国家濒危之时，正吾辈拼弃生命杀敌救亡之日，何能缄默笔砚间，与敌人讲武纸上乎？"②9月29日，留日学生代表200余人，到中国驻日公使馆向公使蒋作宾请愿，提出下旗归国、断绝国交、对日宣战和发给归国学生船票四项要求。10月1日，公使馆允许发给留日学生归国船票200张，2000多名留学生只好推举代表先行回国。自9月19日起两个月内，留学生及其他侨胞先后共7000余人归国。留日学生回国后，派出代表，数度向国民党政府和教育部请愿，提出反对不抵抗主义，立即对

① 《滨江时报》1931 年 11 月 18 日。

② 《申报》1931 年 10 月 22 日。

日宣战，反对压迫民众的抗日救国运动，促进和平统一等主张，并组织宣传队，奔赴救亡第一线，深入农村，揭露日本的侵华阴谋，向农民进行宣传，唤醒民众，抵抗外侮。

在新加坡，陈嘉庚发起召开侨民大会，通过致电日内瓦国际联盟和美国总统胡佛，要求“履行各种条约，维护世界和平”；号召“侨民鼓动志气，激励爱国”，抵制日货，开展反日宣传。爱国华侨巨商胡文虎首捐2.5万元，支援国内灾民。他创办的《星洲日报》代收华侨捐款，先后汇回国内100余万元。①其他各地华侨商会捐赠物品用作抗日军费。

旅欧各国华侨均组织了各种机构，声援国内抗日。在英国，英国名流和中国旅英人士成立了中国人民之友社，以援助中国抵抗外敌。在法国巴黎，组成了中华民众救亡会筹委会，向留法的全体同胞通告，恳其团结襄助，合力救亡。比利时华侨惊闻日本出兵东三省，莫不愤慨万分。他们召开代表大会，组织旅比华侨反日救国总会，并通电国民党政府，“望对日宣战，留比华侨，整装待命”。该总会国际宣传部以英、法、德三国文字，向欧美各国宣传日本侵华野心。

在美洲，美国芝加哥的华侨团体与学生联合组织抗日救国会，举行示威游行。华盛顿、纽约等地华侨发起组织全美洲反日大同盟，声援国内抗战。华侨捐款100万元美金，汇到国内支援抗日。旅居美国的华侨团体，还集资购买飞机31架（其中军用飞机25架，商用飞机六架），捐赠给国内，用于对日作战。仅据1932年10月和11月两个月的不完全统计，美国华侨为支援东北义勇军救助东北难民的捐款总数约14万美元。②加拿大、委内瑞拉、古巴等国的华侨也都组织起各种团体，援助国内的抗日救亡运动。

另外，许多爱国青年侨胞自动组织义勇军，远渡重洋回国直接参加抗日战争。

东南亚一带华侨曾组织援马抗日团、抗日铁血团等前往东北，直

---

① 《华侨与抗日战争》，四川大学出版社 1988 年版，第 9—10 页。

② 《海外月刊》1932 年第 4 期，第 47 页。

接参加抗日。据《抗日救国》杂志报道，新加坡抗日铁血团200多人赴东北参战，多牺牲在日寇炮火之下。接着，又有华侨青年救国团第一批21人北上抗日。美洲华侨航空救国义勇军团，推代表李玉聘到南京会见陈树人，决定捐助飞机12架，并派精于飞行术的侨胞80人，返回祖国驾机杀敌。

全国人民和海外侨胞的抗日救亡运动，表现了中华儿女同仇敌忾的民族精神和爱国热情，显示了中国人民不可侮的巨大力量，促进了全民族的觉醒。①

2. 中国局部抗战

中国抗日战争是经过长达14年艰苦卓绝的斗争取得最后胜利的。1931—1937年的六年时间里，随着日本对中国侵略的不断深入，中国人民的抵抗也从未停止。尽管抵抗的代价很昂贵，取得的胜利也屈指可数。但是，这种不屈不挠的抵抗，点燃了华夏儿女保家卫国的不息烽火，展示了中华民族不畏强暴的铮铮风骨，推动全国一浪高过一浪的抗日怒潮，开辟了中华民族团结一致、共同御侮的抗日之路。在许许多多大大小小的战斗中，无数英勇的中华儿女为了民族的生存，用自己的生命捍卫国家和民族的尊严，沉重打击了日军的侵略气焰。

这一时期，中国的抗战经历了三个发展阶段。

第一阶段的抗战，主要包括三个方面的抗日斗争。分别是东北军部分爱国官兵的抗战、东北义勇军的抗战以及第十九路军与第5军的淞沪抗战，其中东北义勇军抗战和淞沪抗战震撼中外，在国内外产生了巨大影响。

张学良的东北军，在九一八事变时虽然采取了“不抵抗”行为，对日军的侵略未作有效抵抗，纷纷败退。但是，驻扎在辽宁、吉林、黑龙江等地的部分东北军爱国官兵，没有执行不抵抗的命令，奋起抗击，给予日军以有力一击。东北军爱国官兵的抗战，主要有王以哲、赵镇藩部的沈

① 军事科学院军事历史研究部：《中国抗日战争史》上卷，第174—175页。

阳北大营突围战，黄显声等部的锦州退兵之战，马占山所部的黑龙江嫩江桥抗战，赵毅第22旅的吉林双城阻击战，李杜、丁超、冯占海等部的哈尔滨保卫战，苏炳文等部的海拉尔、富拉尔基保卫战，等等。其中马占山领导的江桥抗战，是中国军队第一次有组织的规模较大的抗击日本侵略的重大战役。

东北义勇军的抗战是这一阶段中规模最大、地域最广、历时最久，东北人民自发进行的武装抗日运动。义勇军成分极其广泛，几乎包括社会各个阶层，部队来源有东北军正规部队和公安警察大队，各县民团、保甲人员，农村广大农民群众和部分城镇工人，以及大小绿林帮伙，等等。九一八事变爆发后，辽、吉、黑三省各地义勇军相继兴起。在辽宁地区，主要有黄显声、邓铁梅、苗可秀等组织的东北民众自卫义勇军，唐聚五为首的辽宁民众自卫军，王化一、李纯华组织的东北民众抗日救国军，王凤阁为首的辽宁民众义勇军，高文彬等领导的东北抗日军蒙边骑兵。在吉林地区，主要有李杜、丁超、赵毅、冯占海等组织的吉林自卫军，王德林领导的吉林国民救国军，姜荣跃为首的吉西抗日军，田霖为首的吉林人民抗日自卫军。在黑龙江地区，主要有苏炳文为首的东北民众救国军，马占山为总司令的黑龙江抗日救国军。东北抗日义勇军于辽河两岸，松花江畔，以至整个白山黑水之间，广泛地燃起抗日烽火，打击日本侵略者。义勇军从1931年10月兴起，经过1932年的全盛时期，曾发展到约30万人，到1933年初，大部分失败瓦解时为止，成为东北抗日战场上主要的武装力量，义勇军以自己的英勇斗争谱写了中国抗战史上不可或缺的重要篇章。

在东北义勇军抗日运动如火如荼地进行时，国民党军队中另一支爱国部队，在上海进行了英勇的一·二八淞沪抗战。第十九路军在爱国将领陈铭枢、蒋光鼐、蔡廷锴领导下，在上海和全国人民的热烈支援下，在民族危亡的严重关头，勇敢地举起了爱国主义旗帜，面对日军的侵略，坚决反击。与前来增援的张治中第5军并肩战斗，给日军以沉重打击。中国参战部队以劣势装备抗衡日陆、海、空军联合进攻一个多月，迫使日本三次增兵，四易其帅。淞沪抗战后因国联要求中日双方停战而结束。但这次抵抗狠狠打击了日军的狂妄气焰，增强了中国人民的抗战信心。

第二阶段的抗战，从1933年1月榆关抗战到同年10月抗日同盟军失败。随着日本侵略扩张的矛头从东北指向热河和长城一线，以华北地区为中心，以长城抗战和察哈尔抗战为标志，汇成了新的抗战高潮。同时，中国共产党领导的东北抗日游击战争在这一阶段后期也逐步发展成为东北抗日战争的主体。

1933年1月的榆关抗战，揭开了长城抗战的序幕。东北军何柱国第9旅和临永警备司令部所部，在山海关一线阻击日军的入侵，守卫山海关城的安德馨营全体壮烈殉国。在热河，中国军队本来有可能利用地理条件和在义勇军配合下，给日军以消耗和打击，迟滞敌之进攻，以图转机，但由于张学良的迟疑与汤玉麟的逃跑，不过10天热河陷落。其后，何应钦取代张学良主持北平军分会，秉承蒋介石旨意，直接指挥长城抗战。

长城抗战是局部抗战中动员兵力最多、作战规模最大的一次对日抗战。国民政府调集了第17军徐庭瑶部、第29军宋哲元部、第67军王以哲部、第51军于学忠部、第57军何柱国部、第53军万福麟部、第32军商震部、第59军傅作义部、第41军孙殿英部、第26军肖之楚部，第40军庞炳勋部等36个师，以及炮兵、骑兵等特种部队参战。中国参战部队在全国抗日救亡运动影响下，同仇敌忾，浴血奋战，英勇地抗击两个师团又三个旅团日军和五万多伪军的进攻。从3月上旬开战后的80多天里，在长城各口、滦东、滦西、平北等地举行了10多次重要战役和数百次战斗，给日军以沉重打击。

当长城抗战遭到失败，华北危机空前严重之际，察哈尔抗日同盟军在张垣异军突起，发动了轰轰烈烈的武装抗日运动。抗日同盟军是在爱国将领冯玉祥、方振武等与中国共产党合作之下发动和组织起来的，共编成七个军及八个师，全军约有10万之众。同盟军抗战的兴起，开创了中国共产党与国民党一部分爱国军队合作抗战的新局面，极大振奋和推动了华北以至全国的抗日救亡运动。同盟军前敌部队在吉鸿昌指挥下进军察东，从日、伪军手中收复康保、宝昌、沽源、多伦四县，成为局部抗战中最出色的战斗之一。同盟军抗战虽然在日、伪军的夹击和国民政府的政治分化下遭到失败，但对推动抗日民族统一战线和全国抗战的到来，产生了深远影响。

抗战的第三阶段，从1936年初到七七抗战爆发时。长城抗战的结束和抗日同盟军解散后，由于日军改变了侵华方针与方式，中日之间未发生大的战役，但小的摩擦不断。事实上，只要有侵略，抵抗就从未停止。日军占领东北后，在困难日深的日子里，中共领导的东北抗日游击战争却在极为艰难的条件下逐步发展起来。1933年在东北各地先后建立了10余支由中共直接领导的抗日游击队，开拓了若干抗日游击区。1933年9月以后，抗日游击队在战斗中不断扩大，陆续改编为东北人民革命军。至1935年底，人民革命军组建了八个军，共有7000余指战员，发展成为东北战场上抗日武装的主力。到1937年秋，东北抗日联军已建立11个军，总兵力三万余人。东北抗日联军转战白山黑水，长期进行艰苦卓绝的斗争。

1936年是中国国内局势开始发生质变的一年，也是中国抵抗侵略向全国抗战过渡的重要一年。日本政局在1936年二二六事件后，已基本法西斯化，对中国的侵略再度提速并强硬。而中国军民也并不示弱。双方大规模的对抗便是1936年的绥远抗战。1935年华北事变后兴起的一二·九运动，标志着抗日救亡运动新高潮的到来。中国随之发生了一系列重大变动：学生界、文化界、舆论界救亡运动的高涨，三大红军主力进入西北，中国共产党抗日民族统一战线政策的正式提出和国共两党的初步谈判，两广事变，绥远战争和援绥运动，中日谈判，以及作为时局转变枢纽的西安事变。绥远抗战正是在这时局大变动中发生的。傅作义的第35军等部，在国民政府支持和阎锡山晋军的直接援助下，先后发起红格尔图之战、百灵庙战役和锡拉木楞庙之战，三战三捷，给了日本关东军指挥下的伪蒙军以毁灭性打击。绥远抗战是全面抗战爆发前中国抵抗取得完全胜利的一战，威震中外，大大振奋了全国军民的抗日爱国精神。这一胜利产生在中国由局部抗战向着全国抗战的过渡阶段，预示着全国对日抗战的帷幕即将揭开，而被毛泽东称为“全国抗战之先声”①。

3. 抗日积极因素的生长

在六年的抵抗中，国共两党采取的指导方针是互不相同的，而各自又有其发展的过程。就国民政府而论，它的指导方针实际上经历了从“被动抵抗、主动谋和”到“积极抵抗、以战迫和”的演变；在军事上则经历了从被动防御到积极防御的变化。淞沪、长城、绥远这三次局部抗战，则是此种指导方针演变最为集中的表现。

自九一八事变到西安事变，国民政府实行的是“攘外必先安内”基本政策。对日本的侵略采取“一边抵抗、一边交涉”的方针。从一·二八抗战开始，国民政府开始参与、领导对日抵抗。淞沪抗战就其总体而言，是十九路军在爱国主义基础上自动的抗战行动和国民政府对日“一面抵抗、一面交涉”政策这两种因素综合作用的产物。国民政府一方面对日本在上海的武装进攻进行抵抗；另一方面通过交涉避免战事扩大，实现停战。

长城抗战是国民政府直接领导和指挥的一次规模最大的局部抗战，“一面抵抗、一面交涉”的政策得到了全面实施。在长城抗战中，何应钦主持的国民政府北平军分会指挥全军作战，进行抵抗和防御；黄郛主持的北平政务整理委员会负责对日交涉谈判。在战事限于被动的情况下，谋求停战成为主题。在不正式承认“满洲国”，保全平津的条件下，国民政府与日本达成妥协，签订了《塘沽协定》。

绥远抗战发生在国民政府内外政策产生若干变化，对日态度趋向强硬的时候，其指导方针已与长城抗战时有很大不同。绥远抗战的胜利，正是国民政府对日态度日趋强硬的结果。从长城抗战到绥远抗战，国内外形势发生了重大变化，中日民族矛盾在华北事变后进一步激化，以一二·九运动为标志的抗日救亡运动的新高潮随之在全国范围掀起，国内各阶级、各党派之间的关系正在经历着重新调整的过程。中国共产

① 转引自董其武：《戎马春秋》，中国文史出版社1986年版，第108页。

党发展了在三个条件下愿与任何武装部队订立对日作战协定的政策，于1935年提出建立最广泛的抗日民族统一战线的策略路线，并确立从国内革命战争向抗日民族战争转变的任务。国民党的内外政策也开始出现新的动向，1935年冬蒋介石在国民党五大提出对日抗战的“最后关头”说，1936年夏在五届二中全会上又进一步对“最后关头”作了界定，表明对日政策已开始发生变化。虽然从根本上说，国民党尚未抛弃“攘外必先安内”的政策，但“攘外”的比重显然在增多。“一面抵抗、一面交涉”政策虽仍然维持着，但其立足点正在从“谋和”逐步转到抵抗上来。即一方面对日本今后可能发动的武装侵略，将予以比前此更坚决的抗击；同时在另一方面为避免立即与日本全面开战，仍继续与日本进行“调整国交”的谈判，但在谈判中采取了较为强硬的态度，在重大问题上不作任何让步。

在上述背景下进行的1936年下半年的绥远抗战，虽然仍属局部抗战，但具有淞沪、长城两次抗战未曾有过的新姿态。当伪蒙军在日军指挥下向察北、绥东进攻时，蒋介石虽然并不准备就此对日军全面开战，但已求以军事上的胜利迫使日伪停战议和。所以虽仍是有限度的抵抗，但这种抵抗是积极的和坚决的。晋绥地方实力派首领阎锡山在新形势下倡导“守土抗战”，表现了抗日的积极性。而绥远军政首脑傅作义的抗日立场一向鲜明，伪军对绥境的侵夺，更使他决心坚决抗战到底。这样，国民党中央当局和晋绥地方当局在绥远抗战问题上达成共识，形成了南京、山西、绥远三位一体的抗战军事格局。绥远抗战可以说是国民政府积极抵抗的姿态，阎锡山的“守土抗战”和傅作义的坚决抗战这三方面因素综合作用的产物。

绥远抗战从敌我双方的客观条件出发，扬我之长击敌之短，实行积极防御战略和运动战的作战方针。傅作义不采取分兵把守的方法，而是把主力部队组成东、西两个突击集团，集中兵力前后分别使用于主攻方向，在战略内线的态势下，采取战役战斗上的外线作战，集中优势兵力攻敌一路，抛弃阵地抗击战方法，有计划地组织机动性很高的速决的运动战役。这一正确的作战方针的实施，加以全军团结一致，军民协力奋战，造成了局部抗战中绝无仅有的一次较大规模战役的完全胜利。绥远抗战的胜利，标志着局部抗战中大规模战役的结束，中国正在从局部抗战转向全国抗战。

局部抗战是对日本侵略的坚决回击，迟滞了日军侵略的步伐。东北义勇军的抗战，迟滞日军的进攻，歼灭了敌人的不少有生力量，延缓了日本对东北的占领。东北人民革命军和抗日联军的游击战争，对打击日本在东北的殖民统治，牵制和消耗日本的军事、经济力量，滞阻关东军对关内的进攻，掩护苏联远东边疆的安全，都起了重要作用。淞沪抗战和长城抗战虽然以“和”结束，但日军在此两役中遭到的沉重打击，是甲午战争以来从未有过的。如果没有中国军队在这两次战役中的英勇抗击，日军则会轻易地占领上海周围地区和长城以南直至平津一带地域。察哈尔抗战收复了察北四县失地，歼灭伪军千余人。绥远抗战历时五个月，歼灭和瓦解伪军一个师又四个旅，收复了内蒙古重镇百灵庙等地。

局部抗战推动了民众抗日救亡运动的发展，振奋了全国人民的民族精神。局部抗战，在当时的历史条件下，是中国武装抗日的主要行动，为全国民心之所系，马占山、蔡廷锴、冯玉祥、宋哲元、傅作义等先后成为饮誉一时的抗日风云人物，而为全国各界所崇敬，决非偶然。对日的武装抵抗和民众抗日救亡运动，是当时中国抗日民族运动中两个主要潮流。每一次武装抵抗，都带来了民众救亡运动的热潮，给人民抗日斗争以强大的推动力。东北义勇军抗战曾给全国为抗日救亡而奔走呼号的各界民众以极大鼓舞，二者汇成了抗日民族运动的第一个高潮。淞沪抗战一起，全国抗日救亡运动的声势为之大振，新的热潮从而勃发，各界民众的民族精神空前高昂起来。长城抗战和察哈尔抗战的熊熊战火，促使从淞沪抗战失败后一度趋于沉寂的民众救亡运动重新高涨起来，终于形成一个新的高潮。随着绥远抗战而掀起的全国援绥运动，则成为七七事变前夜一次蔚为壮观的抗日救亡热潮。绥远抗战的胜利，推动了自一二·九运动以来的救日救亡运动新高潮向着更广阔和深入的方向发展，迎来了西安事变及其和平解决，全国范围的“停止内战，一致抗日”新局面的到来。

二、日军侵吞华北方针的确立与华北危局

华北地区当时是五省（冀、鲁、晋、绥、察）二市（北平、天津），面积1018947平方公里，约占全国的1/11；耕地面积316312000亩，占全国耕地面积的1/4；人口7620余万人，超过日本全国人口（当时约700万），约占全国人口1/6。①华北在政治、经济和军事上具有重要的战略地位。在地理上，华北北邻蒙古和苏联，南瞰中国政治中枢华东及华中，西扼辽阔的西北地区。华北又是中国重要的经济命脉。1933年，华北关税收入达6102万元，占全国关税总收入的20%强；盐税收入3507万元，占全国盐税收入的20%强；统税收入1395万元，占全国统税收入的15%弱。三项税收，约占全国财政收入的1/6。

华北地区物产丰富，小麦产量占全国的1/3，棉花产量仅晋、鲁、冀三省即占全国46%。天津是羊毛集散市场，集中了全国90%的羊毛。有较多工矿企业，纺织厂占全国的1/5，面粉占全国2/3，产煤量为全国的45%，产盐量为全国的20%。铁矿储藏量占全国的58%。华北交通方便，华北铁路总长度为关内铁路的50%，公路长度占全国的1/6。此外，华北还有绵长的海岸线，有天津、青岛、秦皇岛、烟台、威海等优良海港。在对外贸易方面，华北各口岸占全国贸易的18%强。②这些有利的条件，使华北地区具有十分重要的战略地位。所以，对日本来说，夺取华北，不仅可以解除东北的侧翼威胁，巩固这个新得的殖民地，也可以切断中国政府赖以生存的重要经济命脉，奠定侵略中国的前进基地；而且可以此为基础，西去可打通与纳粹德国的联络；北去可以攻蒙古和苏联，实现“北进”计划；南去可占据中国的政治中枢，继而灭亡中国，占领太平洋，与美国决一雌雄，实现“南进”计划。而华北丰富的矿产和农业资源广阔

---

① 《华北事变资料选编》，河南人民出版社 1983 年版，第 490—491 页。

② 《华北事变资料选编》，第 491—493 页。

的市场，更是日本发动战争的主要目的之一。

正是华北所具有的重要战略地位，使日本在侵占东北后，又急欲将华北据为己有，以实现其既定的侵吞全中国的国策。如果说《塘沽协定》前日本对华北的侵略意在巩固东北占领区，为侵略华北打开方便之门的话，那么，进入到1935年，日本对华北的侵略便在于将华北变成第二个伪满洲国，变成日本侵略全中国和征服世界的“圣战基地”。为此，日军确立了新的侵略华北的方针，在华北制造了一系列事变，逐步攫取华北的主权，使中华民族面临着空前的民族危机。

1. 日本侵略华北政策的调整

日本确定侵吞华北后，在采用什么政策问题上存有分歧。由于日本政府和军部中的具体人物代表着不同派别、集团的利益，再加上认识上的差异，因此在侵华策略和时机选择上有不同主张。总的说来分为两派：政府表现为“稳健派”，主张以军队为后盾，以战争相威胁，以政治、经济为主要侵略手段，在“中日亲善”“经济提携”旗号下，掩盖其侵略面目，逐步推进对中国的殖民政策；军部表现为“激进派”，主张以武力征服和直接占领华北。

日本是一个军事封建帝国主义国家，其发展壮大的过程，就是不断对外侵略扩张的过程。在这个过程中，形成了一个以军部为代表的有自己特殊利益的极富侵略性的军阀集团，这个集团常常与政府发生认识上的分歧和派别利益上的冲突。由于双方在侵华利益上的一致，这种分歧和矛盾往往得到调和，即以一种侵略方式为主，另一种侵略方式配合，协调进行。当矛盾不可调和时，军人就接连发动政变，推翻现有内阁，建立亲军部或受军部控制的新内阁。

尽管日本政府在九一八事变时因顾忌中国军队会强烈反抗和欧美国家的严厉制裁，对关东军的行动曾持异议，可是结果，由于中国当局的“不抵抗”和欧美国家的观望态度，使军部的侵略阴谋得逞，政府处于被动。军部越发在侵华问题上置政府的“指令”而不顾。但是，日本侵占东北后，日本国内及国际形势发生了新的变化，迫使日本在侵略华北政策上作出新的调整。这些变化是：

第一，中国人民的强烈反抗。九一八事变后，中国掀起了大规模反日运动，各地开展的抵制日货运动，使日本遭受巨大损失。日本对华贸易，1932年前在各国对华贸易中居第一位，其贸易总额占总数的25%，1933—1937年下降到12%—15%；而同期英国由8%上升到10%，欧洲各国由13%升至20%，美国由15%升至23%。①

具体情况是：1931年，日本对华输出额为2.5亿多元，占各国输出总数的20.42%，九一八事变后陡然下降为第三位，在英美之后。1933年日本对华输出额降到6761万元，占各国对华输出总数的9.71%。②这个数字剔除了日本与东北的贸易，但也说明日本以武力侵略虽然在东北获得了73.2%的市场，却失去了关内的广大市场。中国人民在经济上抑制日货的同时，在军事上也表现了不屈服的姿态。东北抗日义勇军四处出击日伪军据点，破坏日军军运列车，抗击日本侵略，使日军无法巩固它在“满洲国”的殖民统治。大批关东军被拖在东北，无法抽调兵力对关内实施大规模侵略活动，而当关东军越过长城，企图对华北有所作为时，却在长城一线遭到中国军队的顽强阻击，崛起于西北的察哈尔民众抗日同盟军的大旗更使日本认识到了中国人民的反抗意志，国民政府虽一再对日妥协，但其最低限度“保全平津”之决心，也不能不使日本有所顾忌，若日军胆敢贸然用武力侵吞华北，那么等待着它的无疑是全中国人民的抵抗。

第二，英美等国对日本扩大侵华的不满。日本侵略华北政策的变化，与欧美各国的态度有关。欧美各国在华北有着巨大的经济利益，日本越过长城，侵略华北的行为，直接威胁着英美等国的利益。同时，中国政府在东北、华北的关税、盐税、统税收入，向来是偿还各国借款和

① ［美］阿瑟·恩·杨格：《1927—1937年中国财政经济情况》，陈泽宪、陈霞飞译，中国社会科学出版社1981年版，第368页。

② 国民政府实业部编：《中国经济年鉴续编（1934年）》，商务印书馆1935年版，第10页。

赔款的主要担保，日本对这些税收的掠夺，也间接影响到西方各国的利益。因此，英美等国对日本在华北的侵略扩张极其关注，日本如若轻举妄动，必将引起西方各国的不满与反对。

1934年4月，日本公然出台独占中国的宣言——“天羽声明”，引起英美各国的强烈不满，纷纷质问日本政府，并以其共同支配的“九国公约”为武器，反对日本妄图关闭中国门户，独吞中国的行动。1934年，围绕华盛顿条约和伦敦条约的存废问题，双方展开了激烈斗争。1922年华盛顿会议签订的海军裁军条约规定，英、美、日主力舰总吨数的比例为5∶5∶3。1930年在伦敦签订的裁军协定，限制主力舰以外的补助舰总吨数英、美、日的比例为10∶10∶7。华盛顿条约1936年12月31日到期，伦敦条约1934年到期，1935年再开会制订新约。日本为对外扩张，早就反对这两个条约，主张规定一个最高限度，在这个限度内，各国自由造舰，英美则主张维持上述两个条约规定的比例，以限制日本海军的发展。1934年10月22日，日本和英美的代表在伦敦举行预备会议，争吵激烈，为阻止在这个问题上出现有利于日本独占中国的局面，11月25日，英国外相西蒙向日本代表松平表示：“在成立海军或其它协定中，必须考虑中国之利益”，即“九国公约”所保障的“领土完整、门户开放”仍须为国际共守的原则。①12月19日，会议无果而终。而在同一天，日本政府通过了全面废除华盛顿海军条约的决定，伦敦条约则自然到期结束。

日本废除华盛顿海军裁军条约的举动，表明它无视一切国际条约的约束，包括“九国公约”所规定的中国问题上的原则，英美对日本的行动再次感到震惊。在伦敦预备会议期间，英美著名人士纷纷发表评论，主张制裁日本的政策。

在日本退出国联，废除华盛顿条约，与西方各国矛盾加深的形势下，日本处于空前孤立状态。面对这种形势，日本一方面加深仇外心理，加强征服世界的野心，加快扩军备战的步伐；另一方面不得不暂时调整侵华策略，扮饰自己在国际上的形象，一再表示“日本对中国土地绝无任

① 《国闻周报》第11卷第8期。

何野心”，并指示侵华日军在华北行动时，力戒引起误解，“以为帝国对于华北具有侵略的野心”；“必须严格避免这样的行为，即可被解释成帝国的目的在于否认该地区的中国领土权，培植成为脱离南京政权的独立国家，或者具体地实现满洲国的延长。”①

第三，本身力量的薄弱和军备不足，暂时约束了日本在华的军事行动。1933年，日本经济全面萎缩，陷入更严重的危机中，财政困难，无力支撑发动侵华战争所需要的庞大军费，就当时日本的国力而言，是不足以与中国及欧美反日力量相抗衡的。因而，日本不敢冒与全世界为敌之险，要夺取华北，不能靠武力，而只能选择其他方法。

由于上述种种原因，日本对中国进一步的侵略，不得不采用以政治、经济为主，军事为辅的策略；而其第一个目标就是把华北从南京政府的管辖中分离出来，成为受日本“指导”的第二个“满洲国”。

2. 日本分离华北政策的形成

1933年7月6日，日本陆军省和参谋部向内阁提出《对华政策大纲》。该大纲提出对华北问题的两点意向：“（一）虽然暂时容忍华北政权为南京政府的一部分，我们应当压迫它去实现塘沽协定的意义。排除对日货的抵制与抗日运动，保持并延伸这一形势的发展。（二）我们必须使华北政权压制国民党在华北的抗日活动，并使国民党减少力量，最后迫使其解体。”②

1933年9月25日，日本海军方面提出《海军对华时局处理方针》，将中国分作华北、华中、华南三大部分而制定政策，其中作为一个独立问题明确使用了“对华北方策说”的说法。所订出的三条方策，基本精神是要使华北地区“通过履行停战协定，根绝抗日排货及其他反日运动，消除党部势力等，使华北的空气较向亲日”，并“逐渐在实际上独立于中

① 参见日本政府：《第二次华北问题处理纲要》和《第三次华北问题处理纲要》，载[日]外务省编：《日本外交年表和主要文书（1848—1945）》下卷，第347—356页。

② 《远东国际军事法庭战犯审讯纪录》（IMTFE）文件三，第147页。

央政权的政令之外，恢复同日满两国的依存关系。”①日本陆军也于10月2日提出《帝国国策》，其中要求在华北设立“缓冲地带”，“培养适应于分离倾向的亲日分子并促使其组织化”。②同月25日，经五相（即首相、外相、陆相、海相、藏相）会议讨论确定了《对华攻策》（绝密），认为在《塘沽协定》之后，日本应该努力促使和助成“华北地区形势好转”，应该经常以“严肃态度让其对待”，使其“放弃反日政策，根绝排日运动”。③11月30日，日本陆军省在对内阁制定的《帝国外交政策》提出的最后修正案中，主张“支持中国大陆之分治运动，驱逐国民政府势力于华北之外。”④这样，日本政府和军部经过反复协商和讨论，一致提出了在华北“根绝排日”，“削弱国民党势力”和与中央政权“分离”的宗旨。

经过上述酝酿，日本分离华北的政策逐步形成。1934年4月7日，日本外务省情报部长天羽英二，在定期接见记者的招待会上发表谈话，其后被称为“天羽声明”。谈话要点如下：

> “日本为了满洲事变和满洲国问题，于去年三月，不得已通告退出了国际联盟”。“关于东亚问题，日本的立场和使命，也许和其他各国的立场和使命有所不同。”“如果中国采取利用其他国家排斥日本，违反东亚和平的措施，或者采取以夷制夷的排外政策，日本就不得不加以反对。”
>
> “各国也应该考虑到由满洲事变，上海事变所产生的特殊情况，如果对于中国想采取共同行动，即使在名义上是财政的或技术的援助，必然带有政治意义。”“提供武器、军用飞机，派遣军事教官，提供政治借款等等，最后显然要导致离间中国和日本以及其他各国的关系，产生违反维持远东和平与秩序的结果。因此，日本不能对此置之不理。”⑤

① [日]《现代史资料 8》，美铃书房 1982 年版，第 9 页。
② [日]《现代史资料 8》，第 12 页。
③ [日]上村伸一:《日本外交史》19，鹿岛研究所出版会 1971 年版，第 148—149 页。
④ 张蓬舟 :《近五十年中国与日本（1932—1982）》第 1 卷，第 224 页。
⑤ 《华北事变资料选编》，第 57 页。

这简直是日本独占华北、独占中国的宣言！它公开拒绝国际社会对其制造九一八事变的谴责，宣布中国为其势力范围，反对各国对中国的哪怕是“财政的或技术的援助”，这正如当时世界舆论所评论的那样，这是“日本的东洋门罗主义宣言”①。

紧接着“天羽声明”其后的便是土肥原贤二于4月18日向日本陆军参谋部提交的《挽救华北的政策》的机密文件。该文说：“为避免在远东爆发大战及争取东亚的和平，目前最迫切的需要便是建立一个新的华北政权。”②

1934年12月7日，日本陆、海、外三省官员经过协商，制定了《有关对华政策的文件》，规定日本在华北的基本宗旨是“形成南京政权的政令不能达及的情势”。其政治上应努力达到的目标是：“伸张我方权益和形成隔绝排日的普遍气氛，不论华北政权的主要班底由何人组成，均不能无视在华北的日满华特殊关系”。③同时，还制定了“关于伸张商权的方策”，强调其经济上的目的是：“在实业界及其他普通民间广寻对象，以促进国民经济的提携，培养隔绝排目的普遍气氛，而使日满华之间的经济特殊关系置于以政治等方面的理由无论怎样也难以动摇的地位。”④

根据当时日本驻南京总领事须磨弥吉郎记录，日本所希望的结果大约有四种：(1) 华北五省独立；(2) 华北五省自主；(3) 河北省中心地带自治；(4) 局外中立裁兵地区设立。⑤各种方案的基本精神都是一致的，那就是要“自治”“亲日”。

1935年1月4日，关东军召开大连会议，关东军副参谋长板垣征四郎、特务机关长土肥原贤二均参加，会议历时两天，中心议题是《塘沽协定》后对伪满和对华北的方针，决定要在华北扶植“忠实贯彻日本要

① [日]上村伸一：《日本外交史》19，第76—77页。
② 《东京国际军事法庭裁判记录》，第1763—A号。
③ [日]《现代史资料8》，第23页。
④ [日]《现代史资料8》，第24页。
⑤ [日]秦郁彦：《日中战争史》，原书房1979年版，第62—63页。

求的诚实的政权”，“始终企图整个问题之解决，在未达到最后之目的之前，则用侧击旁敲办法，逐步前进。”①

1935年8月，多田骏接替梅津美治郎担任华北驻屯军司令官。9月20日，多田骏在其官邸召集在平津的日本新闻记者聚餐，发给每人一本小册子，题为《日本对华之基础概念》。这个小册子分绪言、对华政策之根本主义、帝国之对华态度、对国民党蒋介石之认识、中国之赤化运动、华北对策成否之重要性、结论七部分。②小册子名为“铲除中国祸根救济中国民众”，实质上急谋从政治、经济上加紧对华北的控制。

多田骏还嫌自己嚣张得不够，又于24日在记者招待会上就华北问题发表谈话，强调“逐渐使华北明朗化，这是形成日满华共存的基础。”同时公开宣称要“行使正当的威力”，把“国民党和蒋政权从华北排除出去”，“把反满抗日分子彻底地驱逐出华北”，“华北经济圈独立（要救济华北的民众，只有使华北财政脱离南京政府的管辖）”，“通过华北五省的军事合作，防止赤化”，“改变和树立华北政权机构”和“组织华北五省联合自治团体”等等。③多田骏的声明，第一次公开提出从政治、经济、军事等方面，全面实现华北“自治”的要求，表明日本已迫不及待地要完成其囊括整个华北，进而全面侵吞中国的阴谋。日本的这一野心，在日本外务大臣、陆军大臣、海军大臣的《关于对华政策方案》中表述得更为清楚。

1935年10月4日，日本外务、陆军、海军三相发表的《对华政策方案》中说：

> “我国对外政策的根本方针，在于通过以帝国为中心的日满华三国的合作互助”，“首先必须根据以下纲要，……以确立日满华三国间的根本关系。”
>
> 一，使中国方面彻底取缔排日的言论和行动，摆脱依靠欧美

---

① 《申报月刊》第4卷第2号，第123页。

② 《时事月报》第13卷第5期，1935年10月“国内时事”部分。

③ ［日］秦郁彦：《日中战争史》，日本河山书房新社1961年版，第56—57页。

的政策，同时，采用对日亲善政策，并在实际上推行该政策，更就具体问题，使其与帝国合作。

二，虽然最后使中国正式承认满洲国，但在目前不仅使中国事实上默认满洲国的独立，停止其反满政策，并且使其至少在与满洲国毗连的华北地区，在经济上和文化上与满洲国进行交往和合作。

三，鉴于来自外蒙等地的赤化势力的威胁已成为日满华三国的共同威胁，应使中国为排除上述威胁起见，在外蒙接壤地区，对我方所希望的各种措施进行合作。①

此方案不仅进一步阐明要求在华北建立亲日的政权，而且妄图使蒋介石政权和日本“合作”，变成亲日政权，以便控制整个中国。

在同一时间，冈田内阁通过了两大议案：一是“对支政策”（本文及附属文书），由外相广田弘毅和陆军省、海军省共同拟定的，时称“广田三原则”；二是陆相川岛义一提出的“鼓动华北自治案”，这一议案通过后，日本加紧了策动“华北自治”的步伐。

这就是1935年日本政府向南京政府提出的“中日亲善”“中日经济提携”的“广田三原则”和日本军部、关东军和华北驻屯军策划的华北五省“自治”的实质内容。日本企图通过此举达到一箭三雕的目的。一、以经济侵略为主，同样达到掠夺中国的目的，并可改善国内经济，加强实力；二、戴上“亲善”面具，既可缓和中国人民的反抗，又能封住英美的谴责之口；三、为下一步武装夺取华北创造条件，也为进一步加强国内政权的法西斯化和扩军备战争取时间。可见，从日本帝国主义的本性考察，七七事变前日本对华北的侵略政策，是特殊历史条件下的权宜之计。其发动大规模侵略战争，武装占领华北和全中国，只是个时间问题。

3. 日本逐步攫取华北主权

为了分离和占据华北，日本采用了在中央政府伪善外交的掩蔽之

① [日]外务省编：《日本外交年表和主要文书（1848—1945）》下卷，第303—304页。

下，由驻华日军制造事端，逼迫国民政府签订“现地协定”，逐步攫取中国华北主权的方法，来实施其侵略华北的计划。

1935年5月，日军制造和利用了两起事件：两名天津亲日汉奸报人胡恩溥、白逾桓在日本租界被暗杀；关东军“围剿”热河省义勇军，孙永勤部越过长城进入遵化县。事件本为日军制造，却反诬“中国官吏庇护匪徒”，“蹂躏塘沽协定”，并以此为借口，向中国方面提出交涉，是为“河北事件”。日方蛮横地要求中方将宪兵第三团、中央军第二师、第二十五师他调，国民党各党部停止活动，解散抗日团体，罢免河北省主席于学忠，五十一军调离天津。①

国民政府指示驻日大使蒋作宾进行外交交涉。6月1日，广田外相答复中国大使：“本案主要属于（塘沽）停战协定有关军队的事项，故不便以外交交涉行事。由于其属于应当由当地军宪处理的性质，故请由南京政府立即与我派驻当地的军宪交涉。”②一向标榜以外交手段解决纠纷的广田外相竟然以推诿手法，拒绝通过外交途径解决河北事件，这实质上是策应陆军以武力威胁手段推行冈田内阁将中国国民党中央政府赶出华北的方针。

此时，驻华日军为了胁迫国民政府答应其条件，在古北口集结兵力，派机群到锦州待命，派遣两艘驱逐舰驶抵大沽，实行海陆空三军的武力威胁。国民政府再次表示退让。6月10日，全部答应了日方的条件，并在日方催逼下，以“备忘录”和“复函”的形式构成了事实上的“何梅协定”。通过此协定，日方在中国华北攫取了河北省和平津两市的大部分主权，日军逼签“现地协定”，深入侵华的方针得到初步实现，而日外务省则以驻华大使有吉明的话：“期望中日两国国交之圆满不仅限于一地，应将全华排日风潮为之一扫”③表明了其配合陆军侵略中国的姿态，日方毫不掩饰侵吞全中国的意图。日本“二元化”外交

① 秦孝仪主编：《中华民国重要史料初编——对日抗战时期》《绪编》（一），第672—673页。

② ［日］臼井胜美：《围绕中国的日本近代外交》，东京1983年版，第97页。

③ 天津《益世报》1935年6月29日。

的实质不过是侵略手段的不同而已，其要达到的目的是一样的。可谓“殊途同归”。

日军在河北挑起事端的同时，加紧向察哈尔省渗透。察哈尔为宋哲元第29军驻防地区。察哈尔省的张家口、张北两城，乃华北重镇，具有十分重要的战略地位。日军在其“华北政策”与“内蒙工作”的方案中，都十分重视这一地区，其矛头常常首先指向张北、张家口等地。关东军的势力伸入到具有重要战略意义的内蒙古地区，其目的是要“利用两次日本兵与宋哲元部队小冲突的机会，要求宋哲元军队从蒙古地区的察哈尔撤退。”①结果，日军制造了两次张北事件，两次察东事件，逼签了“秦土协定”，使察哈尔省的中国军队撤出了察省，察省80%的地盘被日、伪军控制。

“何梅协定”和“秦土协定”的签订，使国民政府在华北地区的军事力量大为削弱，日本下一步的行动，是利用这一时机，策动亲日派拼凑傀儡政权，实现华北“自治”，达到吞并华北的目的。伴随这一目的而来的便是1935年6月27日发生的“丰台事件”与10月20日发生的“香河事件”，这两起事件都是日军一手制造的所谓“华北自治”事件。当这两起事件迅速失败，证明收买汉奸流氓和浪人武装暴动不能成事，日军于是加紧游说地方实力派，但均遭拒绝。无奈中，日军策动汉奸殷汝耕在冀东成立“冀东防共自治政府”，其日后成为日本推行分离华北政策的得力工具，并时刻威胁着平津的安危。

1935年11月后，日军策动的“华北自治”工作达到高潮。日军对入主平津的宋哲元多方威逼利诱，使华北局面险象环生，最终在1935年12月初，华北出现了一个特殊化的地方政权——冀察政务委员会。这是国民政府在日军进侵下，对日妥协的又一产物。

日军在华北的侵略行为步步走向深入，与此相应的是中国华北主权的逐步丧失及华北危机的不断加重，而贪婪的日本侵略者并未就此止步，而是进一步酝酿着新的侵华阴谋，不把整个华北据为己有，绝不罢

---

① ［日］重光葵：《昭和之动乱》（上），中央公论社 1952 年版，第 118 页。

休，华北政局在日军魔掌下动荡不安，危机丛丛。

从1935年至1936年间，日本在华北大规模展开的多种形式的侵略行动，制造的各种各样大大小小的阴谋事变，正是其分离华北政策的必然产物。

与此同时，从1935年下半年起，日本加紧了对华北的经济掠夺。首先是日本商人在军队庇护下，利用冀东“非武装区”及其后炮制的冀东伪“防共自治政府”，先在冀东沿海，而后扩展到全华北沿海，进行大规模的公开的武装走私，向华北大量倾销日货，很快摧毁了华北的关税壁垒，使日货迅速占领华北市场，对华北民族商业造成了致命威胁。

日本对华北的走私，1933年《塘沽协定》后即已开始，根据这个协定，冀东被划为“非战区”，中国军队不能驻扎，实际由日本控制，为日本走私提供了方便。1933年，日本经海路向中国内地走私出口人造丝900万日元，砂糖700万日元，其他产品400万日元，合计2000万日元。1934年，分别为600万日元、720万日元、200万日元，合计1520万日元。这个数字，占当时正当贸易的二至三成。①陆路对华走私出口有鸦片（每年约400万两），人造丝（每年100万至200万日元）、卷烟纸、人造丝制品、呢绒、哔叽制品、药品、化妆品等。

日本对华最大宗的输入品是白银。从1934年下半年起，世界市场银价大涨，美国又实行白银政策，中国白银的价格大大低于国际市场价格，日本便从中国偷运大量白银出口，致使1934年中国“白银出超价值达二亿五千九百九十四万多元”。②1935年更趋严重，一年内“白银走私出口约在三千万至四千万之间”。③日本当局调查承认：从1934年10月到1935年8月，日本从华北走私偷运出去的白银“达三千万两”。④

① 满铁天津事务所调查课：《冀东地区的贸易概况与关税情况》，昭和十年11月2日，载日本《华北经济资料》第5辑，第113—116页。

② 《申报年鉴》（民国二十四年），上海申报馆印，第11页。

③ [美]阿瑟·恩·杨格：《1927—1937年中国财政经济情况》，第239页。

④ 满铁天津事务所调查课：《冀东地区的贸易概况与关税情况》，昭和十年11月2日，载日本《华北经济资料》第5辑，第113—116页。

1935年夏秋之后，随着日本在华北策划“自治运动”的加紧，走私活动更加猖獗起来。当时在长城一线，满载各种商品的马车几十辆为一队，连同其武装护卫数百人一伙，从伪满洲国通过长城各缺口浩浩荡荡进入华北。1935年8月到1936年4月，自冀东运往天津的走私物品有：人造丝89617包（4033745公斤），卷烟纸6171包（1183836公斤），布匹12131包，白糖479296包（43136640公斤），杂货11052包；其中1936年4月19日起一周内由天津运出的私货人造丝1862包（830790公斤），白糖41171包（3705390公斤），卷烟纸245包（15239公斤）等。①

这些武装走私队以武力抗拒中方陆海缉私人员，而日本政府与军部更以外交手段保护走私，对中国施加外交压力，横加勒索，并以“协助缉私”为名，派出宪兵警察非法进驻北平、天津、唐山、滦县、昌黎等站，“检查”来往客人，严重干扰中国方面的正常缉私业务，侵犯中国主权。当时，处于伪满和冀东之间的“中国方面和税收机关，其职能处于停止状态。”②

日本还公开以不平等的法定手段，保护其输出商品免征或减征关税，冀东特别关税就是一例。日本在冀东订立相当于关税1/4以下的低税率的“输入税”，在南大寺、北戴河、留守营、秦皇岛等地进行不平等贸易。这样在冀东伪政权特别关税庇护下，走私货物大量涌入中国市场。据日文资料记载：“以往在高关税桎梏下的输入品，以人造丝、砂糖为主，现在能一起向天津输送，因之天津的入货量以惊人的数额上升，人造丝、砂糖犹如洪水一般，估计3月（1936年）下半月的入货量是：砂糖五六万包，人造丝六七万包。这些优良廉价日本货冲破冀东关税堤坝，如同怒涛涌入中国各地，现已南下运至上海方面，以致给中国市场一大冲击，遂成为最近哄动一时的问题。”③同时，日本还把《塘沽协定》所规定的非武装区延伸到海上，日本海军否认按国际惯例中方所应

① 《银行周报》卷20第20期。

② ［日］上村伸一：《日本外交史》19，第243页。

③ ［日］《现代史资料8》，第153—154页。

有的三海里之内的领海权，蛮横禁止中国海关缉私船只的通行，安全剥夺了中国海关的缉私权力。中国无论在陆上和海上都无法行使主权，而日本走私集团则恣意妄行，甚至常以200吨以上的大船满载货物往来于大连和冀东。

日本的武装走私，使中国的民族商业遭受严重打击，其中受害最大的是制糖业和人造丝业。以糖业来说，1935年一般市价是白糖每担22元，红糖每担18元，然而私货却只要12元或10元左右。因此津浦、陇海两路遂全为私糖所剥夺，上海糖商60余家，因私糖盛行而遭受的损失1000万元以上，广东糖因华北私货充斥，在5月初就停止装运，并一半停工，到中旬以后，广东糖厂竟因私货压迫及原料不足而全部歇业。至于人造丝，1934年上海人造丝匹头厂家有21家，丝织机二万部，因私货倾销影响，1935年已仅余六七家，织机三四千部。其他如纺织业、面粉业、卷烟业、火柴业等，无一不受到走私的危害。尤其是华北工业的中心区天津各厂不是关门倒闭就是被日商所收买。①

武装走私更使中国的财政蒙受巨大损失。关税约占国民政府税项收入的70%左右，而进口税则是关税中最主要的项目。日本参谋本部一份秘密报告引用中国海关当局的统计显示："从1935年8月到1936年4月，海关税收（指华北各关口）损失达2500万元，仅4月一个月即达800万元。"又引用《大公报》对5月初的统计说："海关每天损失50万元，一个月为1500万元。"参谋本部评论说："照此推算，一年要减少一亿多元，这就成了南京政府生死存亡的问题。"②

武装走私的同时，日本开始疯狂掠夺华北资源。九一八事变之后，日本在华的掠夺性投资发展极快，其重点是华北。以1936年为例，日本在华矿业投资支配资产额为2090.7万元，其中华北2078.9万元，占99%。在华北矿业投资中，又主要集中于煤、铁、金矿各业，投资额达1976.9万元。投资方式中，合办投资额量最大，达1318.4万元，约占67%；其次

① 李新、陈铁健主编：《从内战到抗战》，上海人民出版社1995年版，第36页。
② ［日］《现代史资料8》，第170—171页。

是贷款，为338.5万元，约占17%，直接投资只占16%左右。①在矿业中，煤炭又占主要地位。1936年日本向中国煤业投资总额达2108.7万元，其中华北地区为1853.2万元，占近88%。②在合资矿业中，日方占有统治地位，在一些煤、铁等重要行业的中日合办公司中，日方自不待言占有垄断地位。

从1935年起，日本即开始夺取华北的棉花产地。日本驻天津领事馆在天津设立所谓“华北农场试验所”，在南开八里台设场植棉，并利用汉奸转手，以中国人名义偷买中国土地。冀东伪政权更划定通县、丰润、玉田、迁安、滦县、香河、遵化、抚宁、昌黎等县的几万顷土地，为日本“兴中公司”试验植棉的农场。与此同时，“华北棉花公司”“通县棉花试验所”“东亚棉花协会”等掠夺华北棉花的组织纷纷建立，六家日本纱商也成立了“棉花协会”和“棉花交易所”，以便控制华北的棉花产地和棉花市场。所有这一切举动只为了一个目的——掠夺华北棉花，以弥补日本棉花短缺，纺织业98%依赖进口的状况。

棉纺业也是日本垄断的重点。九一八事变后，由于日本向华北侵略扩张的战略需要，以及华北棉花得天独厚，量大质优，贪婪的日本财阀便将纺织资本急剧转向华北。日本以收买、吞并或设新厂的办法，排斥华资企业。自1935年至1937年间，天津原有七家较大的华资公司被日资吞并四家，占天津纱锭总数的70%以上。③到1937年初，日本在天津纺织厂已有10家，纱锭177000枚，织机数千架，而华资只有五家，纱锭71000枚，织机310架。④华北的另一个纺织业中心青岛更为日资所统治。从整个华北的纺织业看，日本的扩张是十分惊人的。1932年华北纺织业集中地河北、山东两省，纺织锭数华商有374980锭，占50.63%，日资365580锭，占49.37%，到1936年，华商纺织下降至

① ［日］东亚研究所:《日本的对华投资》上，原书房1974年复刻版，第208—210页。
② ［日］东亚研究所：《日本的对华投资》上，第208—210页。
③ ［日］高村直助:《近代日本的棉业与中国》，东京大学出版社1982年版，第218页。
④ 陈真等：《中国近代工业史资料》第2辑，生活·读书·新知三联书店1958年版，第533页。

242456锭，仅占26.02%，而日商织机猛升至689202锭，占73.98%。① 按计划，日本还将新设若干厂房和织机，其规模将赶上中国最大的纺织中心上海。

日本对华北其他物资的掠夺，亦不遗余力。如对渤海湾白河两岸著名的长芦盐，日本政府决定由其专卖局统制进口。冀东地区丰富的高矾黏土，是炼铝和生产耐火材料的重要原料，兴中公司和日军特别机关与冀东伪政权相勾结，最后将59处矿区攫为己有。此外，还极力掠夺内蒙的羊毛等物资。

日本的野蛮走私及不平等贸易遭到中国和西方各国的抗议，在强大舆论压力之下，经过中方反复交涉，日本在其"特殊贸易"的规模上有所收敛，但并没有从根本上放弃破坏中国财政金融这一经济战略。而日本对华北的产业资源的掠夺计划，也遭到以宋哲元为首的华北地方实力派的抵制，使其在华北实施经济侵略的计划一度受阻，难以大规模展开。但是，日本对华北经济的掠夺本来是凭借暴力支撑的，而从经济上掠夺和控制中国，以弥补日本资源和国力不足，是日本侵华政策的根本目的之一，如若达不到目的，或者不能顺成达到目的，日本就会凭借武力，使对华战争不断升级，直至导致全面侵华战争。卢沟桥事变的爆发，是与日本从经济上控制、占有中国的目的直接相关的。

三、英美对华政策的微妙变化

从1933年《塘沽协定》签订到1936年的西安事变，此间，英美两国在日本侵华问题上，虽然未采取强硬的遏制政策，但与中国的联系多了起来。毕竟，日本对他们底线的冲击与在华的巨大利益是他们不能不介意的。

---

① [日]高村直助：《近代日本的棉业与中国》，第220页。

1. 美国：对中日冲突的谨慎介入

1933年后，当日军越过长城线，兵锋直逼华北，当赫尔取代史汀生出任美国国务卿后，美国的对华政策更趋消极。在美国国务院方面，确定对华政策的主要角色是国务卿赫尔和远东司司长贺恩贝克，他们在对待日本侵华问题都持十分谨慎的态度。他们认为前国务卿史汀生的“不承认主义”实质上已使美国过多地介入了中日冲突。美国现在宜尽量避免自己卷进远东纠纷，美国的侧重面应在欧洲与美洲，重心应在解决国内问题上，美国首要的问题是尽快摆脱世界性经济危机的影响。在此原则下，美国对中国方面要求美国充当中日和谈的调停人时明确表示：拒绝充当“中介人”。①

1933年5月上旬，正当日本在华北胁迫国民政府以高昂的代价换取平津的暂存时，国民政府行政院副院长兼财政部长宋子文抵达华盛顿。宋子文此行的目的是向欧美大国寻求财政经济援助与政治上的支持，以遏制日本在中国的侵略扩张。宋子文同罗斯福、赫尔及贺恩贝克进行了多次会谈。当美国问到西方各大国能采取些什么措施来改善中日日益恶化的局势时，宋子文表示，他认为各大国，特别是美国、英国、法国和意大利，可以就中日冲突表明某种立场。②美国方面经过研究认为：英、法、意各国在华北有着比美国更多的利益，美国不应该先于英国等国政府出面调解中日冲突。③

不过，在罗斯福的外交视野中，中国毕竟仍有着一定的位置，因为他确信：美国与日本总有一天要开战。④因此，罗斯福政府认为，对中国政府，还宜给以一定的支持。在中日冲突问题上，根据宋子文的提议和双方的磋商，1935年5月19日，罗斯福与宋子文发表联合声明，称：“我们

① ［美］美国国务院编：《美国对外关系外交文件集》1933年第3卷，第294页。

② ［美］美国国务院编：《美国对外关系外交文件集》1933年第3卷，第326页。

③ ［美］美国国务院编：《美国对外关系外交文件集》1933年第3卷，第327—328页。

④ 达利科（Robert Dallek）：《F·D·罗斯福与美国对外政策》，纽约1979年版，第75页。

一致认为，没有政治上的安定，就不可能实现经济稳定。……我们真诚希望和平能得到保障，并且立即采取裁军的实际措施。与此相关的，我们自然想到了近两年来远东事态的严重发展，已经影响到了世界的和平。远东两个大国的军队发生了敌对性冲突，为了使目前世界各国重建政治和平与经济稳定的努力获得成功，我们希望立即停止这种敌对行动。"①联合声明虽然没有点日本的名，但实际上表明了美国政府对日本武装入侵华北的不安和不满。

宋子文在美期间，还同美国方面达成5000美元的棉麦贷款。美国同中方达成的这一贷款协定，其直接动因之一在于：通过这笔信贷可以带动美国农产品的出口，不仅可以阻止农产品价格下跌的趋势，而且可使价格上涨。既使这笔贷款永远得不到偿还，出售这批棉花将使国内棉价上涨，美国国内库存棉花的价值可以增加1亿美元。②但从另一方面看，客观上也可当作美国在极力避免介入中日冲突的情况下，对国民政府表示有限支持的一种姿态。它服从于美国整个对华政策和远东战略。毕竟，棉麦贷款是九一八事变后西方大国首次向中国提供的贷款，它对于日本妄图变中国为其独占殖民地的侵略扩张方针，无疑起到了某种制约作用。正因为如此，日本对棉麦贷款持强烈反对态度。

1933年7月下旬，根据日本外务省的指示，日本驻美大使馆参赞武富敏彦在同贺恩贝克谈话时，指责美国名义上向中国提供商业信贷，实际上是对华提供政治贷款，通过援助中国来反对日本。他声称，日本国民对中国特别关注，不能容忍被摒弃于任何援华努力之外，日本欲与中国达成谅解，外部世界不应给日本的这种努力制造困难。他甚至提出，美国应从中国方面得到确实的保证，即棉麦贷款不会被用于政治目的。③8月10日，日本驻美大使出渊胜次又向赫尔表示：日本正认真关注

---

① ［美］美国国务院编：《美国对外关系外交文件集》1933年第3卷，第337页。

② ［美］布鲁姆：《摩根索日记摘抄，1928—1938年的危机年代》，波士顿1959年版，第53页。

③ ［美］美国国务院编:《美国对外关系外交文件集》1933年第3卷，第503—504页。

美国向中国出售棉麦一事，中国的计划是在国内售出这些棉麦，然后把收入用于各种目的，这将严重影响日本的利益。他还提出，美国政府在采取任何会影响到日本利益的步骤之前，应与日本商量。①日本国内的反映则是，中美棉麦借款协定“是对那些对日美关系持任何乐观态度的人不啻于泼上了一盆冷水”，“这一事件暗示着日本人希望通过罗斯福所谓亲日态度，来保持与美国之间的‘友谊’是没有多少实质性意义的”。②从日本方面的反映可以看出，美国对华提供棉麦贷款，是有其一定积极作用的。

1934年初，美国对东亚的政策是根据“天羽主义”制定的，美国看出了“天羽声明”的要害——排斥列强在华利益，使中国成为日本独占的势力范围。对此，美国应当采取什么样的对策呢？美国政府经过一番磋商后，决定采取消极的应对立场。在英国要求日本对宣言以及宣言与“九国公约”的关系给予澄清时，犹豫不决的赫尔于1934年4月29日就“天羽声明”发表了一项旨在保护美国在华利益的声明，声明说：“中美关系，正如美国与日本及其他国家的关系一样，是受着一般所公认的国际法则及美国所加入的各个条约的规定的支配。依据国际法，依据单纯的正义以及由于条约的规定，美国在中国有若干的权利与义务。……在美国的国际交往与国际关系中，美国政府总要适当考虑其他国家的权利，义务与合法利益，它希望其他政府也适当考虑到美国的权利，义务与合法权益。美国人民及美国政府的意见认为，在涉及其他国家的主权，义务与合法权益的情况下，没有一个国家能够不经其他主权国家的同意，而得以达成它自己的企图”。③这是一个用词极尽谨慎的声明，提请日本注意到美国在中国的权利。但既使是这样十足的官样文章，美国还担心会触犯日本，引起日美间的纠葛。于是，5月1日，赫尔在答记者

① [美]美国国务院编：《美国对外关系外交文件集》1933年第3卷，第508页。

② [日]细谷千博：《30年代中期的美国与东亚——棉麦借款》，见入江昭、孔华润编：《巨大的转变：美国与东亚(1931—1949)》，第76—77页。

③ 《中美关系资料汇编》第1辑，第90页。

问时强调指出：美国的政策，是努力同日本政府合作，加强两国间传统的友好关系。①美国当局决定，在中国问题上应尽量避免与日本直接发生对峙。美国政府将不再向中国提供财政援助，而将仅仅通过中国银团向中国提供贷款，而日本在银团里具有并且始终可以执行否决任何贷款提议的权力。美国人在中国充当军事顾问会感到十分泄气，同时对华武器与军火的出口也将受到严格控制。新的技术援助项目将经过检查以确保它们不会激怒日本人。在援助中国方面，美国不会做任何有损于日本的事。②这是"天羽声明"给美国对华政策带来的消极影响。这种消极影响导致美国对华政策的倒退，其直接结果便是，美国在中国的权益不仅没有得到巩固，反而使日本在华北更进一步实施大规模侵略扩张。

在美国确定在援华方面采取消极方针的同时，美国推行了"白银政策"。从1934年初起，美国颁布了一系列关于白银政策的法令，其中6月份通过的购银法案规定，美国政府购银数量须达到货币发行储备的1/4，或世界市场银价由每盎司45美分涨到1美元29美分为止。据统计，1934年6月至次年7月，美国政府共购银4.27亿盎司，其中3.26亿盎司购自国外。这就引起了世界市场银价暴涨，而实行银本位币制的中国则首当其冲，一场严重的金融恐慌在中国肆溢，美国的白银政策几近将中国推入绝境。为了摆脱困境，中国方面曾多次要求美国修改白银政策，但得到的答复十分冷淡，美国坚持在中国货币金融问题上持不介入的消极态度。对于中国政府多次恳求美国的援助，美国政府的答复是，这个问题是"中国的事情，与我们无关……他们完全能够阻止白银外流，只要他们确实想这么做……不能仅仅因为中国人无法保护他们自己而要我们改变政策。"③在将近一年时间里，美国执行了一条既不冒犯日本，也不得罪国内白银集团而有害于中国的政策。

---

① ［美］博格：《美国和1933—1938年的远东危机》，第80页。

② ［美］博格：《美国和1933—1938年的远东危机》，第75—82页。

③ ［美］博格：《美国和1933—1938年的远东危机》，第136—137页。

不仅如此，美国还拒绝了同英国合作介入中国金融货币的问题，只是到了1935年9月，英国财政顾问李滋·罗斯来到中国，与中国方面商讨有关对华贷款和货币制改革问题时，美国方面才开始逐渐改变“不介入”姿态。1935年11月3日，中国宣布币制改革。11月4日，英国驻华大使贾德干公布了支持中国币制改革的《英王敕令》。这使美国认为，中国币制即将加入英镑集团，这是美国不愿看到的事。因此，美国财政部长摩根索开始考虑中国方面提出的售银要求，摩根索与中国驻美大使施肇基进行了多次会谈，最后，双方于1935年11月13日达成协议，美国同意从中国购银5000万盎司，中方答应中国币制将不与其他币制相联，也不向伦敦市场抛售白银。①

这是中国实行币制改革后，美国同中国达成的第一个购银协议。从其内容来看，它既是对中国币制改革的一种支持，又意味着美国开始直接介入中国货币事务以及与之相关的外汇来源、保管、使用；美元不期然地与中国“法币”发生了关系。另外，在罗斯福支持下，对中国币制有强烈介入意向的美国财政部独掌了这次购银谈判的大权，不再受到来自国务院方面的制肘。此后，由财政部直接处理对华财政金融关系，成为相当长时间里美国对华政策的特点。

在中美就白银政策与币制改革进行交涉期间，日本进一步在中国华北制造危机，扩张对华北的侵略。在华北危机期间，国民政府多次向美国方面寻求政治上的支持。在河北事件、张北事件交涉时，中国驻美公使施肇基曾向美国政府告知了日本进逼的情况，希望美国能采取措施，制止日本的扩张行径。6月18日，美国国务院答复施肇基：目前关于远东的报告说法不一，每天都有变化，中国政府将采取的态度也不甚明朗，因此美国政府不准备采取行动。②在10月、11月，日本逼迫宋哲元等人宣布“自治”的日子里，南京政府几乎每天都向美国方面通报情况，但来自华盛顿的答复总是十分冷淡。到11月底，中国外交部次长徐谟向贝克

---

① ［美］美国国务院编:《美国对外关系外交文件集》1935 年第 3 卷，第 641—642 页。

② ［美］美国国务院编 :《美国对外关系外交文件集》1935 年第 3 卷，第 267 页。

总领事探询美方对冀东伪政权成立的反应时，贝克很坦率地告诉徐谟：他认为，当前美国政府的主要目的，是避免卷入任何战争。①

但是，英国政府在华北事变上采取了积极态度，表示反对日本旨在分离华北的行为，同时敦促美国与英方合作。在此情势下，美国当局感到不能再对华北事态表示漠然了。1935年12月5日，美国国务院卿赫尔发表关于"华北自治运动"的声明：在华北和同华北有关，现在进行着一项性质不寻常而可能有长远影响的政治斗争……无论这事的起源如何，无论是谁干的，无论所采取的方法如何，事实是很清楚的，有人在努力着——同时有人在抗拒着——要造成中国北部几省政治地位和情况的重要改变。中国任何部分的非常发展，理所当然不仅为中国政府和人民所关心，并且为所有在华利益的国家所关心。因为所有"有约国"在中国，和关于中国的条约权利及条约义务，一般地说，是完全相同的。美国就是这种国家之一。在上述地区里，美国的利益同其他国家的利益是相似的。在这地区有着，而且我们的权利和义务也关连着，相当多的美国国民，若干美国财产和大量的美国商业和文化活动。美国政府因此正密切地注视着该地区内发生的事情。②

赫尔的这份声明和关于"天羽声明"的照会一样，是一种被动的外交姿态。声明尽量避免刺激日方，避免使人认为美国在中日冲突中偏向中国一方。但是，赫尔的声明客观上有一些积极影响，它毕竟是美国政府对华北事变的第一个声明，表示了美国不赞成所谓华北"自治"运动，并且重申了美国在华北的权益，它无疑是对日本侵略华北的一种警告。因而，尽管美国有意不介入中日冲突，但是，这份声明在中日双方看来，都是非同寻常的。日方对此表示遗憾，而中方则表示了欢迎。不可避免的，在客观上，美国实质上又介入了中日冲突。

1936年5月，在中方积极请求下，美国与中国达成了第二次售银协议。美国答应从中国购入7500万盎司白银，并向中国提供2000万美元的

① ［美］美国国务院编：《美国对外关系外交文件集》1935 年第 3 卷，第 458 页。
② 《中美关系资料汇编》第 1 辑，第 480 页。

外汇，用以稳定中国的币制。[1]通过这次购银谈判，美国又在更大程度上控制了中国政府稳定币制所需要的外汇。此后，美国同国民政府在财政金融方面的联系更加密切。

从日军越过长城线到华北事变前这一段时间里，美国远东政策的主要特点就是竭力避免介入中日冲突。因为在美国的外交格局中，中国问题毕竟还不占重要地位，美国与日本的矛盾还没有到互不相容的地步。美国更关注欧洲及国内事务。但是，从1935年春夏之交起，由于日本在华北加快了侵略步伐，威胁着美国的在华利益，再加上英国对中国问题表现了较为积极的介入姿态，这就使美国感到不能无视、甚至放弃美国在中国的利益，这样美国就由消极观望转入谨慎介入。在财政金融方面，给予国民政府风险不大的支持。这种支持的限度是不激化与日本的矛盾，不引起与日本的冲突。同时，又从经济方面对国民政府进行扶植并继而加以控制。美国的用心可谓良苦。

2. 英国：积极介入姿态下的“维稳”目的

同美国相比，英国在此期表现了较积极的姿态来关注日本在中国华北的侵略扩张，这主要是因为英国在华北有着重要的经济利益。基于维护自身在华权益这一立场，英国对日本在华北的侵略表现了更多不满，表现在对华政策上给外界的印象是积极介入，并且在一定程度上支持了中国。但是，总的来说，英国这一时期仍然基本上保持了与前期相一致的对日政策，竭求不激化矛盾，不引起冲突。同美国一样，英国关注的是自身的事务与欧洲的地位，因而对日本在华北的扩张侵略没有做出有力的措施予以制止。

“天羽声明”发表后，英国外交部北欧司长劳伦斯·科利尔认为这是东京“警告其他国家离开中国”，而英国是要求“保持现状”的。因此，英国“可以同日本保持过得去的日常关系……但不能指望最终做比

---

① ［美］布鲁姆:《摩根索日记摘抄，1928 年至 1938 年的危机年代》，第 226—227 页。

这更多的事”。[①]英国政府关注的是国内的经济复苏以及来自“德国的威胁”。因而英国对“天羽声明”的态度是消极的，在天羽发表谈话之初，英国外务大臣曾主动向美方提议，由于形势需要，英美应进行密切合作。但是，英方不久改变了态度，表示两国各宜行事，而且对日外相广田声称将遵守“九国公约”的规定，尊重维持中国境内的门户开放原则，表示满意。[②]

1934年下半年到1935年，中国发生了一场严重的金融危机。在中国拥有最大权益的英国对这种形势十分担忧。1934年12月12日，英驻华公使卡多根向外交大臣西蒙报告了中国金融危机的严重性，并指出，如果不采取有效的措施，中国的金融形势将更加严峻并“可能对英国在华贸易和投资带来极其严重的后果”。[③]英国首相张伯伦建议组织一个小型的部门之间的“中国的白银委员会”，对解决中国白银危机提出建议。12月9日，这个委员会召开了第一次会议，但没有具体结果。[④]12月31日，中国政府正式向英国提出2000万英镑贷款的要求，为此准备接受中国币制同英镑相联的条件。中国方面当时急于获得用于币制改革的外国借款，为此同时向美国方面提出了贷款的要求，至于放弃银本位之后，究竟采取金本位（即实际上与美元相联）还是与英镑相联，则视能从哪一国获得借款而定。对于中国的贷款要求，英国“中国白银委员会”于1935年1月2日、9日、14日和17日连续召开会议讨论这一问题，但均不同意对华贷款，其理由是“相信它不能真正持久地补救（中国的形势）”，[⑤]也不会给英国带来利益。而背后真正的原因是英国希望把中国的白银问题作为同日本达成全面和解的一个机会。因而在未同日本协商的情况下，英国自然不能答应单独贷款。1935年2月下旬起，英国陆续提出各大国联合参与解决中国金融困境的好几项建议，但受到了各国的冷遇。

---

① 路易斯：《英国与远东危机》，牛津1971年版，第202页。
② [美]博格：《美国和1933—1938的远东危机》，第79页。
③ 《英国外交政策文件》第2辑第20卷，伦敦1984年版，第369页。
④ 《英国外交政策文件》第2辑第20卷，第370页。
⑤ 《英国外交政策文件》第2辑第20卷，第399页。

英国最初向美、日、法等国提议召开一个国际会议，专门讨论中国的货币金融局势。美国国务院方面曾答复英方，需同财政部和总统进行磋商，但没有了下文。日本的答复则是："日中作为两个邻国现在正转向他们的正常关系。这不关其他国家的事。……日本将断然拒绝参加给中国以国际经济援助的讨论。"①当时日本的企图是，只有英国承认"满洲国"才能与之共同讨论对华贷款问题。3月下旬，英国又建议：英国政府已决定向驻华使馆派遣一名经济专家，希望美国、日本、法国政府也采取行动；找些专家同中国的中央银行磋商，各自研究中国的经济与货币局势，并向各自的公使提出建议。②美国再次拒绝了英国的建议，而日本担心各国共同调查立案会导致各国共同管理中国，便再次拒绝了英国的要求。英国之所以数次如此建议，在于英国当时正在考虑向中国提供英镑贷款，帮助南京政府实行币制改革；但担心单独贷款会引起日本的反对，所以提出四国联合介入的方案。英方的打算是，作为发起者，英国将对中国币制改革起较大影响并使中国币制与英镑相联；由于拉入其他大国参加，英国不会与日本直接对峙也不会单独承担中国币制改革失败的危险，但是，英国的如愿算计落空，美、日、法不与合作。在这种情况下，英国也再次以贷款不能真正持久地解决中国的困难为由，拒绝对华贷款。③

但是英国不能置其在华利益于不顾，它在中国至少有三亿英镑投资，涉及十几家大公司的利益。④6月4日，英国正式决定派遣首席经济顾问李滋·罗斯赴华。6月7日，英国驻美大使馆将此决定通知美国务院，再次希望美国能相应派出专家，并把具体人选尽早通知英方，美国政府内部经过讨论，拒绝了英方的建议。英国为了获得美国的合作，不久又建议，李滋·罗斯取道美国前往中国，以便同摩根索磋商。摩根索不顾国务院方面的建议，断然拒绝。李滋·罗斯一行只得取道加拿大前往远东。在得不到美国的合作的情况下，英国转而希望求得日本方面的合

① 费里德曼：《英中关系 1931—1939》，纽约 1940 年版，第 62 页。

② [美]美国国务院编：《美国对外关系外交文件集》1935 年第 3 卷，第 567 页。

③ 弗里德曼：《英中关系 1931—1939》，第 63 页。

④ 《英国外交政策文件》第 2 辑第 20 卷，第 396 页。

作。9月6日，李滋·罗斯代表团到达日本，从9月10日至17日李滋罗斯先后与大藏省次官津岛寿一、外务省次官重光葵、外相广田弘毅等进行会谈。李滋·罗斯按照英国政府的意图，试图以承认"满洲国"来换取日方同意与英国合作对华贷款，作为英国承认"满洲国"的回报，日本保证放弃介入长城以南的中国政治和行政事务。日本方面对此建议不感兴趣，日方认为，日本退出国联后，即以单独之责任处理中国问题。"满洲国"的问题作为日中直接交涉的问题已初见成效，如果第三者介入，中国将会回到老路，因此日本不愿第三国介入。①英国试图与日本合作一事又告落空。

9月21日，李滋·罗斯抵达上海，同孔祥熙、宋子文就对华贷款和币制改革问题进行谈判，由于美国的不合作和日本的公开反对，直到10月下旬，英国政府在单独对华贷款问题上仍犹豫拖延。英方向中方提出，中国须同美国达成售银协定，并告知美方，中国将采用英镑本位，这样英国才能对华贷款。②

对于日本方面，李滋·罗斯10月28日向日本驻华大使有吉明表示，英国对华贷款没有任何反对日本的意思，并强调同日本的关系显然比一笔贷款更重要，这笔贷款的每一个便士都可能被浪费。③由于日本坚决反对，直到10月30日，英国外交部和财政部仍然都不同意对华贷款，并认为继续讨论这个问题同政府一直坚持的政策完全抵触，政府的政策是保持和增强与日本的友好合作关系，尤其是在远东事务中。④中国不能继续等待，便于11月1日通知英国将立即实行币制改革，并希望英国在中国要求白银国有化方面提供帮助，英国表示同意。11月4日，中国宣布了币改方案。同日，英国驻华大使贾德干也以"国王敕令"的形式要求在华英国银行、英国人和团体停止现银支付。12月初又要求英国银行将所存

① ［日］外务省编：《日本外交文件和主要文书》（下卷）《文书》，第301页。
② 《英国外交政策文件》第2辑第20卷，第633页。
③ 罗斯韦尔：《1935—1936年弗雷德里克·李滋罗斯爵士代表团远东之行》，载英《历史杂志》第18卷，1975年第1期，第147—169页。
④ 《英国外交政策文件》第2辑第20卷，第648页。

白银交与中国政府兑换成法币。到1936年初，除华北以外的在华英行全部向国民政府交出了存银，这是中国币制改革中英国给以支持的唯一事例。至于对华贷款，由于日本的反对，英国未敢单独提供。

1935年11月9日，日军中央部就中国币制改革发表声明，提到讨论中的英国对华借款一事，认为这是“英国对于自满洲事变以来，在中国进展之日本势力，在财政援助的美名之下，拟掌握政治的实权。同时更谋驱逐日本势力”，并声称：“具有安定东亚势力之日本帝国，不能默视”。①鉴于日本的强硬态度，11月15日，李滋·罗斯和贾德干对日有吉大使说：“除非首先得到日本方面的赞同，这个问题，（指对华贷款）不能得到考虑。”②11月18日，霍尔与张伯伦磋商对华贷款一事，两人一致认为贷款问题必须极其谨慎，张伯伦更是明确反对任何可能逼出与日本的一场危机的行动。③12月21日，英国政府决定，由于日本态度强硬，“任何贷款问题都应置于脑后”而不予考虑。④

碍于日本的反对，英国没有贷款给中国，但是，英国对日本的妥协并没有换来日本对其在华北利益的尊重。在中国进行币制改革时，日本加紧在华北制造事变，扩张侵略。日本的行为使英国坐卧不安，英国不能再无视日本的侵略。1935年6月初，英国驻日大使克莱琪就曾两次向日本外务省表示，英国政府对华北的事态十分关注。6月中旬，英国驻美大使林德赛又连续两次会见美国副国务卿菲力浦斯转达英国政府的要求，即希望美国政府能和英国协调，令驻东京的美国大使向日方作同样的交涉。菲力浦斯答称，美国政府决定静观事态发展，不准备采取进一步的行动。⑤然而，以后几个月华北局势日益恶化，使英国政府率先采取行动。11月20日，即日军限定宋哲元宣布“自治”的最后一天，林德赛紧急访晤菲力浦斯，询问美国政府对华北将出现的新政权持什么态度，菲力浦斯

---

① 《华北事变资料选编》，第308—309页。
② ［日］秦郁彦：《日中战争史》，第27页。
③ 《英国外交政策文件》第2辑第20卷，第684页。
④ 《英国外交政策文件》第2辑第20卷，第725页。
⑤ ［美］美国国务院编：《美国对外关系外交文件集》1935年第3卷，第186页。

仍称美国尚未作出决定。①英国政府认为无法再等待下去了。11月26日，英国外交部命令驻日代办温肯照会日本外务省指出：日本正在进行着旨在分离华北的行动，英国政府严重关注有关的报告，英国政府希望日本公开发表一项有关政策的声明，保证没有也不准备采取违背九国公约的行动。②事后，英国政府把这一措施通报给美方。在英国一再催促下，美国国务卿赫尔发表了一项否定华北"自治"的声明。为造成一种强大的声势，就在赫尔发表声明当天，继西蒙之后出任英国外交大臣的贺尔在下院辩论远东局势时，也谈到了华北"自治"的问题，他说："此种事端之产生，实属不幸，盖无论其真相若何，皆足使人相信日本现在正施用势力，铸造中国内政之发展与行政之安排也。任何事件足以引起此种信念者，徒能损害日本之声望，与妨碍各方所愿日本与中国及其邻友间相互友好的关系发展。"③英国表明了反对日本在华北搞所谓"自治"的立场。

以美英为首的西方大国对中日冲突的不介入政策，导致了远东越来越深刻的危机，日本肆无忌惮地推行着它在亚洲的侵略政策，尤其是在中国，加剧着它的侵略扩张趋势，在日本急欲吞侵的华北，局势日渐紧张，危机日渐加深。从《塘沽协定》到西安事变前这一时期，日本在华北制造了一个又一个"事件"，从华北攫取了相当多的权益，它迫使国民党政权在华北陷入瘫痪状态。日方千方百计扶植地方政权，试图将华北从中国版图上分离出去，并利用华北问题，胁迫国民政府做出全面的妥协与走向"亲日"道路，国民政府与西方的任何接触，都要受到日本的制肘。在日方的武力侵华和西方各国对此的冷漠态度下，国民政府不得不一方面对日本的进侵步步退让，另一方面又企图以"亲日"的姿态，全面调整与日本的邦交，冀求减缓压力，求得生存与发展空间，而这一切又导致中日冲突的前沿阵地——华北政局更加动荡不安，它潜伏着各种各样的矛盾与利害关系。华北成了一个火药库，随时都有爆发新的、更大的冲突的可能。

---

① [美]美国国务院编：《美国对外关系外交文件集》1935年第3卷，第434页。
② [美]美国国务院编：《美国对外关系外交文件集》1935年第3卷，第448页。
③ 《外交评论》第6卷1期，第265页。

国民政府在“亲日”的姿态下，试图以一定范围内的妥协换取华北局势的暂时苟安，但面对日本得寸进尺的贪婪，国民政府不得不一而再、再而三地努力寻求英美的支持与援助，同时，积极寻求来自苏联的支持，加强与苏联的联系，利用中苏可能的同盟关系来抗衡日本对中国的侵略。因而，这一时期也是国民政府处于内外交困、危机四溢的困难时期，它所带来的直接后果便是民族危机的加重与华北政局的动荡，以及由地方实力派主持的半独立于中央政权的华北地方政权的出现。

四、国民政府谋求中日关系的改善

在得不到美英有力支持、自认为自身力量不足以与日抗争、国内又处在四分五裂的情况下，国民政府试图依靠外交政策改善与日本的关系。但“广田外交”开展中央谈判与陆军悍然逼签“现地协定”并举，交替进行侵华的行为，打碎了中国政府试图改善中日关系的梦幻，使其由对日妥协而渐趋强硬与抗争。

1. 响应“广田外交”

1933年9月，广田弘毅出任斋藤实内阁外相，“广田外交”出台。广田深感日本退出国际联盟，在外交上已陷于孤立。10月，他在五相会议上提议：日本的根本方针是“在帝国领导下，实现日满华合作互助，确保东亚之和平”。为了防范1935年前后中国、苏联、美国在国际会议上联合起来对付日本，帝国应“尽可能多拉拢些国家到我方来”，并“依靠外交手段”来贯彻日本的根本方针。为此，应当同国民政府重开谈判，使南京实行亲日政策。①

“广田外交”实行伪装亲善的外交策略。1935年1月22日，广田外相在议会发表外交演说，声称：中国政局近半年显得稍稍平静，两国间

① ［日］外务省编：《日本外交年表和主要文书（1848—1945）》下卷，第275—276页。

悬案可以逐渐解决。在对外关系中，日本将贯彻“不威胁、不侵略的原则”。[①]随后，他又宣称：在他担任外相任内“绝对不会发生战争。”同时，广田派遣驻华公使有吉明和武官铃木美通中将赴南京活动，摆出了对华“亲善”的姿态。对广田弘毅的演说，国民政府迅速作出了反应。

1月29日，蒋介石会见了日本驻华公使馆武官铃木美通。他对铃木说：“无论如何，中日两国有提携的必要，愿中日两国以互让之精神努力进行，并希望日本不要妨碍中国之统一，而关于排日与排斥日货，至当极力取缔，但完全消除，尚须相当之时日。”[②]2月1日，蒋介石又会见了有吉明，并向记者发表谈话。他认为广田外相演说“亦具诚意”，中国政府“有深切之谅解”，并将“裁判反日行动”[③]2月14日，蒋介石在庐山接见日本《朝日新闻》记者时说：“中日两国不仅在东亚大局上看来有提携之必要，即为世界大局设想，亦非提携不可”，“中国不但无排日之行动与思想，亦无排日之必要。”[④]

接着，2月20日，汪精卫以行政院长兼外交部长的身份在中央政治会议上就广田演说发表谈话，正式表明南京政府对中日关系的态度。他指出：“中日两国的关系既有过去如此悠长的历史，现在所发生的纠纷，终归是可以用双方的诚意来解决的。”广田演说和我们素来的主张精神“大致吻合”，“中日两国间既有如此的共鸣，加以相互的努力，中日关系从此可以得到改善的机会，而复归于常轨。”汪精卫郑重声明：“愿以满腔的诚意，以和平的方法和正常的步调，来解决中日间的一切纠纷”，“以为两国间谋永久的和平。”[⑤]3月2日，蒋介石发表通电，称汪氏报告“灼见宏猷，至深钦佩”，“自当本此方针，共策进行。”[⑥]

---

① ［日］上村伸一：《日本外交史》19，第82页。

② 《外交周报》第3卷第6期，第9页。

③ 《大公报》1935年2月2日。

④ 张蓬舟：《近五十年中国与日本(1932—1982)》第2卷，四川人民出版社1985年版，第15页。

⑤ 《正风》第1卷第6期。

⑥ 天津《大公报》1935年3月3日。

国民政府对“广田外交”的积极回应其实并不是一时的心血来潮。早在广田弘毅演说前，中国方面业已发出“谋求两国关系”改善的信号，其代表作便是1934年10月，由蒋介石口授，陈布雷执笔，写成的《敌乎？友乎？——中日关系的检讨》一文，该文用徐道邻的名义在12月出版的《外交评论》第三卷第五期上发表。此文系统阐发了蒋介石对中日关系和东亚军事政治格局的基本概念，宣示了国民政府的对日政策。它是为改善中日关系而发出的一个政治信号，同时也是针对国内对南京政府对日政策的抨击而作出的系统性回答。

在《敌乎？友乎？》一文中，蒋介石提出，解决中日关系问题的基本政策是依靠外交途径，通过两国政府之间的谈判，解决双方之间存在的争端和一切“悬案”，化敌为友，避战谋和，相互提携，共建中日两国和东亚的和平。这是蒋介石和南京当局为解决中日问题向日方提出的政治方案。其主要内容可归结为以下几点：

一、日本“应彻底扶持中国真正的独立”，中国则承认日本“在东亚之特殊地位与利益”，“独立的中国以平等地位与先进的日本相提携”。

二、“为彻底更新中日关系”，日本“应放弃武力而注重文化的合作，应舍弃土地侵略而代以互利的经济提携，应唾弃政治控制的企图，而以道义感情与中国相结合。”

三、日本“断然归还东北四省，使归属于中国的版图。”

四、对“过去悬案，应以诚意谋互利的解决，一扫国交上的障碍，人民应深明大义，不作苛求，当局应忍辱负重，掬示忠诚。”

五、“中日之间并没有绝对不能转圜的情形”，两国当局有必要举行“直接谈判”，就上述各项问题达成协议，“定议以后，即由中国报告国联”，成为定案。①

《敌乎？友乎？》系统分析了中日关系的历史、现状，据此得出的结论是：日本终究不是中国之敌而是中国之友；如果中日交战，双方只会同

① 徐道邻：《敌乎？友乎？——中日关系的检讨》，载《外交评论》第3卷第5、6期合刊。

归于尽；中日两国合则两利，敌则两败，互相妥协是唯一可采之路；中日关系铸成僵局双方都有责任，都有错误，双方都应改正；中国对于日本应实行“革命外交”，“能伸则伸，当屈则屈”；中国极愿在政治、经济、文化、道义各方面与日本举行直接谈判，解决双方之间存在的问题；只要日本停止土地侵略，归还东北，其他一切要求，中国均以诚意谋求解决；中国承认日本在东亚的特殊地位与利益。

文章发表后产生了很大影响。各报竞相转载，日本的报纸杂志亦纷纷转译，颇引起一时的注意。事后日本方面亦渐有疑此文为当局所授意者。在日本舆论界看来，《敌乎？友乎？》一文是中国当权者向日本发出的政治气球，显示的政治信号是“媚日”而不是“抗日”。《政经日本》的一篇评论写道，“满洲事变发生以来，在中国方面只听到感情的排日论之流行，最近……《敌乎？友乎？》的大论文，冷静而大胆直率地痛论中日的关系，诚为晚近的名论。时适铃木中将、有吉公使赴南京与蒋汪两氏晤见，使中日国交急转直下，打开了以前沉闷的僵局。”认为徐道邻的文章不是感情用事的“排日论”，“诚为近来中国杰出的文章”。①

蒋介石与国民政府发出的谋求两国关系改善的信号正好迎合了“广田外交”的“和平睦邻”主义和用“政治、外交”手段在中国谋取更大权益的策略，为此，广田便迅速在内阁会议发表“亲善”的演说。广田的回响使蒋介石、汪精卫似乎看到了中日关系改善的一丝曙光。为了摸清日本对“亲善”“提携”的意向，蒋、汪商定，由国际法官王宠惠乘返海牙任所之便，取道日本，与日本当局交换意见。

王宠惠于1935年2月19日抵日本，这是自九一八事变以来，国民政府要员首次访日。王在东京会见广田外相，访晤冈田启介首相，并会见陆相林铣十郎、海相大角岑生、外务次官重光葵等要人。王宠惠频频与日本军政两界要人接触，目的是想了解日本对中国的态度，并表明：中日提携系属大道，希望两国努力扫除障碍，他趁此机会与贵国、朝野名士会见，一面就中日外交关系及经济提携对策等听取日方真意，一面使贵国朝野

① 村田孜郎：《中日问题的新检讨》，载《政经日本》1935年3月号。

人士彻底明悉中国当局所持之意见。①

王宠惠在向日方转递南京政府“善邻”意向外，在2月26日与广田外相进行的第二次会谈中，提出“改善中日关系三原则”：（1）“中日两国依照国际法互相尊重对方国家的完全独立；（2）两国保持真正的友谊；（3）遵循外交途径，用和平方法解决两国间一切事件。”②王宠惠对上述三点进行了详细解释。关于第一点，王提到不平等条约的废弃，日本应尽早与中国政府协商，他相信这将对两国关系的改善大有裨益，同时，王还提到在华日军的撤退问题。关于第二点，王表示中国将努力取缔排日，也希望日本对此密切合作。另外，王直接了当地指出：虽未判明真假，但风传日本在支持华北地方政权，希望停止这种做法。关于第三点，希望日本不诉诸武力或以武力为后盾进行威吓。广田对此回答道：日本以不威胁、不侵略为根本方针，因此和平处理两国关系为日本政府的当然方针。两国关系当然应当对等，废除不平等条约，在主张上没有异议。不过，关于其实施，尚须慎重考虑，驻华外国军队的撤退，待时机成熟时，日本也有引导外国实行的意向。不过，作为日军撤退的先决条件，必须树立两国亲善关系。③

为了“改善”中日关系，国民政府开始禁止国内民众的抗日救亡活动。2月13日，颁布《取消抵制日货令》，20日下令禁止全国各地的报社、通讯社刊登排日、抵制日货的言论。2月27日蒋、汪联合发布《废除排日命令》，并明令修改所谓“有碍对日邦交”的教科书内容。同日，国民党中央执行委员会常务会议将对日持抵抗态度的中央党部宣传部长邵元冲免职。2月末，新任宣传部长叶楚伧与组织部长陈立夫联合，下令全国各党部：“应遵循中央声明决定今后一切行动”，严禁反日行动。3月11日，上海市政府根据2月27日中政会通过的取缔排日，抵制日货的决议，

① 《政治周刊》第3卷第8期，第21页。

② 中国社会科学院近代史所中华民国史研究室编：《中华民国史资料丛稿·大事记》第21辑，中华书局1981年版，第27页。

③ 任常毅、蔡德金编译：《战前华北风云录》，中国文史出版社1991年版，第61页。

公布了一项财产及营业自由的保障令。接着，3月15日，国民政府教育部在当时发行的小学、初中、师范及职业学校的300余种教科书中，将其中200余种作为排日教育的“不良教科书”予以取缔，并对全国各省市教育厅长发出“非经政府审定的教科书，以及已经决定废止的教科书，今后绝对不能使用”的命令。日本政府看到中日“亲善”“提携”的谋略得到响应，遂进一步加以诱导。

同年3月7日，日本驻华公使有吉明晤访汪精卫，表示感谢中国方面有诚意取缔排日，中日关系渐入常规，不胜庆幸。汪表示：“今后亦以诚意取缔排日”。晤谈后有吉明在发表谈话时说：“前者蒋介石氏即发表中日问题正常化之声明，国民政府亦复努力取缔排日，致中日关系，已有急速的好转之运机。”①次日，日本外务省亦表示大体满意。5月8日，日本驻南京总领事须磨弥吉郎向国民政府外交部转达日本将驻华公使升格为大使的决定。5月17日，中日使节升格的决定由双方同时发表，中国驻日公使蒋作宾任驻日大使，日本驻中国大使由驻华公使有吉明升任。6月10日，国民政府又正式颁布“邦交敦睦令”，规定：“凡我国民对于友邦，务敦睦谊，不得有排斥及挑战恶感之言论行为，尤不得以此目的，组织任何团体，以妨国交，兹重申禁令，仰务切实遵守，如有违背，定予严惩。”②同时，国民政府全部答应了日本在河北事件和张北事件中提出的苛刻条件。7月初，南京政府又屈辱地处理了“新生事件”③，并由国民党中央宣传委员会电令各省市党部，转给各地出版社、报社、通讯社，严行防止类似“记载评论”，随时劝导人民切实遵守关于取缔排日的命令。国民政府的种种改善中日关系的努力至此达到高峰。

---

① 《政治周刊》第2卷11期，1935年3月。

② 天津《大公报》1935年6月11日。

③ 1935年5月，上海《新生周刊》，因刊登《闲话皇帝》一文，被日方指责为对天皇“不敬”，日本驻沪总领事向上海市政府提出抗议，要求禁止该刊发行，惩办该刊负责人，市长道歉，担保将来不发生同样的事情，南京政府全部接受了日方的无理要求。

2. 国民政府谋求中日关系改善的原因

南京政府在日本的侵略面前，不是以强硬的姿态进行反击，而采取了“谋求两国关系”改善的“亲日”政策，有其深刻的内外原因：第一，出于其推行“攘外必先安内”基本政策的需要。在《塘沽协定》订立、关内外通车通邮等协议达成后，日军直接武装进攻中国的可能性减弱，乘着中日关系出现相对平静的时机，国民政府试图进一步营造一个与日本“和平共处”、相对稳定的局面，以便集中全力“围剿”红军和实现国内“政令通畅”的境况，达到“安内”“统一”的目的。1933年7月23日，蒋介石在庐山召开军事会议，决定华北军队除一部分留驻外，其余悉数南调，向江西集中，志在“剿灭”红军，消除“心腹之患”。同时，蒋介石也需要时间来整顿内部，削弱地方实力派的势力，用拉拢、安抚、限制与打击并用的手法，使其逐步归属中央，由“地方化”而“中央化”，切实树立蒋介石政权与国民政府中央的权威。

第二，国民政府内部“主和派”势力逐渐上升。1933年10月28日，著名的英美派首领宋子文突然宣布辞去行政院副院长兼财政部长职务，次日即就批准。宋氏辞职的原因固然很复杂，但是他的“联合英美，抵御日本”主张在蒋、汪看来，此时“不和时宜”，显然是重要原因之一。也有材料说，宋子文的去职，是由于日本驻华公使有吉明向蒋、汪施加压力的结果。①在此之前，主张对日取强硬态度的外交部长罗文干和次长刘崇杰也于8日中旬被免职，由汪精卫自兼外交部长，由“知日派”唐有壬任外交部次长，时任驻法公使的顾维钧评论说：这些人事变动给人的印象是“政府可能今后在外交上致力于与日妥协。”②当然，这些人事变动也可以看作国民政府为改善中日关系的一种姿态。

第三，国民政府面临着严重的经济困境。1934年下半年到1935年，中国发生了一场严重的金融危机，这场危机的起因是由于日本自1931年

① 《美国对外关系文件》1933 年第 3 卷，第 444 页。
② 《顾维钧回忆录》第 2 册，中华书局 1983 年版，第 240 页。

以来对中国的侵略使中国经济遭到了严重破坏。

1931—1934年，中国外贸收入从3.6亿元减少到2.5亿元。①日本夺取东北海关使中国的关税收入减少了1/3，逐渐使中国的经济陷入困难境地；美国的白银收购政策更加剧了中国经济形势的恶化，仅1934年8月一个月，就有近8000万美元的白银流出中国。②从1934年4月至1935年11月，中国的白银储备从约6.02亿元下降到2.88亿元，其中一部分流入日本。③日本的侵略和美国的白银政策终于酝成了这场货币金融危机，它使中国经济临界于崩溃的边缘。正如一位美国历史学家所说："日本人以武力的侵略在北方从外部削弱中国，而美国则以白银政策在货币金融方面从内部削弱中国。"④

这场金融危机导致中国的中小企业纷纷倒闭，生产能力顿见萎缩。据统计，在1934年农历正月的一个月中，上海的工厂倒闭就有120家之多。国民政府经济陷于困顿的另一个重要原因是农村经济极度衰竭。连年的内战，地方军阀的横征暴敛，世界经济危机的影响，都使农村生产力不仅得不到发展，而且出现了停滞或倒退。农产品价格下跌，农民购买力减少，农村负债增加，背井离乡者加剧。1934年，又发生了60年来最大的旱灾，受灾面积10余省。江苏、浙江、安徽、河北、山东、河南、湖南、湖北等省受灾最多，直接经济损失估计在四亿万元以上。还有，旱灾之外加上水灾，以及一些地方发生蝗虫灾害，使农民"田地荒芜，农村生活无着，路旁遍是乞丐，卖儿卖妻之事每天都听得到。在最悲惨的农村，大部分家室一空，壮者逃离，老幼待毙，村民大都吃萝卜、青菜等，以至吃山芋叶、麦芽、杂草、最甚者也有的吃树皮、白土，一家数人挤睡于一炕，虽严寒也没有褥子，以稻草铺之。服毒或自缢者不在少数。"⑤而就是在这种状况下，蒋介石集结近百万大军，发起对中共

---

① 徐蓝：《英国与中日战争（1931—1941）》，第75页。
② 徐蓝：《英国与中日战争（1931—1941）》，第75页。
③ 徐蓝：《英国与中日战争（1931—1941）》，第75页。
④ 孔华润：《美国对中国的反映》，纽约1980年版，第139页。
⑤ 任常毅、蔡德金编译：《战前华北风云录》，第65页。

苏维埃中央革命根据地的第五次“围剿”，耗费了大量财力，使本已拮据的财政状况更加糟糕。所以，蒋介石政府无力应付两面作战，只好以“亲善”的姿态对日进行妥协。

第四，西方列强对日本侵华的冷漠反映。由于世界性经济危机的影响，在华拥有巨额利益的列强自顾不暇，虽然对日侵华影响到自身在华利益不满，却没有力量与日本在中国争长夺短。国际联盟在日本宣布退出后对援华问题已一筹莫展。国民政府只得依靠自己的力量与日本周旋，而1934年美国的白银政策，给国民政府的财政金融造成致命的打击，英、法又基本上执行着对日本的政治绥靖政策，不可能给中国提供任何帮助，使本来倾向西方国家的蒋介石政权感到极大失望。此时的日本外交家却摆出一副友好姿态，“中日提携”“亲善”的“美妙”呼声立即博得南京政府内部“主和派”的积极反应，中国的实业界人士对此也寄予希望，他们主张缓和与日本的关系，幻想依靠日本给予的帮助摆脱困境。

上述种种原因，导致国民政府走上改善中日关系的道路。但是，有一点，蒋、汪虽曾多次提及“中日经济提携”“改善中日关系”，但没有像一些人想像的那样，如饥似渴地希望从日本得到贷款，而是明确提出以中日关系正常化及和平解决中日争端为先决条件。因而，在某种程序上，也可以将蒋介石政权“亲日”理解成一种外交策略，为了摆脱困境的一种手段。当然，不可否认的是这种“策略”与“手段”是以牺牲中国的某些权益与妥协退让为代价的。

国民政府采取“亲日”政策本来是想与日本缓和关系，从而达到暂时阻止日本侵略的目的。但事与愿违，尽管为此而采取了种种措施，表白自己“亲善”的决心，日本陆军还是在华北策划了一系列阴谋事件，逼迫国民政府地方政权签订了“何梅协定”与“秦土协定”，开始了分裂华北的行动，逐步攫取了华北的主权。此举打碎了国民政府企图借“亲日”苟安一时的迷梦，迫使其采取强硬的对日立场，中日亲善关系昙花一现，再度而来的便是两国关系的更趋恶化。

五、特殊化的地方政权——冀察政务委员会

日本在确立分离华北的方针后，关东军具体策划了分离华北的三个步骤：第一步，要求国民党和中央军退出华北，使华北政权陷入真空状态；第二步，选择傀儡对象，实行由日本军人操纵的自治；第三步，全面压迫南京政府，承认日本在华北五省的指导地位。到1935年“何梅协定”和“秦土协定”的出笼，使日军分离华北三步骤的第一步宣告完成，下一步是寻找傀儡，实行华北五省在日军操纵下的“自治”。为达到这一步的目的，日军在华北炮制了所谓“华北自治运动”，制造了各种大大小小的“自治”事件，并在1935年12月使“自治运动”达到顶峰，迫使国民政府在北平设置了半独立于中央的地方政权——冀察政务委员会。此政权的出现，预示着华北政局又进入了新一轮的矛盾冲突中。

1. 宋哲元崛起华北

宋哲元（1882—1940），山东省乐陵人，从1913年起一直在冯玉祥部队任职。1930年中原大战后，冯军溃败，余部被改编为国民革命军第29军，军长为宋哲元，防地为晋南解县、运城、离石、翼城、曲沅及侯马等地。1932年8月，出任察哈尔省主席。1933年3月率部参加长城抗战，以“宁为战死鬼，不作亡国奴”的口号和喜峰口、罗文峪用大刀与敌血战而名扬天下，后回任察省主席。在察省坚持保卫国土，对日、伪军的侵袭活动进行了坚决抗击。

1935年1月，日军以第29军驻守热察边界的部队有碍行政为由，向第29军发动攻击，相继制造两次察东事件，引发热察边界的军事冲突。当第29军奋起还击打退日、伪军的进攻后，日军于6月5日又一次挑起第二次张北事件，再次和赵登禹的第132师发生冲突，并借此向华北当局提出抗议，要求严惩“肇事者”，将矛头指向对日态度强硬的宋哲元。6月19日，在日军威逼下，国民政府行政院宣布免去宋哲元察省主席一职，令察省民政厅长秦德纯为代理省主席，负责处理善后。27日，秦德纯与土

肥原贤二签订“秦土协定”。根据“秦土协定”的规定，第29军撤出长城以北地区，由察省另组地方保安队维持该地区内张北六县的境内治安。第29军被迫撤出长城以北。

宋哲元被免职，事前他毫无所闻，接到命令之后非常气愤，由此对南京政府产生了极大不满，免职次日他便离开张家口，回到天津居住。蒋介石为安抚他，电邀他去四川晤谈，宋称病，拒绝前去。在宋哲元被免职的前后，华北形势进一步恶化，“何梅协定”已导致华北政治局面“真空化”，打破了国民政府希图把日本势力控制在长城以北的迷梦。《塘沽协定》后暂时的平静状态不复存在，日本一跃而成为华北政治的支配力量。随着国民党机构和中央军、东北军势力退出华北，华北急需一支足以同日军抗衡的势力来填补这一真空。此时，日军正欲利用河北“真空化”这一有利局面，物色傀儡，策动华北“自治”，建立一个亲日的汉奸政权。日本人首先把目光盯在了那些极易被拉拢、诱惑的汉奸身上，妄图通过他们举行武装暴乱事件，借机夺取平、津大权。

1935年6月27日，北平发生了“白坚武叛乱”事件。在察哈尔省失去了立足之地的宋哲元，不失时机地借北平兵力单薄，防备空虚为名，迅速调第29军进驻北平、天津。①

第29军的这一举动，打破了“何梅协定”后形成的政治格局，引起了日、蒋的不同反应。首先，引起了南京中央的不安。蒋介石虽然在宋哲元被撤职后对宋进行了安抚，但他并没有考虑到将宋安置在平津。早在汉奸白坚武策动北平叛乱之前的6月24日，蒋、汪已任命商震为河北省主席，袁良为北平市长，程克为天津市长，并作出了以商震的第32军和万福麟的第53军留守平、津和河北的安排。蒋的意图是想以晋军商震部和东北军万福麟部这两支地方势力，来填补因中央军撤退后所形成的权力真空。因此，对宋哲元部队进入平津，并无思想准备，不清楚其意图是什么，因而南京中央不能不对此倍加关注。而此时，日本却对第29军进入平津采取了静观的态度。日本通过对第二次张北事件前后事态变化的分

① 陈世松主编：《宋哲元传》，吉林文史出版社 1992 年版，第 190—191 页。

析，已经得出宋是一个可以利用的对象的结论。土肥原和日本华北驻屯军当局分析认为，一方面宋哲元系具有实力的西北军将领，与蒋介石之间积有宿怨，在经过察东、张北事变后，宋哲元对蒋介石积怨更深，在其丧失立足之地的情况下，为了生存发展，可能与日方合作。“宋哲元不会忠于国民政府，而是以其地方军阀的特性，巧妙地窥测日中势力的均衡，乘机进入所觊觎的平津地区”。①而此时，白坚武暴动失败，说明收买汉奸流氓和浪人武装暴动不能成事，日本人不得不改变策略，加紧游说华北地方实力派。所以，另一方面，随着日本侵略势力不断深入，为了实现独占华北的阴谋，日方急需一些有实力的代理人作为傀儡。因而，日军希望“利用宋哲元的这一特性，使其充当日军的傀儡”②。

土肥原策动华北地方实力派“自治”的计划是：“第一步先说服并切实掌握殷汝耕；第二步，在宋、阎、韩、商（指宋哲元、阎锡山、韩复榘、商震）四人中选择突破口，首先切实掌握其中一人，使之与冀东结合起来成立一个新政权，第三步再将其他三人包括进来。”③因此，还在宋哲元免职前，他们即说服日本军部正式下令，不再坚持要宋部撤退到黄河以南的方针，并明确表示，这样做主要是考虑到“早日解决华北问题和将来可利用宋哲元”④。因而日本人对宋进驻平津采取了异乎寻常的平静态度，坐观局势的发展。

宋哲元的谋士萧振瀛从日本人的平静中敏感地意识到其心态，因而，他建议宋哲元主动与日接触，抓住时机作出与日方缓和的表示。

要让宋哲元这样有过光荣的抗日经历和显赫声誉的将领作出与日接触、亲近的决定显然是十分为难和痛苦的，他曾表示：“对日本前倨后恭，不但国人不能谅解，而且自己良心也过不去。”⑤但是形势逼人，

---

① [日]土肥原贤二刊行会：《土肥原秘录》，第30页。
② [日]土肥原贤二刊行会：《土肥原秘录》，第41页。
③ [日]土肥原贤二刊行会：《土肥原秘录》，第41页。
④ [日]土肥原贤二刊行会：《土肥原秘录》，第38页。
⑤ 李世军：《宋哲元和蒋介石的关系始末》，载《江苏文史资料选辑》第4辑，第29页。

宋哲元在狭隘的地方派别利益的支配下，为了争取在华北立足，不得不强己所难地表态，同意和日本人打交道。此中的苦衷，正如他所说："当前形势危急，日寇已侵入华北，为图家计，为地方计，我们应当挺身而出。不过，只要大权归我们所有，地方上的小利即为日方稍为染指，为顾全大局计，亦未偿不可。"①从这番话不难看出，宋哲元留驻华北，固然是在华北危机日益深重的形势下，慨然"挺身而出"的举动，其中也不乏"为国家计，为地方计"的忧时爱国动机，但是，为了自身的利益，他这种不惜让日方染指"小利"而自甘"逆来顺受"的做法，自以为可以为第29军的生存发展及将来的抗日作准备，殊不知却由此踏上了一条充满危险的艰难之路。

正是在这种复杂思想的支配下，宋哲元一面默许萧振瀛与日方来往，表达"前次相见以兵，彼此均系执行国家任务，现既经签约言和便当捐弃前嫌，化敌为友"②的意思；一面开始亲自与一些亲日政客来往，希望借助此疏通与日方的关系。宋哲元的姿态使日军认为他有过反蒋历史，只要他在华北诸将领中，处于比较地可以免除南京的直接压力的立场，只要对他威胁利诱，将来"不得不和日满提携"，③萧振瀛代宋表示与日谅解，正中华北日军下怀。他们遂乘机利诱宋哲元"与帝国合作"，并说服坚决反对第29军进驻北平的关东军。

蒋介石见宋哲元留守华北，日本方面非但不协迫，借机生事，反而采取了容忍的态度，这使他下决心将宋部留在华北。在蒋介石看来，日军利用国民党中央与地方的矛盾，使地方脱离中央，肢解南京政府，在这种情况下，对于地方，只能用"安抚"的办法，而不能采用"强制"的办法。他认为宋哲元虽与自己有隙，但一贯主张抗日的宋不会甘心受日本驱使，只要对他善加任用，第29军便可以成为在华北与日军抗衡的重

① 齐协民：《宋哲元与冀察政权》，载《天津文史资料选辑》第2辑，第15页。
② 何基沣等：《"七七"事变纪实》，载《文史资料选辑》第1辑，第2页。
③ [日]参谋本部：《华北自治运动的演变》，载《华北事变资料选编》，第236—238页。

要力量。为此，1935年7月17日，南京政府正式向宋哲元及部下高级将领颁发“青天白日勋章”；同月，蒋介石在南京专门召见宋哲元的代表秦德纯，对他当面交待：“日本是实行侵略的国家，其侵略目标，现在华北，但我国统一未久，国防准备尚未完成，未便即时与日本全面作战。因此拟将维持华北的责任，交由宋明轩军长。务必忍辱负重，委曲求全，以便中央迅速完成国防，将来宋军长在北方维持的时间越久，即对国家的贡献愈大，只要在不妨碍国家主权领土完整的原则下，妥密应付，中央定予支持。”①

8月28日，国民政府正式任命宋哲元为平津卫戍司令，宋哲元遂将第29军军部迁至北平，将第37师总部和第38师总部分调至平、津、河北的军事要地。9月21日，宋哲元正式宣誓就职。至此，宋迈出了跻身华北的第一步。

2. 利用日、蒋矛盾谋取利益

刚刚获得进驻平津“许可证”后的宋哲元发现，自己一开始就掉进了尖锐复杂的矛盾漩涡，置身于日、蒋的夹缝之中。日军自9月中旬开始的“华北联省自治”计划，无论是由多田骏发起的上层的游说活动，还是由日本特务在下层操纵汉奸、土匪的暴动，都遭到惨败。10月20日，由日本收买的香河县劣绅武宜亭所策划的“香河事件”曾经喧嚣一时，以致引来“华北人民自救会”“华北人民急救会”等伪组织纷纷出笼，鼓噪响应，但这一闹剧也很快被商震派兵平息了。在这种情况下，日本不得不改弦更张，放弃华北联省自治的计划，改而做出以宋哲元为重点策动对象的决策，并把老谋深算的土肥原派来华北助阵。土肥原力主多田骏暂停“联省自治”这种普遍开花的方案，改而采取“中央突破”的策略，集中力量策动宋哲元促成冀察平津的“自治”，然后以平津在华北的地位和宋哲元对同是西北军出身韩复榘的影响带动山东、山西、绥远加入“自治”。

① 《秦德纯回忆录》，台北传记文学社 1981 年版，第 165—166 页。

10月底，土肥原将新拟出的方案呈报给日本关东军。此后，一系列针对宋哲元的行动便在土肥原主持下出台。先是借清除“自治运动”障碍和“反日分子”名义，试探宋哲元是否与日本当局合作，①后以“支持宋哲元为华北自治政府首脑”诱使宋哲元率先搞自治。②虽然这两件事都被宋哲元巧妙地应付了过去，但在日方威逼利诱下，宋哲元矛盾的心情挤生出一个危险想法，那就是借用日方进行“华北自治”活动的压力向蒋介石讨取权力，独揽冀察、平津大权。于是，10月29日，宋哲元向蒋介石发出告急电，表示拟在不脱离中央的原则下自治的倾向。③蒋介石回电告宋哲元不要在华北“自生异动”，希望宋“益加忍耐，幸勿为威胁所动”。④同时，为笼络宋哲元，11月8日，国民政府又任命秦德纯接替袁良任北平市长，任命萧振瀛为察省主席。宋哲元看到自己这一招果然奏效。于是，为谋取更大权益，他继续采取一方面敷衍日本人，一方面借日本人的压力迫蒋放权的策略。

11月4日，国民政府宣布币制改革，这是一项旨在靠拢英美，抵制日本的金融政策。它规定全国各地银行应将所存现款悉数运往上海中央银行，以换取法币。这一改革引起日本政府和军部的震动，认为币制改革的成功必将增加中国的经济力量，有利于中国统一，而不利于日本侵略中国阴谋的实现，日本断然表示反对。11月9日，天津日本驻屯军经由武官高桥坦出面，向宋哲元提出“华北金融紧急防卫要纲”，要求禁止现银南运。高桥坦还威胁宋哲元说：“白银国有与华北现银集中上海，皆危及华北经济，阻碍日本帝国利益，蹂躏日本近年对于华北之主张，如贵方不自动作防止的彻底处置，日本方面将以实力期其实现”。⑤11月12日，本关东军开始大规模向山海关移动集结，并确信这是“断然推进华北工作，使华北投入日军怀抱之绝无仅有之良机”。在武力支持下，

---

① 秦寄云:《秦德纯的一生》，载《文史资料选辑》第52辑，第36页。

② 《华北事变资料选编》，第249页。

③ 秦孝仪主编:《中华民国重要史料初编——对日抗战时期》绪编(一),第708页。

④ 秦孝仪主编:《中华民国重要史料初编——对日抗战时期》绪编(一),第708页。

⑤ 李云汉:《宋哲元与七七抗战》，台北传记文学出版社1973年版，第102页。

土肥原更加活跃，决心全力以赴进行所谓“以最小的牺牲谋取最大的效果之工作”。[①]他商得日本关东军司令官南次郎的同意，向宋哲元提出新的《华北高度自治方案》。方案确定，新出笼的政权名称为“华北共同防共委员会”，其领域包括晋、冀、鲁、察、绥华北五省和平津二市，这个政权的首领为宋哲元，总顾问为土肥原贤二。方案还规定这个政权在政治上“与日满结一单位”；金融上“脱离法币制度”，“另定五省通用货币，与日金融发生联系”；信仰上“代以东洋主义”；外交上“亲日防共”；等等。[②]显然，这是一个完全置华北于日本控制下的赤裸裸的殖民统治方案。土肥原极力鼓吹宋哲元接受这一方案，充当实施这一方案的傀儡，并限宋哲元于11月20日前宣布自治，否则，“将以武力夺取河北、山东”。[③]

在日本胁迫宋哲元宣布“自治”的紧急时刻，蒋介石派参谋次长熊斌北上保定会晤商震、宋哲元，传达他的意见，同时调动部队在南京附近举行特别军事演习，并把其中一部分沿津浦路向北佯动，以向日本表示他不能接受“华北自治”的要求。对日本要求白银南运，宋哲元出于自身利益的考虑，答应了日本的要求，但对“自治”问题，他却左右为难。日本要“自治”，蒋介石坚持反对“自治”，他被夹在中间进退维谷。他既不敢公开得罪日本，也不敢和南京弄翻，和哪一方关系破裂，刚刚到手的地盘、权力都有失去的可能，甚至发生战争。第29军不怕和日军作战，但出于对南京中央的不信任，怕南京借日军之手消灭他们。蒋介石也明白宋哲元这一心态，为使宋“坚定应付”日方，他曾电告宋哲元：“万一彼方对兄等为局部之压迫，中央必当以实力为兄之后盾，决不会令兄部独为其难，而与兄之共同牺牲也。”[④]宣布自治意味着和南京决裂，而

---

① ［日］土肥原贤二刊行会：《土肥原秘录》，第46页。

② ［日］《现代史资料8》，第130页。

③ 《中日外交史料丛编》（五），台北，中华民国外交问题研究会1967年印行，第469页。

④ 秦孝仪主编：《中华民国重要史料初编——对日抗战时期》绪编（一），第714—715页。

必为国人所不容，戴上一顶汉奸帽子则更为可怕。宋哲元是绝不会做汉奸的。左思右想，他还是决定给南京施加压力，迫蒋放权。同时，迷惑日方，减轻压力。这样，11月13日，即国民党第五次全国代表大会召开之际，宋哲元致电大会，要求“结束训政”“还政于民”“实施宪政”。①这个电报与其说是给南京看的，不如说是给日本看的，作为一种姿态给日本一种错觉，他要和南京分道扬镳了。而日本也的确是这样理解的，认为这是宋哲元走向“自治政权”的起点。日本操纵的一些所谓自治团体纷纷响应，多田骏还特意跑到济南促韩复榘响应。11月19日，宋哲元再致电蒋介石，继续给南京政府加压，“彼方要求，必须华北脱离中央另成局面，迭经拒绝相逼益紧，不得已，拟在拥护中央系统之下与之研商，以（一）不干涉内政；（二）不侵犯领土主权；（三）平等互惠为度，做第一步的亲善。”②蒋介石看了宋哲元的电报很是恼火，立即复电，让宋停止与土肥原的谈判，并警告宋不要中了日本人的“诱陷之毒计”。③宋借此即令萧振瀛通知土肥原：“不能于20日宣布自治”。④自己则避开土肥原，去往天津。

宋哲元虽躲过20日宣布“自治”这一关，但日方并没减轻对他的压迫，土肥原又追到天津，仍对宋百般要挟，逼宋宣布自治，宋则严词拒绝。⑤因为对宋的工作很不顺手，土肥原决定全力扶植殷汝耕单独成立一个反南京的新政权，企图以此压宋屈服。⑥

11月24日，伪冀东防共自治委员会出笼，为配合和支持殷汝耕的行动，24日这天日本特务机关在天津唆使流氓、汉奸500余人以“民众自卫团”名义强占市宣传所，散发传单，又向市政府和津沽保安司令部请愿，

---

① 《国闻周报》第12卷第45期。

② 秦孝仪主编：《中华民国重要史料初编——对日抗战时期》绪编（一），第714—715页。

③ 秦孝仪主编：《中华民国重要史料初编——对日抗战时期》绪编（一），第715页。

④ 陈世松主编：《宋哲元传》，第205页。

⑤ 《中日外交史料丛编》（五），第474页。

⑥ ［日］土肥原贤二刊行会：《土肥原秘录》，第43页。

要求宣布自治，交出政权，沿途狂呼“实行自治”等口号。①

时在天津的宋哲元，24日晚得知殷汝耕异动的消息后，即于当夜10时许电告国民政府。25日，宋一面布置戒严，一面请津市长程克走访日方，请其设法制止。当天下午5时，宋回北平，表示“一切均听命中央，在所辖境内，如有扰乱治安举动，不惜以武力解决”。②宋哲元要让国民政府看看，他有能力制止“暴乱”。26日，国民政府决定派何应钦为行政院驻平行政长官，任命宋哲元为冀察绥靖主任，明令通缉殷汝耕。③日方对国民政府这一措置极为不满，日军事当局于同日训令关东军及各地武官，指示继续推行自治运动之方法与要领。④土肥原遂再度限宋于30日以前宣布自治。27日，天津日军首次展开军事威胁与干预行动，原驻榆关之日军陆续入关，并扩建东局子机场，阻拦天津站27次车及75次车南开。28日，丰台车站为日军占领，平汉路列车被扣。⑤

处于此境下的宋哲元，既不愿在日军威逼下宣布自治，又不能公开与日方弄僵，所以他坚辞不就冀察绥靖主任一职，并从自身利益考虑，对何应钦的北上采取了明迎暗拒的态度。何应钦被任命为行政院北平办事长官后，即同陈仪、熊式辉等拟定“华北自治办法”六条，准备与日方商谈。可是当熊式辉将此六项办法去征询日领事谅解时，竟遭须磨拒绝。另东京陆、海、外三省亦通知其在华北人员，不与何氏相见。日本不合作，宋哲元也没给何应钦面子。

12月3日何应钦到北平，当晚宋偕部下秦德纯、萧振瀛与何见面，在接受记者采访时，宋表示：“华北时局于无办法之中已有一些办法，何部长北来后，个人责任可减轻……将来如何部长能常驻北平负责处理一

---

① 秦孝仪主编：《中华民国重要史料初编——对日抗战时期》第六编·傀儡组织（二），第89页。

② 《中日外交史料丛编》（五），第479页。

③ 《国闻周报》第12卷第47期，1935年12月6日。

④ 李云汉：《宋哲元与七七抗战》，第105页。

⑤ 中国社会科学院近代史所中华民国史研究室编：《中华民国史资料丛稿·大事记》第21辑，1935年记事。

切，本人甚愿在何部长领导下努力一切。相信亡中国者中国人，救中国者亦中国人”。[①]宋的谈话闪烁其词，他分明是要看看何此来能给自己带来什么。在何、宋商谈当天，日武官高桥坦派人对何表示：“在私交方面，他对何氏表示欢迎，在公事方面，如果何留驻北平，北平将会发生严重的困扰。”[②]5日晨，宋哲元突然宣布赴西山“休息”，此举表明何、宋商谈出现了严重分歧，这种分歧虽迄今未公开，但不难看出，分歧主要在宋哲元的安排和谁主政河北问题。何应钦坚持的是他从南京带来的方案，即何本人为行政院驻平办事长官，他的权力所及是华北五省二市，何无疑是华北各地方实力派的“太上皇”，表现国民政府对华北的控制，而宋的绥靖主任仅是军事性质不说，其权限所及也仅是冀察，且冀省主席又是商震，商震还兼着津沽保安司令，津市长是程克，这样等于宋治平察，商理津冀，宋、商平分秋色，相互制约，何则统筹一切。宋哲元对这种安排十分不满，所以借日本之力给国民政府加压，他要得到更大的权力与地盘。

日、宋同时给何应钦加压，使何自感无力应付华北局势，处于“进退两难之境”。[③]他只得急电国民党中央，报告华北局势。12月7日，蒋电何同意成立冀察政务委员会：“将冀察事全交明轩兄妥善处理。”[④]宋哲元和蒋介石、何应钦经过一番明争暗斗，终于达成协议，在征得日方同意后，12月11日，国民政府明令发表成立冀察政务委员会的决定，由宋哲元任委员长兼任河北省主席，张自忠任察哈尔省主席，萧振瀛代替程克任天津市长，加上一个月前就任北平市长的秦德纯，这样，在日、蒋夹缝中求得生存的宋哲元，在经过40多天的艰难历程后，终于统揽了冀察平津的军政大权，崛起于华北并成为名符其实的头号实力人物。

---

① 《国闻周报》第12卷第48期，1935年12月13日。

② 李云汉：《宋哲元与七七抗战》，第119页。

③ 秦孝仪主编：《中华民国重要史料初编——对日抗战时期》绪编（一），第371—372页。

④ 秦孝仪主编：《中华民国重要史料初编——对日抗战时期》绪编（一），第371—372页。

3. 特殊化的地方政权

1935年12月18日，冀察政务委员会在万木萧瑟的凛冽寒风中成立，无情的寒风与冷清的场面似乎预示着冀察政权今后的道路着实并不平坦。冀察政务委员会是国民政府设在冀察两省和平津两市的地方政权组织，它的成立，是日、蒋相互妥协，又共同对宋妥协的结果。这是一个特殊的地方政权，它既不同于南京政府所管辖的其他地方政权组织，又不同于日本所扶持的殷汝耕的“冀东”伪政权，它是一个隶属于国民政府，肩负着与日折冲周旋的有相当程度自主权的地方实力派政权，其走向决定于该政权的核心人物对日及对南京中央的态度。这一点，从冀察政权成立的背景中就可以看出。国民政府11月26日召开的行政院会议，在决定撤销北平军分会，任命何应钦为行政院驻北平行政长官的同时，还议定了一个“华北自治办法”，以适应日本方面的要求。

据国民政府外交部次长唐有壬11月30日向日本驻南京总领事须磨透露，这个“华北自治办法”的内容共六项：（一）实行共同防共；（二）关于币制改革问题，在华北可作适当调整；（三）圆满解决关内外人民之间的经济关系；（四）在财政方面，予华北政权以相当支配权；（五）对外悬案给予就地合理解决权；（六）根据民意录用人才，实施理想政治。①国民政府此办法既迎合了日方“华北政权特殊化”的要求，又满足了宋哲元主政华北的愿望。同时，国民政府在冀察政务会的组织大纲中，又明文规定：冀察政权的重要决策须“呈请国民政府核准备案”。②这样，国民政府赋予冀察政务会相当大的独立权，又保持了对其的宗主权。冀察政务会由国民政府主持成立，委员由其遴选宣布，从形成及名义上表明了冀察政权与南京中央的隶属关系。国民政府这样做，既缓和了中日在华北问题上的矛盾冲突，又安抚了地方实力派，并通过此保全

① 天津市政协编译委员会译校：《日本军国主义侵华资料长编——〈大本营陆军部〉摘译》上册，四川人民出版社1987年版，第261页。

② 秦孝仪主编：《中华民国重要史料初编——对日抗战时期》绪编（一），第732—734页。

了自己的面子，避免了冀察平津脱离中央宣布自治这一窘境。因而，国民政府对冀察政务会的成立虽然有些无奈，但是结果还可以接受。国民政府希望冀察政权在大政方针上与中央一致，为国家担负起与日折冲周旋，从而为准备抗日争取时间的重任。

日本方面对冀察政务委员会这一华北新政权的成立，既怀有积极的期待又有些担忧，因为对它未来的走向并不明了。在国民政府正式公布组织冀察政务委员会的前三天，日本军部发言人谈到对未来新政权的看法时说："何应钦准备接受宋哲元改组地方政府之计划，该计划乃包括由居住此间之以前官僚组成之新政权，日本官方对新政权之政策，较任何组织机关之方针尤为关切"，相信"新政权之政策将为亲日反共"，"日本及其他外人皆受其利"。①12月13日，日本陆军中央部也发表对新政权的看法："现属于新政权之宋哲元氏，尚能认清华北实情，而行政治实施，自可大大有贡献于东亚永远之建设。"②从日方的谈话中可看出，日本对于冀察政权抱有相当的期望，希望它"亲日反共"，"强化与日'满'两国间之密切关系，积极的开展具体采善诸工作。"③

这样，以宋哲元为首的冀察政权便成为一个肩负着特殊使命——缓和中日冲突，又处在日、蒋夹缝中生存的一个特殊的权力机构。它既要迎合日本对华北的特殊要求，又要在国民政府"不丧权，不辱国"的原则下，为国家守住华北要地，而作为地方实力派，冀察政权又得苦心殚虑地为保存地盘和扩充实力而在日、蒋间周旋。这一切决定了冀察政权从一开始便走上了一路特殊的路途，其命运更是起伏跌宕，相应而来的，便是华北越来越成为各种矛盾冲突的聚焦点。

至此，华北政局由张学良主政时期进入黄郛主政而又至宋哲元集团主政时期，华北格局演变为由以宋哲元为代表的华北地方实力派与日军的表面合作、实质对峙时期。其间，有妥协、有退步，也有抗争与不

① 天津《大公报》1935年12月8日第3版。
② 天津《益出版》1935年12月14日第2版。
③ 北平《晨报》1935年12月13日第3版。

屈。同时，还有地方实力派与国民党中央矛盾、对立与合作。其尖锐复杂的矛盾，犬牙交差的关系，民族矛盾与阶级矛盾纠集在一起，使华北政局更加动荡不安。

‖第三章‖ 苦撑与蓄力

1935年底的中国正处于政治形势大变动的前夜，而所谓“华北自治运动”的结局也并不完全如日本的初衷。这些情况迫使日本统治集团迅速拟定“广田三原则”的实施策略，并正式确定华北政策。主政冀察的宋哲元集团在日军侵压下，对日既妥协又抗争。在国家层面，中日就华北问题展开交涉，日本妄图将华北从中国分裂出去，国民政府在与日的周旋谈判中，拒绝了其种种无理要求。中国国内在1936年的两广事件后，结束了地方实力派与国民党中央由来已久的纷争，基本实现了国内的统一。国民政府加快了国家建设的步伐，积蓄力量，准备应对日本进一步的侵略。

一、日本侵华政策的继续深化

1935年下半年日本策动的华北事变，使整个中华民族面临着“亡国灭种”的危险，在长征途中发表“八一宣言”的中国共产党率领工农红军长征到达陕北后，即制定了抗日民族统一战线政策，并领导了华北民众的反日运动。国民党以汪精卫为首的“主和派”遭到打击，蒋介石在11月的国民党五全大会上发表“最后关头”的演说，成为“一九三六年中国对日政策的根本方针”。①而日本发生二二六事件后的法西斯化，使其对华政策再趋强硬。一贯充当侵华急先锋的关东军于12月间就华北问题提出对策，并特别指出：“华北分离的实质，就在于使国民党政权沦为长江一带的地方政权或趋于崩溃的命运，以利于促进日满对全中国的提携。”②日本再次显示其野心。

1. 二二六事件与日本的法西斯化

1936年日本发生了二二六事件，使其政权法西斯化，这成为日本发动全面侵华战争的重要伏笔。

日本法西斯在1929年开始的世界性经济危机及其导致的社会危机中，推动日本发动1931年的侵华战争，使日本暂时摆脱了危机。以此为契机，法西斯“军部势力”和“民间势力”互相勾结，借助战争煽动民众情绪，冲击“政党政治”，转移国内矛盾，使法西斯运动在日本全国得到广泛迅速的发展。由于法西斯势力的猖獗，在1932年暗杀首相犬养毅后，结束了日本的政党内阁，新组成的斋藤内阁成为向法西斯亲军内阁过渡的桥梁。法西斯“军部势力”在打垮政党政治势力后，内部自身矛盾上升。主要由军部幕僚组成的统制派，主张通过上层合法、稳健的方式，推行政治、经济方面的“改革”，逐步取消宪法、议会、党派及其他资产阶级民主制度，建立天皇制军部法西斯的独裁统治。主要由少壮派军官组成的皇道派，则主张以武装政变的急进方式，打倒元老、重臣、官僚、政党、财阀等特权阶层，在“皇道精神”指导下，建立一君万民的“皇道国家”和军部的法西斯独裁统治。

由于军部内部矛盾逐渐激化，在军部掌有实权的统制派，策划从军部中央清除皇道派，压制少壮派军官的政治活动，企图在军部的一元化统制下，建立法西斯的独裁统治。其后发生了一系列事件，使两派的对立

① 周开庆：《一九三六年之中日关系》，正中书局1937年版，第29页。
② [日]外务省编：《日本外交年表和主要文书（1848—1945）》下卷，第320—322页。

日趋尖锐。

1936年1月，日本军部下达派遣驻东京的第1师开往中国东北的命令，因为第1师是驻防东京的两个师之一，是皇道派少壮军官的主要据点，于是出现了这次派遣是为使他们远离东京的传说。第1师的少壮军官，遂下决心实行早已准备好的军事政变。

2月26日凌晨，皇道派少壮军官发动了兵变，占领了东京政治中心水田町一带，包围了闲院宫、高松宫、内大臣、首相、陆相、外相等官邸，枪杀了首相的秘书（误认为是冈田启介首相），杀害了内大臣斋藤实、藏相高桥是清、教育总监渡边锭太郎，枪击侍从长铃木贯太郎使其身负重伤。兵变的军官会见了陆相川岛义之，递交了《奋起宣言书》，敦促陆相向天皇转达，并提出《希望事项》，要求将事态引导至维新方向，统一警备司令官等活动，勿使皇军互相厮杀。同时，兵变军官已准备好起事成功后的组阁名单。

26日9时，川岛陆相进皇宫向天皇宣读了兵变军官的宣言书，裕仁下令镇压叛军。27日，参谋副总长杉山元接受天皇镇压叛军的主张，但他一心想避免日本军队相互残杀，所以对事件采取拖延的态度。

2月28日下午，陆军参谋副总长杉山，从甲府和千叶县佐仓以及仙台、高崎调来配有坦克、火炮的大批部队及部分航空部队，以便从数量上压倒叛军。次日14时，全部叛军投降。

皇道派发动大规模军事政变，为统制派整肃军队提供了借口，他们认为必须严厉地镇压皇道派，确立统制派即军部中央的领导权，才能以此为交换条件，加强军部对政府的控制力。因此，二二六事件后，进行了严厉的肃军活动。

3月4日，天皇发布紧急敕令特别成立了东京陆军军事法庭，7月5日，第一次判决对叛军的全部首领19名均判处死刑，其余70名分别判处有期徒刑。1936年3月和7月，实行了包括对有责任者的处分在内的两次调动；8月，又实行了包括3000余人的大规模定期人事调动。通过三次人事调动，撤免了大批军官，基本完成了肃军工作。从此陆军中的皇道派被彻底清洗，统制派的统治权稳固确立。

二二六武装政变，是日本政治史上一次空前的大事变。以新陆相寺内寿一上将为核心的军部统制派充分利用这次事件，在对内严厉肃军，彻底清除皇道派势力的同时，对外展开强大政治攻势，以对付叛军的威胁为借口，全面控制政局。法西斯军部超越政府和一切机关之上，掌握着独裁的绝对权力。

5月18日，日本军部按照敕令以修改陆海军省官制附属别表的简单手续，恢复了军部大臣的现役武官制。规定陆海军大臣必须由现役中将以上，次官必须由现役少将以上军衔的军官充任，以堵塞预备役军官就任军部大臣的道路。这是对日本政治至关重要的事件。从明治时期以来，陆海军大臣现役武官制就是军阀干预政治的最有力武器，大正初期开始的护宪运动，经过反复斗争，才于1913年将大臣现役武官制废除，这次军部乘势收复过去失去的权势，利用军事政治压力，向广田内阁推荐寺内寿一出任陆军大臣，条件是恢复"军部大臣现役武官制"，广田被迫答应。这样，法西斯军部就决定了内阁的生存。只要军部拒绝推荐或撤回现役陆海军大臣，内阁就不能成立，即使成立也得垮台。军部不会容忍不实行法西斯政策的内阁存在。同时，军部为了左右政府的内外政策，迫使内阁俯首听命，在军务局的军务科内，专门设立政策班以"指导"政府。

二二六事件成为日本历史上一个重大转折点。法西斯军部的统治地位确立，政府成为法西斯侵略战争的工具。

2. 日外务省与军部协调侵华政策

广田内阁成立前的冈田内阁（1934年7月8日至1936年3月6日），采取了许多措施推进日本扩大侵略战争的准备。1934年12月，日本宣布废除限制海军军备的华盛顿条约。1935年12月，日本宣布退出伦敦海军会议，走上无约束的发展陆海军军备的道路。在同一时期内，日本又在从国联接受的委托统治的太平洋诸群岛（马里亚纳、马绍尔和加罗林群岛），建立航空基地和储藏设备，以及为阻止外人进入各该岛的周密警戒措施。日本政府在内务省直接管辖下，实施了严格的新闻检查制度。

警察对一切公共舆论媒介机关，都采取了广泛的检查和取缔。陆军省对各类学校开展了军国主义的军事教育和训练，鼓吹振兴“皇运”，灌输武士道精神。日本与法西斯德国的勾结也在加紧进行。虽然日本政府沿着扩大侵略战争的道路快速前进着，但是，日本陆军仍感到不满足，认为冈田内阁抑制着陆军的激进政策和日本法西斯主义的发展，必须清除陆军省的稳健势力，彻底清洗内阁，才能建立全力推进侵略战争的军部独裁内阁，排除对外侵略扩张的种种障碍。

1936年3月9日，在陆军宣布戒严的情况下成立新的广田弘毅内阁时，对冈田内阁的成员，除外相广田本人留下担任首相外，其余阁员一律更换。陆军方面以寺内寿一上将作为陆相的继任人选，并直接干预组阁事务。在军部的压力和威胁下，以广田为首的多数成员得出结论：“此时，如果凭一时感情放弃组阁，在各方面将会带来不少恶劣影响。因此应排除万难，坚决完成组阁任务。至于陆军方面的主张，有道理的采纳之，应实现的尽可能实现之。使其反对态度有所缓和是最为妥当的。”①这样，在顺从军部的要求下，广田内阁终于产生：外务大臣有田八郎、陆军大臣寺内寿一、海军大臣永野修身、大藏大臣马场镆一。

广田内阁从一开始就接受陆军“庶政一新”和“建设国防国家”的要求，积极推进侵略战争的政策。新内阁用“广义国防”的口号，在政治、经济、财政、文化、教育等各方面，都涂上清一色的军国主义色彩，使内阁从组织机构到施政纲领，都成为军部的傀儡。广田内阁的建立及其“广义国防”“庶政一新”的推行，实质上标志着日本天皇制军部法西斯主义的形成。

随着军部支配地位的确立，特别是军部大臣现役武官制度的恢复，军部对政府决策的发言权进一步强化，“最突出地表现在从此要按照军部的国防方针来决定国策大纲以及外交方针。”②日本的对外政策及其核心对华政策，也就在这种形势下最终确立下来。

---

① ［日］猪木正道：《吉田茂传》下册，上海译文出版社 1984 年版，第 230—231 页。

② ［日］信夫清三郎：《日本外交史》下册，中译本，商务印书馆 1980 年版，第 609 页。

期间，1936年1月8日，广田外相召集外务省有关官员及驻南京总领事须磨，在外相官邸举行“对华方针研讨会”，与会者对当前日中关系重要问题达成共识，决定与南京政府进行谈判以全面调整日中关系的方针。9日，由东亚局第一课长守岛据此拟成《对华外交方案》，又称“守岛私案”。[①]同日参谋本部发表《华北自治运动的演变》，对“华北工作”进行了总结，并提出“帝国今后……要使华北明朗化变为现实”。[②]这个意图，很快就表现于13日陆军省对中国驻屯军司令官发出的《处理华北纲要》的指示中。该《纲要》规定：“处理中国的主要目标，在于援助以华北民众为中心的自治”，“自治的区域以华北五省为目标”，“自治的程度，尽量以获得广泛自由为宜，但当前的目标在于使南京政府毫无实行反对日、满政策之余地”。并决定“处理华北由中国驻屯军司令官负责”。“实施本处理纲要时，……应适当与外务省、海军省派在当地的官员秘密联系。”[③]15日，陆军省派影佐祯昭到外务省出示了上述纲要，并说已向海军出示，守岛向外相及次官报告后，该两上司均认为此件大体可行。[④]20日，参谋本部派喜多诚一等人到外务省，表示军部对于“守岛私案”基本无异议。[⑤]经过上述协调，广田外相在第68次议会上公布了对华三原则，并谎称中国政府已表示赞同。[⑥]而日军部《华北处理纲要》（第一次）同样也作为政府决定，使军部政策上升为国策，实现了陆军一年来的夙愿。[⑦]而且，由于该《纲要》把军部分离华北的政策正式确认为国策，使之成为“日本对华政策史上的一个划时代的事件”。[⑧]

针对中国方面的外交调整（张群继汪精卫任外交部长，许世英继蒋

---

① 《日本外务省档案》，PVM32，第 446—456 页。
② ［日］《现代史资料 8》，第 128—134 页。
③ 《华北事变资料选编》，第 252—254 页。
④ 《日本外务省档案》，PVM32，第 486—491 页。
⑤ 《日本外务省档案》，PVM32，第 477—479 页。
⑥ ［日］外务省编:《日本外交年表和主要文书（1848—1945）》下卷,第 324—326 页。
⑦ ［日］防卫厅防卫研究所战史室：《战史丛书·中国事变陆军作战（1）》，第 66 页。
⑧ ［日］信夫清三郎：《日本外交史》下册，第 608—616 页。

作宾为驻日大使），为更好地贯彻广田三原则，2月8日，日本任命前外务省次官有田八郎为驻华大使。在有田赴华前，外务省在给他的关于南京谈判的指示中说：关于华北工作，须参照陆军中央部致天津军司令官的指示。①

这样，新任驻华大使此时所肩负的责任就是完成军部与政府的双重任务，准备对华展开谈判以调整日中国交。

这里，有两点值得注意：一是外务省与日军部开始协调一致实施侵略中国的阴谋。形式上看似分歧的对华“二元化”外交这时变为从内容到形式的“一元化”外交，只不过是二者在执行时运用的方法手段不同而已。二是决定把“华北工作”完全交给中国驻屯军负责。根据这个决定，4月17日，广田内阁加强了中国驻屯军：大幅度增兵并改为永驻制，司令官由少将级晋升为天皇亲授的中将级。其目的在于“配合帝国外交工作的刷新……增加在华北公开行使我国武力之机会。”②日本政府的企图是让中国驻屯军处于和关东军同样的级别地位，使关东军不能插手华北，也就是企图把不服从中央驾驭，动辄独断专行的关东军的活动范围，限制在满蒙一带，实现华北政策“一元化”，③更好地推进对华北的“分治”工作。

3月28日，关东军参谋长板垣在与有田大使会谈时声称：“现在已到了改变我对华政策的根本观念，确立作为国策的对华新政策之时了。”④随后，有田八郎回国接任外相。5月16日，驻天津总领事川越茂被任命为驻华大使。川越被视为著名的“中国通”，并且是与军部非常接近的人物；而外务省另一名“素称稳健的中国通，长期居于次官地位且被广田首相作为驻华大使之首选的重光葵”，⑤被免去次官一职后，由于军部不愿把在中国的权力由陆军省交给外务省，故绝对不会通过重光

① ［日］信夫清三郎：《日本外交史》下册，第608—616页。
② ［日］信夫清三郎：《日本外交史》下册，第608—616页。
③ ［日］信夫清三郎：《日本外交史》下册，第608—616页。
④ ［日］外务省编：《日本外交年表和主要文书（1848—1945）》下卷，第330—334页。
⑤ ［日］《重光葵外交回想录》，每日新闻社1953年版，第166页。

任驻华大使的提案，重光只好改任驻苏大使。[①]重光与川越之争，反映了军部继续操纵对华外交的意图。在军部支配下，日本加紧确立新的对华政策。日军增兵华北和在军方庇护下的冀东走私达到高潮之际，其发生全面侵华战争的策划越来越具体。而日陆军省、海军省、外务省也加紧了相互间的协调，力图在侵华步骤与方法上达成一致。

日本军部关于国防国策问题存有分歧，主要表现为陆军主张"先北后南论"，而海军主张"北守南进"。二者虽在"北进"，还是"南进"上有分歧，但在侵略方式上是一致的，那就是强调"武力征服中国"，而外务省则力主用"阴谋"——调整中日邦交，使蒋介石政权亲日，从而达到变中国为其"附属国"的目的。其手段便是"谈判"与表示"亲善"。三者目的共同，方法与手段上却有不同。为了更好地达到目的，三方之间需要协调一致。这种协调的结果，首先表现为海、陆二省共同出台的《帝国国防国策大纲》。[②]双方在"南北并进"这个战略目标上达成了一致，提出日本未来的战争对象是"以美、苏两国为目标，同时防备中国、英国"，并提出以中国为对手时的作战纲领："在对华北作战时，除过去的两个军（五个师团外），根据情况再增加三个师团，必要时还可能在华北五省（河北、山西、山东、察哈尔、绥远）进行作战；对华中方面，原来计划以第九军（三个师团），占领上海附近，但是这方面的中国军队增加了兵力……因此，计划调新编的第十二军（二个师团）从杭州湾登陆，从太湖南面前进，两军策应向南作战以实现占领和确保上海、杭州、南京三角地带"。《国策大纲》得到了陆、海、外三相间的基本肯定。[③]三相间经协商，决定设立"时局委员会"，它是隶属外相（外务次官为委员长）的秘密决策机构，任务是对日本在华北的多种政策与措施进行研究、审议、立案、上报，外、藏、陆、海四省有关局长各一人参加委员会，有关课长各一人

---

① [日]《东方审判辩护方案》第3卷，国书刊行会1996年版，第16页。

② [日]防卫厅防卫研究所战史室：《战史丛书·大本营陆军部(1)》，朝云新闻社1974年版，第395—397页。

③ [日]防卫厅防卫研究所战史室：《战史丛书·大本营陆军部(1)》，第388—389页。

参加干事会（东亚局长为干事长）；同时外务与陆军当局间还达成谅解，把对华北的内部指导权，由外交移与陆军。①时局委员会的设立，便于日本各方对华北政策的统一，但也使军部在华北攫取了更大权力，为其在华北随心所欲的侵略行为铺平了道路。

3. 确立新的侵华方针

在外、陆、海三省间取得谅解，达成一致的情况下，6月30日，日本政府确立《帝国外交方针》。这个《外交方针》把当前外交重点置于打败苏联在东亚的"侵略企图"。②同时，陆军省以对苏作战为由，要求迅速实现华北特殊化并使全中国反苏附日。③至1936年8月份经过一个多月的协商，陆、海、外三省共同研究出台《对华实施的策略》和《第二次华北处理纲要》及其《附录》，新的对华政策，更具体地讲，侵略中国的方针基本确立下来。在此基础上，8月7日，广田内阁召开五相（首、陆、外、海、藏）会议，决定了《国策基准》。规定日本的"根本国策是外交与国防相配合，在确保帝国在东亚大陆地位的同时，向南方海洋发展"。④这是将陆、海主张兼收并蓄的"南北并进论"，并确立了外交从属于国防的方针。同日，广田内阁又召开除藏相外的四相会议，决定了《帝国外交方针》。⑤11日，广田内阁有关各省决定的《对中国实施的策略》和《第二次华北处理纲要》及其《附录》⑥是上述国策与外交方针在对华政策上的具体化，是以"华北分治"为重点的对华政策，主要内容有：（1）华北五省分治，"建立亲日满的特殊地带"，攫取该地区的国防资源，扩充其交通设施。在《第一次华北处理纲要》的《附录》"第一号"中，规定了当前对冀察政权应采取的经济措施；在"第二

① 《日本外务省档案》，S1613—3，第1328—1339页。
② ［日］防卫厅防卫研究所战史室：《战史丛书 · 大本营陆军部（1）》，第931页。
③ ［日］防卫厅防卫研究所战史室：《战史丛书 · 中国事变陆军作战（1）》，第87页。
④ ［日］外务省编：《日本外交年表和主要文书（1848—1945）》下卷，第344—345页。
⑤ ［日］外务省编：《日本外交年表和主要文书（1848—1945）》下卷，第345—356页。
⑥ ［日］《现代史资料8》，第366—371页。

号”中规定了在华北国防资源中应迅速开发的项目及建设有关交通设施，将华北政策进一步具体化。（2）对于南京政权，要采取具体措施引导其“反苏附日”，特别应促其“实际上承认华北联省分治”，以作为处理华北的最上策；对南京工作与华北工作，不一定同时实施，力求分别予以解决。

日本制定的对华政策的特点在于要进一步强化“华北自治运动”，加速实现“华北政权的特殊化”和“冀察自治政权的明朗化”，打破蒋介石和宋哲元的抵制敷衍态度，要求驻屯军对冀察政权“设法在人事上进行肃清和改革，同时特别在财政、经济、军事等方面的种种措施，都应该竭力清算军阀的腐败政治”，努力将华北变成“国防资源的供给地”这一方针，是充分服务于日本将“对苏战略作为重点”，“以防备苏联入侵东亚”之目的的。同时，为了有利于日本实施“华北工作”，强调要与南京政权进行外交谈判，使“南京政权对帝国处理华北政策抱合作态度”。①

之所以对华北采取表面上看似稍微“柔软”的政策，主要是日本直接或间接地感觉到了来自苏方的威胁。在《帝国外交方针》中，曾对此有所表述，“苏联……已在远东配置强大兵力……成为我推行东亚政策上的重大障碍。当前我外交政策的重点是挫败苏联对东亚侵略的企图，特别是消除其军事的威胁，阻止赤化的侵入。在充实国防的同时，运用外交手段以实现此目的。”②基于以上认识的对华政策，便重点表现为一方面压迫华北当局“实行自治”与进行“经济合作”；一方面便是与南京政府展开外交谈判，使中国能够亲近日本，从而反苏，这表现在川越与张群会谈的主题：中日“共同防共”问题。

上述一系列决定通过后，15日，广田首相将8月7日的《外交方针》及11日的阁议决定上奏天皇。鉴于政府一系列决定的重要性，为使政策更好地贯彻于在华文武官员，8月底外务省派东亚局第一课太田事务官到

① ［日］防卫厅防卫研究所战史室：《战史丛书·大本营陆军部（1）》，第400页。
② ［日］《日本交外年表和主要文书》（下卷）《文书》，第345—346页。

长春、北平、天津、上海、南京等地，向外交官员进行传达，同时，陆、海军分派影佐、中村两中佐赴华，召开武官会议贯彻。①新任驻华大使川越茂赴中国上任，到南京与国民党上层人物晤见后，即赴华北，与中国驻屯军司令田代皖一郎，代理总领事田尻爱义等人晤见，听取关于华北形势的报告，然后又相继晤见宋哲元、韩复榘等华北地方实力派，表示了日方将加强与华北进行经济合作的意图。②川越北上的目的，第一，是主持华北各地的总领事会议，听取各总领事对现地情况的汇报，并会见新任"田代司令官"交换意见；第二，听取田代皖一郎传达《第二次华北处理纲要》，促使在华武官、领事人员对《纲要》达成一致。③至此，以军部为主导而形成的广田内阁的一整套对外国策与方针，对华政策与措施，最终全部确立下来。在日本历史上，"这是第一次具体表明了除对中国进行全面侵略外，还想侵略南方以至进行太平洋战争的侵略计划"。④此后的全面侵华战争与太平洋战争的决策即以此为据。在上述方针指导下，日本加强了对南京政权和宋哲元的压力，提出了一系列苛刻要求。同时，日军在华北连续举行军事演习，在北平及其他地方接连挑衅，制造事端。日军的侵略已迫使中国到了或甘当亡国奴，或起而抗之的地步，华北危机与中华民族的危机更加深重。

二、宋哲元集团在日军侵压下的妥协与抗争

长期以来，史学界对冀察政权多有争议，认为冀察政权的出现是国民政府对日妥协的产物，冀察政府带有明显的"傀儡化"特征。冀察政权的出现，是华北危机进一步深重的表现。笔者以为，冀察政权的成立有其值得肯定的积极意义。首先，日本的本意是建立一个包括华北五省

① 《日本外务省档案》，UD79，第83—85页。
② 任常毅、蔡德金译：《战前华北风云录》，第127页。
③ 任常毅、蔡德金译：《战前华北风云录》，第127页。
④ ［日］井上清·铃木正四：《日本近代史》，中译本，商务印书馆1972年版，第587页。

在内的"自治政府"，而最终的结果是，冀察政权不过辖有两省两市，而这些地方，本来是日方通过"何梅协定"与"秦土协定"已基本上控制在手的地方，喧闹了半天，不过是让宋哲元独揽了大权，第29军名正言顺地驻防在华北。对日方来说，这无异等于不仅没有得到什么好处，反而有将这块地方变成抗日基地的可能，七七卢沟桥畔的枪声便是这一点的最好证实。其次，日方属意的傀儡人物并没有傀儡化，有着抗日历史的宋哲元坚持御侮爱国的立场，不屈服于日方的压力，在"自治"运动中，宋与日方的和解、通融，甚至亲善的言词与一些言不由衷的妥协，都是出自于地方实力派为自身利益考虑的原因，而并非甘心卖国求荣。而一旦宋立足于华北，谋取了权益，那些表面的"亲善"就将被"抵抗"的实质所代替。从客观上看，宋哲元集团也起到了为国家守住大门的作用，至少我们从宋在成立"自治政府"这个根本性问题上的尽力抵制，便可得出宋不会屈服于日方压力的结论，而宋在日方侵略下的奋起抵抗应该更能说明问题。第三，冀察政权成立的背景有妥协的成分，其后也曾有妥协的举动，但并不等于这个政权被日本利用或为日本左右，实践恰恰证明，这个政权不仅没有陷于对日妥协，而是在不断地努力摆脱困难，走上抗战之路。宋哲元主持冀察军政伊始，就置身于日、蒋势力的挟制之中，为了在夹缝中求生存，他对南京政府"绝不言脱离"，但同时又不得不向它争取扩充军队，保存实力所需要的经济权益。为了替南京政府支撑华北局面，争取准备抗战的时间，他又不能不与日本人继续周旋，并确定了"不说硬话，不做软事"的特殊应付手段。日本为了在冀察政务委员会成立之初胁迫宋哲元就范，策划了一个又一个侵略阴谋。为应付日本人的种种困扰，宋哲元在冀察外交谈判中，顶住了日本企图迫其与冀东伪政权"合流"的压力；在随之而来的"共同防共"的谈判中，宋哲元赞同"防共"步入误区，但一再婉拒日方"协助"防共的要求，最终没有签订《共同防共协定》；在日本大举增兵华北，急欲使华北成为"反共亲日满地带"时，宋哲元坚定了抗日信心，表现出不屈服的姿态，使日本"实力驱宋"和"以王（克敏）代宋"的阴谋未能得逞；在日本"经济提携"的诱惑面前，宋哲元曾经动心，并与之草签协议，但随即醒悟，进行挽救，在妥协之中也进行了一定的抵制。总之，在主政冀察政权不足两年时间里，宋哲元集团成功地将日军侵略的步伐阻滞在华北，为国家备战赢得了两年宝贵时间，而这两年，又是国内各种爱国力量汇集在一起，形成汹涌澎湃的抗日洪流时期，所以，冀察政权的成立，是有益于中国国内政局的。正因如此，日方对宋政权屡表不满，表示必须进行多次的“自治”运动，对宋再施多方压力，及至用武力驱宋，引发了中日间的全面战争。也就是从这个意义上讲，我们对冀察政权的肯定应多于责备。在主持冀察政局时，宋哲元主要在以下三个方面与日方进行了折冲周旋。

1. 控制实权，抵制“自治”

冀察政务委员会的成立，对于日本而言，只达到了“华北政权特殊化”的最低要求，即由非蒋介石嫡系且与蒋介石有较大矛盾的宋哲元主持冀察军政权，从事实上削弱了国民党中央政府对冀察平津的控制。但是，这一结果尚未达到日本的根本目的，更未满足日本的根本要求。日本当局策动“华北政权特殊化”的“根本目的是要使华北政权脱离国民政府的统治，成为特殊地区”，以及“企图把华北一带变成亲日满地带，以确立满洲的军事、政治、经济的保障”，①而冀察政务委员会的成立，虽然表现了国民政府对“华北自治”的迎合与适应，但仍与南京中央保持形式上及名义上的隶属关系。这自然使日本当局感到失望，持强硬态度的日本少壮军人甚至认为：“冀察政务委员会委员由国民党选定，委员会在国民政府的法令范围内可制定法规等，这和日本方面预期的相差很远”。②因此，在日本方面看来，成立冀察政务委员会，“是日华双方妥协的产物，它是作为国民政府向日本方面让步的一个机关”。③同时，

① 《中华民国史料丛稿·中国事变陆军作战史》第1卷第1分册，中华书局1983年版，第21页。

② 《中华民国史料丛稿·土肥原秘录》，中华书局1980年中译本，第45页。

③ 《中华民国史料丛稿·中国事变陆军作战史》第1卷第1分册，第22页。

他们对这一特殊的地方政权又满怀信心，寄于厚望，相信“新政权之政策将为亲日反共”，“新政权不致太接近南京”，“将较之南京政府对日更为亲善”。[①]他们自信有能力采取“循序渐进”的方式，将这个新政权改造为“满洲国第二”，使宋哲元充当日本的傀儡。

对宋哲元而言，冀察政务委员的成立使他喜忧参半，不容乐观。独揽冀察平津大权满足了自己作为地方实力派对地盘和权力的要求，却也使自身处于与日折冲的前沿，他虽然表示冀察兵权、政权一经统一，“自信有维持地方，应付日方之能力”。[②]然而，在华北这样特殊的环境里，他既要顶住日本方面企图改造他、伪化他的巨大压力，完成既不丧失领土、主权，为国民政府维持北方局面的任务，又要秉承蒋介石的指示，缓和与日方的关系，不激化中日矛盾，完成为“中央抗战”争取时间的任务，使他确有一种如履薄冰、如卧积薪之上的感觉。为了完成这一艰巨任务，宋哲元采取的第一个措施就是将冀察大权牢牢控制在自己手中，借以抵制日方将冀察政权“傀儡化”的阴谋。

1935年12月初，何应钦与宋哲元协商组织冀察政委会时，曾派萧振瀛前往天津，探询日驻屯军的意见。[③]日方得知冀察政委会成立方案后，就有从人事安排上控制该会的企图。日方提出了一个包括齐燮元、吴佩孚在内的30人的推荐名单，而对何、宋等人提出的人选“不愿同意”。[④]双方僵持到12月9日，中方表示在经济权益上可向日方让步，而东京参谋本部也训令驻华日军让步。[⑤]这样，冀察政委会才勉强得以成立。但日军对政委会的人员组成是颇为不满的，因为在政委会的17人中属于29军系统和东北军系统的共有10人，均为反日实力派人物，足以控

---

① 天津《大公报》1935年12月8日。

② 秦孝仪主编：《中华民国重要史料初编——对日抗战时期》第六编·傀儡组织（二），第159页。

③ 《国闻周报》第12卷第49期。

④ 秦孝仪主编：《中华民国重要史料初编——对日抗战时期》第六编·傀儡组织（二），第15页。

⑤ 《中日外交史料丛编》（五），第352页。

制冀察政局。在基本控制委员会决策大权的前提下，为了减轻日本人的压力，消除可能发生的祸乱，宋哲元在政委会下属机构的人事安排上，则本着蒋介石“斟酌华北情形”，“对于不良分子并用怀柔收买两策”①的指示精神，适当吸收了一些亲日分子到政委会下属机构，如任命陈中孚为外交委员会主席，陈俊生为交通委员会主席兼北平铁路局局长，潘毓桂为政务处处长等。在对待这些亲日分子方面，宋哲元“是既不依靠他们，又不得罪他们，而是用羁縻笼络的方法，防止他们捣乱。”②但对政委会的一些实权机构，宋哲元则委任他的亲信和可靠的人担任。对下辖的二省二市政府这样的地方权力机关，除南京中央任命的以外，宋哲元毫不客气地全部任命自己的部属担任要职，不准亲日分子染指，从而有效地确保了对冀察平津军政大权的控制。他还在政委会内实行集权制。政委会成立之初，实行常委制，推定秦德纯、刘哲、王揖唐三人为常委。两个月后，宋哲元决定“取消本会常委制由全体委员受委员长指导。”③把决策权集中在自己手里，从而排除了亲日政客王揖唐的插手。由此可见，冀察政委会实际上是由宋哲元为首的第29军集团掌握了实权和决策权，并以第29军实力为基础的地方实力派政权。这个政权具有明显的排日倾向，虽然由于特殊的背景和原因，该会接纳了不少亲日分子甚至汉奸，但因他们没有实权，不能操纵决策，所以，不会改变该会的性质。无怪乎日本当局在把这个政权同前北平政务委员会比较后，得出结论认为，冀察政委会是一个“以宋哲元为中心的地方军阀色彩浓厚”的政权。④日本外务省在《对华新政权方针》一文中，索性直呼其为“宋哲元政权”。⑤

日本为了使这个“宋哲元政权”进一步走向“自治”，并尽快与冀东伪组织合流，使出了种种招数，压迫冀察当局，迫使它走向“明朗化”，

---

① 秦孝仪主编:《中华民国重要史料初编——对日抗战时期》绪编(一),第230页。
② 何基沣等:《七七事变纪实》，载《文史资料选辑》第1辑，第4页。
③ 南京《中央日报》1936年2月29日第2版。
④《中华民国史料丛稿·中国事变陆军作战史》第1卷第1分册，第29页。
⑤《华北事变资料选编》，第417页。

而宋哲元因冀察政务会成立使自己的地位、权力得到比较满意的解决，故日本的“自治”工作在他眼里已失去利用价值，他要做的是抵制“自治”，完成国民政府授予的任务。

1935年12月底，日军支持蒙伪军李守信部在察哈尔省挑起事端，以履行“秦土协定”为借口，侵占察北沽源等六县。与此同时，日本又支持冀东伪政权派军侵入冀察管辖的长芦盐区，估提盐税，阻止长芦盐输入冀东，在冀东公卖关外盐，破坏冀察盐政，并肆意扣留北宁路款。1936年1月，根据《第一次处理华北纲要》，日军又胁迫冀察政权与冀东伪组织合流。日方土肥原贤二、多田骏一开始就抱着改造宋哲元的强烈希望，软硬兼施，挑拨离间宋与南京中央政府的关系，压迫冀察政权与冀东伪组织合流，要挟宋同意将察北六县划归冀东伪政权。宋哲元坚不为所动，据理力争，坚持要求日方先归还察北六县，撤销冀东伪政权，然后再谈“自治”问题。日方以停扣北宁铁路路款，恢复长芦盐输入冀东地区为条件，劝诱宋答应与冀东伪政权“合并”。宋拒绝了日方的无理要求，仍坚持归还察北，撤销冀东伪政权的原则立场，遂使日方在此问题上的阴谋流产。与此同时，宋哲元还下令追剿受日本支使的刘桂棠匪军，宣布取缔冀察境内的伪自治组织。①

冀察政委会成立后不久，汉奸潘毓桂、陈觉生诸人在日本指使下，仿照“冀东防共自治政府”的办法，写了一份所谓“冀察自治方案”和“自治政府组织法”以及旗号等东西，呈送宋哲元决定。宋阅后勃然大怒地骂道：“你们简直是汉奸、走狗、卖国贼”，当场烧了这些东西。②亲日分子还利用宋的三弟爱好集邮的特点，怂恿其劝宋哲元发行“宋委员长就职纪念邮票”。宋知后，训斥其弟并警告亲日分子说：“冀察是地方政权，受中央政府节制，怎么滥发个人纪念邮票，……今后倘有敢妄议此事者，以汉奸论处！”③

---

① 《中央日报》1936年3月24日。

② 何基沣：《七七事变纪实》，载《文史资料选辑》第1辑，第8页。

③ 李腾汉：《对大舅宋哲元在津生活片段追忆》，载《乐陵文史资料》第2辑，第57页。

这期间，宋哲元还一再婉拒日方要求，甚至连土肥原贤二一直期盼就任冀察政委会最高顾问的要求也迟迟不予兑现。这样，日本当局不得不承认迅速改造宋哲元的计划落空。2月9日，土肥原对报界发表谈话，承认："冀察政委会与冀东自治会为两种在基本上互相对立之组织，一时难以接近。"①2月23日，多田骏也对报界说："冀东自治政府与冀察政委会合流事，本人甚望其实现，但两方有不同者，即冀东自治政府所标榜者为防共，而冀察政委会之设立，与南京政府为一命脉，故其目的稍有异点，双方能达于一水平线上，方可合流"。②由此，实际上宣布了日本企图借外交谈判迫使宋哲元与冀东伪政权"合流"的阴谋破产。

一计不成，又生一计。1936年5月，日军增兵华北，进一步对宋施加压力，企图通过武力威胁压迫宋哲元屈服，宋如不从，即行驱逐。新任驻屯军司令田代皖一郎携带"改造华北"的新方案抵津，向宋提出进一步的要求。伴随增兵，日本报纸出现了"警告宋哲元"的大字标题，平津地区的日本军警宪特更加有恃无恐，肆意横行，平津局势顿趋紧张。面对此种情况，宋哲元集团表现了不屈服的姿态，一面婉拒田代的要求，一面加强第29军内部的团结，坚定抵抗日本的信心。③同时调整防备，增强平津的防卫能力，将第29军主力部队第37师、第38师悉数调往平津的主要战略要点，宋哲元的不屈服态度使日方深感对宋哲元和第29军还"未到实力驱去之机运"。④于是，在推行军事挑衅的幕后，日方又策动了以亲日派"文治人物"王克敏取代宋哲元为目标的政治阴谋，宋哲元迫于压力，虽然不得不邀请王为经委会主席，但当王北来后，宋则采取明迎暗拒的手法，使王难以立足。为此，日驻华大使川越茂曾深为惋惜地说："王克敏北来办理华北经济，中日深表同情，不想为宋氏左右所

① 南京《中央日报》1936年2月10日。

② 《中央周报》第404期，1936年3月2日。

③ 《中日外交史料丛编》（五），第375页。

④ 秦孝仪主编：《中华民国重要史料初编——对日抗战日期第六编》第六编·傀儡组织（二），第151页。

阻。”[①]后来，由于王克敏失去了利用价值，日方遂放弃了以王代宋的计划，此一阴谋遂又告破产。

于是，日军又回到武力威胁的旧路。9月23日，田代致“最后通牒”于冀察当局，要求五省自治及各机关聘用日本顾问，海军也计划占领重要地以监视南方。宋哲元面临“屈服华北固失；不屈服，亦将在军事掩护下促起所谓自治运动”的处境。[②]田代对宋“最后通牒”的要求事项也即日本外务、陆军、海军三省于9月21日共同决定的内容，其表面文字为“华北五省特殊化”，实质为“特殊化的最终目的，自然是脱离中国并入日本”。[③]为应付田代的要求，宋到津与之商谈，田代百般挑拨，劝宋“勿附和蒋氏，免蹈历来军人投降蒋氏的覆辙。”[④]宋表示不能接受“自治政府”的要求。据有关资料称：关于冀察自治政府事，田代连日积极催促成立，但“宋部多不以为然……要求驻屯军以先取消冀东伪组织为成立冀察自治之条件”。[⑤]因宋不同意成立“自治政府”，日军遂以军事演习相威胁。针对此，宋哲元不甘示弱，率领第29军举行声势浩大的反演习。以后，日方虽不断压迫宋，但随着国内政局走向团结与统一，宋哲元对日态度也渐趋强硬，始终保持着冀察政权不为日本所左右的状况。

2. 拒绝“共同防共”

“共同防共”问题，是“广田三原则”的内容之一，其目的在于以防共为名，扩大日方在华北的驻军范围，并进而加强对中国华北的军事控制。1935年10月，中国工农红军长征到达陕北，1936年2月，进出山西，实行东征，日军遂以防止红军进入河北，“共同防共”为名，要求宋哲元与

---

① 秦孝仪主编：《中华民国重要史料初编——对日抗战日期第六编》第六编·傀儡组织（二），第159页。

② 《中日外交史料丛编》（五），第484页。

③ 《独立评论》第229号，1936年11月29日。

④ 《中日外交史料丛编》（五），第485页。

⑤ 《中日外交史料丛编》（五），第430页。

其订立防共协定。在日方要求宋哲元谈判“共同防共”问题时，蒋介石于3月下旬指示冀察当局：“防共由冀察绥靖公署完全负责，并实行冀察绥晋四省联防御共”，“必要时请日方友谊协助，不采取形式上的决定”。①3月18日，驻屯军参谋长永见俊德正式同宋谈判防共问题。

对防共问题，宋哲元是赞同的。他一向认为“共产主义不适合中国国情”，主政冀察平津伊始，他就在“尊重礼教”旗号下发出了“取消共祸”的主张。②思想上的恐共必然导致他在实际中的防共行为。从1936年2月份始，宋哲元便加紧充实、训练晋冀边境地区的民团，着手划分保安区，健全保甲制，积极建立防共的联保体系。但同时，他又对日方“协助防共”的提议保持高度警惕。因为他明白，日本“共同防共”的目的在于迫使冀察政权“特殊化”与“明朗化”，在于加强对华北的军事控制。因而，他很明确地坚持了拒绝日方要求的态度。2月下旬，北平日本使馆警署署长高浦分访秦德纯及北平市公安局长陈希文，表示日方愿意协助北平市防共计划时，秦、陈二人当场予以拒绝，表示“北平军警有充分防兵力量，无需日方协助”。③直到3月24日宋哲元发表谈话，称“冀西边界各口均置重兵，（红军）即来窜时，亦难进犯”，又说：“冀南之红枪会及‘共匪’，已派部队加以包围，并另以政治力量积极使之消灭，当然无虞”，④这番话显然意在以防区坚固、“亦难进犯”、“当望无虞”为词，拒绝日方“协助防共”的要求。3月下旬，在日方不断催逼和蒋介石对日交涉的指示下，宋哲元只得把“共同防共”问题提出议程。3月29日，宋哲元由北平到天津，与日本驻屯军司令多田骏交换“共同防共”的意见，4月18日，双方正式谈判，交谈内容为以下几点：

（一）多田不但注意防共，且极重视中国联俄容共之谣传，宋则表示29军反共到底。

---

① 《三民主义月刊》第7卷第4期，1936年4月5日。

② 《冀察政务委员会公报》第37期。

③ 南京《中央日报》1936年2月23日第2版。

④ 《宋哲元谈华北内政外交近况》，载《中央周报》第408期，1936年3月30日。

(二) 多田谓日方可协助华方防共，无论在兵力、械弹、飞机上均可帮忙；宋则表示，29军自力防共有余，不需日方军事协助。至于械弹飞机，华方若于防共有需要时，自可向日方购买，无需相赠。

(三) 多田有意促成华北一特殊局面；宋则表示，不能改变服从中央之态度。

(四) 多田对沧石路之建筑，希望从速进行；宋谓此系南京铁道部之权限。

(五) 宋哲元希望日方应先取消冀东伪组织，并归还察北政权，而尤注意于冀东问题之解决，果日方能办到，则其它问题均可开诚相商，否则一切均难解决，中日交涉局面即不易打开。①

宋哲元婉拒日方的要求，但日方紧逼不放，不仅要求成立冀察防共委员会，还频频压迫其同意达成华北防共协定大纲。在日军逼迫下，宋哲元被迫口头同意，“至必要时，准日军进驻保定以南，顺德以北”地区。后又与日军商定：“如共军侵入冀、察边区时，冀察境内华军应开赴边区防剿，平、津由小部华军与大部分日军共同维持后方治安”；“防共军需物资，在双方同意原则下，可由日方协助”；等等。②8月，川越茂赴华北考察，“劝宋防共再加努力，日不惜任何援助”。③

从这些情况看，宋哲元在日军强逼下，立场有些动摇，但西安事变发生后，冀察当局的这种动摇不复存在。12月20日，还在西安事变未解决时，关东军与华北驻屯军即密议，要“迫宋、韩联合实现五省防共组织法。”④1937年初，日军又指使原直系部将邱文凯等在天津组织“华

① 《中央周报》第413期，1936年5月4日。

② 秦孝仪主编：《中华民国重要史料初编——对日抗战时期》第六编·傀儡组织（二），第178页。

③ 秦孝仪主编：《中华民国重要史料初编——对日抗战时期》第六编·傀儡组织（二），第160页。

④ 秦孝仪主编：《中华民国重要史料初编——对日抗战时期》第六编·傀儡组织（二），第169页。

北各县防共宣传联合会”，印刷标语、传单等，在各县进行宣传活动，并设定“如各县对防共有所阻止，或干涉，即认某县有共产嫌疑，立向冀察委员会提出交涉”。[①]由于此时国共合作已趋明朗化，故宋哲元明确拒绝了日方的要求，没有与日方签订有关“共同防共”的任何协定。“共同防共”问题，日方此后虽曾多次提议，但都被宋以自力防共有余而加以拒绝。据国民党外交部1937年1月获得的天津来电称，“华北共同防共一事，因陕事紧急，津日军部复执此为压迫冀察政权实行特殊化、明朗化的工具。宋在平虽与松室晤谈多次，但表示自力防共，到津后并力先示抵制，发表《告冀察同志书》，以自力防共，并阐明‘剿匪’不能视同内战两项意义，以昭示于日方冀察当局之态度，免日方来扰。但日方迄不甘心，田代曾派和知参谋晤宋，拟为一明显要求，宋知来意不善称病不见”。[②]拒与日方商谈此事。

3.“经济提携”的诱惑

“华北经济提携”始于1933年《塘沽协定》后，它是作为当时广田弘毅“协和外交”的一个组成部分，其用意在于诱使中国方面同意日方“开发”华北经济。1935年“何梅协定”后，日本加快了侵略华北经济的步伐。在冀察政委会成立时，为取得日方对该会的首肯，对经济权益曾表示让步。[③]因而，政委会成立后，日方正式以“中日经济提携”作为其对华交涉的主题。“经济提携”是日本侵略者的一项阴谋策略，它以“技术援助”“借款”和“共同开发”为诱饵，以换取中国方面承认伪满政权与“日本结成联盟”，并“取缔排日排货运动”，使华北成为日本的商品销售市场和资源供给地，进而达到对华北的全面控制。正如当时有的评论所指出的，由于“经济提携”，“不仅在表面上不会象大炮炸弹那样

① 秦孝仪主编：《中华民国重要史料初编——对日抗战时期》第六编·傀儡组织（二），第171页。

② 秦孝仪主编：《中华民国重要史料初编——对日抗战时期》第六编·傀儡组织（二），第175页。

③《中日交外史丛编》（五），第408页。

容易引起中国一般民众的反抗，并且还可以博得某些中国士大夫的赞助”。①因此，它具有迷人的诱惑力和欺骗性。

1936年2月，日方向冀察当局提出修筑沧石路等要求，宋哲元坚持先解决冀东伪政权问题，对经济开发表示冷淡。6月，川越茂作为驻华大使以“中日经济提携”为其对华交涉的主题，并在“华北特殊化”口号下，力促冀察当局与之谈判经济开发问题，宋此时也并未有明确态度。但在7月份的“以王代宋”事件后，宋哲元则公开表态：“余对于华北经济振兴，期望日本强有力之援助”，②表现出了积极合作的意向。为与日方谈判，宋哲元聘请日人西田为顾问。9月他又把与田代皖一郎有密切关系的李思浩宣布为经济委员会主席，让其具体负责执行与日方的“经济合作”等。接着应日方要求，宋哲元又亲自到天津，与田代进行秘密谈判，商定了开发华北经济的四原则八要项。双方商谈的主要内容为：（一）中日合办天津电业股份有限公司；（二）津石铁路的着手筹建；（三）中日通航协定，双方合组惠通公司；（四）龙烟铁矿的计划开采；（五）长芦盐输出。③

宋哲元在“经济提携”问题上表现出比在军事、政治问题上更多的妥协成分和主动迎合的倾向，主要原因：一是现实的政治危机（来自日方的巨大压力）。日方对宋屡次采取的抵制态度深表不满，计划以王克敏代宋或借王制宋，宋哲元明白自己的危险处境，为了不致被挤出冀察平津，缓和与日方的关系，他不得不在经济权益上表示让步。二是出于经济原因的考虑。宋哲元自己承认：“现冀察两省所处地位，情形特殊，地方日形凋敝，财政益形艰窘。”④尽管他在内政治理上，有过一些兴革，但多为整饬弊端、减轻负担，提倡节约之类的行为，但涉及发展“教育、建设、交通、生产各端”，他便只能“量力而行”。⑤因而，他很希望

① 邵云瑞、李文荣：《华北事变》，南开大学出版社1989年版，第181页。
② 《中日外交史料丛编》（五），第464—465页。
③ 《中日外交史料丛编》（五），第464—465页。
④ 《宋故上将哲元将军遗集》上册，台北传记文学社1985年版，第562页。
⑤ 《宋故上将哲元将军遗集》上册，第562页。

所辖区域经济有所振兴，既可造福地方，也可扩充自己的实力，在日本“经济提携”，共同“开发”华北经济的诱惑面前，他不能不动心。

宋哲元在“经济提携”问题上对日方的妥协引起了社会舆论的强烈反响，纷纷指责这些“开发”为日本从经济上控制华北打开了方便之门，国民政府10月4日也明令宋哲元禁止各项开发事宜。①此时的宋哲元已醒悟到问题的严重性，意识到他这种从狭隘的地方实力派立场出发做出的措施之不得人心。于是，他开始在悔恨交加的感情中，对已经失去和正在丧失的经济利益，采取一些力所能及的措施进行挽回和补救。

据统计，1936年8—10月期间，冀察当局在与日方谈判“经济提携”过程中，见诸实施的内容、情况以及宋哲元的挽救之策如下：

（1）缔结中日通航协定。这是根据《塘沽协定》以来，日方继通车、通邮后，向南京政府提出的一项要求。1935年5月，原北平整务整理委员会已就此与日方达成协议，后因故未完成批准手续。此后，日本不顾中国政府的抗议，擅自在天津设立航空部，修建方圆2000亩的一个大机场，飞机在华北各大城市上空肆无忌惮地飞行。宋哲元主政冀察平津后，应日方要求，于1936年10月与日方在北平正式签订《中日通航协定》。虽然如宋哲元所说“通航根据《塘沽协定》而来，余不过完成未了手续”②，但这一协定的签订，把日本在华北非法飞行的既成事实合法化，使日本得以分享冀察平津的领空权。

（2）筹建津石铁路和塘沽筑港。国民政府原有建沧石铁路之议。日本为掠夺山西的煤矿资源，同时便于由天津运兵南下，威胁苏、鲁、豫、晋四省，故提出修筑津（天津）石（石家庄）铁路的要求。1936年8月，冀察当局与日方在天津召开技术会议，决定当年动工，次年10月通车。南京政府做出“关于不应改道津石路”的指示后，宋哲元明确表示不再进行这项工程，与此同时暂停的，还有塘沽筑港计划。

（3）计划开采龙烟铁矿。龙烟铁矿原是北洋政府在察哈尔境创办一个铁矿，后因督办陆宗舆下台，该矿遂告停顿。日方为掠夺该矿的铁

① 《中日外交史料丛编》（五），第467页。

② 北平《实报》1936年11月11日。

矿资源，提出共同开采龙烟铁矿的要求。1936年10月，冀察当局在日方压力下，下令将该矿收归国有，为日方侵吞该矿完成了第一步。11月成立铁矿筹备处，计划与日方筹资开采，得南京政府的训示后，宋哲元以拖延方法应付日方，借口“先行详细研究”，组成“研究委员会”作象征研究，使这项建设和开采计划遂告停顿。①

(4) 在天津成立了“中日合办电业有限公司”和为经营航空飞行的惠通公司。这些公司虽然名义上是由中方担任董事长，由中日合办，但实际上仍是由日本独资经营进行垄断控制。在南京政府关于合资企业的有关训示的限制下，惠通公司“未能照原定计划发展”。“电业公司则嫌营业范围过小，收获更属有限”。②

(5) 签订长芦盐输日合同。日本所需盐，除根据《山东协定》夺取青岛盐产中，其余50%的差额几乎全取于长芦盐区。应日方要求，冀察当局于1936年5月签订芦盐输日合同，后因南京政府干预，9月重新签订，由于输日盐价格非常低廉，仅及国内盐价的1/40，③大大便利了日本的掠夺，给中国经济造成了惊人的损失。

在“中日经济提携”中，宋哲元出于地方实力派的立场，与日方达成了上述开发事项，给华北经济带来了严重损失。但所幸他在应付日本经济要求的同时，并没有完全应和日方，还进行了某种程度的抵制，关键时刻还能及时醒悟，进行力所能及的挽救。此后，当他改变成议而采取种种抵制措施时，招来日方的强烈不满，面对他的是滋扰不休的压迫，他采取了能拖就拖、拖不下去就走的办法。1937年3月，田代在宴会上逼宋在经济提携的书面条款上签字。事后，宋心情沉重，随即申明：“日本人提出的这个条款，在被迫的情况下签字，是完全无效的，我们对付的办法，就是拖而不办。”④此后，日方虽多次向宋提出要求，宋坚决表

---

① 李云汉：《宋哲元与七七抗战》，第168页。
② 《中国现代史专题报告》第18辑，台北1983年版，第215页。
③ 周开庆：《一九三六年之中日关系》，第203页。
④ 《江苏文史资料选辑》第4辑，第203页。

示："只有在冀东伪组织撤销以后才可进行。"[①]由此可见，宋哲元虽有失误，但还没有丧失民族立场。

就宋哲元主政冀察一年多的情形来看，一方面是对日方侵略的抵制，这是其处理对日关系的主流和本质。在政治上，他始终拒绝成立自治政府，不与汉奸伪组织同流合污；在经济上，虽有一些让步，但最终还是做了挽救和抵制；在军事上，不同日方订立防共协定，保持29军集团对冀察平津的军事权。另一方面，是在某些问题上对日方的妥协让步，这一是因为华北局势的特殊，二是因为宋要完成"中央的意旨"，缓和与日方的矛盾，三是出自于地方实力派本身的利益考虑。对宋哲元集团来说，核心问题是要在华北站稳脚跟，扩充实力与扩大地盘。这里面有一个民族利益与阶级利益、国家利益与地方利益的矛盾、关系问题，在多种矛盾纠葛在一起时，作为一个军人，一个地方实力派，宋哲元的局限与失误在所难免。所以，当我们为宋哲元因妥协让步而给华北造成损失惋惜的时候，更应看到他因"舍小利"而保住的"大权"，看到他最后走向抗日之路的慷慨之举，而对他在华北特殊情景下所采取的种种措施给予相应的谅解。

三、中日就华北问题的交涉

从1935年下半年至1936年底日本与国民政府围绕华北问题展开了谈判。其中涉及谈判内容为："广田三原则"，华北"自治"与中日华北"共同防共"问题等。这是日本妄图将华北从中国分裂出去的一种阴谋策略，国民政府在与日方的周旋谈判中，拒绝了其种种无理要求。

1. 拒绝"广田三原则"

"广田三原则"的内容，简言之，就是要中国彻底取缔排日，默认伪

---

① 李云汉：《宋哲元与七七抗战》，第168页。

满洲国，中日“共同防共”。实际上就是要中国成为日本的附属国，此三原则由广田弘毅在1935年10月8日会见中国驻日大使蒋作宾时提出。

国民政府认真研究了“广田三原则”。蒋介石在10月13日给汪精卫的电报中说：“广田三原则形式似较减轻，而其内容即为脱离国联，承认伪国与联盟对俄之变相”，所以“其意义深重，不得不郑重考虑”。①蒋介石对“广田三原则”采取什么方针呢？后来他在《苏俄与中国》一书中回忆说：“当时的情势是很明白的，我们拒绝他的原则，就是战争，我们接受他的要求，就是灭亡。”②国民政府决定采取“拖”的方针，既不断然反对，也不无条件接受，而是提出一些日方根本不能接受的条件与其周旋。10月20日，中国驻日大使蒋作宾照会日本外相广田，转达国民政府对“广田三原则”的答复：

> 如日本照中国所提中日亲善基本前提条件之三大原则，完全实行，则中国将对于日本表明下记之意思：
>
> 关于广田阁下所提第一点：中国本无以夷制夷之意，中日两国以前之纠纷，皆由未能建立亲善关系而起。今为实现亲善起见，中国与其他各国关系事件，决不使中日关系受不良之影响，尤不使有消极的排除日本或积极的妨碍日本之意义，日本与其他各国事件，亦须对于中国采取同样之方针。
>
> 关于广田阁下所提第二点：日本对于中国之不能承认满洲既以谅解，今后中国对于满洲虽不能为政府间之交涉，对于该处现状，决不用和平以外之方法，以引起满变，且对于关内外人民之经济联络，设法保持。
>
> 关于广田阁下所提第三点：防止赤化，数年以来，中国已尽最大之努力，不惜以重大之牺牲，从事剿除，赤祸已不足为患，至于中国北部一带边境界地方，应如何防范，若日本照中国所提中日亲善基本前提条件之三大原则下，拟与日本协议有效之方法。

① 秦孝仪主编：《中华民国重要史料初编——对日抗战时期》绪编（三），第362页。

② 张其钧主编：《先总统蒋公全集》第1册，台湾中国文化大学出版社1984年版，第302页。

蒋作宾还重申："日本必须实行，除满洲问题外，一切应回复九一八事变以前之状态，如上海停战协定、塘沽停战协定及本年六月间华北事件中日两国军人之商议，皆足使中国在其领土之内不能充分行使主权，致不能镇压随时发生之纠纷，徒伤中日两国之惬恰，切盼日本立即撤销，以谋中国地方秩序之安宁及中日关系之根本改善。"①

这显然不可能被日方接受。

11月20日，正是日本策动"华北自治"最猖獗的时候，蒋介石在接见日本大使有吉明时，为了换取日本停止这项分裂华北的侵略行动，曾表示他本人对"广田三原则"，"不但赞成，且欲促其实践"。②显然，这是蒋介石的幻想。事实上，策动"华北自治"和贯彻"广田三原则"是日本内阁于10月4日同时通过的，是其既定的侵华政策，日本决不会轻易放弃其中任何一项。

12月20日，国民政府新任外交部长张群与日本驻华大使有吉就调整两国关系问题举行会谈。一开始，有吉就问张群："日政府所提三原则，蒋委员长已于上月廿三日会议表示无条件赞同，贵部长之意见如何？"

张群郑重表示："蒋委员长之言系赞成三原则之商讨，无对案者系因三原则无具体意见，无从提出对案，绝非无条件的赞成三原则，乃希望贵方提出更具体之意见，以便商谈之意。"③

双方讨价还价，没有任何结果。

1936年1月21日，广田在日本国会发表演说，说中国政府对"广田三原则"已经"充分谅解"，"表示了赞成的意思。"④

第二天，国民政府外交部发言人就奉命予以否认，说日本提出的"广田三原则"，"措词过涉空泛，无从商讨。当要求日方提示其具体

① 秦孝仪主编:《中华民国重要史料初编——对日抗战时期》绪编(三),第645页。

② 秦孝仪主编:《中华民国重要史料初编——对日抗战时期》绪编(一),第719页。

③ 张群口述，陈香梅笔记:《张群先生话往事》，中国友谊出版公司1992年版，第36页。

④ 复旦大学历史系编:《日本帝国主义对外侵略史料选编(1931—1945)》，上海人民出版社1975年版，第196页。

内容，日方迄今尚未提出”，广田在演说中说“中国业已同意，殊非事实”。①

日本把“广田三原则”作为调整中日两国关系的基础，顽固地坚持它。在后来的多次中日交涉和谈判中，日方一直坚持要求中国承认它，而国民政府的代表则一直没有接受。

1936年3月16日至19日，日本新任驻华大使有田八郎到南京上任后，与张群连续四天进行会谈。有田坚持要求中方接受“广田三原则”，张群反对以此作为调整国交的基础，主张解决中日问题最正当的办法应自东北谈起，使中国领土恢复完整。有田表示反对，张群退而主张，第一步至少限度亦须先行设法消灭妨碍冀察及内蒙行政完整的状态。张群和有田对此一再讨论，终因日本无意退让，国民政府也不愿妥协而告无果结束。②

日本强迫中国接受“广田三原则”的企图未能得逞。

2. 华北“共同防共”问题的交涉

中日华北“共同防共”问题是“广田三原则”的内容之一，也是日本新确立的对华外交方针的重心，是日本企图分裂华北，使国民政府实行“亲日反苏”的战略意图所在。

日本在1935年下半年至七七事变前，顽固坚持甚至威逼中方与日实行华北“共同防共”的意图，首先在于以“共同防共”为藉口，推动华北分治或“自治”。

日本所谓华北“共同防共”包含着防止国民政府中央军北上的意图。华北的中国军队，大多为地方实力派的武装力量，“何梅协定”达成后，中央军自河北撤出，情况更是如此。红军北上后，日军借此机会向冀察政务委员会强行要求“共同防共”。这里的“共同防共”便包含了防止中央军以“剿共”为名进入山西的意图。曾参予华北“共同防共”交涉的

---

① 天津《大公报》1936年1月23日。

② 《张群·川越会谈摘要》，1936年11月10日，载《民国档案》1988年第2期。

日外相有田指出：“共匪进入山西，阎锡山为之没落，南京政府渐有代阎而握山西实权之势，如此对于华北五省联省自治乃生大挫折矣，日本对此应绝对阻止，对南京要求防共者，一方面以阻止上述情况发生为目的，同时因宋惧自身兵力之单薄，动则有被南京政府以背叛中央名义加以讨伐之虞。”①在这里，华北“共同防共”一变而为防中央军。同时，“共同防共”也是日本推行“华北自治”的藉口。

1935年10月，“自治运动”兴起之时，“日方宣传，此次欲华北五省自治之原因”，系国民政府“军事领袖已采取联俄联共政策，于本年7月1日与俄订立一种西北协定”，并说：“晋阎之土地国有主张，系迎合此意。”②11月，日方又散布说，“最近中国共产军在四川，似已与蒋氏座下之中央军成立协定，故此后之共产军将推进其主力于察哈尔，绥远、外蒙、新疆方面”，所以“中、日应于此时共同防卫赤化”。③

日本捏造上述子虚乌有之事，其目的无非是想制造国民政府中央与地方的隔阂，并以“共同防共”为名推进华北“自治”的实现。其次，想以中日华北“共同防共”来诱导中日结盟，隔断中苏关系，进而打破中国联苏制日的战略。

九一八事变后，日本将军队推进至中苏边境，日苏形成直接的军事对抗。苏联在此后一段时间内采取较为保守的对日政策，如提出签订苏日互不侵犯条约，出让中东路等。1933年以后，苏联加强了远东的军事力量，在日苏军事力量的综合对比上，日军“比苏落后了两年”，④苏联渐获优势。同时，日苏两军纠纷不断，苏联对日态度亦渐趋强硬。更为重要的是苏联加强了对内蒙古和新疆的渗透。日在华控制区，包括东北

① 秦孝仪主编：《中华民国重要史料初编——对日抗战时期》第六编·傀儡组织（二），第30页。

② 秦孝仪主编：《中华民国重要史料初编——对日抗战时期》第六编·傀儡组织（二），第77页。

③ 秦孝仪主编：《中华民国重要史料初编——对日抗战时期》第六编·傀儡组织（二），第168页。

④ 天津市政协编译委员会译校：《日本军国主义侵华资料长编——〈大本营陆军部〉摘译》上册，第242页。

和长城东段一线，都在苏联的威胁之下。日苏出现对峙局面，而中苏关系在这段时间内也发生变化。1934年，蒋廷黻以蒋介石非正式代表身份访苏，中苏互不侵犯条约、友好互助条约都在提议或讨论之中。总的来看，中苏关系呈逐步改善的趋势。相反，中日关系中，口头上虽不乏“亲善”“睦邻”的辞令，但矛盾实则日益尖锐，对此种三国相互关系的状况及变化趋势，日方很清楚其中的利害关系。如多田骏即分析道：蒋介石和国民政府“虽有亲日转向之辞令，然暗中反日工作，尚未停止”；“彼异转向，不过弥缝一时，缓兵之计”；就事实分析，在日、苏两国中，中国“转向亲日，不如转向苏俄共产党之可能性为更大。”①日总领事须磨认为，“南京政府利用俄国，牵制日本”是“属意中之事”，“日本必须特别注意”。②关东军参谋长板垣也认为，“苏联与帝国迟早必将发生冲突，当此之际，中国之向背对帝国之作战影响极大”，而“中国有极大可能成为苏联之友邦”。③正因为如此，在华北从事推动“共同防共”工作的松室孝良指出：要“严防中国当局之联苏”，并指出华北在“断绝中苏之联络，切断共同抗日之战线”中意义十分重大。④因而，日本在加紧分治华北的同时，又注重拉拢中国政府，尤其是华北地方当局。华北“共同防共”正是基于“严防中国当局之联苏”，诱导中国亲日的思路而采取的措施。

这一点川越说得十分清楚，他认为：“日本因对俄关系在远东责任非常重大，故对北境一带之共同防共甚为重视”；当中国外长张群问：华北“共同防共”“是否意在诱导中日两国之一致”时，川越回答：“在

---

① 秦孝仪主编：《中华民国重要史料初编——对日抗战时期》第六编·傀儡组织（二），第26—27页。

② 秦孝仪主编：《中华民国重要史料初编——对日抗战时期》第六编·傀儡组织（二），第52页。

③ 天津市政协编译委员会译校：《日本军国主义侵华资料长编——〈大本营陆军部〉摘译》上册，第274页。

④ 天津市政协编译委员会译校：《日本军国主义侵华资料长编——〈大本营陆军部〉摘译》上册，第46页。

此调整两国邦交时，两国应树立一共同之目标。”同时，川越还以日本单方面拟就的备忘录要中国政府同意两国由“共同防共”逐渐“达到军事同盟”，并强调“蒋行政院长亦绝对排斥共产主义，断不与苏联提携云云”。①

川越的这些表述说明，在华北“共同防共”问题上，日本是想诱导中日结盟，共同对苏，从而断隔中苏联合制日的途径。而联苏本应是中国抵制日本侵华的外交战略，日本以“共同防共”来诱导中日“树立一共同之目标”，进而形成中日军事同盟，就是想打破中国的这种战略，从而达到侵华目的。正是基于上述考虑，日本向中国提出了华北“共同防共”的要求，并由外务省就此问题与国民政府进行交涉。日本在“广田三原则”中提出“共同防共”问题，被中方婉言谢绝，对此日方极为不满。

1935年10月21日，广田在东京向蒋作宾提出，红军已进入陕甘，并将延及山西，对“满洲国”造成威胁，而中国又有与苏联合作的计划，中方究竟意欲何为？逼中方表态。此时华北“自治运动”正炽，华北日军亦以“共同防共”向地方当局相逼，在这种情况下，蒋介石向日方表示：“必须中央派员赴华北主持军民两政”，才能就“共同防共”问题等“进行商讨”，将“主权独立和统一”的先决条件具体化为中央主持华北“军民两政”，并表示对包括“共同防共”在内的“广田三原则”“完全赞成”。②

国民政府外交部本着这一精神通知蒋作宾再向日方交涉，国民政府则照此制定了处理华北问题的六项办法。其中第一项即为“实行共同防共”，至此，国民政府在华北“共同防共”问题上的态度进一步明朗化，即中央实现对华北的控制，然后才考虑实行“共同防共”。这表明国民政府想借日本提出包括“共同防共”内容在内的“广田三原则”之机，争取恢复中央对华北的实际控制，结合日本提出华北“共同防共”是想进

---

① 秦孝仪主编：《中华民国重要史料初编——对日抗战时期》第六编·傀儡组织（二），第65页。

② 秦孝仪主编：《中华民国重要史料初编——对日抗战时期》绪编（一），第717页。

一步控制华北的目的来看，华北“共同防共”问题交涉，一开始就是对华北的控制与反控制的较量。

12月3日，国民政府派何应钦等北上，筹组主持华北军民两政的“有力机关”，日方决定“拒绝与其会面，不予商谈。”①在此情势下，国民政府只得成立以宋哲元为首的冀察政务委员会应付日方，恢复中央主持华北军民两政的设想未能实现。日本则得寸进尺，在“自治运动”稍缓之后，片面抓住蒋介石对“广田三原则”表示赞成和国民政府处理华北问题六项办法中“实行共同防共”的内容，进一步向国民政府施加压力。

从1935年12月底至1936年上半年，双方交涉时断时续，新任外交部长张群指出：蒋介石的赞成“系对三原则之实施而言，绝非无条件赞成”；而六项办法乃“中央的方针”，并非“权限”，不能“照旧授予”宋哲元，并言由于何应钦不能主政华北，“情形自与从前不同”。②不仅如此，张群在与日新任驻华大使有田的会谈中又提出：“非满洲问题解决，则不能谈共同防共问题”。③这样，国民政府除坚持原本所要求的先决条件外，又将“满洲问题”带到“共同防共”的交涉中来。

在1936年9月开始的张群——川越会谈中，日方继续纠缠华北“共同防共”问题，会谈一开始，日方就提出：“防共设施为华北问题之重心”，以威逼、恐吓的态度说，“照军部意见，本想采自由行动，不愿外交交涉。”“如交涉无效”，“军部将行其素志”，而中方则反复声明，“勿谈此问题”，并阐明了自己的观点。

综合双方的观点来看，分歧主要是：(1) 日方坚持“共同防共”区域必须延至雁门关，即山西境内，并称此乃对原提五省“共同防共”的让步；中方则只同意在山海关至包头一线实行“合作”。(2) 日方坚持先组织一共同委员会，具体商讨华北“共同防共”办法；中方则认为要先商定“防共”区域的“主权之如何尊重，内政之如何不干涉，军队之如何配

① 天津市政协编译委员会译校：《日本军国主义侵华资料长编——〈大本营陆军部〉摘译》上册，第261页。

② 《张群、有吉会谈记录》1935年12月20日，载《国民档案》1988年第2期。

③ 《张群、川越会谈记录》，载《民国档案》1988年第2期。

置”等原则问题。(3) 日方坚持华北“共同防共”问题与中日间其他纠纷不能联系在一起谈；中方则坚持华北“防共”须与冀察问题、绥东问题等一并解决，并取消“上海、塘沽协定”。[①]在上述前提下，中方同意多伦至山海关以外“由日本防共，多伦至张北共同防共，张北以西各地中国自己防共，不过有共匪时”，日方可遣顾问去察看。[②]

会谈至12月初，双方基本立场都无变化，谈判陷于僵局。

12月3日，川越以单方面拟具的备忘录，强要张群接受，备忘录称：“贵外交部长认为，防止赤化势力之传播中国，中日两国有协同树立共同方策之必要。同时，并申述国民政府将变更从来之国策，决定与日本采取共同防共措置。”[③]这是日本欲将华北“共同防共”之己见强加于中国。

为表明中国在华北“共同防共”问题上的真实立场，避免日本藉此混淆视听，12月7日，外交部发言人发表谈话，说明备忘录“非正确记录”，[④]否认中国同意“共同防共”，中日谈判正式破裂。

3. 抵制“华北自治”

如果说在河北事件中，国民政府的态度还是基本妥协的，那么在日本紧接着策动的“华北自治”运动中，国民政府则开始抵制了。最初抵制的是日本对地方实力派进行诱惑、拉拢工作，国民政府则对其一一实行安抚，使日本的阴谋没有得逞。

在日方鼓动“华北自治”运动紧张之时，1935年11月20日，蒋介石在南京接见日本驻华大使有吉，断然拒绝“华北自治”的要求。

有吉说：“华北问题现在非常紧张，希望中央处理华北问题必须顺应华北地方的情势。”他威胁说：“因华北与日、满关系密切，若中央不

---

① 《张群、川越会谈记录》，载《民国档案》1988 年第 2 期。

② 《民国档案》1988 年第 2 期。

③ 《民国档案》1988 年第 2 期。

④ 秦孝仪主编:《中华民国重要史料初编——对日抗战时期》绪编(三),第 689 页。

顺应地方现势，加以实力之压迫，必为华北地方当局所反对，而日本关东军亦必因华北地方关系而抱不安，其结果则纠纷必现。”

蒋介石反驳道：“所谓华北自治运动多是日方策动，中国方面并无此事”，“自用不到压迫，中央自无以实力压迫之事。”在这次会见中，蒋向有吉透露，他本人对华北问题已定有办法，拟将军分会撤销，改派大员代表中央坐镇北平办理一切，并说这个设想“不日即可实现”。①

两天后，国民政府外交部次长唐有壬奉命再次向有吉申明：“中央绝对不能承认华北独立之自治运动”，并要求日本“应速调土肥原离开华北”。②

11月25日，国民政府外交部就华北驻屯军一名参谋21日催逼河北省当局参加“自治”运动和日人在天津直接参与并指挥所谓“自治请愿团”等事照会有吉大使，严正指出：“查所谓自治运动，乃出于少数不良分子勾结少数日本军人之所为，决非华北人民之公意”。这种“自治”闹剧，“早为全中国人民所深恶痛绝，此种不法行为，足以破坏中国统一，危及中国领土主权，中国政府与人民决难容忍！”照会向日本政府提出抗议，要求日本政府“对于此等日本军人之非法行为，立予严切制止，并饬令土肥原等即日离境，以遏乱源。”③

为保全大局，国民政府设立冀察政务委员会，以应付日方。但日本策动“华北自治”的侵略行动并未停止，企图通过外交谈判，迫使国民政府在华北问题上出让更多权益。

12月20日，外交部长张群与有吉会谈。

张群表示：“本人愿以最大努力，经由外交途径采取正常办法来商谈中日问题整个关系之调整，至于何种方式进行商谈，“亦愿交换

① 秦孝仪主编：《中华民国重要史料初编——对日抗战时期》绪编（一），第716—719页。

② 秦孝仪主编：《中华民国重要史料初编——对日抗战时期》绪编（一），第716—718页。

③ 秦孝仪主编：《中华民国重要史料初编——对日抗战时期》绪编（一），第716—721页。

意见。”

有吉表示：在原则上、理论上赞成整个调整，但考虑华北纠纷如不从速解决，恐无法进行，主张华北问题归华北地方解决。

张群则回答：“华北为中华民国之一部分，一切问题仍须中央整个商谈，华北不能除外。”张群并表示：“在进行商讨解决中日双方问题时，日方在华北一切行动务须停止。否则，不良影响之所及，一切问题将无从解决。”①

1936年初，日本发生二二六政变，广田弘毅出任内阁总理大臣，有田八郎继任外相。日本调整了对华政策及实施步骤。据此，日本政府采取一系列重大行动。首先是增兵华北，强化华北驻屯军，为其发动全面侵华战争做准备。其次，日本政府为了实现急速减低税率的目标，以中国关税过高为由，公开庇护日本浪人，使持续已久的大规模走私发展到最高潮，企图用走私来破坏华北财政，迫使南京政府屈服。第三，扩大日本驻天津总领事馆的规模和职权。不仅让它直辖山海关、张家口分馆，还兼监督青岛、济南、北平、太原、古北口分馆，使天津成为日本外务省在华北的枢纽机关。同时，还大肆扩张在华北的日本警察权，在天津总领事馆内设立警察部，以天津为基点，向华北各地发展，不仅在北平、山海关、古北口设立分署，在唐山、昌黎、滦县、秦皇岛、塘沽、留守营派驻“出张所”，而且兼管济南、青岛、太原、张家口日警分署，还准备增设、通州分署及派驻保定、东光、沧州、歧口“出张所”。②第四，越级提升华北事变的策划者之一，驻天津总领事川越茂为驻华大使，使日本外务省与日本军部在华北步调更为一致。

日本侵略者到处挑衅，而此时中国人民的反日情绪十分高涨。8月24日发生了成都事件（成都民众万人发生反日暴动。日本擅自在成都设领事馆并遣人伪作商人与新闻记者至成都先事部署，寓大川饭店。市民闻之，愤慨万状，群其诘问，殴毙、殴伤日人各两名，并捣毁大川饭店、交

---

① 张群口述，陈香梅笔记：《张群先生话往事》，第36页。

② 周开庆：《一九三六年之中日关系》，第149—150页。

通公司及一些商号）。9月3日又发生了北海事件（广西钦州北海的群众反日示威，日人经营的药房被愤怒的群众闯入，店主中野被殴毙）。这两件事为日本贯彻新的侵华方针提供了借口。

9月5日，有田外相发出对川越大使的“第一次训令”，要他“以此次成都事件，引导国民政府转向调整日中国交的方向”，交涉的重点在于“根本解决的项目上。”①

“北海事件”后不久，军部的反应更为强烈。

9日，海军省指示，“将本事件与成都事件一起、引导中央政府负责全面取缔排日及调整国交。”②15日，军令部决定《北海事件处理方针》，参谋本部决定了《对华时局政策》，指出“万一华北发生关系帝国军队威信的事件时，中国驻屯军应断然加以严惩”，并要求关东军派兵增援华北。③

以发生于中国国内的两件事件为借口，日本军部与外交省相配合，以武力为后盾，开始了贯彻既定政策的调整国交谈判。实即一次对华高压下的全盘勒索，其要求甚至超出“二十一条”。④

1936年秋冬之交，张群、川越谈判在南京举行。在9月间谈判的第一阶段，川越把交涉重点放在华北“分治”“共同防共”以及在中国全境实行“经济提携”方面。

关于华北“分治”问题。川越提出：“以河北、察哈尔、山东、山西、绥远五省为缓冲区域的南京政府在以上各省内仍保留宗主权，惟一切其他权利与义务——如官吏之任免，赋税之征收及军事的管理等，皆须移交当地之自治政府”。⑤张群对此持严峻态度，他说：“中国本部本无问题，惟因年来日方造成之种种特殊状态，遂有所谓问题。倘日方

① ［日］《现代史资料 8》，第 287—289、204 页。
② ［日］防卫厅防卫研究所战史室：《战史丛书·中国事变海军作战（1）》，朝云新闻社 1975 年版，第 193—194 页。
③ ［日］防卫厅防卫研究所战史室：《战史丛书·大本营陆军部（1）》，第 199 页。
④ 张群：《我与日本七十年》，台北中日关系研究会 1973 年版，第 68 页。
⑤ 秦孝仪主编：《中华民国重要史料初编——对日抗战时期》绪编（三），第 690 页。

之真意，不在平等互惠之经济合作，而在华北之政治及财政方面，甚至欲造成独立或半独立之政权，则此种计划，显系破坏中国领土与主权之完整，绝无商讨之余地。”①张群并即席就华北问题提出五项要求：（1）废除《塘沽停战协定》；（2）取消冀东伪组织；（3）停止走私并不得干涉缉私；（4）华北日军及日机不得任意行动及飞行；（5）解散察东与绥北匪军。②川越坚持日方要求，并拒绝讨论张群的对案，谈判因此陷于僵局。

10月2日，日本四相会议决定要川越同蒋介石直接交涉，并向中方要求三项。其中，就华北“分治”问题提出：南京政府承认“华北特殊性”，由华北五省实力派各一人，成立华北特别行政组织——“特委会”，赋予其财政、产业、交通等特殊权限。③此时，中日关系也紧张到了极点。南京外交部向驻外使节通报说：“现在的形势极为严重，日本海陆军已有准备决裂的表示，我方仍愿以最大的努力，谋适当的解决，惟不可能的条件难迁就，威胁的环境不屈服。”④南京政府的这一判断，是据日海军省与军令部在9月26日决定的《时局处理方针》中所言：“促使陆军与海军采取同一步调的行动”，“促使蒋介石回南京，与其直接交涉”⑤

9月28日，日本外相有田发表书面谈话，称“此次交涉的结果，于中日关系非常好转抑或非常恶化，两者必属其一。若为从来之暧昧之情形，决非所许！因此，在中国方面来说，此际与日本携手乎？否乎？实立于应择其之一重大歧途。”⑥

10月8日，蒋介石在日方压力下会见川越，川越略述了日本方面的六条要求，强调六条当中防共问题与华北问题是日本政府最为重视之点，

---

① 秦孝仪主编：《中华民国重要史料初编——对日抗战时期》绪编（三），第691页。
② 张群口述，陈香梅笔记：《张群先生话往事》，第48页。
③ [日]《现代史资料8》，第297—298页。
④ 吴相湘：《第二次中日战争史》上册，第352页。
⑤ [日]防卫厅防卫研究所战史室：《战史丛书·大本营陆军部（1）》，第209—420页。
⑥ 周开庆：《一九三六年之中日关系》，第75—81页。

主张“华北鉴于其特殊的地位，应在华北五省地区实行特殊设施，约定在财政、交通、经济各方面与日本合作，为使其易于实行，需要将必要的权限赋予地方当局。”蒋介石拒绝答复日本提出的种种具体问题，但对华北问题蒋介石指出：对贵大使有关华北问题的提案难以立即赞成，中国不限于华北，希望日本在全国协力，但需要在不妨碍中国保持主权和行政统一的前提下进行。①蒋提出，就东亚大局着眼，两国国交之根本调整，在今日实有必要，我方既要求者，重在领土之不受侵害，及主权与行政完整之尊重，故中日间一切问题，应根据绝对平等及互尊领土、主权及行政完整之原则，由外交途径，在和平友善空气中从容协商。蒋表示：外交事宜应由外交部办理，张部长之意见，即系政府的意见，蒋最后郑重地对川越申明：华北行政必须及早恢复完整。②

由于蒋介石表示谈判仍由张群主持，川越只好再次与张群会谈。

10月19日至11月10日，张群与川越之间共举行了四次会谈，但都没有实质性进展。在此期间，按照军部指示并与南京工作相配合，日军加紧在华北行动。9月30日，中国驻屯军司令田代皖一郎逼宋哲元草签了《田代——宋哲元协定》，规定了关于“华北开发”的具体项目，③以实现《第二次华北处理纲要》中的要求。关东军司令部也于9月间批准田中隆吉的《绥远工作实施纲要》，决定由日本特别组织所谓“谋略部队”进攻绥远，伪蒙军随后进攻。④

在南京谈判期间，日本操纵的绥远战争于11月中旬迅告失败，中国军民同仇敌忾，乘胜恢复百灵庙。在此情况下，12月3日，张群约见川越，指出因绥远问题发生，调整国交问题发生阻碍，拒绝了川越送来的日方起草的《七次会谈备忘录》。⑤7日，国民政府外交部发表声明，宣布

---

① 任常毅、蔡德金编译：《战前华北风云录》，第148页。

② 秦孝仪主编：《中华民国重要史料初编——对日抗战时期》绪编（三），第675页。

③ [日]防卫厅防卫研究所战史室：《战史丛书·中国事变陆军作战（1）》，第69页。

④ [日]防卫厅防卫研究所战史室：《战史丛书·中国事变陆军作战（1）》，第112—113页。

⑤《张群、川越会谈纪录》，1936年12月3日，载《民国档案》1988年第2期。

“绥远事件发生，致障碍外交进行。”①实际表明中方结束调整邦交。至此，日本精心策划的以成都、北海事件为借口的所谓调整国交的谈判遭到失败，而分别由外交方面进行的南京工作与军部主持的华北工作均遭失败。按既定方针调整对华政策之计划宣告破产。这样，广田内阁把中国纳入“反对苏联，依附日本”“华北特殊化”的图谋，又告落空。

中日就“调整邦交”与华北问题问题交涉延续一年多时间，尽管日方软硬兼施，威逼利诱，中方始终没有同意日方的要求，在原则问题上坚持己见，其原因是：

第一，国民政府重视华北主权。不论是“广田三原则”，还是“华北自治”与华北“共同防共”，其目的都在于使中国依附于日本，将华北从中国统一的行政主权与领土完整中分离出去，这是国民政府所不能容忍的。蒋介石明确指出：“长城以内各省份与满洲不同，是中国不可分割的部分，对冀东、天津、丰台、北平的军事占领代表着侵略，对此应报之以宣战”。②而早在《塘沽协定》签订时，国民政府就确定了平津的失与不失为“最后关头”的限度。对国民政府而言，华北若失，必定涉及其在全中国的统治，超过了他所能容忍的限度。因而，对日方要求必须坚决拒绝，没有商讨余地。

第二，面对民族危机的日益深重，民众抗日救亡运动怒涛迭起，全国各界人士共同反对在华北问题上与日妥协。还在1935年底，北平学界就通电表明：“誓死反对‘防共自治’的立场。”③北平文化界人士也指出，如果实施“广田三原则”，不但华北，整个民族都会沦为奴隶。④

---

① 秦孝仪主编：《中华民国重要史料初编——对日抗战时期》绪编（三），第688—690页。

② 吴景平译：《李滋罗斯远东之行与1935—1936年的中英日关系》（下），载《民国档案》1990年第1期。

③ 中国人民解放军政治学院党史教研室编：《中共党史参考资料》第7册，第384—399页。

④ 中国人民解放军政治学院党史教研室编：《中共党史参考资料》第7册，第384—399页。

中国共产党于1936年4月发表宣言指出："日本帝国主义想在中日满联合'防共'的名义下灭亡中国"，号召全国同胞起来"反对中日满'联合防共'。"①同年8月，中国共产党致书国民党："日本帝国主义向贵党政府提出的以'防共'作中心的所谓'三大原则'"，是要中国与其"建立防共统一战线即亡国统一战线"。②1936年2月22日、25日，胡汉民及西南政务委员会分别发表谈话，反对华北"共同防共"与华北"自治"。③在新闻界，一向谨慎的《大公报》也发表社评言："关于所谓'共同防共'，我国绝对不能承认"，"望我政府坚持不动摇的态度，开诚以告邻邦。"④上述各界所表明的对华北问题的立场，是国民政府最终拒绝日方要挟的重要因素。

第三，西方各大国的影响。1934年12月29日，日本宣布要退出华盛顿海军条约（1936年12月31日正式生效）。这一举动说明日本决心与英、美争雄，不能不引起英美警觉。同时，由于日、德、意的侵略扩张正日益成为全世界的威胁，英、美、苏、法等国也逐步加强了联系。华北危机产生后，它们虽然没有在中国问题上对日采取联合行动，但其对日态度有了若干变化。英美改变了原拒绝向中国提供财政援助的态度，转而支持中国进行币制改革，使日本在经济上阻挠中国币制改革的企图未能得逞。1935年12月2日，正是日本策动"华北自治"达到高潮时，英国外交大臣对中国驻英大使郭泰祺表示："英政府对华政策，以九国公约原则为依归"，对华北事变后华北局势的发展，英国政府"甚所关切"，并公开表示：就华北问题，英国"已与美政府有所接洽，在东京亦有表示。"⑤12

---

① 中央档案馆编:《中共中央文件选集》第11册，中共中央党校出版社1991年版，第12页。

② 中央档案馆编：《中共中央文件选集》第11册，第87页。

③ 朱江森编：《中华民国史事纪要（1936年1—6月份）》，台北国史馆1987年版，第442、463页。

④《大公报》1936年11月2日第2版。

⑤ 秦孝仪主编：《中华民国重要史料初编——对日抗战时期》第六编·傀儡组织（二），第107页。

月5日，美国国务卿赫尔也就中国华北局势向报界发表谈话，表明了美国反对华北“自治”的立场。赫尔要求日本政府对其“庄严缔结的条约规定加以尊重。”[①]1936年4月，英国驻华大使贾德干还向蒋介石表示，希望中国“不再作出一个主权国家无法体面作出的退让”。[②]国际关系的上述变化及英美对中国的若干支持，使蒋介石觉得，欧美国家正在协调一致来“解决远东问题”，“日本问题”和“中国问题”。[③]事情虽然不如蒋介石所说的那样，但华北问题确实引起了各大国的关注。

1935年9月至次年6月，穿梭于中日两国访问的英政府财政顾问李滋·罗斯就曾向张群询问过日本要求与中国结盟反苏问题。[④]不久，他又分别与日外相有田和军务局长矶谷廉介就共产党问题进行讨论，并十分巧妙地询问：“如果日本政府希望消灭中国的共产主义”，那么，“为什么不仅不支持，反而要反对中国遏止共产主义的主要保垒——南京政府呢？”随后，李又在南京建议张群设法“废除殷汝耕政府”。[⑤]这反映李滋·罗斯不支持华北“防共”的态度。法国国民议院长则在中日“防共”问题交涉时期，主动为中苏关系斡旋，并以法苏互助条约签订后苏联完全停止了与“对法国不利的共产党”支持的事实，说明发展中苏关系不会有危险。[⑥]

苏联是“防共”问题与华北问题直接涉及的国家，日本的“华北分治”与“共同防共”问题提出后，苏联通过其驻华全权代表鲍格莫洛夫向中国数度表示密切关注，而苏联外长李维诺夫则利用参加国联第十七次大会的机会频频与顾维钧接触，要求发展中苏关系，加强合作，以对付日本在远东的扩张，表示：“一旦中国与某一邻国发生激烈冲

---

① 《中美关系资料汇编》第1辑，第480页。

② 《贾德干致艾登电》，载《民国档案》1989年第4期。

③ 张其昀主编：《先总统蒋公全集》第1册，第104页。

④ 吴景平译：《李滋罗斯远东之行与1935—1936年的中英日关系》(上)，载《民国档案》1989年第3期。

⑤ 吴景平译：《李滋罗斯远东之行与1935—1936年的中英日关系》(上)，载《民国档案》1989年第3期。

⑥ 《顾维钧回忆录》第2册，第352页。

突”，“苏联首先将给以物质支援。”①

上述情况，对中国政府在华北问题上的抉择都产生了一定影响。

四、两广事件与宁粤纷争的结束

国民政府虽在1928年张学良东北易帜后实现了所谓的“统一”，但离真正意义上的统一还差着十万八千里！地方实力派拥兵一方，各自为政；国民政府煞费苦心，逐一收抚。直至1936年的两广事件，才算结束了地方实力派与国民党中央由来已久的纷争，基本实现了国民党内部的统一。

1.胡蒋由对立到和解②

1925年孙中山逝世后，国民党便一直处于分裂状态。国民党的三大巨头蒋介石、汪精卫、胡汉民之间的争夺持续不断。九一八事变后，蒋介石说服汪精卫入主国民党中央，出任国民党副总裁与国民政府行政院院长，主持对日交涉工作。蒋汪合作，实施国民党“攘外必先安内”的方针。胡汉民则拒绝入主国民党中央，宁粤对立的局面一直继续着。

胡汉民晚年，基于抗日和反对独裁的需要，曾经广为联络，组织力量，一再准备以军事行动推翻以蒋介石为代表的南京政权。

(1)逼迫蒋介石下野

1931年初，因制订“训政时期约法”问题，胡汉民与蒋介石之间的矛盾尖锐化。2月28日，胡汉民被蒋介石软禁于南京汤山。4月30日，邓泽如、林森、萧佛成、古应芬等于广州联名通电，弹劾蒋介石，诘责其

① 《顾维钧回忆录》第2册，第357页。

② 参阅杨天石：《胡汉民的军事倒蒋密谋及胡蒋和解——海外访史录》，载《抗日战争研究》1991年第1期。

“违法叛党”，“究以何职权而得逮捕监禁中央大员”。5月27日，汪精卫、孙科、邹鲁、陈济棠、邓泽如、萧佛成、古应芬、李宗仁等在广州成立国民政府，形成宁粤两个政权对立的局面。同年，九一八事变发生，东北大片国土沦于日本侵略者之手。蒋介石在举国震撼、呼吁团结对外声中，派蔡元培、张继、陈铭枢赴香港与汪精卫会谈，决定两个国民政府同时取消，召开和平会议，产生统一的国民政府。10月13日，蒋介石迫于粤方压力，释放胡汉民。汤山被囚使胡汉民既愤怒又沉痛。被释后，胡即决意反蒋。

宁粤和平统一会经过激烈争吵，确定分别召开国民党第四次全国代表大会，选出同等数量的中央委员，进而谋求合作。在广州国民党四大上，要求蒋介石下野仍然是重要议题。胡汉民除主张“精诚团结，共赴国难”外，又提出“推倒独裁，实行民主政治”的口号。12月5日，会议选出的中央委员由胡汉民领衔通电，催促蒋介石下野，解除兵权，否则，决不到京参加四届一中全会。

国难深重，加上蒋介石软禁胡汉民的做法极为不得人心，各方吹起了强烈的反蒋风。在粤方坚持下，蒋介石于12月15日通电辞去国民政府主席、行政院长、陆海空总司令等本兼各职，胡汉民的“迫某（指蒋）辞职”计划取得胜利。

（2）广泛联络，组织反蒋力量

蒋介石下野后，国民党随即召开四届一中全会，通过中央政治制度改革案，选举林森为国民政府主席，孙科为行政院长，蒋介石、汪精卫、胡汉民三人为中央政治会议常委。1932年1月1日，胡汉民等通电取消广州国民政府，成立中央执行委员会西南执行部、西南政务委员会。自此，胡汉民即留居香港，成为西南方面的精神领袖。

孙科内阁虽然成立了，但这个内阁既无权，又无钱。1月2日，日军占领锦州，孙科无奈，电邀蒋介石重返南京，并于25日辞职，由蒋介石重掌大权。28日，汪精卫背弃了“决不入京”的诺言，应蒋介石之邀出任行政院长，从而形成蒋汪合作局面。

汪精卫出任行政院长当夜，日本军队进攻上海闸北，十九路军在陈铭枢、蔡廷锴、蒋光鼐等指挥下，奋起抗战。南京国民政府派张治中第5军参战。孙科认为南京中央缺乏坚决抗击侵略的决心和勇气，他估计，南京政府将会崩溃，建议胡汉民在南方建立“相当组织”。但是，胡汉民比较冷静，他考虑到南京国民政府已经宣布迁都洛阳，准备抵抗，特别是对十九路军是否继续支援等情况尚不清楚，“我方如抉裂过早，反使其有所藉口”，主张“暂时审察”。①

尽管胡汉民一时还不准备在广州另立政府，但是，他在广泛联络，组织力量，待机倒蒋。其联络重点，一是湖南与西南各省，一是华北，一是海外。

当时，湖南与西南各省分别为何键、刘文辉、刘湘、邓锡侯、王家烈、龙云等实力派所统治，矛盾重重，各自割据。胡汉民力图将他们统一起来，形成一支和南京政府抗衡的力量。

自1932年起，胡汉民派出使者会见刘湘、邓锡侯、田颂尧等人，目的都在于调解各实力派之间的矛盾，结成西南反蒋联盟。

华北方面，胡汉民的主要联络对象是冯玉祥。冯玉祥之外，胡汉民与张学良、韩复榘、阎锡山、孙殿英、石友三等人之间也均有信使往还。希望促成“一旦举事，能够出现一个南北并起的局面”。②

华侨历来是革命党人的支柱，因此，胡汉民十分重视对国民党海外支部的工作。由于胡汉民持积极抗日的态度，因此逐步赢得美国、加拿大、日本、南洋等地国民党组织的支持。

当时，国内出现不少抗日或反蒋组织。公开的如东北民众抗日救国会、东北民众讨倭军，秘密的如黄埔革命同学会、浙江革命同志互助社、中华民族自救会、励进社、青年军人社等，胡汉民均一一联系，予以支持。

---

① 《跋〈广州转来上海电〉》《胡汉民晚年往来函电》，美国哈佛大学哈佛燕京学社图书馆藏。

② 《胡汉民晚年往来函电》，美国哈佛大学哈佛燕京学社图书馆藏。

胡汉民一贯标榜党治，在广泛联络各地反蒋力量的同时，着手组建新国民党。该组织的建立时间，在1932年五六月间。同年，胡汉民复蒋振函云："所列重建本党之十问题，弟亦表同意，刻正分途进行，务以严明之纪律，团结同志，恢复民十三年以前一种自动革命之精神。"该组织秘密活动，以胡汉民为主席，邹鲁为书记长，"只要反蒋最坚决的人"，①入党须宣誓，有自己的中央和地方组织。中央领导机构称为"中央干部"，地方领导机构称为"地方干部"。例如，在上海即设有"地方干部"，由陈嘉祐、熊克武、柏文蔚、程潜、刘芦隐任"干部委员"，以刘芦隐为书记长，其工作范围为苏、浙、皖、赣、湘，鄂，川七省，每省再设分部。②不设分部的省份则设有特派员。它虽建立在国民党的基础上，但事实上是一个独立的新组织。

(3) 筹备粤桂闽三省独立

热河省会承德失陷后，中国军队在长城一线进行了英勇抗战。但是，南京国民政府仍然专注"对内"，没有对日本侵略倾全力抗战的打算。5月3日，黄郛受命北上，谈判停战问题。在何应钦支持下，黄郛于22日与日方达成协议。26日，冯玉祥、方振武在中国共产党支持下，与共产党人吉鸿昌等在张家口成立察哈尔民众抗日同盟军，宣布"结成抗日战线，武装保卫察省，进而收复失地"。③

华北既经动作，胡汉民就准备把他的"师出武汉"计划付诸实施。并准备在适当时期回到国内，宣布讨蒋，主持一切。31日，《塘沽协定》签字，事实上承认日本占领东三省与热河，胡汉民极为愤怒，立即向察哈尔民众抗日同盟军拨款。

在粤、桂、闽三省实力派中，李宗仁、白崇禧、蔡廷锴，蒋光鼐、陈铭枢等对抗日讨蒋都持积极态度，只有陈济棠犹疑不定，因此，南方要一

---

① 曹四勿回忆，引自谢幼田：《谢慧生先生年谱长编》，未刊稿。

② 《致上海各同志》，1933年11月。

③ 《国闻周报》第10卷第32期。

致动作，必须首先说服陈济棠。

对陈济棠说来，最重要的是巩固他已经取得的地盘和“南天王”的地位。要他参加抗日讨蒋，不是一件容易的事。在胡汉民的特使萧佛成反复开导之下，他才下了讨伐蒋、汪的决心，但同时声称，必须待蔡廷锴、陈铭枢，李宗仁、白崇禧等来粤共商。7日，陈铭枢、蒋光鼐、李宗仁、李品仙等抵达广州，萧佛成再度与陈济棠商谈，提出：1.西南独立，与南京脱离关系，福建公开加入西南，若福建出兵浙江，军饷由粤担任。2.华北、华中各将领仍须派员与之联络，若能先由彼方发动为佳。当日下午，萧佛成、邹鲁、邓泽如、唐绍仪，李宗仁等会谈。邹鲁问李宗仁，如果三省独立，粤不出兵而闽出兵，桂当何如？李宗仁初时感到难以回答，继而慷慨表示说：不惟牺牲我们，且牺牲全省人民之利益以从其后。

三省会谈有了初步结果，但是西南联军的进展并不很顺利。在福建援热部队出发之后，广东派出了独立第4师，广西派出了第24师，准备联袂北上，何键并电令沿途各县妥为招待，但是，《塘沽协定》签字之后，蒋介石电令蔡廷锴，命援热部队火速回闽。当时，福建援热部队已经抵达湖南郴州、宋阳一带，不得已忍痛回师。

在粤、桂、闽三省实力派中，粤方最富，桂、闽比较拮据。倘使陈济棠不肯拿出钱米，桂、闽二省很难长期支持一场对蒋介石的恶战。

正当胡汉民在南方为财政和内部“小小不同意见”而苦恼之际，北方却风云突变。冯玉祥成立察哈尔民众抗日同盟军后，浴血苦战，迅速收复察北大片失地，进而准备规复东北四省。然而，南京政府一面组织大军“围剿”，一面分化瓦解，同盟军的境况日益艰难。8月5日，冯玉祥通电收束军事，交出察省军政大权，随即回泰山隐居。冯的失败给了胡汉民巨大打击。而其计划中的西南独立，由于陈济棠迁延犹疑等原因，终于未能发动，然而福建方面却等不及了。

十九路军调福建“剿共”后，陈铭枢遭到蒋介石、汪精卫压迫，无法在南京立足。1933年1月，他愤而赴欧洲考察，同年回国，活动于香港、福建之间，联络李济深、蒋光鼐、蔡廷锴等人，计划反蒋，同时派人与中国共产党联系，讨论合作问题。9月，与红军订立抗日反蒋协定。10月，陈铭枢、李济深等在香港聚会，决定在福州成立反蒋抗日的人民革命政府。11月16日，李济深派其弟李济汶持函面见胡汉民。李济深要求胡汉民"督促西南各省同时响应，共同讨贼"，并对其间各事随时加以指导。18日，李济深与陈友仁、徐谦等到达福州。20日，召开中国人民临时代表大会，议决废除中华民国年，成立中华共和国人民革命政府。21日，李济深等通电脱离国民党，旋即组织产生人民党。同日，陈铭枢、李济深、蒋光鼐、蔡廷锴四人联名致电胡汉民、萧佛成等，指斥蒋介石独裁祸国，媚日残民，追述三省近年来共谋反蒋的历史。

三省联合倒蒋本来是胡汉民梦寐以求的事。但是，福建方面改国号，造新党，特别是联合共产党等做法，都超出了胡汉民所允许的范围。因此，最初他颇为迟疑。但事变的发生毕竟造成了一种形势，使他觉得有机可乘，因此，一度考虑过组建政府问题。福建事变后，南京政府企图拉拢胡汉民及西南实力派。12月1日，张继等到港，与胡汉民会谈，呼吁团结，邀其入京。胡汉民提出的条件是"蒋汪下野，福建回头"八字。

在胡汉民支持下，西南不仅长期维持着半独立状态，而且在党务上对南京国民党当局采取不合作政策，尽力抵制各种会议。

胡汉民既不肯入京，又不同意国民党召开五全大会，蒋介石只好作出让步的准备：一是部分采纳胡汉民的"均权"方案；一是设法使对日妥协、名声不好的汪精卫下台。

（4）大敌当前，与蒋合作

《塘沽协定》后，日本加紧侵略华北，"精诚团结，共赴国难"日益成为全国人民，包括国民党内爱国分子的迫切要求。同时，由于形势逼迫和各方推动，蒋介石也在作抗日准备。1935年春，邹鲁向胡汉民建议，改变西南与中央的关系，帮助蒋介石抗日。①胡汉民接受邹鲁的建议，

---

① 邹鲁：《回顾录》，载《邹鲁全集》（二），台湾三民书局1976年版，第454页。

于6月9日离港赴欧。行前，发表谈话，声称此行目的在于“易地疗养”，“外间传言种种，殊非事实”，“余之主张政策，亦不以时地为转移而有所变易”。①

在国外期间，胡汉民和国内始终保持密切联系。1935年11月1日，国民党召开四届六中全会，汪精卫在致开幕词后即遇刺，妥协派遭到一次打击。会议通过了冯玉祥、李烈钧等22人提出的救亡大计案，国民党的内外政策开始发生变化。

为了打开僵局，蒋介石于11月4日派戴季陶、马超俊飞赴广州，会晤陈济棠、李宗仁、萧佛成等，敦促留粤中委参加国民党第五次全国代表大会。一面派王宠惠的亲信魏道明赴欧，邀请胡汉民归国，共同主政。戴、马之行大致顺利，魏道明则碰到较多困难。胡汉民态度强硬，不忘旧嫌。11月12日，国民党第五次全国代表大会开幕，蒋介石声称：“绝对不订立侵害我们领土主权的协定，并绝对不容忍任何侵害我们领土主权的事实。”12月7日，五届一中全会选举胡汉民为中央常务委员会主席，蒋介石为军事委员会委员长兼行政院长。胡汉民听到这一消息时，“面有悦色”，随即与程天固等草拟改组中枢计划，拟以王宠惠为行政院长，颜惠庆为外交部长。②

在蒋介石及有关方面一再电催之下，胡汉民于12月27日自法国启程回国。1936年1月6日，蒋介石派魏道明先期至新加坡迎接。1月15日，胡汉民抵港，在书面谈话中要求：“党应恢复为有主义、有精神之党，力除过去灭裂涣散之错误”，“政府应改造为有责任，有能力之政府，力矫过去畏葸苟安之错误”。③25日抵广州，声明“余今日之工作，为如何促进政府之觉悟，并如何团结全国抗战之力量，俾中华民族最后之自救。”④从主张反蒋抗日，推翻南京政府，到主张“促进政府之觉悟”，“团结全国

① 《出国谈话》，载《三民主义月刊》第6卷第6期。
② 《程天固回忆录》，第287—288页。
③ 《抵港时书面谈话》，载《三民主义月刊》第9卷第2期。
④ 《胡汉民先生对国事之谈话》，1936年2月22日，载《胡汉民先生归国后言论》（二）。

抗战之力量”，反映出胡汉民思想的巨大变化。这一变化，是符合中国历史与现实的。

2. 两广事变

胡汉民归来不久，因脑溢血突发于1936年5月12日在广州去世，这无疑使主政广东的陈济棠失去了一块维持半独立的招牌，宁粤对抗的局势发生重大变化。很快便传闻蒋介石要趁此机会结束两广的半独立状态。

其实陈济棠在全国并没有太大的影响，他是利用胡汉民来与蒋介石对抗。胡汉民则是利用陈的实力、地盘和蒋介石抗衡。胡、陈两人的关系是互相利用，又互相矛盾。蒋介石想离间他们，但没有成功。1934年底，胡汉民有感于处处受制于陈济棠，自己的政治主张无法实施，于是出国赴欧。蒋介石趁机进行拉拢，在国民党五届一中全会上，蒋有意把胡推选为中央常务委员、中常委主席，自己自愿任副职；同时又令孔祥熙给胡汉民“补寄”旅费四万元，还给胡的夫人陈淑子寄去一万元。电胡早日归国，胡汉民谢绝了这笔费用。[①]1935年底，由于国内外形势发生了很大变化，胡决定于12月27日由法国启程回国。胡汉民的归来，南京和广东当局都十分重视，广东组织了“欢迎胡先生回国主持救国大计大会”负责迎胡事宜；南京方面也组织了数十个民众团体开展迎胡入京的活动。首先派出监察院前院长许崇智及国民政府主席的代表徐世祯到香港，后又加派司法院院长居正，还有叶楚伧、陈策专程到香港迎候。蒋介石甚至还派出私人代表魏道明，持他的亲笔信至新加坡迎候。西南方面则早已派出与胡关系密切的刘芦隐、林翼中、李晓生等前往新加坡候驾。可见双方争夺激烈。

陈济棠为拉住胡汉民，与李宗仁、白崇禧商议，并接受白崇禧提出的三点办法：（一）政治上尊重；（二）经济上支持；（三）生活上照顾。1月25日，胡汉民拒绝蒋介石之邀，从香港到广州。陈济棠为他安排了盛况

---

① 《胡汉民评传》，广东人民出版社 1989 年版，第 287 页。

空前的欢迎仪式和大会，表示西南愿意接受并需要胡汉民的领导。1月30日，胡汉民电复蒋介石，以“须稍休养”为名，拒绝入京。胡居住广州，时而同陈济棠、李宗仁等西南军政要人磋商政局，或约见各界，发表谈话，抨击蒋介石的内外政策。蒋对此极为忌恨，决心相机结束西南半独立局面，加强中央集权。就西南的政局来看，胡汉民为国民党元老，在国内又有号召力，推举胡做西南领袖，主掌西南党务和政事，本该顺理成章，但陈济棠想独霸广东地盘，唯恐实权旁落。故陈济棠千方百计留住胡汉民后，对胡表面极为尊敬，对其政治主张却拖而不行。对此，胡汉民深感无奈，对陈不满，却又不便公开发作。本来，胡也曾做过去南京的打算，一来因为蒋介石拉拢得很紧，要让他当党中央主席，还有当国民政府主席，不断派要人来动员他入京；二来因为汪精卫负伤出国，胡汉民少了个死对头。但胡对蒋，由于汤山被囚之故，戒心总存，于是继续留在广州。

在这期间，胡汉民发表了三篇关于民族主义的文章，表示要“抵抗帝国主义之侵略”，“消灭军阀官僚之钳制”。然而，他又不得不在大小军阀的门下隐忍生活。日本人看准了这一点，曾经三次派军政要人或大特务头子到广东来拉拢胡汉民，特别是松井石根大将一再会见胡汉民，鼓动他和南京对抗。这是日本企图分裂中国阴谋的一个重要部分。但处在困境之中的胡汉民并没有上日本人的当。他自知无力和南京对抗，既无法与蒋介石和好，又不想和蒋介石彻底决裂；他很怨恨陈济棠，但又一时无法摆脱陈济棠。他落在蒋、陈矛盾的夹缝之中找不到出路。错综复杂的矛盾造成压抑的心情，加重了他原有的高血压病症。

1936年5月12日，胡汉民在其妻兄、西南政务委员会秘书长陈融家中下围棋，因构思过度，突然从坐椅翻落在地，右侧脑溢血，抢救无效，在广州颐园逝世。终年58岁。

胡汉民一死，两广靠山顿时倒塌，西南局面发生了根本变化。

胡汉民的突然去世，在南京和两广都引起很大的震动。蒋介石想到的是如何借此结束西南的半独立状态；陈济棠、李宗仁和白崇禧想到的却是如何保住地盘。在胡逝世第二天，蒋急电陈济棠，令其派人到南京商量胡汉民的后事。陈为了探听蒋介石在胡去世后对西南的政策，便派其兄陈维周前往南京谒蒋。“据说，陈维周在南京时，探悉了中央彻底解决西南的三大原则：(1) 彻底解决广西的李、白，由中央协助广东出兵。(2) 驱逐萧佛成等反蒋元老离粤。(3) 广东仍维持原来局面。”[①]这显然是蒋介石一打一拉的手段。

陈济棠听了其兄的传达后，惴惴不安，他深知两广团结的重要和蒋介石分化离间手段的毒辣。“中央既可授意广东解决广西，又何尝不可反其道而行之？”“与其坐待中央部署妥当，各个击破，何妨抢先一步，采取主动呢？”[②]蒋介石解决西南的意图，逼使陈济棠准备采取主动。

5月14日，白崇禧、黄旭初、刘斐、潘宜文作为广西代表团飞抵广州，在吊唁胡汉民后，白崇禧等即分访陈济棠、萧佛成、余汉谋等广东要人，磋商如何应付时局。

陈济棠过去在反蒋问题上患得患失，多次反复。这次由于胡汉民去世，蒋介石的逼迫，陈的反蒋之意很坚决。5月16日晚，陈济棠召集在穗的高级将领余汉谋、张达、严培南、黄任寰、黄延桢等人在他的梅花村公馆密商。有人赞成有人反对，他要求大家好好考虑一下再作详谈。

蒋介石见陈济棠动作迟疑，于5月19日，以祭胡汉民为名，派孙科、王宠惠等到广州，要求两广当局加强与全国“精诚团结”。次日，由王宠惠出面，对陈济棠提出五项条件：(一) 西南执行部和西南政务委员会取消；(二) 改组广东省政府，省主席林云陔调京任职；(三) 在西南执行部和政委会工作的负责人，愿意到京工作者，中央将妥为安排，愿意出国者，将给以路费；(四) 陈济棠的第一集团军总司令改为第四路军总指挥，各军师长由军委重新任命；(五) 统一币制。这五条实际上是要陈济棠把广东军权和政权交还南京。[③]这也就是说，陈济棠必须从“南粤王”宝座上退下来，同时表明了蒋介石已把先收拾广西，稳住广东的战

① 《李宗仁回忆录》下卷，华东师范大学出版社 1995 年版，第 486 页。

② 《李宗仁回忆录》下卷，第 486 页。

③ 程思远：《政坛回忆》，广西人民出版社 1986 年版，第 77 页。

略方针，改为先解决广东，再吃掉广西，以实现各个击破，彻底解决两广问题。

胡汉民在时，蒋介石希望通过劝说胡入主中央，“和平”解决西南的半独立局面。但胡汉民去后，蒋立刻把“统一”提上日程，为防两广武力对抗，蒋在开出“条件”后，已经在福建、江西、湖南、贵州、云南等地积极进行军事部署，摆出了以武力统一西南的架势。

陈济棠与白崇禧会面后，深感形势紧迫，经研究分析，认为蒋介石的嫡系部队大都分布在黄河以北，既要防日军的进攻，还要对付陕北的共军，抽不出多少力量南下。于是，决计采取主动，出兵反蒋。白崇禧认为不能师出无名，应以抗日为号召，挥师北上，待师次武汉，即转而东下，直取南京。事关重大，他要黄旭初赶回南宁汇报，请李宗仁“克日飞粤，共商大计”。①

19日晚，也就是听了孙科的传达以后，陈济棠又召集在穗的所有将领近20人进行密谈，还请白崇禧出席和各将领见面。

5月20日，李宗仁飞抵广州。21日，李宗仁、白崇禧、陈济棠、邹鲁等对蒋解决两广问题的方针进行讨论，李、白主张慎重，邹鲁页反对用兵，陈济棠要求积极采取行动。

5月23日，国民党中央祭胡代表居正、叶楚伧、孙科、许崇智等人抵广州，韩复榘也派代表徐彦之同往。与李宗仁、白崇禧、陈济棠商量胡汉民国葬及“合作救亡”问题，宁粤关系又趋紧张。②

5月29日，李宗仁、白崇禧与陈济棠继续谈反蒋之事。

5月30日，白崇禧返回南宁做反蒋准备，李宗仁留广州，与陈济棠等主持西南大计。

6月1日，陈济棠、李宗仁、白崇禧公开揭出抗日旗帜，召开国民党中央委员会西南执行部及国民政府西南政务委员会联席会议，决议以“冬

---

① 《李宗仁回忆录》下卷，第 487—488 页。

② 中国社会科学院近代史研究所中华民国史研究室：《中华民国史·大事记》第七卷（1934—1936），中华书局 2011 年版，第 5142 页。

电”呈请南京政府和中央党部领导抗日。宣称“日本侵我愈亟，一面作大规模走私，一面增兵平津，经济侵略、武力侵略同时迈进。瞻念前途，殷忧曷极。属部属会等，以为今日已届生死关头，惟抵抗足以图存，除全国一致奋起与敌作殊死战外，则民族别无出路”。“国家之土地，先民所遗留，亦民族所托命，举以资敌，宁异自杀。属部属会，以为黄河以北，寸土不容予人。切冀中枢毅然决然，从事抗战，用以致诚，吁钧府钧部，领导全国，矢抵抗之决心，争最后之一着”。“时危势急，敝部等认为非立即对日抗战，国家必无以求生”。“乞一致主张，即行督促中枢，领导全国从事抗日”①。并以两部会（西南执行部、西南政务委员会）名义饬令陈、李所部之第一集团军及第四集团军改称为“中华民国抗日救国军西南联军”，由陈济棠、李宗仁分任正副总司令。这是两广“六一”事变的开端。

6月2日，西南执行部和西南政务委员会通电（即“冬电”）全国，同时，派出代表分赴山东、山西、陕西、四川、云南、贵州等省联络，欢迎全国要求抗日反蒋的党派、团体及有关人士南下，共商抗日反蒋大计。并发动两广国民党各级组织及民众团体通电响应，组织游行示威。

6月4日，广州各民众团体在省参议会礼堂开会，发起向西南当局请愿，要求“出兵抗日，以救危亡”，会后列队游行，参加者二万余人。不几天，又在东较场搞了一次规模更大的抗日集会游行，参加者达五万人，搞得轰轰烈烈，颇有声势。与此同时，陈济棠、李宗仁还派出委员分赴山东、山西、陕西和云、贵、川，拉拢各省军政首脑，以增强助力。并加紧调兵遣将，部署北上。白崇禧已令广西第7军向桂北集中。9日，第15军进抵湖南永州；陈济棠则集中兵力出南雄、韶关，并由第2军军长张达率部占领了湖南郴州。

蒋介石对两广事变很快作出反应。6月7日，蒋介石以行政院长名义复电陈济棠，谓：“两广行动，果如外电所传，是不啻以御侮之名义，而适当以侮我者以快心；以救亡之决心，而招致与救亡相反之结果。”“和战为党国之大事，岂可不征求全体多数之意见？”“望推派大员来京共

---

① 《民国日报》（南宁）1936年6月2日、3日。

同商决一切。”①6月8日，蒋介石在南京中央纪念周发表演说，否认中央向两广提出五项条件，对两广来电所提意见，声称准备召开五届二次全体会议讨论。②6月9日，蒋介石致电陈济棠、李宗仁、白崇禧，谓：“中央秉承五全大会关于外交的报告之决议，以努力和平与不惜牺牲的方针，遵循不渝。诸同志关怀迫切，尤具同情，自应于最近期内召开全体执监会议，于一贯方针之下，进为步骤缓急之谋。希望所属部队勿轻率之自由行动，至误救亡之大计。”③

同时，蒋介石采取了两方面措施。一面调兵遣将，沿粤汉路南下以重兵抢占衡阳，堵塞粤桂军北上通道；一面派人以金钱官位收买分化陈的部属。同时以中央名义电陈迅速撤兵，向陈施加压力。当时两广兵力约30万人，陈济棠除原有的三个军外，又把独立第1师扩编为第4军，把教导师扩编为第5军。此外还想成立一个警卫军，以其兄长陈维周任军长（未及成立陈已垮台）。两广兵力编制有九个军，不下于100个团。仅广东就有飞机130余架，江防舰艇数十艘。本来以为有这样的兵力是可以和蒋介石抗衡一阵的，哪知在蒋的各种攻势下，仅一个多月时间，一枪未发便土崩瓦解（国难当头，官兵都不愿打内战），这是陈济棠始料不及的。

6月21日，粤桂组织了独立的军事委员会与蒋介石对抗，陈济棠任委员长，李宗仁为副。次日，陈济棠又宣布就任中华民国国民革命抗日救国军第一集团总司令。29日，李宗仁、白崇禧分别与广州、南宁就任抗日救国军第四集团军正、副总司令。

正当陈济棠紧锣密鼓加快反蒋部署的时候，他的掌上王牌空军里突然出现黄志刚等人驾驶七架战斗机及轰炸机北飞南昌投蒋一事，使

---

① 中国社会科学院近代史研究所中华民国史研究室：《中华民国史·大事记》第七卷（1934—1936），第5155页。

② 中国社会科学院近代史研究所中华民国史研究室：《中华民国史·大事记》第七卷（1934—1936），第5156页。

③ 中国社会科学院近代史研究所中华民国史研究室：《中华民国史·大事记》第七卷（1934—1936），第5157页。

陈济棠大为震惊，立即派宪兵到空军司令部将第2中队队长丁纪徐扣押起来。随后又对全体空军人员训话，把所有飞机关进机库，并派宪兵看守。后来由于怕蒋机轰炸，又放宽了，让飞机出库了。但限制飞行油量，续航时间不得超过一小时。然而，这些措施后来也无济于事。

7月4日，陈济棠部队的主力、第1军军长余汉谋在江西大庾反戈，他一面给蒋介石发电报请示；一面集中兵力向南雄、韶关推进，对陈济棠实行“兵谏”。7月6日，陈济棠的第2军副军长兼东区绥靖委员李汉魂通电反陈、挂印离职赴香港。7月7日，余汉谋乘蒋介石派来的专机直飞南京。7月8日，余汉谋向蒋面陈两广策划事变的经过，及回师倒陈的计划。深得蒋的嘉勉，当即签发给他临时活动费300万元，鼓励他迅即率师回粤，取代陈济棠。7月9日，余给粤省将领通电拥蒋反陈。蒋介石趁此机会，再施一打一拉的手段，分化粤桂联盟，先集中打击陈济棠，于7月10日宣布免去陈济棠本兼各职，任命余汉谋为广东省绥靖主任兼第四路军总司令；同时发表李宗仁、白崇禧为广西省绥靖正、副主任。7月13日，进一步通过南京召开的国民党三届二中全会决议，撤销在广东的国民党中央执监委员会西南执行部和国民政府西南政务委员会。从政治上、组织上拆陈济棠的台。第二天，余汉谋又在大庾通电就职，并电逼陈济棠释兵下野，24小时内离开广东。

由于驻韶关的第2军军长张达通电拥蒋“服从中央，欢迎余汉谋回粤主持”，陈的心腹部将第2军第4师师长巫剑虹部退驻大坑口，余汉谋部得以7月16日顺利进入韶关。余派人对巫进行策反，双方取得协议后巫便率部后退，余汉谋部随后跟进。巫剑虹的反戈，正是变生肘腋，使陈济棠深受打击。

陈济棠明知大势已去，部队已不听调动。但在16日仍举行“国民革命抗日救国军第一、第四集团联军总副司令宣誓就职典礼”，以表镇定。当天西南两机关的萧佛成、陈融等悄然离穗赴港，陈济棠还派人去表示挽留。17日晚，陈接巫剑虹的投蒋通电后，深夜约李宗仁到官邸一谈，见面之后，陈直说如今大势已去，他决定一走了之，并劝李宗仁广西缓图善后。当时，陈还写一便条，拨给李、白子弹数百万发和光洋240万元。

这批弹款于陈出走后全部运送到梧州。

7月18日，陈济棠的空军司令黄光锐、参谋长陈卓林驾机三架飞赴香港投蒋。所部空军各中队飞机72架全部离穗飞粤北，投奔蒋介石。飞机全部投蒋无疑是对陈济棠的又一次沉重打击，也可以说是最后一击了。至此，陈济棠苦心经营的陆、海、空军已全部瓦解，众叛亲离。他在广州已待不下去，在广东亦已无事可为，便于当日发表下野通电。当晚乘英舰离穗去香港，8月底出国到意大利去了。

3. 蒋桂妥协与事变的和平解决

陈济棠临走前还留给李宗仁一封信，说送给他港币20万元，作为出洋费用。李宗仁则将此款交人带返广西作军费使用，继续和蒋介石周旋。7月24日，余汉谋由韶关进驻广州，接掌了陈济棠原有的军权。蒋介石任命黄慕松为广东省政府主席，曾养甫为广州市市长。并于8月间亲自到广州坐镇，设置国民政府军事委员会委员长广州行营，进一步解决两广问题。

两广事变，作为广东方面的问题是基本结束了，但广西的对抗远没告终。本来广东的军事力量比广西强大，但解决陈济棠的问题不费一枪一弹。因此，有人认为广西问题更好办，应趁此时机彻底消灭桂系。到底怎么处置？蒋介石虽然表面虚张声势，但他清楚李、白内部团结得好，不易离间，以军队硬攻，亦恐难以奏效。还是决定用软硬兼施的老办法。先调动大军四面八方包围广西，以施加压力。

李宗仁在陈济棠宣布下野当天，乘飞机回到南宁，立即与白崇禧会晤，一致认为，广西乃贫瘠之省，与蒋抗衡力量究竟有限，对蒋应谋缓和为上谋。于是在7月19日分电南京国民政府及军事委会：决定遵照7月13日军事委员会电令，分别就任广西绥靖正副主任之职，请派员莅邕监誓，以示服从南京。但此时蒋介石以改变了主意，7月20日电令白崇禧出洋考察；李宗仁调南京中央军委任职。李、白接电后十分气愤，即复电斥蒋“墨沈未干，自毁信誉”，并表示“殊难遵令”①。次日南京国民政

① 《李宗仁回忆录》下卷，第492页。

府明令：（一）特派李宗仁为军事委员会常务委员。（二）任白崇禧为浙江省主席。（三）黄绍竑为广西绥靖主任、李品仙为副主任。并表明这是中央调令，无商量余地。很明显，这还是彻底解决桂系的调虎离山之计。李、白接电后更感气愤，立即发出通电。斥蒋为“阴险毒辣的野心家”，借二中全会诛锄异己。

李宗仁已料到蒋介石这一招，早已派黄旭初、刘斐去梧州大坡山请李济深出来主持广西的反蒋大计。7月26日李、白又正式发电请李济深即日来邕面商一切。李济深当即偕胡鄂公到南宁，即与李、白密谈。广西为了争取各方抗日反蒋人士的支持，招揽了包括原十九路军将领蔡廷锴、区寿年、翁照垣等为他们撑腰。外省各党派代表、著名民主人士纷纷入桂，其中有杨东莼、何思敬、邓初民、宣侠父、章伯钧、刘芦隐等。中共中央也派云广英从瓦窑堡经天津、上海、香港，于7月底到达南宁，李宗仁接见了他。云广英传达了中共中央关于“反对内战、一致抗日”，建立抗日民族统一战线的主张。李宗仁表示“完全赞成和拥护”，希望与中共合作抗日。李济深到南宁后，又和胡鄂公、宣古渔、徐帷烈谈对外联络问题。29日李宗仁约李济深、刘斐、翁照垣、戴石浮、夏威、廖磊、黄旭初共商对蒋策略问题。当时，还有好些文化名人入桂，南宁一时冠盖云集，抗日舆论气氛高涨，学生抗日爱国运动蓬勃发展，纷纷请缨入伍。广西军队的“十万健儿”，更是义愤填膺，决心血战沙场。蒋介石调动了三四十万大军围攻，双方力量对比虽然悬殊，但广西人心齐，且山大易守难攻，这是蒋介石等不能忽视的。

正在双方剑拔弩张的时候，蒋介石的广州行营主任陈诚和广东绥靖主任余汉谋忽派代表香翰屏和邓世增到南宁商谈和平，李宗仁怕是蒋介石的缓兵之计，于是派刘斐随香翰屏、邓世增赴粤，探听蒋的实在意图。蒋介石于8月12日到广州，在黄埔接见了刘斐，得知蒋确有谋和意愿。

在这之前黄绍竑得知蒋要他担任讨桂总司令后，十分紧张，即去找参谋总长程潜，陈述他的想法。黄绍竑说：“对广西用兵三个月，未必即能解决问题，当前日军集中多伦，绥东吃紧；西北国共两党对抗，形势亦未可乐观，似宜经由政治途径解决，以保全国家元气。”①程深知此意，遂与其谒蒋，力倡和平。此正合蒋意，便顺水推舟决意和谈。8月20日，程潜派唐星为代表，偕邓世僧、舒宗鎏到南宁，向李、白表示谋和诚意，并主动提出以撤销7月25日南京政府对李、白的任命为和谈前提条件，双方取得了一致意见。

9月2日，居正、程潜、朱培德从广州飞抵南宁，带来了蒋介石的一封亲笔信，谓均望和谈实现。当晚李宗仁约白崇禧、黄旭初、李任仁、王公度、潘宜之在省府共商和议问题，权衡利害得失，最后一致赞成实现和平。并商定了七项和谈条件，即重申开放抗日救国运动及言论、集会、结社自由；撤退南下各军；确定抗日计划；李宗仁任广西绥靖主任，并保留第四集团军；白崇禧以军事委员会常务委员名义出国考察；广西党政人事一仍如旧；广西军队保留三个军，军费由中央补助。上述条件由居正、程潜、朱培德带回广州交蒋介石。李宗仁派刘斐随去。6日，刘电复李、白，内云蒋与居、程、朱及陈诚、黄绍竑商谈决定：“撤兵、新命、谈话均于六日发表。”

9月6日，南京国民政府明令，改任李宗仁为广西绥靖主任，白崇禧为军事委员会常务委员，黄旭初为广西省政府主席，黄绍竑仍任浙江省政府主席。14日，李宗仁、白崇禧发出通电，阐释救国初衷及和平真意。“所幸中央当局……对宗仁等救亡等项意见，全部俯予接纳，今后一切救国工作，自当在中央整个策略领导之下，相与一致之努力。”②9月16日，李宗仁、白崇禧、黄旭初宣誓就任新职，蒋介石派程潜、黄绍竑到南宁监誓。次日，李宗仁、黄旭初乘机飞广州谒见蒋介石，表示服从中央的诚意。

在蒋桂对抗中，双方终于采取了明智的抉择，避免了一场对国家、人民不利的内战，使持续了三个多月的两广事变彻底结束。同时也实现

① 程思远：《我所知道的白崇禧》，载《学术论坛》1987年第4期。

② 中国社会科学院近代史研究所中华民国史研究室：《中华民国史·大事记》第七卷（1934—1936），第5235页。

了南京中央政权对两广的统治。

五、增强国力之举

东北丢了，华北危机……日军灭亡中国的野心在太阳旗下张扬。不是不想打，而是知道实力不如人。况且，对国民政府而言，还有“国家统一”的课题待解。在用妥协换取日军武装侵略的步伐暂停后，便是用各种手段“清除”反对势力。同时，加快国家建设步伐。积蓄力量，为与日军决战做准备。

1. 国民政府的财政建设

国民政府成立以后，为发展经济，增强国力，通过一系列改革，统一全国财政，建立起了适应现代资本主义发展的财政制度。

一是建立现代财政管理制度。如：财政收支体制的确立、完善；财政管理体制的建立、健全；财政审计制度的确立与推行；在此方面作了很多工作与努力，出台了大量政策法规，并且随时视情况予以修正，初步建立起了现代化的财政管理制度。

二是对海关行政制度进行改革，实行自主制定关税政策（通过废除不平等条约，收回关税自主权，摆脱协定关税的束缚，争取在国际上的平等地位等一系列运动）。如：改变海关税务司有外国人把持的局面；推行关税自主政策（将协定关税改为国定关税，由中国政府自定税率；统一海陆关税；降低出口税率；废除国内贸易多种关税，将其转移到外国对华贸易上；关税税款储入中央银行，由中国政府自由支配）。关税自主政策的实施，保护了国内市场，促进民族工商业和国民经济的发展。缩小了中国对外贸易的逆差，使中国关税收入大增。关税收入的逐年增加，使国民政府的财政困难得到一定程度的缓解，有较为充足的资金改革税制，为废除厘金和其他苛捐杂税提供了财政基础和物质条件。最重要的是为其后的全面抗战奠定了一定物质基础。同时，“关税自主政策和关金制度的实行，使中国关税收入不仅避免因白银跌价而造成的损失，而且有所增加，这就保证中国对外债具有越来越高的偿还能力。所以，到1936年时，中国的旧外债基本还清博得帝国主义各国的好感，不仅我国债券在国际市场上较前增加信用，而且国家地位声誉亦因此大为提高。”①这就为抗战期间取得国际援助创造了条件。

三是整顿和改革税收制度。首先是对中央税制的整顿和改革。包括：（1）废除盐税附加，实行新盐税法。通过整理和改革，盐税收入大为增加。以1936年的盐税收入同1927年相比，增加了12倍多。10年间盐税收入平均占税收总额的29%，成为政府第二大财源。②（2）废除厘金和类似厘金等苛杂，创办统税。所谓厘金，是地方政府在主要水陆交通要道设立的关、卡，向过往客商征收的货物通过税，是地方政府的重要财源。税率由值百抽一增到值百抽五，各地不一。凡货必税，关卡林立。这严重阻碍中国民族工商业的发展。国民政府成立以后，在宣布实行“关税自主”的同时就决定裁厘金。1931年1月1日，财政部明令废止厘金及子口税，并从即日实施。厘金明令废除后，各省财政收入减少了，又增征各种类似厘金的苛捐杂税，勒索民财，阻碍经济发展。1934年5月21日国民政府在南京召开第二次财政会议，通过了财政部提议办理的《整理地方财政案》《整理田赋减轻附加废除苛捐杂税计划案》。而后，将类似厘金等苛捐杂税彻底废除。在废除厘金和类似厘金等苛杂的同时，创办统税（所谓“统税”，是政府为增加财源而新开办的一种以“一物一税”为原则的新税）。这种新税制所征税的商品与货物，“系选择工厂制造或巨量农产品，为人民消费较大，且与社会经济无妨者”。③财政部为了严格管理统税的课征工作，确定以下几项原则：一、统税是国家税，地方不得重征和截税；二、征收统税的货物，应该以便于课征的大宗消费

---

① 刘振东：《孔庸之先生讲演录》第1册，台湾文海出版社1966年版，第179页。
② 杨荫溥：《民国财政史》，中国财政经济出版社1984年版，第47页。
③ 孔祥熙：《十年来的中国金融与财政》，载《抗战十年前之中国（1927—1936）》，台北文海出版社1972年版，第11页。

品为限，并须用法令明确规定；三、已征统税的货物，若遇有重征，应予以退税，确保一物征一税制度的建立；四、对货物征收统税全国采用统一税率；五、中外商人待遇一律相同。自此，中国具有资本主义形式的统税体系始告完成。统税因制度比较健全，又避免了厘金的诸多弊端，应当说是进步合理的。随着中国资本主义经济的发展和对外贸易的扩大，统税收入越来越增加，成了政府第三大税源。①（3）整理其他税制与实行所得税。国民政府在整顿改革关、盐、统三大税收的同时，对印花税和烟酒税也进行整理。1934年12月制定并颁布《印花税法》，从1935年9月1日起开始实施。同时，财政部规定从1934年起，对印花税实行提成，提成部分拨给各省市作为地方收入，以抵补减轻田赋附加和废除苛杂的少收部分。国民政府除改革间接税制外，还推行了所得税。1934年5月，南京政府召开第二次全国财政会议后，财政部决定实行所得税。1936年7月《所得税暂行条例》完成立法程序并明令公布。所得税的举办，是国民政府税收制度的又一重大改革，而且改革后的税收逐步增加。中国的税收制度开始进入世界先进国家行列。其次是整顿改革地方税收制。主要是土地税（包括田赋、地价税和土地增值税），此外还有契税、屠宰税、营业牌照税、房捐、筵席及娱乐税以及各种附加、摊派和杂捐等。

四是建立国家金融机构与现代银行制度。国家金融机构的建立包括：（1）建立中央银行（按照《中央银行条例》规定，国民政府授予中央银行的特权主要有四项：依兑换券条例，发行兑换券——纸币；国币——硬货之铸造及发行；办理国库事务；募集内外公债及办理其他事宜。职能与权限相当于我们现在的中国人民银行）。（2）将中国、交通两行改造成国家银行。（3）增资改组，使中央银行成为三行之冠。（4）将四省农民银行改组成中国农民银行。（5）设立中央信托局和成立邮政储金汇业局。

---

① 中国社会科学院近代史研究所中华民国研究室：《中华民国史》第八卷（1932—1937）下，第727页。

政府控制国家金融命脉的“四行二局”作为完整意义上的国家金融统治机构，其最后形成是在1935年前后。通过1935年实施的法币政策，“四行二局”作为国民政府国家金融体系的主体地位确定下来，并开始发挥控制和支配全国货币金融总枢纽的功能。

在对国家金融机构继续改革整顿之后，国民政府开始了对私人行庄的控制，并逐步构建起全国金融网。到1935年11月法币政策实施以前，国民政府已完成对全国金融业的控制，并在资本实力上占绝对优势。

国民政府国家金融机构的建立与发展，以及对省市立银行和私人行庄的控制，标志着国民政府的金融垄断体制初步形成。为发展经济，安定政治局面，准备抗战，创造了有利条件。

2. 国民政府的经济建设

20世纪30年代后，由于遭受世界经济危机的袭击与帝国主义的经济侵略，再加上天灾战祸，中国农村破产，工商凋敝，民生濒危。为挽救面临崩溃的国民经济，使人民生活稳定，蒋介石于1935年4月1日在贵阳发起“国民经济建设运动”，称“今日须有一种运动继新生活运动之后而起，即国民经济建设运动”①。8月8日，蒋介石在成都通电各省政府主席转告各地同胞，指示经济建设纲要。10月10日，蒋介石发表《国民经济建设运动之意义及其实施》的文章。同年12月，国民党五届一中全会通过《确定国民经济建设运动实施计划大纲》，于1936年1月1日公布。蒋介石的讲话及国民党五届一中的决议，对国民经济建设的涵义、目标及实施要项做了具体论述。

国民经济建设运动的涵义：“为促起人民以自动改善国民之经济，即为集合全国社会与生产机关各部分之努力，建设健全之国民经济。政府则以所有之力量，为之排除障碍，且予以种种助力与便利者也。国民经济建设运动者，以建设国民经济，即解决民生问题为目的，与国家经

---

① 蒋介石：《国民经济建设之意义及其实施》，转引自葛定华：《国民经济建设要论》，正中书局1937年版，第1页。

济政策范围有广狭之殊。盖国家经济政策，于民生而外，更须注意于国计，而国民经济建设运动之本位，则为国民也，其对象则为民生也。总理以民生主义为三民主义之中心，国民经济建设运动者，实以三民主义为基础，亦即民生主义实现之初步也。”①

国民经济建设运动的目标是：为“尽人力，辟地利，均供求，畅流通，以谋国民经济之健全发展”。②其积极方面：甲、增加生产总量，解决生活需要。乙、增加工作机会，解决失业问题。丙、增加输出产品，藉谋贸易平衡。丁、保障投资安全，鼓励生产活动。消极方面：甲、解决阻碍生产发展之外面的原因（如捐税、产业法规、劳资关系等）。乙、解除阻碍经济发展之内在的原因（如缺乏经营方法与人才等）。丙、解除阻滞货物流通之障碍（交通、金融、运销制度等）。丁、解除妨碍生产建设之心理等因素（如愚昧迷信、保守、缺乏劳动习惯及漠视经济等）。③

蒋介石说：在本运动目标上，“首要急务，为使人尽其才。一方面使专门人才有贡献能力于经济建设之机会；一方面使有劳动力的国民，尽量发挥其劳动力于经济建设；同时并须养成中级人员有实际之经验与指导之能力。盖必先人尽其才，而后地尽其利，此为我国从事国民经济建设时所不可忽略者”。④

国民经济建设运动的实施主要为八个方面。

一、振兴农业：增加农业生产，凡制肥选种，改良农作方法，活泼农业金融，流畅农产运销，悉以合作社为基础，指导并改进之，以达到粮食自给自足为初步目标。一方面增加农业原料之生产量，同时提倡农产之就地加工制造。

二、鼓励垦牧：鼓励大规模之移民垦荒与经营畜牧，实施军区屯垦制，恢复并增进牛羊马匹与农村各种副产物（如猪鱼鸭之类）之生产，

① 张其昀主编：《先总统蒋公全集》第1卷，台湾中国文化大学1984年版，第1014页。

② 张其昀主编：《先总统蒋公全集》第1卷，第1015页。

③ 中国社会科学院近代史研究所中华民国研究室：《中华民国史》第八卷（1932—1937）下，第824页。

④ 张其昀主编：《先总统蒋公全集》第1卷，第1015页。

同时提倡各省所有荒废土地之开垦与耕作，以地无旷土为目标。

三、开发矿产：调查矿产状况及摧残矿业发展之原因，建议政府改善矿业法规，鼓励矿产投资，扶助矿商之独立经营与自由发展，以辟天然之富源，而容纳众多之劳力。

四、提倡征工：赞助政府实施征工制度，鼓励民众参加义务劳动。尤以开发交通道路，修治水利，培植森林，开辟垦地，为征工之基本工作。同时实施兵工政策，与征工制并行。以军队补助各地征十工务之不足，并为建设地方公共工程之倡导。

五、促进工业：对农村简易工业及农产品加工制造之简单工业，提倡就农村或其附近按合作系统经营之。对于一般工业，由政府分别保护并奖励之。一面设立劳资调节机关，遇有劳资纠纷，予以公平调处。并须赋与该机关以最后强制执行之权，借以保障企业之安全与劳动者之工作。

六、调节消费：统计各地尤其农村之消费品种类与数量，力谋供求之调剂，必须消费者尽量自己生产；其不能生产者尽量节约其消费。此项工作，须由当地职业团体及合作社协力进行，并须取得进口业公业之赞助。

七、流畅货运：一方面尽量发展各县各省区间之道路交通，改进水陆货运，力谋货物流通之便利；一方面设立各重要地区之主要农产品，如棉、麦、米、丝、茶等之公共仓库与运销机关。

八、调整金融：鼓励民间之储蓄，活泼资金之融通，由政府执行健全之货币与汇兑政策，而人民衷诚拥护之。①

国民经济建设的初步工作，涉及调查统计、集中人才、研究设计、训练人才与宣传指导等项目。为推动建设运动的开展，1936年6月国民政府成立了国民经济建设委员会。

国民经济建设委员会总会设在南京，分会遍设各省、县、市。该会并

① 中国社会科学院近代史研究所中华民国研究室：《中华民国史》第八卷（1932—1937）下，第824—825页。

非政府机关，而是一个以宣传及提供实际协助方式，促进人民与政府密切合作的机构。委员会除蒋介石任委员长外，大部分委员均由政府人员兼任，但不另行支薪，与建设委员会等机构不同。

国民经济建设运动推行后，民众的经济建设观念为之一新，到1936年国民经济的发展开始有所转机。随着世界资本主义经济的复苏，中国经济也开始活跃。中国农业，由于1936年全国未发生大的自然灾害，两年多来又采取了改进生产的措施，也出现增产势头。1936年的中国工业、商业、农业比1935年都有较大增长，与南京政府建立的1927年相比，1936年可算作中国经济发展的高峰。①

3. 国民政府实行币制改革

1840年鸦片战争后，随着外国资本主义的侵入和本国商品经济的发展，中国本来就不统一的货币制度变得更加杂乱。到20世纪30年代，多种银两、银元、铜币和纸币在市场上流通。货币制度的不统一，严重阻碍着国内商品的流通，为外货倾销提供了可乘之机。国民政府成立后，即着手对中国极为紊乱的货币制度进行整顿。财长宋子文认为：其整理目标，应从开铸统一的国币，严禁各种劣币流通方面着手。②首先是整理纸币，由国家银行统一纸币发行权；其次是整理铸币，建立中央造币厂，实行铸币统一。第三是实施废两改元。废除银两，完全采用银元，以统一币制。1933年3月1日，中央造币厂正式开铸统一标准的银元。同日宋子文颁令，规定上海市面通用银两与银本位币换算率为规元7.15钱合一元，并于3月10日起先从上海施行。在上海试行的基础上，国民政府于1933年4月6日颁发废两改元训令："兹定四月六日起，所有公私款项之收付及一切交易，须一律改用银币，不得再用银两"。③

---

① 中国社会科学院近代史研究所中华民国研究室：《中华民国史》第八卷（1932—1937）下，第826页。

② 宋子文：《国民政府财政部最近三个月报告书》，1928年6月，转引自吴景平：《宋子文评传》，福建人民出版社1992年版，第131页。

③ 国民政府财政部编：《国民政府财政公报》第62期，第76—77页。

废两改元的实施，是中国币制现代化过程中的一个重要步骤。实施废两改元，既使货币计算单位由繁变简，又使不同的银元归于统一，由中央造币厂开铸的国币代替，对促进社会商品经济的发展、便利人民的生活有着重大作用。同时，废两改元扩大了中央银行活动的规模和机能，有利于中央银行纸币的推行，也为以后实行法币制度奠定了基础。

废两改元的作用和影响并不限于经济领域，对加强国民党中央对各地方派系的驾驭力量，强化国民政府在政治上的统治地位，都起到一定作用。

但是，实行废两改元，中国仍然还是行使银本位货币制，必然受到世界银价涨落的影响而不稳定。因此，法币政策的实施便继之而至。

1929—1933年，资本主义世界爆发了大规模经济危机。帝国主义列强为了转嫁经济危机和垄断世界金融，先后放弃金本位，采取货币贬值政策。中国以银为货币，不论银两或银元都有固定含银量，无法任意贬值，致使国货难以输出而外货倾销极易，故入超日甚。国内农工商各业均因受此打击而日趋萧条，中国币制不改，无法振兴经济。

同时，美国白银政策对中国币制产生了严重冲击。美国是世界主要产银国，加上在国外投资的银矿，每年产银量约占世界总产量的66%。为应对银价低落，美国从1933年起推出一连串提高银价的办法，其中对中国影响最大的就是1934年6月实施的《购银法案》。美国宣布放弃金本位，实行美元贬值，大幅提高银价，大量收购白银，禁止白银出口，白银收归国有等。至1935年3月美国在国内外市场收购白银，总数达3.95亿盎司以上，白银的伦敦市价呈直线上升之势，由1933年的每盎司1.7先令，增至1935年4月的3先令。美国政府企图用这种办法转嫁其经济危机，实现垄断世界金融的目的。

当时中国实行银本位制，但国内产银并不丰富，需从国外进口白银予以弥补，因此，中国的币制及其经济受世界银价变迁影响很大。当国际市场银价低落时，白银就会涌入中国，入超急剧增加，反之，银价上涨，白银又会大量流向国外，造成国内金融枯竭，通货紧缩。美国实行“白银政策”后，世界市场银价高扬，中国存银急剧外流。

白银大量外流，加上在华外国银行有意制造混乱，上海、北平、天津等大城市相继出现白银挤兑现象，导致许多银行不得不宣告清理或倒闭，使中国金融基础发生动摇。1934年10月15日，国民政府财政部为控制白银外流采取了紧急措施，下令对白银加征出口税10%，并根据国内外银价差额征收平衡税。但这种办法并不能解决问题，从海关统计数字看，白银输出是少了，但刺激了走私和偷运。1935年1年之内，白银走私出口在1.5亿至2.3亿元之间。①严重的走私使平衡税失去意义。

银本位制的根本动摇，金融市场与整个国民经济行将崩溃，迫使国民政府不得不另谋新途——实施法币改革。同时，30年代初开始，世界各重要国家因世界经济恐慌而相继“改定货币政策，不许流通硬币”②的潮流，对国民政府实行法币改革也起到了示范和推动作用。除此以外，如国家财政困难，预算庞大，赤字无法平衡，日本侵华战争日益扩大迫切需要筹集战时财政，均需一个稳定的、富有弹性的货币制度给予配合。

国民政府1934年10月开征白银出口税之后就考虑币制改革方案，同时恳请美、英等国派财政专家帮助策划。英国在中国的经济权益最大，为保持在华经济利益优势，打破日本独占中国野心，在接到宋子文请求援助之后，立即开始行动。1935年3月3日，英国提议由英、美、法、日四国共同借款援助中国。英国驻华大使贾德干立刻入京同外交财政部门接洽借款事宜，唯日本反对，美、法又不热衷，事遂不成。同年6月初，英国决定派遣首席经济顾问李滋·罗斯爵士来华，考察英国在华贸易状况，并协助中国解决财政与金融问题。

具体方案是：中国放弃银本位制，由中央银行专司发行可兑换成外币，但不可兑换成白银的纸币，并采用英镑作为新币制的基础。③

李滋·罗斯赴华之前，首先赴日本活动，希望英国的援华活动能得

---

① 杨格：《1927—1937年中国财政经济状况》，第238页。
② 杨培新：《旧中国的通货膨胀》，生活·读书·新知三联书店1963年版，第23页。
③ 《英国外交政策文件》第2辑第20卷，第569页。

到日本的谅解。为了迁就日本，李滋·罗斯甚至提出以中国承认“满洲国”作为英、日对华提供援助的条件，要求日本保证放弃介入长城以南的中国政治和行政事务。但正在华北积极扩展势力的日本拒绝了英方的提议。

9月21日，李滋·罗斯抵达上海，与南京政府代表宋子文、孔祥熙讨论中国币制改革方案。宋、孔的基本态度是：拒绝以实际上承认“满洲国”为条件来获得英、日联合对华贷款；同意放弃银本位、发行与英镑联锁的纸币；原则同意将纸币发行权集中于中央银行，但在一定时期里，让中国银行和交通银行作为中央银行的助手，有限制地继续发行纸币，由三行对纸币发行及准备作联合控制，改革中央银行，使其更独立于政府，董事会成员由股东选举产生，总裁、副总裁则由政府指定；中央银行不接受任何外国银行控制，但可同意聘请一名英国专家，如果能获得1000万英镑（当然最好是1500万英镑）的借款，中国将在10月份宣布币制改革方案，并同意在该项借款清偿完毕以前维持现有由英人任海关总税务司等要职的海关管理体制等。到10月中旬，双方已基本谈妥英国对华贷款及中国币制改革方案。10月9日，李滋·罗斯致电英国政府：“我倾向于把币制改革计划付诸实施，即使涉及到1000万英镑的风险，这远胜于无所事事。我们在长江流域的基本利益及在这一地区的任何发展，都将加强南京政府在国内的地位。”①但是，英国政府依然不敢决断。10月22日，英国财政部电告李滋·罗斯：“币制改革方案，从技术角度而言看来对我们甚为有利，但我们的困难在于政治方面。”②英国主要是担心美、日两国反对，不敢马上采取行动。

10月中下旬，中国金融形势进一步恶化，“投机与恐慌之风，弥漫金融市场，整个金融组织为之动摇”。国民政府决定不再等待英国政府的贷款，决定自行制定法币政策。法币改革方案在1934年10月开始谋划。为防日本人破坏，绝对保密，只有蒋介石在汉口召集宋子文、孔祥熙进

① 《英国外交政策文件》第2辑第20卷，第616页。
② 《英国外交政策文件》第2辑第20卷，第630页。

行过秘商。而后宋立即与美籍顾问杨格等人着手规划，草拟各种币制改革方案。1935年6月3日，财政部次长徐堪奉命拟定法币政策具体条文。“其初方考虑实行金本位制与虚金本位制，均难适合现状。最后乃根据国父钱币革命之理论，实施法币政策，对内不兑现，然必须确立信用，除以现金为准备外，一切完粮纳税均用之，方可示民于信。但对外则可无限制买卖外汇，以稳定汇价。于是豁然贯通，乃拟具实施法币政策六条。”“拟定后复字斟句酌，逐条检讨，然后定稿。其后虽经财经首长宋子文、孔祥熙及最高当局之研究审阅，复征询李滋·罗斯之认可，但并无一字修改”。[①]这就是同年9月底李滋·罗斯抵南京后，孔祥熙送给李氏征询意见的草案。李氏阅后视为周密完善之规划，极表赞许；并协助财政部解决若干实施细节问题。

10月26日，宋、孔向李滋·罗斯强调：在英镑借款确定之前，中国不能确定采用英镑本位。[②]11月1日，宋子文拜会李滋·罗斯和英国驻华大使贾德干，说明中国将立即实行币制改革，宣布白银国有，所有持银者将被要求用现银兑换政府银行发行的纸币，要求英方对在华英商银行施加影响，遵守中方的规定；中国将提高银出口税，以使银行不能从出口白银中获利，因此，交出白银是符合外商利益的。同时说明已向美国方面提出同样要求，如果美、英银行接受中方的方案，那么除日本以外的其他外商银行可能都会同意合作。[③]11月3日晚，国民政府财政部颁布紧急命令，规定自4日起，中央、中国、交通三银行所发行之钞票定为法币，所有完粮纳税及一切公私款项之收付，概以法币为限，不得行使现银，违者全数没收，以防白银之偷漏；所有银本位币或其他银币、生银持有人应即将其交给指定之银行，照面额或实含纯银数量兑换法币，旧有以银币单位订立之债务，应各照原定数额于到期日以法币结算收付；为稳定法币对外汇价，应由中央、中国、交通三银行无限制买卖

---

① 徐堪：《自述》，载《徐可亭先生文存》，台北1970年版，第5—6页。
② 《英国外交政策文件》第2辑第20卷，第637页。
③ 《英国外交政策文件》第2辑第20卷，第652页。

外汇等。①

实施法币改革是中国货币金融史上的重大变革，对中国全面抗战起到了非常重要的作用。

第一，实行统一发行，采取管理纸币制度，不仅符合世界各国货币发展的共同规律，而且有利于货币统一和国民经济发展。过去，中国货币主体为金属货币，既笨重又不统一，对商品交换极为不利。发行权又不集中，有30多家金融机构有发行权。法币改革实施后，发行权集中于国家四大银行，把国家银行发行的货币定为法币，这就是统一全国货币，有利于商品交换，促成全国统一市场的形成和国民经济发展。同时，由铸币换成管理纸币，也是顺应历史潮流，符合世界各国货币发展的共同规律，使中国加入世界先进行列。②

第二，废除银本位制，实行法币改革，效法英美采取货币减值政策，有利于经济发展。1935年11月4日实施法币政策时，规定银币一元兑换法币一元。而实际兑换时却是银币六元兑换法币10元。银行可以用白银60%，票据40%，兑换100%的法币。这样，法币的流动量就比银币增加了。1935年11月2日以前，四行发行的钞票仅为4.57亿元，到1937年6月底就增发到14.07亿元，后者比前者增加了3.2倍。③

货币流通量的增加，使货币紧缩，市场危机得到缓解，全国物价不断下跌趋势得以扭转，从1935年11月开始呈现回升景象。物价的普遍回升又刺激了农工商各业的发展，使国民经济出现了繁荣景象。

第三，实行白银国有，卖银换汇，稳定法币汇价和金融行市，有利于对外贸易发展和国际收支平衡。实行法币政策后，法币对内采取管理纸币制度，一元法币不能兑换一元银币。对外却采取金汇兑本位制，由中央、中国、交通三行无限制买卖外汇来保证。从11月5日起，由中央银

---

① 《银行周报》第19卷第43期。

② 卓遵宏：《中国近代币制改革史（1887—1937）》，台北国史馆1986年印行，第404页。

③ 《历年法币逐月发行数额表》，载《历史档案》1982年第1期，第67页。

行每日挂牌公布汇价。当时规定的汇价是法币一元等于英镑一先令二便士半。其他汇价由镑汇算出，每100元法币等于29.75美元，等于103日元。①此后法币对英镑、美元和日元的汇价，直到1938年3月很少变动。这是中国政府将全国所有白银都收归国有，而后又将白银运到纽约和伦敦国际市场去出卖，换回的外汇做法币准备金，由中央银行集中保管的结果。据美籍财政专家恩·杨格统计："币制改革之际，政府各银行收受其他银行所持有的白银总计约共两亿盎斯，这些都加进政府各银行原已拥有的1亿3千万盎斯之内。此外，1937年中期以前的二十个月内，又从公众方面收集到1亿7千万盎斯。因此在白银国有化方案之下，总共动员了5亿盎斯白银。"②到抗战前，全国收缴白银总额约八亿银元，占全国存银1/3以上。收缴如此庞大的数额，有助于法币准备金及外汇基金的设立，对法币改革政策的成功起了良好作用。

如此庞大数额的白银，封藏国内，如遇国际银价下落，将会大贬值；又恐中日战争爆发，外运不及，不如早运国外出售，换回外汇，充作中央、中国、交通三行无限制买卖外汇的基金，以稳定汇价，建立法币的国际信誉。而且国人对管理纸币（法币）的信任程度不佳，而法币可随时按稳定汇率换取外汇，也可安定国内法币价值，稳定民心。世界银价均受美国购银政策影响，故国民政府寻求美国协助。在1935年11月2日法币政策公布前一天，美财长摩根索同意购银，13日签订协议，美方以每盎司美元6.625角向中国购买白银5000万盎司，限定所得款数悉作稳定新币值用。1936年初，财政部又请求美国收购白银一亿盎司，美国建议派代表团磋商。中国于3月13日派陈光甫、顾翊群、郭秉文等赴美洽商，至5月14日达成协议。③美向中国购银7500万盎司，每盎司售价为美元4.5角，另以5000万盎司为担保，贷给中国2000万美元。并约定中国保持币制独立，不与世界任何货币集团联系，及中国至少保持25%的白银为发行

① 石毓符：《中国货币金融史略》，天津人民出版社 1984 年版，第 27 页。
② ［美］阿瑟·恩·杨格：《1927—1937 年中国财政经济情况》，第 269 页。
③ 姚崧龄：《陈光甫的一生》，台北传记文学出版社 1984 年版，第 80—82 页。

法币之准备。①财长孔祥熙随后宣布：法币现金准备，可用外汇充之，唯白银准备最低限度，应占发行总额的25%。②从此，中国法币既同英镑有联系，又以美元集团为后盾；还有充裕的外汇作准备。这样既能稳定法币对外汇价，又能扩大法币对内准备金的范围，法币发行量亦随之扩大，金融市场因而活跃。到抗战爆发前夕，中国在美存银尚有6200万两，卢沟桥事变后，将所有存银售予美国，所得价款又买回美国黄金3000万两，存储联邦准备银行，作为发行准备。③

第四，缓解金融危机和解决财政困难，为准备战时财政，促进全国实质统一创造条件。法币政策实行以后，放弃银本位，银价与币值完全脱离关系，法币对内不再与定量白银有等价关系，对外汇价也可以作人为的控制。这就可以冲销世界各国因放弃金本位而采取货币贬值政策，向中国低价倾销汇兑的不利影响。同时，中国放弃银本位，实行白银国有，杜绝外流，使法币与白银脱钩，终止世界银价涨落对中国币制发生不利影响，使中国币值稳定，金融行市正常运行，这就缓解了金融危机。与此同时，国民政府的财政危机也得到解决。政府财富顿形增加。资金因集中而雄厚，金融因调剂而活泼，国家的金融危机和政府的财政困难立时得到缓解或解决。到1936年秋，国家的旧外债基本还清，中英、中美贸易和经济关系日趋密切，法币对外汇率稳定，无形中提高国家的国际政治、经济地位。法币改革后，地方政府的货币发行权被取消，白银被收缴为国有，在财政上不得不依附中央，受中央节制，各省之间因货币、市场的统一，商品交换经济交流更加密切；随着法币流通范围的扩大，人民对法币信用的依赖程度提高，对政府威信的认识有所加深。这就使中央政府同地方政府，同全国人民的关系密切起来，无形中加强了全国经济、政治、思想的实质上统一，为全民族抗战的发动创造了条件。

第五，实行法币改革，对坚持抗战起了保证作用。法币改革后，改银

---

① 张寿贤：《陈光甫先生传略》，第83—84页。

② 李骏跃：《中国纸币发行史》，重庆中央银行经济研究处1944年版，第102页。

③ 秦孝仪主编：《中华民国重要史料初编——对日抗战时期》绪编（三），第221页。

本位制为管理纸币制度，钞票发行富有弹性，可以根据国家财政经济发展的需要，实行有计划的增加发行。一旦国家面临生死关头，政府可以采取适当的通货膨胀政策来解决战争急需。抗战前期，法币价值尚称稳定，后期增发量大，出现通货膨胀。战时，世界各国普遍采取通货膨胀政策，德国马克贬值更厉害。全民族抗战八年之久，军用浩繁，国民政府能坚持抗战，获得最后胜利，法币政策功不可没。

此外，实行白银国有，战前即将白银运往国外，所得外汇存在海外。战争期间，得以外汇购买外国物资和军火运回国内，充实抗战力量。法币改革后，铸发新辅币，将大量含铜量较多的铜元收归国有，铜为军需金属，用来制造军火，对抗战大为有利。

第六，法币政策的实施，对日本是一沉重打击。为避免日本人破坏，此次法币改革方案的筹备计划是极端保密的。故宣布后，日本大起恐慌，视为外交上一大失败。英国因为商务关系，早已答应给予协助。中国宣布后英皇已下诏在华侨民及汇丰、麦加利等银行，须遵行中国新币制。日本为此曾责问英国政府，但想阻挠已来不及。日本转而坚决反对中国币制改革。11月8日，日本驻华大使馆武官矶谷廉介发表声明，表示“断然反对”此次币制改革，指责南京政府此举“事前既无任何必要准备”，又未获“包括日本在内之各国谅解”，“将导中国四亿民众于灭亡”，声称“日本自不能默视邻邦民众之被骗入灭亡之渊”，“中止改革方案乃救中国之唯一途径”。①次日，日本军部也发表声明，态度更为蛮横，直斥中国的币制改革为南京政府中宋子文、孔祥熙一派“以饱私富”“榨取人民膏血”之举，并抨击英国的对华政策是“在财政的援助美名之下，拟掌握政治的实权，企图使半殖民地中国决定的隶属英资本下，同时更谋驱逐日本势力”，声明日本对此“不能默视”；②日本政府不仅通知在华的日本、台湾、朝鲜等银行拒不交出所存白银，而且阻止在天津英、法租界中的白银南运和法币在华北的流通，并加快了策动“华北

---

① ［日］《满洲报》1935年11月11日。

② ［日］《满洲报》1935年11月11日。

自治运动”的步伐，使中日关系更趋紧张和复杂。

日本坚决反对中国的币制改革在于他们明白，中国实施法币政策，使资金集中，调度较易，对筹备战时财政、支援军事作战意义极大。在日本人看来：“中国如无1935年之法币政策，则无1937年之抗战。”①当然，蒋介石同样认为：在抗战前，因“统一币制，实行法币政策，奠定了国家统一与独立的基础。我们今日抗战，使军事与经济都能立于不败之地，实赖于此”。②

总之，币制改革不仅挽救经济危机，有利民生产业，而且对国家存亡与抗战成败，均具重要意义。

4. 国民政府的国防建设

1932年11月1日，国民政府国防设计委员会正式秘密成立，归属参谋本部，下设三处八组，即：秘书、调查、统计三处；军事、国际、文化、经济及财政、原料及制造、运输及交通、人口土地及食粮和专门人才调查八组。11月29日，公布《国防设计委员会组织条例》，明确宗旨为：“值兹国难当前，国防机务，万端待理，为集中人才，缜密设计起见，特设国防设计委员会，以期确立计划，从事建设。”规定该委员会的任务是：（1）拟订全国国防之具体方案；（2）计划以国防为中心的建设事业；（3）筹拟关于国防之临时处置。③蒋介石自任委员长，首批聘任设计委员39人。委员会隶属国民政府参谋本部。其工作重点是在全国范围调查矿业与重工业资源，制订统制计划。以国防为中心进行经济建设，目的是充实国力，准备抗战。并派出西北、西南资源勘测队进行实地考察。旋提出以湘、鄂、赣三省作为后方战略基地的计划，即“拟以湖南中部的湘潭、醴陵、衡阳之间为国防工业之中心地缘，并力谋鄂南、赣西以及湖南各

① 中国社会科学院近代史研究所中华民国研究室：《中华民国史》第八卷（1932—1937）下，第771页。

② 蒋中正：《中国之命运》，台北阳明山庄1950年版，第120—121页。

③ 国防设计委员会宣台湾国史馆编：《资源委员会档案史料初编》上册，台北1984年版，第16页。

处重要资源之开发，以造成主要经济中心”。然此时国民政府的政策中心放在对内“剿共”上，这一计划仅是设想。但其意义在于由此开始了以国防为中心的经济建设。

1935年，日本策动华北自治，国民政府对日外交开始向积极方面转化。国防设计委员会搞了两年半，蒋介石网罗大知识分子的目的基本达到。同时，中国共产党第五次反“围剿”失败后，红军开始长征，国民党的精力开始向如何对日，准备抗战方向转移。法币政策实行后，国家资本已渗透到金融业、商业以及工业部门。此时，面对内忧外患，如何建设以西部后方为基地的军火工业与基础重工业的建设，就成为南京政府迫在眉睫之事了。

1935年，作为蒋介石参谋机构的、以调查为主要目的的国防设计委员会宣告结束。在此基础上，以建设国营企业尤以重工业为中心任务的军委会资源委员会应运而生。

1935年12月4日，国民党五届一中全会通过了《确定国民经济建设实施计划大纲案》。内称：“值此国际风云，益趋险恶，设战事一旦爆发，海洋交通隔绝，外货来源阻断，举凡吾人平日衣食住行之所需，将立呈极度之恐慌。届时即无强敌之侵入，我亦将因社会经济之混乱而自行溃亡也。……应速具勇往果断之决心，采取最进步最有效之方式，迅速作适当之准备，调整原有生产组织，统制社会经济行动，使国民经济，得为有组织有计划之活动。”①

该案确立了国民经济建设实施计划原则28条。并在第三条中规定：“国民经济之建设，应以整个民族为目标，在目前国际情况下，尤应审度各地交通地理之形势，凡基本工业之创办，重大工程之建筑，均须择国防后方之安全地带而设置之。”

1935年7月，蒋介石提出：“对倭应以长江以南与平汉路以西地区为主要线，以洛阳、襄樊、荆宜、常德为最后之线，而以川黔陕三省为中

① 蒋纬国:《抗日御侮》第1卷,台北黎明文化事业公司1979年版,第101—104页。

心，甘滇为后方。”①据此，1935年资源委员会拟定了一个以湖南、湖北、江西为基地的“重工业五年计划”，分为冶金、燃料、化学、机械、电气七五部。②提出了在湘、鄂、赣三省建立后方战略基地的设想，“拟以湖南中部如湘潭、醴陵、衡阳之间，为国防工业之中心区域，并力谋鄂南、赣西以及湖南各处重要资源之开发，以造成一个主要经济中心。”③从1936年4月开始，陆续在上述三省及西部地区各省建设重工业厂矿17个。及至抗战前，已完成21个，沿海省份一个也没有。④这表明国民政府已有了将西部地区尤其是西南地区作为大后方的战略意图。

资源委员会拟定了重工业建设计划，涉及的主要内容如下：(1) 统制钨锑，同时建设钨铁厂，年产钨铁2000吨。(2) 建设湘潭和马鞍山炼铁厂，年产30万吨。(3) 开发宁乡和茶陵铁矿，年产30万吨。(4) 开发大冶、阳新和彭县铜矿，同时建设炼钢厂，年产3600吨。(5) 开发水口山和贵县铅锌矿，年产5000吨。(6) 开发高坑、天河、谭家山和禹县煤矿，年产150万吨。(7) 建设煤炼油厂，同时开发延长、巴县和达县石油矿，年产2500万加仑。(8) 建设氮气厂，年产硫酸铔5万吨，同时制造硫酸和硝酸。(9) 建设飞机发动机厂、原动力机厂和工具机厂。(10) 建设电机厂、电线厂、电话厂和电子管厂。

1936年度，国民党政府拨款1000万元，1937年度又拨款2000万元，作为建设重工业的经费。同时军事委员会批准统制钨锑矿出口贸易，所得盈利充作建设费用。于是，资源委员会便开始着手工业建设。在1936年至1937年上半年一年多时间内，先后设立中央钢铁厂、茶陵铁矿、江西钨铁厂、彭县铅矿、阳新大冶铜矿、中央机器制造厂、中央电工器材厂、中央无线电机制造厂、中央电瓷制造厂、高坑煤矿、湘潭煤矿、天河煤矿、四川油矿、灵乡铁矿、中央炼铜厂、重庆临时炼钢厂、水口山

① 张其昀：《中国国民党党史概要》第2册，台北1979年版，第747页。
② 国民政府资源委员会档案：28/5965，中国第二历史档案馆藏。
③ 经济部：《西南西北工业建设计划（1938）》，重庆市档案馆藏档案。
④ 国民政府资源委员会档案：28/5471，中国第二历史档案馆藏；另见《资源委员会公报》第10卷第3、4期，第68—75页、第8卷第4期，第44—49页。

铅锌矿、云南锡矿、青海金矿及龙溪河水电厂等21家企业。同时从国防考虑，这些厂矿均分布在湖南、湖北、江西、云南、四川、青海等省。资源委员会所拟定的重工业三年建设计划中筹设的厂矿大部分已经动工兴建。这一计划的拟定以及部分实施，对中国工业的发展起到了一定的积极作用。①

交通建设是经济与国防建设必不可少的内容。为适应军事和经济的需要，国民党政府比较重视交通建设，取得的进展也较为显著。

1935年，国民党政府提出为流畅货运，要“尽量发展各县各省区间之道路交通、改进水陆货运，力谋货物流通之便利。”规定“交通运输之建设应使其适合经济建设及国际形势之需要。”②进一步整理旧路，修筑新路，并对各主要铁路增设防空设施。国民党五大还通过了《请兴筑滇省通江通海通缅铁道以应国防需要而辟经济泉源案》，指出：在此“中日战祸一触即发之际，沿江沿海随时有被封锁之虞。交通系国防至巨，为适应国防需要……确有及时兴筑通江通海通缅铁道之必要。”③至1937年上半年，交通建设有了较大进展。

铁路：中部南北大干线粤汉路于1936年4月28日株（洲）韶（关）段通车后，全线贯通。广九线也于1937年7月中旬接轨投入使用；东西大干线陇海路的展筑工程到1937年上半年，宝鸡以东至连云港共1075公里通车；华东干线浙赣路于1936年通车至南昌，迄1937年夏，南昌至株洲段通车；西部南北干线同蒲铁路于1935年9月通车，平绥、陇海两路从此沟通；东南的苏嘉路于1936年7月通车。同时，钱塘江铁路大桥也基本建成。此外，已经建成的铁路还有杭甬铁路、淮南铁路、江南铁路等。1936年国民党政府还提出“铁路五年计划”，拟定在五年（1936—1941）内兴建铁路8500公里，其中湘黔、贵南等铁路已开始动工兴建。至1937年上

① 军事科学院军事历史研究部：《中国抗日战争史》上卷，第514—515页。

② 张其昀：《中国国民党党史概要》第2册，第757、762页。

③ 罗家伦主编：《革命文献》第75辑，转引自军事科学院军事历史研究部：《中国抗日战争史》上卷，第516页。

半年，中国铁路已建13000公里。①

公路：到1937年上半年，全国已有公路109500公里，其中各省联络公路有29000公里，互通公路3万余公里；已铺路面者有43521公里，土路65979公里。建成或正在兴建的主要干线有京沪、京闽、沪桂、京鲁、京黔、京川、京陕、洛韶、汴粤、绥新、绥晋、西兰、西汉、甘新、川滇、湘黔等主要公路。②

5. 寻求西方援助

1934年7月，蒋介石在对庐山军官训练团发表的《抵御外侮与复兴民族》的演说中讲道：现在的问题，不是简单的中日问题，而是整个东亚的问题，也就是所谓太平洋的问题。日本人所争夺的整个太平洋的霸权，这就不是日本和中国两个国家的问题，而是日本和世界的问题。为什么呢？……因为中国是世界各国共同的殖民地的缘故，所以日本要求独吞中国，就先要征服世界，日本一天不能征服世界，也就一天不能灭亡中国，独霸东亚。现在日本虽然具备了一切军事的条件，可以侵略中国，并且可以和任何一个强国开仗，但决没有力量可以战胜列强，可以压倒世界一切，来实现他侵略的野心。……

"……日本的军事准备，不是对我们中国，……他虽然天天在……侵略我们中国，但他军事上的真正目标，不是在我们中国。……他早已认定：非要把与太平洋有关系的几个强有力的国家统统征服之后，才能达到独吞中国，独霸东亚的目的。所以他现在陆军的目标是苏联，海军的目标是英美。日本为要并吞我们中国，而先须征服俄罗斯，吃下美国，击破英国，才能达到他的目的，这是他们早已决定的国策……我们中国军人，要明了这个国际大势，明白了现在东亚的情形，就可以很大

① 张公权：《十年来中国的铁道建设》，载《抗战前十年之中国》，台北龙田出版社1980年6月印影初版，第271—277页；蒋纬国：《抗日御侮》第1卷，第94—95页。

② 吴相湘：《第二次中日战争史》上册，第296—297页。

胆、很安心，相信我们一定有方法资源和力量，可以来抵抗日本，复兴民族。”①

蒋介石认为，日本一天不能征服世界，就一天不能灭亡中国。认为世界列强是不会让日本独占中国的。因此，认为中国可以很大胆、很安心，相信一定有方法和力量，可以来抵抗日本。因此，国民党政府外交政策的基本点是，在继续奉行对日妥协政策的同时，向西方寻求援助，并利用日本与欧美帝国主义列强的矛盾及在华利益的冲突，牵制日本，试图以此延缓或避免日本的全面侵华，以待国际形势的有利变化。

华北事变后，英、美对华问题态度渐趋积极，国民政府的对外政策也开始着重于努力寻求外援，加强与欧美主要资本主义国家的经济联系。1936年4月7日，中国银行董事陈光甫一行抵达美国，与美国政府官员进行了40余天的谈判。5月中旬，“中美白银协定”正式签订，使法币与美元联系起来，从而缓解了国民党政府和美国政府在中国币制改革方面的矛盾。白银协定签订后，美国政府决定收购中国白银，并允诺提供美元外汇来稳定中国币值。这样，国民党政府便通过向美售银，换得大量美元外汇。同时，中美经济联系的加强，扩大了美国的对华投资。1936年，美国在华投资从1934年的2.7亿美元上升到3.4亿余美元。但是，白银协定的签订，使美国通过购买白银牢牢控制了中国的经济命脉。

国民政府的币制改革获得了英国的支持后，继续谋求英国对华投资和贷款。1937年春，孔祥熙率代表团以出席英王加冕典礼的名义赴英，与英国方面进行磋商。7月底至8月初，中英在伦敦达成了各项借款协定：广（州）梅（县）铁路贷款协定（300万英镑）、浦（口）襄（阳）铁路贷款协定（400万英镑）、整理内债借款协定（2000万英镑）。此外，还草签了梅（县）贵（溪）、三（水）梧（州）铁路借款协定（共800万英镑）。

国民政府在谋求英、美提供财政援助的同时，还大量从欧洲其他

① 秦孝仪主编：《中华民国重要史料初编——对日抗战时期》绪编（三），第107—109页。

国家借款。1934年8月23日，德国代表与国民党政府达成一个贸易协定，即中国以原料换取德国的工业品。1936年4月8日，中德在柏林签署《易货协定之补充贸易合同》，德国政府将向中国提供一笔达一亿金马克的商业信贷，中国以此购买德国工业品或其他产品，并向德国提供农产品和矿产原料。协定签订后，国民政府主要从德国购买武器和军用工业物资。到1936年10月，德国交付给国民政府价值1000万马克的武器装备（包括已在运输途中），其中有钢盔、反坦克炮弹、探照灯、海岸炮、水雷、高射炮、榴弹炮等。这样，国民政府在外汇拮据的情况下获得了部分急需的军事工业品。

在此期间，国民政府还与德国工业集团达成了数笔铁路信贷。其中有1934年3月与德国沃尔夫公司达成玉山——南昌铁路工程协议，德方提供价值800万元法币的材料贷款；1936年2月，由中国银行等与沃尔夫公司签署萍乡一南昌铁路工程协议，德方提供1000万元法币的材料贷款；1936年11月，铁道部为湘黔铁路工程和平汉路整理工程，与德国爱森钢铁公司等达成了价值为4000万元法币的材料借款。

1935年12月，国民政府任命张嘉璈为铁道部长，利用他在西方金融、经济界的影响，与欧洲各国进行铁路投资谈判。张除与德国达成协定外，还分别与荷兰、比利时、英国、捷克、法国的一些银行达成铁路借款协定，签订的铁路借款共达31932370英镑。①

1937年上半年孔祥熙访欧期间，还与一些国家达成了新的借款协定。其中有：与荷兰孟德宋公司达成中央银行信用借款1000万荷币；与瑞士银行分别达成中央银行调整金融借款1000万瑞士法郎、财政部充实法币外汇准备借款5000万瑞士法郎；与法国银行团分别达成中央银行调整金融借款二亿法郎、政府购置军用飞机信贷1.2亿法郎；在捷克与司各达公司达成购买机器、工业材料借款1000万镑。②后因全国抗战爆发，成约大部未能实现。

① 张嘉璈：《中国铁道发展》，商务印书馆 1946 年版，第 63—74 页。
② 《国民党五届五中全会财政报告》，中国第二历史档案馆藏。

国民政府在外患日甚的历史条件下，加强与欧美主要资本主义国家的经济联系，客观上加强了国民党政府与日本抗衡的经济实力。宋子文在谈到英国决定对华贷款时指出：虽然这些贷款不能公开用于预算项目（指直接弥补增加军费而导致的赤字），但有助于中国当局的“预算”局势。①大批外汇的获得，不仅增加了对急需军用物资的购买力，而且直接充实了法币的外汇保证，使统一的币制得到巩固，有利于调整战时经济。多笔铁路贷款合同的签订，加速了对国防具有重大意义的铁路建设。一批军火与国防工业设备的进口，使军队装备有了一定改善。这些，在客观上增强了中国抵抗日本侵略的能力。

6. 加强与苏联的联系

日本侵占中国东北，对苏联远东地区也构成威胁。鉴于中苏在这方面的共同利害关系，1932年2月26日，中国出席日内瓦裁军会议的代表颜惠庆，向苏联外交人民委员李维诺夫递交信函，建议讨论中苏缔结互不侵犯条约，苏联代表欣然同意。同年12月12日，颜惠庆与李维诺夫在日内瓦交换中苏复交照会，宣布中苏复交。1934年3月，蒋介石派参谋本部次长杨杰率中国军事代表团访苏，这是两国军界在复交后的首次接触。同月，颜惠庆在莫斯科向苏方表示，倘若发生日苏战争，中国将支援苏联。1934年9月，苏联决定加入国联，中国给予热烈欢迎。

1934年10月中旬，蒋介石派清华大学教授蒋廷黻访苏，秘密探讨建立中苏对日同盟的可能性。临行前，孔祥熙告诉苏联驻华大使鲍格莫洛夫，“蒋介石请蒋教授协助”增进中苏关系。②1934年10月16日，蒋廷黻同苏联副外交人民委员斯托莫尼雅科夫举行会晤，就中苏关系问题交换了意见。蒋向苏联保证，中国在任何情况下都不会站在日本方面来反对苏联，在一定条件下还将和苏联一起反对进犯之敌，并希望以培养相互

① ［英］恩迪斯特：《外交与企业：1933—1937年英国对华政策》，曼彻斯特大学出版社1975年版，第170页。

② 《蒋廷黻回忆录》，台北，传记文学出版社1979年版，第153页。

了解和信任的方式，达成某种攻守同盟的默契。两国通过非官方性质的秘密形式，摸清了对方的态度，明确了合作的前提，并决定以外交以外的秘密商谈方式谋求一致，实现合作。

国民政府为加紧联苏，采取了一些实际步骤，1935年2月任命颜惠庆为驻苏大使。2月19日，又批准艺术大师梅兰芳接受苏文化协会邀请，赴苏演出。3月23日，苏联和日本、伪满签订中东铁路买卖协定。这是苏联政府无视中国主权的行为，国民政府理应向苏进行严正交涉，但为保持中苏间的关系，并没有作出强烈反对的表示。

1935年4月蒋介石派其亲信邓文仪去莫斯科，以陆军上校军衔担任中国驻苏使馆首席武官。这位肩负特殊使命的人物，在莫斯科任职期间进行了多方面活动。他以武官身份与苏联军事当局和各国驻苏外交官员时常接触，还两次会见了苏联远东军区总司令布留赫尔将军，交换了“中俄合作，共同防制日本侵略”①的意见。

苏联在推进中苏合作方面也起着关键作用。由于国际法西斯势力的迅猛膨胀，希特勒德国和日本的密切勾结形成了东西方的战争策源地，直接威胁苏联的安全，苏联在改善中苏关系方面亦持积极态度。1935年5月，随着所谓“满蒙边界纠纷”的加剧，蒋介石指示颜惠庆向苏表示了一旦日苏战争爆发，苏联将可以得到中国军队的支持。苏对此极为重视，对中苏关系置于新基础上感到高兴，并指示驻华大使鲍格莫洛夫寻求一切可能的方法同蒋介石合作。5月9日，鲍格莫洛夫提出加强中苏事务性联系的建议，继而又要求举行两国的商约谈判，并略示其具有一定的政治意义。

1935年10月18日，广田三原则刚刚传到中国。19日，蒋介石就与鲍格莫洛夫进行秘密会谈。蒋介石提出，由于中苏两国受到来自同一方面的威胁，他是赞成改善中苏关系的，尽管他本人不反对签订贸易协定和互不侵犯条约，但它只是形式上的，关键在于中苏能否签订一个确实保障两国及远东和平的协定，它具有“实质性的意义”。

---

① 邓文仪：《冒险犯难记》（下册），台湾学生书局1973年版，第26页。

为了打消苏联政府的疑虑，详细说明蒋介石的意图，孔祥熙又会晤鲍格莫洛夫，说明日本人欲在华北制造一个与蒋对立的傀儡政权，故可排除蒋日合作的可能；日苏战争即将发生，中苏军事合作可以相互支援。孔进而直接了当地对苏大使称：中国政府在迫不得已进行武装抗日的时候，在海上获取任何军需物资都很困难，是否可以经由新疆从苏联获得军需物资。

10月25日，国民党政府又成立了以立法院长孙科为主席的中苏文化友好协会，进一步作出对苏友好的姿态。苏联方面鉴于蒋介石的某些诚意，于1935年12月14日指令鲍格莫洛夫，苏联同意就蒋介石所提出的协定同中国方面进行具体商讨。

1935年底，蒋介石派陈立夫偕张冲秘密取道欧洲，准备赴苏同苏联首脑“商谈对日军事同盟”，后因未能取得斯大林关于就秘密军事同盟进行交涉的允诺，遂令陈立夫“返国与苏联大使鲍格莫洛夫在京交涉”。①

1936年在南京、上海等地举办了苏联图片展，使中国人民更多地了解苏联。

国民政府积极开展与苏联的谈判。从1935年秋到1936年西安事变爆发前，两国代表在南京进行了多次谈判。参加谈判的代表，苏方是驻华大使鲍格莫洛夫，中方是蒋介石、孔祥熙、陈立夫、宋子文和张群。双方围绕中苏联合制日这个中心，对由此涉及的问题进行了磋商，增进了双方的了解与信任，为日后苏联确定援华方针，中苏合作打下了基础。

南京政府代表在谈判中要求苏联援助中国抗日。1935年10月9日，孔祥熙与鲍格莫洛夫谈判时提出：将来“中国被迫武装抗日”考虑到“通过海路难以获得任何军需物资”，“中国政府能否经过新疆从苏联方面得到军需品”。②对此，苏联政府很快就给予答复。苏联政府副外交人民委员斯托莫尼亚科夫11月15日通知鲍格莫洛夫：“苏联政府同意卖给

---

① 陈立夫：《抗日战争准备工作之回忆》，载台《近代中国》1977年第2号，第20页。

② 《苏联对外政策文件集》第18卷，第662页。

中国军需品”，请他“就此通知中国政府”。①在谈判中，苏联提出希望与南京政府签订贸易协定和互不侵犯条约。在10月18日的谈判中，蒋介石对鲍格莫洛夫说：他完全同意改善中苏关系，因为中苏两国受到了来自同一地方的威胁和同样的危险。他还声明，尽管他认为签订贸易协定及互不侵犯条约仅是形式的，但他赞成这些协定。他还暗示，想同苏联签订“有实质性的协定”，这个协定要能够真正促成中苏间的真诚关系和能够保障远东和平。②蒋介石还说，他不是作为中国政府主席，而是作为军事指挥官提出这个建议的。十分明显，蒋介石是想同苏联签订秘密军事协定，苏联政府鉴于南京政府已经改变了对日政策，没有拒绝蒋介石提出的关于中苏签约的提议。

12月24日，苏联政府电令鲍格洛夫通知蒋介石，苏联政府同意签订协定，并准备同中国具体讨论这个问题。③此后，蒋介石、孔祥熙、张群就此问题与苏方多次磋商，但苏联方面虽在口头上答应了蒋介石的提议，行动上却极为谨慎，1936年10月，蒋介石特派蒋延黻接替颜惠庆出任驻苏大使，以便进一步寻求中苏合作的方式，苏联基本不同意缔结中苏共同安全条约，按照李维诺夫的意见，苏联对中国的支持应该和西方国家对中国的支持处于同等的程度，在这方面，苏联既不应走在西方国家前面，也不要落在他们后面太远。④为了贷款给中国以购买苏联的军事装备，李维诺夫表示苏联愿意与中国缔结一项互不侵犯条约。1937年4月，立法院长孙科与鲍格莫洛夫会谈，详细讨论苏联授华方式，苏以战争贷款的方式提供军事装备，贷款利率优惠，但必须以不发动内战为担保，孙科告之国共和谈进展，请予宽虑。⑤

1937年6月，苏联倡议国民政府召集包括苏、美、英、法、日、荷等国的国际会议起草太平洋地区性集体安全条约，如遭拒绝，苏联则准备与

---

① 《苏联对外政策文件集》第 18 卷，第 663 页。
② 《苏联对外政策文件集》第 18 卷，第 537 页。
③ 《苏联对外政策文件集》第 18 卷，第 590 页。
④ 《蒋廷黻回忆录》，第 196 页。
⑤ 程天放：《中俄关系史》，华盛顿 1937 年版，第 211 页。

中国单独签订一项共同安全条约。①国民政府外交部长王宠惠曾与苏大使就此进行过磋商。在全面抗战爆发前，国民政府对苏外交的努力，虽没有达到预想的那样签署一带有军事性质的共同安全条约，但得到了苏联以武器授华的承诺，这对国民政府坚定抗日决心起了很大的促进作用。同时，中苏关系的改善，也为中国进行抗日战争创造了一个较为有利的国际环境。

① ［苏］维戈兹基：《外交史》第3卷，生活·读书·新知三联书店1982年版，第896页。

‖第四章‖ 希望与转折

在日本加紧对中国的侵略，中华民族处于危难之际，中国国民党与中国共产党在抗日救亡这一政治前提下，开始调整自己的政策，党派之争让位于民族兴亡，国共双方开始了秘密接触与谈判。作为在中国政治舞台上活跃的第三种势力，地方实力派是一支不允忽视的力量，其政治态度在某种程度上左右着中国政局的走向。虽参与“剿共”，虽与国民党中央争权抗衡，但在民族大义下，他们选择了“联共抗日”与“中央化”。全国各阶层人民也掀起了不同形式的抗日救亡活动。整个中华民族都行动了起来，国内各党派与阶层在抗日大旗下聚结。全国逐步形成团结抗日、一致对外的局面。

一、共产党人与抗日民族统一战线

九一八事变、尤其是华北事变后，中国的国际关系和国内阶级关系发生了重大变化。中日民族矛盾已上升为中国社会的主要矛盾。中华民族面临的主要问题就是抵抗日本的侵略，挽救日益深重的民族危机。正是在这一紧急时刻，中国共产党顺应历史发展需要，调整了自己的政策方针，提出抗日民族统一战线的策略方针，努力促成全国共同抗战的局面。

1. 抗日民族统一战线策略方针的确立

九一八事变后，中国共产党多次发表宣言，抗议日本对中国的侵略行为，呼吁全国各族人民迅速行动起来，反对日本侵略，并在东北地区组织领导了抗日游击战争，还多次提出同一切要求抗日的军队和群众联合抗日的主张。但是也必须看到，由于"左"倾错误的影响，这时党的政策上存在着一些问题。表现在：当时党提倡的统一战线，还不是广泛的民族统一战线，而仅仅是下层的统一战线，不仅未包括代表国民党上层内的一部分抗日分子，也未包括民族资产阶级和其他中间势力，甚至提出"中间势力是最危险的敌人"的错误口号；在战略指导上，当时中国共产党实际上是以阶级解放战争与民族解放战争同时并举的；在对外政策上，提出了"打倒一切帝国主义"，"武装保卫苏联"等错误口号，使自己处于被动地位。这些"左"的政策，使共产党不但没有能够利用"九一八"后出现的有利形势发展革命力量，却导致了第五次反"围剿"的失败。

九一八事变发生两天后，中共临时中央政治局就发表宣言认为，日本侵占东北，第一是为了进攻全世界第一个无产阶级的祖国、世界革命的大本营苏联；第二是为了掠夺中国，压迫中国工农革命；第三是要实行一次世界大战特别是太平洋帝国主义战争，以瓜分中国。①一个多月后中华苏维埃共和国的建立，更清楚地反映出这场事变丝毫没有使这个时候的中共临时中央的阶级斗争为纲的政策有丝毫改变。不仅如此，鉴于俄国十月革命利用当时国家因对德作战陷于危机成功夺取政权的经验，中共临时中央的领导人显然对利用这一机会来推倒国民党统治寄予

---

① 中央档案馆编：《中共中央文件选集》第7册，中共中央党校出版社1991年版，第396—398页。

了极大期望。①

1932年1月28日，上海事变爆发。驻守上海的第十九路军及奉命增援的第5军奋起抵抗日军的进攻，得到广大上海市民和国内舆论的广泛支持。然而，中共临时中央政治局却相信，“国民党各派军阀及中国资产阶级都是日本帝国主义的走狗”，他们充其量不过是在玩弄“各种各样的把戏来愚弄劳苦群众”，乘机“来侵吞民众的捐款”。这个时候，恰好是发动民众起来革命，号召士兵“杀掉你们的长官”，号召近郊农民武装起来，夺取土地，“进行游击战争”，进而“推翻国民党统治，建立民众自己的政权”的最好时机。②

结果，在日军大举进攻上海，国民党军队官兵奋勇抵抗之际，中共临时中央却明确要求上海地区的各级组织在战区内积极发动兵变。他们公开发表告上海民众书，宣称：“国民党及十九路军的长官是帝国主义的清道夫”，“国民党任何时候、任何地方、任何派别、任何军阀，都是帝国主义的奴隶，南京政府、广东政府、马占山、蔡廷锴，都是一样的东西。”他们为此号召前线的士兵们：“反抗国民党军阀的撤兵命令，枪毙反动的长官，持枪到闸北、吴淞、南市去，与民众一起继续与帝国主义决战到底”。③共产国际执委会虽然不主张提出反对蔡廷锴等抗日军官个人的口号，但也一样看准了这样的机会，来电要求中共乘机在全国各大工业城市，“首先在闸北、吴淞、上海与南京”，“创立革命军事委员会”，“逮捕国民党军队的投降的高级军官及卖国贼”，“推翻南京国民党政府，宣布自己为革命的民众政权”。④

1932年4月15日，中华苏维埃共和国临时中央政府公开发布对日作战宣言。这一宣言的目的非常清楚，根本上仍旧是号召民众“积极进行

---

① 沈志华主编：《中苏关系史纲》，第 53 页。

② 《中国共产党中央为上海事变第二次宣言》，1932 年 1 月 31 日；《中华苏维埃临时政府为上海事变宣言》，1932 年 1 月 31 日；《中央关于上海事件的斗争纲领》，1932 年 2 月 2 日。

③ 《中华苏维埃共和国临时政府告上海民众书》，1932 年 3 月 5 日。

④ 《共产国际执委会政治秘书处致中共中央电》，1932 年 2 月。

革命战争，夺取中心城市，来推翻国民党的统治”。因为它坚信：“推翻国民党政府的统治”是“顺利发展民族革命战争，实行对日作战的必要前提”。①但是，这样一种方针在实践中很快就被证明是行不通的。

中共这时在东北的武装首先就遇到了这样一种极其尴尬的局面。日本正在一步步吞并东北三省，东北军主力虽然退出了东北，但国民党以及其他党派留在东北各地的武装大多采取了抵抗的态度；按照中共临时中央的方针，中共武装要同时面对日本和国民党两大敌人。这样做的结果，不可避免地使本来就十分弱小的中共东北抗日游击队，遭到严重挫折。这种情况，直到1932年9月共产国际执委会第十二次全会召开，提出在满洲要实行与关内不同的政策之后，情况才有所改变。紧接着，中共驻共产国际代表团根据共产国际领导人的提议，提出“尽可能的造成全民族的反帝统一战线”的方针，主张在东北不仅要实行下层统一战线，而且应该联合其他抗日武装一致抗日。②在这一新的指示精神影响之下，中共在东北的抗日武装才渐渐开始有所发展，从最初的十几个游击队，逐渐发展为东北人民革命军六个军，并成为当时东北各种抗日武装的核心力量。③

1935年1月，红军长征途中，中共中央在遵义召开政治局扩大会议，开始了具有决定意义的历史性转变。8月，在共产国际七大关于建立反法西斯统一战线政策指导下，由中国共产党驻共产国际代表团起草，以中共中央和中华苏维埃中央政府名义发表了《为抗日救国告全国同胞书》（即“八一宣言”），呼吁全国各族同胞，各派政治势力在亡国灭种的现实危险面前，“停止内战，一致抗日”，建立抗日联军与国防政府，并明确指出：“只要国民党军队停止进攻苏区活动，只要任何部队实行对日作战，不管过去和现在他们与红军之间在对内问题上有任何分歧，红军

① 中央档案馆编：《中共中央文件选集》第8册，中共中央党校出版社1991年版，第639—640页。

② 中央档案馆编：《中共中央文件选集》第9册，中共中央党校出版社1991年版，第21—45页。

③ 沈志华主编：《中苏关系史纲》，第54页。

不仅立即对之停止敌对行动，而且愿意与之亲密携手，共同救国”。① 从而初步提出抗日民族统一战线的政策。

“八一宣言”具有许多新的特点：（1）不再局限于过去的下层统一战线或工农兵学商的联合，而是扩大为各党各派各军各界各个民族的联合，也包括国民党在内。（2）不再局限于过去与国民党某些军政人员订立协定、停止冲突、互相联合上，进而提出建立“全中国统一的国防政府”等，并为国防政府提出了十条施政方针。（3）宣言虽然仍把蒋介石排除在统一战线以外，但一再呼吁各党派停止内战，为抗日救国的事业而奋斗。宣言提出各界立即进行协商、谈判，召集各界代表大会，讨论抗日救国的实际工作。《八一宣言》初步纠正了“关门主义”，提出了抗日民族统一战线的基本内容，标志着中国共产党的策略方针开始了一个新的转变。

1935年10月的《中央为目前反日讨蒋的秘密指示信》，比“八一宣言”又前进了一步，“指示信”对华北事变后国内的政治形势、阶级关系的变化，党面临的主要任务，党的策略方针以及统一战线的具体对象，工作方法和领导权等，都作了进一步阐述。

“指示信”明确指出：“日本帝国主义及其走狗蒋介石是中国革命的主要敌人，抗日讨蒋是目前中国唯一的出路，是中国共产党目前工作中最主要的任务”。认为中日民族矛盾逐渐成为中国社会主要矛盾后引起了中国社会阶级关系和政治态度的变化。党的策略方针就是要抓住这一变化，建立广泛的统一战线，“不管什么阶级（从工农起资本家止），若果他们不愿做亡国奴，愿尽一点救中国的义务，中国共产党愿与之联合以共同策谋抗日反蒋行动；……不管什么党（自生产党至社会民主党，国家主义派止），若果他们愿意做任何反日反蒋活动，有一点救国救亡的情绪时，中国共产党都愿意很诚恳的与之统一战线以共同担负起救中国的责任。”党应该“彻底地转变自己的工作，就是（要）进行两条路线的斗争。一方面是反对‘左’倾的关门主义，因为他们恐怕困难，不愿

① 中央档案馆编：《中共中央文件选集》第9册，第481—488页。

浸入反日反蒋的广大群众中去，把党与群众的关系闭塞起来，另一方面反对只看见敌人力量大，受了武断宣传的麻醉，看不见反日反蒋的广大群众力量，而悲观失望，失掉了革命前途的分子。”①《中央为目前反日讨蒋的秘密指示信》是一个重要文件，它不仅明确提出党的策略方针是开展广泛的统一战线，而且对统一战线中一系列重要问题做出了正确规定。它否定和批判了党内长期以来存在的主要倾向“关门主义”，突破了“九一八”以来只搞“下层统一战线”的框框，从而使党得以团结一切可以团结的力量，集中反对日本帝国主义和蒋介石。它为两个月以后形成的瓦窑堡会议决议奠定了思想基础。

1935年12月，中共中央在瓦窑堡召开政治局会议，正式制订了抗日民族统一战线的策略。瓦窑堡会议的决议和毛泽东会后在党的活动分子会议上的报告，深刻分析了华北事变后国内政治形势的新特点，集中批评了党内那种认为民族资产阶级不可能和工人农民联合抗日的错误观点，论证了和民族资产阶级在抗日条件下重新建立统一战线的可能性和必要性，并指出了大资产阶级英美派集团转向抗日的某种可能。在此期间，为适应抗日民族统一战线的新政策，中共中央还决定适时调整某些政治、经济和社会政策，如把苏维埃工农共和国改为人民共和国，并进一步改为民主共和国；将反对富农改为中立富农；宣布欢迎和保护工商业资本家到苏区进行正当经营；改变对国民党各地方实力派的政策等。这就基本上解决了遵义会议所没有解决的政治路线和政治策略问题，为后来国共两党合作的统一战线的建立奠定了策略基础。

瓦窑堡会议的政治决议和毛泽东《论反对日本帝国主义的策略》的报告，是中国共产党建立抗日民族统一战线的纲领性文献，标志着抗日民族统一战线策略方针正式形成。这个方针，为中国共产党团结一切可以团结的力量，结成广泛的统一战线，夺取抗日战争的胜利提供了重要保证。但瓦窑堡会议还没有解决把蒋介石列入抗日民族统一战线的问题。瓦窑堡会议的政治决议和毛泽东的报告，虽然都指出了地主买办阶

① 中央档案馆编：《中共中央文件选集》第9册，第561—571页。

级营垒分裂的可能性，提出了要利用敌人内部“争斗”“缺口”的正确方针，但是由于没有看到1935年华北事变后，特别是国民党第五次全国代表大会后蒋介石的对日态度已由软弱转向强硬，由退让趋向抵制，而继续把他说成是“卖国贼头子”，仍旧采取“反蒋抗日”的方针，把蒋排斥在抗日民族统一战线之外。显然，这与当时已经大大改变了的国内外形势和阶级关系是不相适应的。不过，瓦窑堡会议决定此方针也是情有可原的。主要是国民党的政策尚未明显变动，蒋介石在与共产党进行接触谈判时，也没有放弃武力讨伐的政策，并正在全力发动又一次大规模的军事“围剿”，因而中国共产党在要求抗日的同时还继续提出和坚持“反蒋”口号。但是，这时的“反蒋”在党的方针中所处的地位已经发生重大变化，由“反蒋抗日”到“抗日反蒋”决不仅仅是文字上的变化，而是体现了主要矛盾的转变。

2. 从“抗日反蒋”“逼蒋抗日”到“联蒋抗日”

面对1935年华北事变后日本要灭亡中国的严重局势，中国人民忧心如焚。广大工人、农民、小资产阶级以至民族资产阶级，都要求抗日救国。甚至一些地方实力派，都因遇到了存亡的问题而不同程度地改变着对日的态度。国民政府中一些政要，由于日本与英美之间矛盾的日益激化，对日政策开始发生若干变化。这时，中国共产党通过组织、发动中国人民抗日救亡运动以及建立抗日民族统一战线的实践，认识到“只有全中国各党各派的共同奋斗，全中国人民及武装部队的总动员，我们才能给日本帝国主义与汉奸卖国贼以致命的打击，而取得中华民族的彻底解放”。[①]在当时，争取蒋介石集团停止内战共同合作抗日，尤为重要。蒋介石是国民党的领袖，对国民党和国民政府的活动起着关键性作用。因此，要实现全国全民族抗战，如果不促使蒋介石国民党政府停止内战，一致对外，是无法达到目的的。共产党前一阶段所提出的“抗日反

① 中央档案馆编：《中共中央文件选集》第10册，中央党校出版社1991年版，第21页。

蒋”口号，已不适应形势发展的需要，并且无法为国民党中各方面人士所接受。正如1936年4月间张学良对周恩来说的：“联合抗日不应当反蒋，统一战线也应当把蒋包括在内。我们都是他的部下，如果‘反蒋抗日’，工作起来有困难。”①有鉴于此，中共中央考虑到国民党集团中一些实权派对日本态度有转变的实际可能性，为了促使蒋介石进一步转向抗日，实现全民族抗日，决定将“抗日反蒋”的口号改为“逼蒋抗日”。

1936年4月25日，中共中央发表《为创立全国各党各派的抗日人民阵线宣言》，向包括蒋介石国民党在内的全国各党派和各界人士号召：“不管我们之间有着怎样不同的主张信仰，不管我们相互间过去有着怎样的冲突与斗争，就因我们都是中华民族的子孙，我们都是中国人，抗日救国是我们共同的要求，为抗日救国而大家联合起来，为抗日救国而共赴国难是所有我们中国人的神圣的义务！”②5月5日，中共中央又发表《停战议和一致抗日通电》（即“东征回师宣言”），向国民政府进一步呼吁，“国难当前，双方决战，不论胜负属谁，都是中国国防力量的损失，而为日本帝国主义所称快”。为此，“在亡国灭种紧急关头，理应翻然改悔，以兄弟阋于墙外御侮的精神，在全国范围，首先在陕甘晋停止内战，双方互派代表磋商抗日救亡的具体办法。此不仅诸公之幸，实亦国家民族之福。”③1936年8月初，中共中央召开政治局会议，进一步讨论关于建立抗日民族统一战线和对国民党的策略方针等问题。会后，中共中央发表《关于今后战略方针》，进一步确认蒋介石国民党政府为抗日民族统一战线的必要的与主要的对象。具体规定了红军部队的行动方针：国民党军队不来攻，我不去打；他若来攻，则一面坚决作战，一面请求议和，对其挑衅行动采取“先礼后兵”的政策。8月下旬，国民党在南京召开五届三中全会期间，中共中央发表《致中国国民党书》，明确表

① 《刘鼎在张学良那里工作的时候》，见《刘鼎札记》（二），载《党的文献》1988年第3期。
② 《刘鼎在张学良那里工作的时候》，见《刘鼎札记》（二），载《党的文献》1988年第3期。
③ 中央档案馆编：《中共中央文件选集》第10册，第23—24页。

示：我们愿与你们结成一个坚固的革命的统一战线，如像1925年到1927年第一次中国大革命时两党结成反对民族压迫与封建压迫的伟大的统一战线一样，因为这是今日救亡图存的唯一正确的道路。指出：国共合作的关键，“现在是在贵党的手里。”①同年9月，中共中央向全党下达关于“逼蒋抗日”问题的指示等一系列文件，认为前一阶段所提出的“抗日反蒋”的口号“是不适应的”。②

为了适应“逼蒋抗日”的需要，中国共产党还对一些政策及时作了相应改变。中共中央于1936年9月17日作出《关于抗日救亡运动的新形势与民主共和国的决议》，决定用“民主共和国”代替“人民共和国”。决议认为“这是团结一切抗日力量来保障中国领土完整和预防中国遭受亡国灭种惨祸的最好方法，而且这也是从广大人民的民主要求中产生出来的最适当的统一战线的口号”。中共中央宣布“积极赞助民主共和国运动”，表示“民主共和国在全中国建立，依据普选权的国会实行召集之时，苏维埃区域即将成为它的一个组成部分，苏区人民将选派代表参加国会，并将在苏区内完成同样的民主制度。”③

1936年西安事变的和平解决成为时局转变的关键，实现了国内和平，为国共两党的合作创造了重要的前提条件。至此，中国共产党基本上完成了对国民党政策的转变，即由“反蒋抗日”到“逼蒋抗日”和“联蒋抗日”。

3. 对地方实力派的统战工作

瓦窑堡会议后，中国共产党积极开展了统一战线工作。针对华北局势日益严重的状况，党及时调整方针，争取与华北地方实派的合作，帮助他们坚定抗日信念，致力于将华北变成抗日前线。为了扭转华北的不

① 中央档案馆编：《中共中央文件选集》第10册，第74—81页。
② 《中共中央抗日民族统一战线文件选编》(中)，档案出版社1985年版，第251—252页。
③ 《中共中央抗日民族统一战线文件选编》(中)，第259—264页。

利局面，纠正党在华北工作中的错误方针，中共中央决定派刘少奇到天津主持北方局的工作。中央给刘少奇的任务是“指导华北党的工作，进行统一战线工作，并且在全国范围内宣传党的新政策”。①

1936年初，刘少奇由陕北到天津负责领导党的北方局和正在蓬勃发展的华北抗日运动。北方局彻底改变了“左”的“关门主义”错误，采取大刀阔斧的工作方法，通过各种方式同华北地方实力派、社会名流、爱国团体进行联络，大力争取第29军和宋哲元等倾向抗日，华北抗日救亡运动从此进入一个新阶段。

当时，中共中央对身处华北前线的宋哲元及第29军的争取工作尤为关注。1936年8月9日，张闻天写信给刘少奇，指出：“军队中特别是29军中的工作，现在特别重要，我们应该用最大的力量去进行”。8月14日，毛泽东也写信给刘少奇，强调“统一战线以及各派军队为第一位”。“必须向宋（哲元）及29军继续工作……张自忠、刘汝明……一有机会，即须接洽”。②刘少奇领导北方局在努力扩大抗日战线上取得了很大进步和成功，使中国共产党“在军队中的影响和组织也有扩大和发展。”③

第29军负责平、津、冀、察一带防务，是抗击日本侵略华北的前哨，第29军的对日态度关系着华北政局的安危。为此，中共中央和北方局在争取华北地方实力派的工作中，对宋哲元集团倾注了更多心血与努力。在刘少奇主持北方局工作前，党在华北领导的学生运动与宋哲元集团是对立的。在一二·九运动中，群众提出了“打倒卖国贼宋哲元”“打倒冀察政务委员会”等口号，造成了冀察政权与群众运动的对立。为了改变这种状况，刘少奇及北方局对宋哲元集团在专门作了分析研究后，认为冀察政务会虽然是适应日本要求建立起来的机构，但在全国救亡运动不断高涨的形势下，宋哲元还是动摇的，不甘愿卖国当汉奸，还有转向抗日的可能。因此，指出这些口号是错误的，决定将它改为“拥护宋

① 王林：《追念刘少奇同志》，载《人民日报》1980年5月12日。
② 陈绍畴：《刘少奇与华北上层统一战线》，载《光明日报》1989年7月6日。
③ 《刘少奇选集》上卷，人民出版社1981年版，第251页。

委员长抗日”。北方局为争取宋哲元，决定从三个方面着手工作：（1）通过各种关系同29军中、上层军官进行接洽与联络；（2）通过群众救国运动向军队进行各种宣传鼓动；（3）用各种形式在军队中进行秘密的宣传组织工作，把许多公开半公开的刊物输送到军队中去。①当时，除中共中央北方局所属华北联络局曾派燕京大学教授张友渔，通过中共地下党员、第29军副参谋长张克侠的介绍，到第29军在南苑办的参谋训练班任政治教官外，中共中央还派秘密代表张今吾（张经武）和宋则民、刘昭等到第29军去做宋哲元和上层军官的统战工作。经过对第29军不断的团结争取工作，第29军抗日热情日益高涨，宋哲元的对日态度也渐趋强硬。

为促进华北地区的抗日民族统一战线，中共中央也非常注意做山西阎锡山的工作，把在山西尽早建立国共合作关系放在突出的位置。当时，阎锡山处在与日本、蒋介石、中共多方的复杂矛盾中。日本进攻绥东，威胁到他的生存；蒋介石也在想方设法取消阎锡山的“独立王国”。以“防共”名义派10个师进入山西，并派特务在阎军内部搞“河东独立”。阎锡山打算利用共产党巩固与发展他的力量。中共中央正确分析了阎锡山的处境，决定对其加强争取工作。1936年5月25日，毛泽东致书阎锡山：“先生如能与敝方联合一致，抗日反蒋，则敝方同志甚愿与晋军立于共同战线。”②信中通知阎锡山，红军俘虏的晋军第66师第392团团长郭登瀛以下官兵及武器弹药全部送回，并派彭雪枫、周小舟作为中共中央代表到太原向阎锡山陈述中国共产党的抗日主张。

这时，山西自强救国同志会③中的左派进步青年宋劭文等，响应中国共产党统一战线的号召，倡议组织一个抗日救亡团体，取名“抗日救国会”。阎锡山认为建立一个群众性团体，能壮大自己的声势，表示赞成组织民众救国，但不同意组织“抗日救国会”，他定名为“牺牲救国同盟

---

① 《刘少奇选集》上卷，第250页。

② 《毛泽东书信集》，人民出版社1983年版，第34页。

③ 自强救国同志会，简称同志会，是阎锡山所属各群众团体的核心组织，成立于1936年5月。

会”，并于1936年9月18日正式成立，亲自担任会长。中共地下党员杜任之、刘岱峰等为委员。

阎锡山在1936年秋成立“牺牲救国同盟会”和新的干部训练机构军政训练委员会，派专人到北平面邀共产党人薄一波等回山西。中共北方局派以薄一波为书记，由杨献珍、董天知、韩钧、周仲英等五同志组成专门进行上层统一战线工作的中共山西省公开工作委员会。他们于1936年10月到太原，很快同阎锡山建立了特殊形式的统一战线，并达成了三条协议，即宣传共产党的主张不受限制，只做抗日救亡工作，在用人方面给予方便并保证安全。阎锡山同意这些条件后，薄一波以国民党太原绥靖公署主任办公室秘书的名义任牺盟会常委秘书，主持日常工作。随后，即接办了山西牺牲救国同盟会，大力发展组织，开展抗日救亡活动，山西公开工作委员会在中共山西省委配合下，利用统一战线这种形式，发动群众，组织群众，不但开展了山西的抗日局面，而且对逼蒋走上团结抗日道路也发挥了作用。中国共产党在对宋哲元、阎锡山进行统战工作的同时，还加紧了与华北其他地方实力派，如傅作义、韩复榘的联络，并派出代表到西北、华北、广西、四川等地，向国民党地方实力派转达中国共产党的抗日主张，谈判双方联合的事宜。中国共产党这些积极而不懈的努力，增强了地方实力派抗日救国的信心，尤其是华北地方实力派，对日态度开始强硬并趋于明朗化。这些对促成抗日民族统一的形成，对全国抗日爱国局面的出现，都起着巨大的推动作用。

二、国共两党秘密接触与谈判

九一八事变前，苏联是支持中共反抗国民党的斗争的。日本对中国东北的入侵，把始终视日本为最危险敌人的苏联，拖入到随时可能与日本开战的危机之中，这迫使苏联不得不适当调整对华政策。而德国法西斯的上台，则带来了更加不可预测的危机局面，迫使苏联政府不能不放弃前此援助各国革命的做法，转而通过外交向西方各民主国家示好，以便取得集体安全的相互承诺，抑制德国狂热的反苏分子挑起对苏战争。正是在这种种危机压迫之下，苏联政府改变了以往的孤立政策，开始主动和各国资产阶级政府，也包括和蒋介石国民党政府打交道。外交的需要，自然会影响到依赖于苏联而存在的共产国际的政策方针。新的统一战线政策的提出与推行，包括推动中共与国民党进行妥协，成为不可避免的一种趋势。

在战争威胁面前，面对共同的敌人，中苏开始调整与改善关系。与此同时，由于共产国际与中国共产党的特殊关系，中苏关系直接影响着国共关系。当中苏关系调整时，国共关系的调整也势在必行。

1. 国共关系由对立到和解的转机

从1931年到1935年前，尽管日本入侵中国，全国各界呼吁抗战，共产党与国民党也通过不同的方式进行对日抵抗，但国共双方的关系是势不两立的。共产党是反蒋抗日，国民党是“剿共”抗日。这使中国无法形成合力抵抗日本的侵略，其结果是东北的很快沦陷与华北危机的出现，国内政局一片动荡。

国民党自九一八事变以来，一直坚持“攘外必先安内”的政策。对中国共产党领导的根据地继续大规模的“围剿”，消灭共产党政权及其军队是其“安内”的主要方面。由于这方面的论述很多，本书不再赘述。

国共关系开始出现转机来自苏联对外政策的调整。就在苏联高度警惕日本侵略阴谋的几乎同时，1933年1月30日，高唱反苏反共的德国纳粹党取得了国家政权，并很快开始在全国实行法西斯制度。鉴于在欧洲除了苏联外最大的共产党——德国共产党轻易遭到禁止，且毫无还手能力，苏联开始意识到单纯凭借共产国际的力量，已不足以阻遏德国法西斯迈向反苏战争的步伐。由于法西斯德国的崛起远比日本在远东的威胁对苏联严峻得多，联共（布）中央迅速开始调整其外交政策。

首先，注意到日本这时与美国关系紧张，日苏之间容易引起外交和军事争端的主要是中东铁路，因此，为了减少与日本发生冲突的危险，保持远东的平静，苏联政府不顾中国方面的抗议，于1933年5月2日公开向日本提议让售中东铁路，并于6月26日在东京与伪满洲国的代表开始进行正式会谈。

其次，为了尽可能地安抚中国政府，并且确保中国不会成为制造麻烦的策源地，苏联政府于8月6日正式通知南京国民政府外交部，同意签订互不侵犯条约，并很快向中国方面提交了中苏互不侵犯条约的草案，开始了同南京国民政府的正式谈判。

再次，苏联为了摆脱政治上的孤立状态，于1933年12月正式决定提出建立集体安全体系的建议，主张在国际范围内签订区域性的防止侵略的相互保护协定。很快，苏联一改过去抵制的态度，主动加入了国际联盟。

苏联外交政策的调整，不可避免地直接影响到共产国际的方针。从1933年3月起，共产国际也一改过去极端反对社会民主党的做法，开始尝试与各国社会党建立统一战线，以共同争取世界和平。1934年7月，新任共产国际总书记季米特洛夫正式提出："必须抛弃那种认为统一战线只能在下面实行的观点，同时必须不再把向社会民主党领导发出的一切呼吁看成是机会主义"。今后，共产国际将只"在基本的政策和策略问题上给予各国共产党以指导"，根本改变"那些不顾各国、各党和各个组织的特点"的千篇一律的革命纲领和革命口号。①

共产国际政策的这种调整，最终促成共产国际第七次代表大会在1935年七八月间的正式召开。大会正式宣告了以争取和平和捍卫苏联为中心思想的新的统一战线政策的确立。依据这样一种中心思想，中共驻共产国际代表团也明确提出抗日民族统一战线的新政策。此后，中共中央也据此开始了对蒋及国民党政策的转变。

国民党方面，在苏联逐渐调整其外交政策的同时，蒋介石及国民政府也在采取相应步骤改善与苏联的关系。特别是由于中共南方根据地被一一摧毁，红军已经不能对南京国民政府的统治构成重要威胁，

① 参见《季米特洛夫就代表大会第二项日程给委员会的信》，1934 年 7 月 1 日；《季米特洛夫在委员会关于代表大会第二项日程的会议上的讲话》，1934 年 7 月 2 日。

蒋介石也不再特别担心苏联利用中国红军来威胁自己的政权了。因此，1934年秋，即刚刚夺取中央苏区后，他就试探性地派蒋廷黻作为自己的非正式代表赴苏访问，以了解苏联对他的态度。①蒋廷黻此行得到苏联方面的肯定，莫斯科并且表示出愿意与南京政府进一步增进相互了解的意愿，故蒋介石对借助于苏联来牵制日本侵华明显地开始有了新的想法。②

进入1935年，蒋介石一直担心的情况出现了。日本军队发动了华北事变，不仅先后逼迫国民政府签订“何梅协定”和“秦土协定”，甚至开始威逼国民党和中央军退出平津与河北地区，再明显不过地表现出试图将华北五省变成第二个“满洲国”的意图。这种情况不可避免地造成了蒋介石的高度紧张。

7月4日，蒋派孔祥熙秘密拜会苏联驻华大使鲍格莫洛夫，首次提出：在目前这种形势下，“苏联政府是否打算同中国签订互助条约？”③三个月后，即10月18日晚，因为日本方面进一步提出要求中方屈从日本旨意的所谓“广田三原则”，蒋介石亲自秘密会见鲍格莫洛夫，明确提出希望与苏联签订秘密军事协定。④将近两个月后，苏联政府肯定地回答说：“苏联政府不反对协议，并准备同中国方面具体讨论这个问题。”⑤

12月19日，在得知苏联方面的态度后，蒋介石几乎是迫不及待地要求苏联方面立即安排南京驻苏武官邓文仪与20年代曾来中国帮助过他的苏联军事顾问加伦将军会面，明确表示希望能够与加伦将军再度共

---

① 蒋廷黻口述：《赴俄考察与欧洲之旅》，载台北《传记文学》第31卷第5期。

② 沈志华主编：《中苏关系史纲》，第58页。

③ 《鲍格莫洛夫致苏联外交人民委员部的电报》，1935年10月19日，载《近代史资料》第79辑，第218—219页。

④ 《苏联副外交人民委员致鲍格莫洛夫的电报》，1935年12月14日；载《近代史资料》第79辑，第219—222页。

⑤ 《斯托莫尼科夫致鲍格莫洛夫的信》，1935年12月28日，载《近代史资料》第79辑，第229页。

事。[①]仅两天后，即21日，邓文仪就急急忙忙赶回莫斯科。又过了两天，即圣诞节前夕，蒋即派其亲信陈立夫，化名李融清，携俄文翻译张冲，化名江淮南，以驻德大使程天放随员的身份，转道柏林，准备转往莫斯科，专门负责谈判军事互助协定的问题。

但是，蒋介石对和苏联订立军事互助协定，是有前提条件的。那就是，他坚持“必须把确定孙文、越飞宣言作为苏中关系的基础”，即是说苏联必须重申他们赞同宣言中关于“共产组织，甚至苏维埃制度，事实上均不能引用于中国”的条款。具体到当前的情况，蒋介石要求苏联必须支持在他的南京政府领导下建立一个统一的中国，劝告中共停止推翻国民政府的行动。也正因为如此，蒋首先把邓文仪派回莫斯科，寻找中共代表团就此进行谈判，而让陈立夫等暂时留在柏林，等待谈判的结果再定行止。

邓文仪与中共代表团的谈判从1月13日开始，一直谈到23日。双方最终达成了某种妥协，即同意派潘汉年回国，联系并代表国内的中共中央，与国民党进行正式谈判，以便寻求政治解决两党关系的办法。对此，蒋介石也予以同意。然而，就在潘汉年准备动身的前一天，即22日，鲍格莫洛夫与蒋介石就军事协定和共产党问题，进行了一次会谈。鲍格莫洛夫明确转告蒋介石说，苏联政府已经研究过蒋介石关于希望苏联出面帮助劝说中共停止推翻国民政府，服从中央统一指挥的建议。苏联方面的答复是，国民党如果想要与中共达成统一战线，必须“同中国共产党直接谈判”。当然，苏联同意国共两党可以在莫斯科进行这样的谈判，但苏联不会扮演调停者的角色。[②]苏方拒绝出面压迫中共服从南京政府的态度，让蒋介石颇感沮丧和不安。很显然，他相信，只有苏联出面施压，迫使中共同意放弃武力推翻国民政府的政策，服从于国民政府，才能确保在未来中苏合作的情况下，不会发生苏联乘机援助中共的

① 《鲍格莫洛夫给苏联外交人民委员部的电报》，1935年12月19日，载《近代史资料》第79辑，第224—225页。

② 《鲍格莫洛夫给苏联外交人民委员部的电报》，1936年1月22日，载《近代史资料》第79辑，第227页。

情况。苏联拒绝出面调停国共两党关系，意味着苏联方面不愿承担今后只支持南京国民政府的义务，这难免会给中苏可能形成的军事互助关系埋下隐患。在反复说明自己的理由，却得不到鲍格莫洛夫积极回应的情况下，蒋介石不得不迅速电告邓文仪，要他暂时中止与中共代表团的谈判。

蒋介石中止了国共两党在莫斯科的接触和谈判，并不意味着他完全放弃了政治解决共产党问题的设想。因此，他一面抓紧在国内寻找共产党的关系，与之进行谈判，一面也还在等候苏联方面对他的建议做出反应。在这种情况下，蒋介石虽然没有派遣陈立夫马上去苏联商谈军事互助协定的问题，却也没有将陈立夫召回国来。

不料，陈立夫经欧洲转赴苏联商谈两国军事互助的消息，已经在国民党高层传播开来。一些反对中苏合作，担心因此会影响到既定的"剿共"方针的少数军政领导人，对此忧心忡忡。湖南军阀何键就是此等人的代表之一。他因此想到了向日本通报这一消息的办法。于是，3月末，日本在上海的报纸，包括日本同盟社，均公开报道了陈立夫秘密赴苏试图签订密约的消息。①而此时又传出了苏联和外蒙古当局公开签订军事互助条约的消息，中国政府不得不出面提出抗议。在这种情况下，蒋介石与苏联结盟的设想，只好被暂时搁在一边。陈立夫等也因此被从欧洲召回了。②

2. 国共两党的接触谈判

自九一八事变以来，国民政府一直坚持"攘外必先安内"的政策。其对外的妥协退让，对内的"围剿"已招致了国内外的诸多批评。到了1935年，在华北危机空前严重的时刻，国民政府逐渐改变了以往的对日

---

① 参见鹿锡俊：《日本对中国的观察与陈立夫访苏计划的泄密》，第二届近代中国与世界国际学术讨论会，2000年9月；陈立夫：《成败之鉴——陈立夫回忆录》，正中书局1994年版，第198页。

② 沈志华主编：《中苏关系史纲》，第58—60页。

方针，对日态度开始日趋强硬。为求得国内的团结，蒋介石在继续进行武力“剿共”的同时，也在与中国共产党进行秘密接触和谈判。时间从1935年末直至西安事变爆发，历时近一年。

进行了多年“剿共内战”的蒋介石政权，到1935年末主动发起了同中国共产党的秘密接触和谈判，这和当时国际、国内的形势发展有关，是其内政、外交的需要。从外交上看，日本帝国主义步步进逼，其灭亡中国的野心已暴露无遗，蒋介石政府虽积极寻求英美的援助，但实际上无甚所获。这样，国民政府决定加快与苏联的联系、实行联苏制日的方针。为了在国际上联苏，在国内就必须调整对中国共产党的政策，缓和双方的关系，蒋介石在《苏俄与中国》一书中对此有明确表示：“中日战争既已无法避免，国民政府乃一面着手对苏交涉，一面亦着手中共问题的解决。”①从国内形势来看，中国工农红军在第五次反“围剿”中失利，被迫实行战略转移，北上长征。新的落脚点是边远、贫瘠的陕甘地区，这在蒋介石看来，此时的红军已构不成他的“心腹大患”。国共两党力量对比已发生了重大变化，国民党已有足够的实力用“政治收编”的办法解决为数不多的红军，取得不战而胜的结果。而且，为了对付咄咄进逼的日本侵略者，集中全国之力抵抗侵略，国民政府也需要结束与中国共产党的武装对抗。

正是基于上述情况，国民政府开始利用一些渠道，寻求与中国共产党的秘密联络与谈判。国民党发起同共产党的秘密接触，采取了国内国外同时并举，国内多渠道同时并行的方针。

国民政府首先通过其驻苏使馆武官邓文仪与中国共产党驻共产国际代表潘汉年、王明接触，说明蒋介石与国民政府希望与中国共产党讨论合作抗日的问题，中共代表在与邓文仪接触时，阐述了中国共产党在“八一宣言”中声明的方针，表示只要南京政府方面有诚意，中国共产党愿意与之谈判共同合作抗日。邓文仪以蒋介石私人代表和国民党中央代表的身份提出了南京方面的四项条件：(1) 关于政府问题：取消苏

① 张其昀主编：《先总统蒋公全集》第1册，第302页。

维埃政府，邀请所有苏维埃政府的领导人和工作人员参加南京政府的工作。(2) 关于军队问题：红军应当改编为国民革命军，接受统一指挥。(3) 关于政党问题，可以参照第一次国共合作时的形式，也可以保留共产党的独立存在。(4) 关于防线问题，南京政府打算派一些军队和红军一起到内蒙古去参加抗日斗争。王明对此提出了置疑，并指出：红军与国民党合作抗日，第一位的条件恐怕是：(1) 相互信任；(2) 停止内战。如果南京方面不能停止对红军的进攻，那么就看不出彼方要求合作的诚意。王明最后谈到，关于合作的具体建议条件，请与国内红军的领导人磋商，邓文仪表示赞同。

鉴于国共两党的谈判需在国内进行，王明于1936年1月23日将此决定函告毛泽东、朱德和王稼祥，告知在莫斯科与南京方面代表的接触与商谈的内容，建议有关抗日救国的具体合作办法由“蒋与诸同志商恰”，并指示潘汉年为谈判代表。①同时，潘汉年也以中华苏维埃共和国中央政府人民外交部副部长的身份写信给蒋介石，表示了到南京谈判的意向。②

双方更深一层的接触由此开端。

在国内，1936年1月，国民政府方面由宋子文主持（随后由陈立夫负责），指示曾养甫、湛小岑等与中共中央北方局代表周小舟、吕振羽在南京进行谈判。周小舟向陈立夫等转交了毛泽东、朱德和周恩来三人签名的信件，“措词极为诚恳，对南京方面有人从事国共两党合作抗日的活动表示钦佩，并提出了‘八一宣言’中所说的成立国防政府和抗日联军的主张。”③在谈判过程中，共产党方面提出了：(一) 组织国防政府和抗日联军；(二) 停止内战，停止进攻苏区，承认苏区的合法地位等两项

① 《1996年邓文仪与王明、潘汉年谈判经过及要点》，载《党史研究资料》1994年第4期。

② 《1996年邓文仪与王明、潘汉年谈判经过及要点》，载《党史研究资料》1994年第4期。

③ 湛小岑：《西安事变前国共两党谈判片断回忆》，载《党史研究资料》1994年第3期。

要求，作为国共合作抗日谈判的先决条件。[①]曾养甫代表国民党方面提出了四点反要求：（一）停止土地革命；（二）停止阶级斗争；（三）停止苏维埃运动；（四）放弃推翻国民政府的武装暴动等活动。[②]

在3月间的一次谈判中，共产党方面代表向国民党正式提出了六项原则要求：（一）开放抗日群众运动，给抗日爱国人民以集会、结社、言论、出版自由等民主权利；（二）由各党派各阶层各军代表联合组成国防政府和抗日联军；（三）释放一切抗日爱国政治犯；（四）改善工农群众的生活；（五）停止内战，一致抗日，停止进攻苏区，承认苏区的合法地位；（六）划定地区给南方各省游击队集中训练，待机出发抗日。[③]同时对国民党方面上次提出的四项要求作出答复。在此后数次谈判中，双方就所提条件展开了激烈争论，但是没有结果，到1936年秋，谈判始告结束。

国共之间的接触，还通过上海方面的国共两党代表同时进行。1936年1月，陈立夫的代表曾养甫与上海共产党组织代表张子华等接触，转达了南京政府希望与共产党中央谈判的要求。

2月间，张子华等回到中共中央所在地瓦窑堡向中央报告了上述情况。中共中央曾提出停止一切内战，全国武装不分红白，一致抗日；组织国防政府与抗日联军；容许全国主力红军迅速集中河北，首先抵御日军的进攻；释放政治犯，容许人民政治自由；内政与经济上实行初步与必要的改革等项原则，要求国民党在此原则下进行具体谈判。[④]但是，蒋介石政府在谈判中一面表示欢迎中国共产党参加抗日战争，但又要求中国共产党放弃赤化政策，要求红军全部渡过黄河，开到察绥等边远地区，而对中国共产党提出的五项条件，拒绝答复。这样，双方的谈判仍然没有任何进展。

---

① 吕振羽：《南京谈判始末》，载《群众论丛》1980年第3期。
② 吕振羽：《南京谈判始末》，载《群众论丛》1980年第3期。
③ 吕振羽：《南京谈判始末》，载《群众论丛》1980年第3期。
④ 《文献与研究》1985年第4期。

1936年下半年，两广事变爆发。在日军进侵愈急，国民党又发生“内乱”的情况下，国民政府再度摆出积极的姿态谋求与共产党谈判。中国共产党方面也根据形势的变化，决定改变“抗日反蒋”的方针而为“逼蒋抗日”，为此发表了一系列文件，更积极地促进两党之间的接触与谈判。9月1日，周恩来致函陈立夫兄弟，代表中共中央重申，随时准备与国民党进行具体谈判。信中说：“甚望两先生能直接与会”，“以便双方迅速作负责之商谈。”①国民党方面则要求周恩来到广州直接商谈，并保证提供一切必要的条件，如苏区可以存在，红军改为联军，共产党代表参加国民大会等。②中共中央研究之后，同意以上述条件为基础，继续与国民党方面进行谈判。同时，考虑到当时的局势，周恩来不便到广州直接参加谈判，而指定当时在沪的潘汉年为全权代表。11月，潘汉年向陈立夫面交周恩来的亲笔信，并介绍了中国共产党起草的《国共两党抗日救国协定草案》的基本内容。包括：双方共同努力，实行对日武装抗战；实现全国各党各派各界各军之抗日联合战线，依据民主纲领建立中华民主共和国。为实现上述目标，采取如下一些必要步骤：双方立即停止军事敌对行动；在抗日作战时，在不变更共产党在红军中组织与领导的条件下，对包括红军在内的全国军队实行统一的指挥与统一的编制；国民党方面，承认改革政治制度；共产党停止以武力推翻南京政府，并承认国民党在此种机关中占主要领导地位，成立抗日救国代表大会和国防会议；建立统一的全国军事指挥机关，红军派人参加；等等。③

但是，在这次晤谈中，陈立夫态度大变，他向潘汉年转述了蒋介石的意见：“第一，既愿开诚合作，就不应有任何条件；第二，对立的政权与军队必须取消；第三，目前可保留三千人之军队，师长一律解职出洋，半年后召回按材录用，党内与政治干部可按材适当分配南京政府各机关服务；第四，如军队能如此解决，则你们所提政治上各点都好

① 《周恩来致陈立夫陈果夫的信》，载台北《传记文学》第31卷第1期。

② 《文献与研究》1985年第4期。

③ 《文献与研究》1985年第4期。

办。”①这些，理所当然地遭到潘汉年和中共中央的拒绝。

国民政府改变态度的原因，在于不久前两广事变的解决，蒋介石认为他的后顾之忧已经消除，又可以集中力量对付共产党了。对共产党，国民政府采取了双管齐下的策略，一方面布置武力进攻，把30个师的中央军部署在平汉铁路汉口至郑州段和陇海铁路郑州至灵宝段，企图寻机将刚刚会聚起来的红军聚歼在黄河以东的甘肃地区，或赶到外蒙去，同时仍幻想通过谈判实现政治收编。由于国民党持上述态度，中共中央拒绝了蒋介石的无理要求，上海方面的谈判也告中止，历时一年的国共两党秘密接触和谈判，到此告一段落。

国共之间的谈判，虽然没有取得具体成果，但对打破双方之间长期对峙的僵局，使国共之间的关系趋向和缓，并为日后的两党正式谈判和实现第二次合作，创造了有利条件。

三、地方实力派与国内的团结统一

作为在中国政治舞台上活跃的第三种势力，地方实力派是一支不允忽视的力量。其政治态度在某种程度上左右着中国政局的走向。虽参与“剿共”，虽与国民党中央争权抗衡，但在中国共产党抗日民族统一战线的感召下，在民族大义下，他们选择了“联共抗日”与“中央化”，逐步朝着抗日救国与步入统一战线的阵营方向发展，其对全国团结抗战局面的出现起到了不可忽视的作用。

1. 地方实力派由抗日“剿共”并重到抗日联共的转变

九一八事变前，地方实力派在与蒋介石的较量中，纷纷落势，虽有反蒋之心，但无反蒋之力，与蒋介石的矛盾在一定程度上暂得以缓和。

---

① 《潘汉年关于国民党谈判情况给毛泽东等的报告》，1936年11月13日，载《党的文献》1993年第5期。

九一八事变后，在日本大举入侵面前，蒋介石以“攘外必先安内”相标榜，对内利用各种手段整肃各种反对势力，对外（主要是对日）实行妥协退让的政策，导致民族危机不断加深，也引起国民党内部的分化，国民党政局进入新的动荡时期。地方实力派为重振雄风，开始与蒋介石为首的国民党中央进行新一轮较量。这种较量集中反映在对抗日和“剿共”两大政治问题的态度上，他们中的一部分主张联共抗日，如蒋光鼐、蔡廷锴的十九路军，冯玉祥领导的察哈尔抗日同盟军等，而大多数地方实力派则主张抗日与“剿共”并重。

抗日与“剿共”并重的主张，是1933年1月27日陈济棠、李宗仁、白崇禧等两广实力派首领在广州会谈时提出的，与蒋介石“攘外必先安内”的分歧是显而易见的。这一主张，虽为两广所首倡，而实际上，各主要地方实力派出于各自不同的动机和目的，均报此种政治态度。就两广本身来说，他们声援一·二八上海抗战和热河抗战，对热河长城抗战还派出先遣队增援（未达），强烈谴责蒋介石对十九路军等抗日部队的拆台政策，同时，两广又都参加了对江西根据地红军的“围剿”和追击。阎系在“九一八”期间曾与日本有所联系，但到1933年热河长城抗战，阎锡山派出晋绥军精锐傅作义第59军参战，在怀柔等地重创日军，提出“其困难万倍亦不退平津”，要蒋介石“千万注意”。对共产党，阎锡山则将之看作是他经营山西的“心腹之患”，仅在他上台前后，就枪杀、监禁了共产党人数十人，100多人被通缉。后来成为华北要角的宋哲元在此时虽没有明确的“反共”主张，但他并不赞同共产党的行为。他的主张是在抗日的前提下，占据地盘，扩充实力。长城抗战失利后，宋哲元对南京政权的屈辱求和非常不满，表示要“本一往之精神，拼命到底”。①但也没有与蒋公开“对立”，并收编和解散了察哈尔抗日同盟军。桂阎等地方实力派的抗日“剿共”反映了在民族矛盾日益高涨的形势下，他们与蒋介石既有斗争又有调和的关系。他们的抗日行动和要求，一方面是出于他们的民族意识和爱国思想，另一方面也是他们与蒋介石抗衡的需要，他们

① 《宋故上将哲元将军遗集》上册，第167页。

祭起抗日旗帜，扩大了政治影响，巩固了政治地位，蒋介石对他们不敢轻举妄动。阎锡山利用太原爱国学生反蒋抗日事件，把蒋系势力从其地盘上驱逐出去，两广地方当局也曾利用抗日做文章一度逼蒋下野，蒋介石对其“不轨行为”大有无可奈何之态。1934年2月11日他和汪精卫联合发表的通电中说，几年来除对闽变“不能不忍痛戡定外”，中央“对于各地方间偶生差池，无不务为容忍，委曲求全”。①但地方实力派和蒋系国民党中央的势力对比又是悬殊的，作为地方政权在政治、财政和军事上很大程度都受制于蒋系中央，若不是到了非拔剑张弩不可的地步，他们在一定程度上还是与蒋介石保持一定的统一性，因而，对“攘外必先安内”政策的部分赞成又是必然的。同时，中国共产党和红军力量的发展，不仅对蒋介石构成威胁，也对地方实力派构成威胁。地方实力派与蒋介石国民政府在抗日问题上的矛盾，在“剿共”问题上得以缓解。正因为地方实力派在“剿共”问题对蒋介石的追随，蒋介石才能对其“不轨”行为采取“容忍”“委曲求全”的态度。地方实力派就是利用抗日与“剿共”的双重策略，使其实力得到恢复与发展。

地方实力派抗日与“剿共”并重的主张是民族矛盾上升、阶级矛盾下降这一特殊历史时期的产物，带有明显的过渡性质。抗日与“剿共”，从根本上来说是背道而驰的，要“剿共”就不能抗日，要抗日便无法“剿共”。随着民族危机的加深，蒋介石“攘外必先安内”政策由军事手段逐步向政治方式转变，以安定政局。蒋介石不仅加快了解决中共问题的步伐，而且加紧了对地方实力派“统化”措施。地方实力派放弃“剿共”政策，转向联共抗日，是必然的政治趋向。华北事变后，地方实力派与蒋介石在抗日与“剿共”两大政治问题上的分歧和矛盾进一步深化，逐步把抗日与联共结合起来，由抗日“剿共”转向抗日联共。

1935年的华北事变，使冀察主权实际落入日本之手，华北实力派受到不同程度的损害。东北军被赶出“第二个故乡”——河北省，东北军将领于学忠被撤河北省主席职；宋哲元第29军被迫撤出察哈尔省的大部分

---

① 《国闻周报》第11卷第9期。

地区，宋哲元被撤察哈尔省主席职；阎锡山晋绥地盘顿失东部和北部屏障，日军对绥东的进犯，直接进入阎锡山的势力范围，再进一步，就威胁到阎系赖以生存的山西。如果说东北的失陷，热河长城的失守，张学良负有责任，那么，冀察两省不战而失，华北危急，蒋介石就难逃其咎了。地方实力派与蒋介石在对日问题上的矛盾越来越趋于尖锐，宋哲元在被撤察哈尔省主席职、第29军被迫退出察省时，气愤地表示："谁再相信蒋介石，谁就是傻瓜混蛋。"①拒绝蒋介石的邀见并表示不愿意南调参加"剿共"战争，不失时机地乘华北混乱之际，指挥第29军控制平津，不再做对日妥协的牺牲品。阎锡山从华北事变中认识到蒋介石靠不住，提出了"假如日本人打进山西来，山西抵抗不了，蒋介石也抵抗不了，最终怎么办"的问题。②他所倡导的"守土抗战"的主张，含有对蒋介石表示失望的意思。张学良对东北军被调往"剿共"前线感到莫大的耻辱和愤慨，希望给他"变换任务"去抗日，而不是"剿共"内战。③张学良认为中国的出路只有抗日，提出与蒋介石"安内攘外"根本对立的主张，即"攘外安内，就是对外才能安内"。远在两广的桂系，虽未受到日本的直接威胁，但唇亡齿寒，对敌日深而国土日蹙深感忧虑，敦促蒋介石放弃妥协政策，指出"中央忍辱负重之心，国民非不谅解，惟和必有方，忍必有期，长此因循，叫敌人无餍之求，日甚一日，得陇望蜀，岂有穷期"，声明"黄河以北，寸土不容于人"，④提出要"焦土抗战"，坚决回击日军的入侵。

蒋介石在"安内"主旨下，既要消灭他的心腹之患共产党，又要逐步兼并各地方实力派。前期以"剿共"相标榜，借机削弱地方实力派的实力，后期在对红军的第五次"围剿"得手后，没有践行他"先剿共、后抗日"的诺言，却把"和平统一"各地方实力派提到了议事日程。1934年11月12日，蒋汪联名发表感电公开表示：红军已经失败，安内的反共战争可能会很快结束，而统一国民党各派势力则成为突出的问题，提出了中

① 李世军:《宋哲元与蒋介石关系始末》,载《江苏文史资料选辑》第4辑,第122页。
② 王生甫、任惠媛编：《牺盟会史》，山西人民出版社1984年版，第36页。
③ 王生甫、任惠媛编：《牺盟会史》，第36页。
④ 《李宗仁回忆录》下卷，第666页。

央与地方确立“共信互信”，实现“和平统一”的五项原则，并在1934年12月召开的国民党四届五中全会上得以确认，要求各地方实力派“本休戚与共之真诚，遵国家整个之政策，怀当前之困难，遵法奉命，一扫往昔割据与形同对立之形势，一致努力，以期蜕变中古时期封建之遗习，而创造三民主义新时代整个之国家”。①蒋介石利用“追剿”红军的机会先后攫取了贵州和四川的地盘，派大批中央军、参谋团别动队等进驻四川，要把四川建设成为“民族复兴基地”。他对桂系也想施展假途灭虢的伎俩，桂系认为蒋介石“居心极为阴险”，②采取了既反共又反蒋的方针，不让中央军进入桂境。红军移师陕北后，蒋介石和两广实力派的“中间地带”消失了，两兵相接，矛盾逐渐尖锐起来，终于引发了抗日反蒋的两广事变。1936年5月，蒋以帮助阎锡山阻止红军东征为由，把10个师的中央军调入山西，向晋绥军政机关渗透，阎锡山发出了“不亡于共，也要亡于蒋”的感喟。蒋介石对帮过他大忙的东北军亦毫不手软，让东北军反共打头阵，经崂山、榆林桥、直罗镇战役，东北军损兵折将三个师之多，蒋介石不但不给补充，反而下令取消番号。张学良担心如此下去，“将来势必由损失而渐消灭”。③

抵御蒋介石的排斥、削弱和兼并是地方实力派共同面临的问题。华北事变前地方实力派对蒋介石“剿共”的追随，固然缓和了其与蒋介石在抗日等问题上的矛盾，但这种缓和，又因蒋介石把“剿共”作为削弱地方实力派的工具，而又走向尖锐，“剿共”问题成为地方实力派与蒋介石矛盾斗争新的集合点，地方实力派不愿继续充当蒋介石“剿共”的工具。民族危机的加深，地方实力派与蒋介石在抗日“剿共”问题上矛盾的尖锐，是地方实力派转向联共抗日的重要条件，而中国共产党抗日民族统一战线策略的制定，对地方实力派由冷峙而转向团结争取的政策，成为地方实力派转向联共抗日的关键。从1936年起，在中共积极联络下，各

① 《中国国民党历次代表大会及中央全会资料》下，光明日报出版社 1984 年版，第 249—250 页。

② 《李宗仁回忆录》下卷，第 651 页。

③ 王卓然：《张学良到底是怎样一个人》，北平 1937 年版，第 16 页。

主要地方实力派与中共建立了多种联系。在西北，1936年9月东北军与中共签订《抗日救国协定》。杨虎城的十七路军也和红军达成共同抗日、互派代表、互不侵犯、建立交通站四项协议。在华北，中共北方局改善了与宋哲元第29军的关系，争取了宋哲元对学生爱国运动理解、同情与支持，使其对联共抗日表示了极大兴趣。通过牺盟会，中国共产党与阎锡山建立了特殊形式的统战关系。另外，中共也与韩复榘、傅作义、西南的桂系和四川的刘湘建立了关系。这样，随着地方实力派走向抗日联共的道路，抗日民族统一战线也逐渐在此推动下得以扩大与发展，它预示着一个新的抗日高潮的到来。

2. 地方实力派对国民党中央转向抗日联共的影响

地方实力派要求抗日与“联共”的举措对蒋系中央的对日态度产生了一定影响。确切地讲，它是促使国民政府对日态度渐趋强硬和实行抗日民族统一战线政策的重要因素之一。蒋介石要“安内”，必须做到两点：一是消灭中国共产党的力量；二是兼并各地方实力派，至少使地方实力派不反对“中央”。中国共产党在民族危机日益加重的情况下，高举抗日民族统一战线的大旗，呼吁全国一致对外，共同抵抗日本的侵略，这一号召得到了全国各阶层的欢迎，也得到了地方实力派的认同，中国共产党和地方实力派的政治取向迫使国民政府不断改变着自己的对内、对外政策。对内蒋介石开始与中国共产党进行秘密谈判，企图用政治手段解决“国共纷争”，对地方实力派也提出“和平统一”的政策；对外（即对日），国民政府也开始由妥协变而为强硬。

地方实力派对国民党中央转向抗日与走入抗日民族统一战线的影响主要表现在两个方面：

第一，地方实力派的抗日态度影响着国民党中央的对日政策。地方实力派虽在实力上无法与国民党中央抗衡，但是其政治取向，尤其是在日本日益加深对中国侵略的情况下所表示的抗日态度，不能不被国民党中央重视。若不然，国民党表面的“统一”局面和蒋系势力的统治地位就会受到不同程度的冲击。另外，地方实力派抵抗日本侵略的英勇行为也增强了蒋介石抗日的信心。

九一八事变，由于几十万东北军不战而退入关内，东北拱手相让日本。为此，全国掀起了空前规模的反日浪潮，要求国民政府进行抵抗。两广地方实力派更是利用全国的民气民心，以抗日御侮相号召，联合国民党内一部分人，对蒋发难，逼蒋下野。这给蒋介石不小的冲击。如果不把抗日的旗帜抓入自己手中，那么，随时都有可能被地方实力派赶下台的可能。为此，在一·二八抗战和长城抗战中，蒋介石虽仍然把主要兵力用于"剿共"，但也派出一定数量的中央军前往参战，并且表示出一定的抗日热情。可见，保住其在中央的统治地位，消除地方实力派的反蒋借口，是蒋介石作出抗日姿态，表现有限抗日行动的因素之一。

长城抗战失利后，国民政府与日本签订了城下之盟《塘沽协定》。在《塘沽协定》的交涉原则上，国民政府虽总体上表现了妥协退让，但坚持了如前文所谈到的几个原则。如避免涉及"满洲国"的字样，只限于军事而不涉政治等。这是因为既怕遭到全国人民的反对，又担心来自地方实力派的攻击。因为就在《塘沽协定》的酝酿和签订期间，两广、十九路军屡发通电，谈话斥责；东北军、晋绥军、第29军等47名将领联名通电反对，冯玉祥等在察哈尔组织抗日同盟军对日军进行直接的军事抵抗，坚决反对蒋介石的妥协政策。这一举动得到全国各界人民的声援和支持，也得到各地方实力派不同程度的支持，引起南京政府极大的恐慌。所以在签订《塘沽协定》时，蒋介石、汪精卫一而再、再而三地指示黄郛等人须遵守与贯彻几个原则问题。地方实力派的反对是阻止国民政府有限度地对日妥协的因素之一。同时，其对日侵略的坚决反击行为又增强了国民政府的抗日信心。蒋介石对日妥协的一个主要原因就是认为中国的实力不如日本。九一八事变后，蒋介石曾表示："不仅十天之内，三天之内他们（指日本）就可以把我们中国所有沿海地区都占领起来，无论哪一个地方"。①但是十九路军在上海的英勇抗击，以华北地方实力派为主

① 蒋介石：《抵御外侮与复兴民族》，载《革命文献》第72辑，台湾中央文物供应社1978年版，第361页。

体的长城抗战，以马占山、冯占海为首的东北义勇军对日军占领区的袭击，都沉重打击了日本的侵略气焰，鼓舞了中国人民的抗日热情，也增强了蒋介石抵抗日本侵略的信心，这对蒋介石日后不再对日退让，无疑是重要的。

华北事变，蒋介石再度表示了退让，这遭到了两广、第29军、东北军、晋绥军等地方实力派的一致反对。全国抗日救亡运动再度高涨，推动了统治阶级内部的进一步分化，特别是第29军未经中央同意而进驻平津，东北军西撤后与红军结盟，中国政局变得更加微妙和复杂。“内外环境，弥感艰危，举国同胞在极度烦闷苦痛之中，共赴国难之精诚，日益深著。”①国民党政权已呈分裂先兆，蒋介石在抗日问题上再含含糊糊，得过且过，其后果是可想而知的。国民党第五次全国代表大会就是在这种历史条件下召开的。以此为标志，国民政府开始向抗日的方向转变。蒋介石表示“和平牺牲到了最后关头，即当听命党国，下最后之决心。”②但又宣称：“和平未到完全绝望时期，决不放弃和平，牺牲未到最后关头，亦不轻言牺牲”。③给自己的政策带上了既抗日又妥协的双重性。1936年6月，两广实力派发动抗日反蒋运动，向蒋介石提出了对日交涉“忍必有期”④的问题，其后在国民党五届二中全会上又提出“目前抗日救亡最低限度之方案”，逼迫蒋介石在抗日问题上进一步表态。在两广事变期间，西北张学良和共产党积极策应西南的行动，准备西北的发动。张学良对其表示“只要抗日，一定支持”。⑤冀察政务委员长宋哲元、山东省政府主席韩复榘态度表面上不偏不倚，实则倾向西广，暗中表示“唯西马首是瞻”。⑥这就迫使蒋介石对两广提出的“忍必有期”，“抗日救亡最低限度”等问题作出明确答复。蒋介石在五届二中全

① 《中国国民党历次代表大会及中央全会文件》下，第405页。
② 天津《大公报》1935年11月20日。
③ 《李宗仁回忆录》下卷，第665页。
④ 《李宗仁回忆录》下卷，第669页。
⑤ 《李宗仁回忆录》下卷，第669页。
⑥ 刘仲蓉：《西安事变回忆》，载《广西文史资料选辑》第9辑，第32页。

会的报告里肯定两广方面所提方案“格外重要”，对抗日御侮的最低限度作了比较明确的解释：“中央对外交所抱的最低限度，就是保持领土主权的完整，任何国家要来侵扰我们领土主权，我们绝对不能容忍，我们绝对不订立任何侵害我们领土主权的协定，并绝对不容忍任何侵害我们领土主权的事实。再说明白些，假如有人强迫我们签订承认伪国等损害领土主权的时候，就是我们最后牺牲的时候。”①这一解释，说明了国民政府对日态度的进一步强硬，但同时蒋又认为：“半年来，外交的形势”，“并未达到和平绝望的时期，与其说是和平绝望，反不如说这半年来较之以前的形势，还有一线希望，我敢说最近外交途径，并未达到最后关头。”②蒋介石又给自己的强硬态度拖上了一个妥协的尾巴，这自然是不能满足全国人民的抗日要求的，也是不能满足地方实力派要求的。

1936年冬，傅作义在取得红格尔图战役胜利后，在“没有请准了命令”的情况下决然反攻百灵庙，沉重打击了日伪军的嚣张气焰，蒋介石对绥远抗战的心情喜惧交加。一方面，绥远抗战为他增加了对日交涉的资本，他公开宣称绥远抗战“为民族复兴之起点，亦为我国家安危最大关键。”③下令停止了长达一年之久的张群、川越会谈，否认了塘沽、何梅、秦土等屈辱协定的合法效力，向抗日的方向又迈进了一步。但另一方面，蒋介石又不愿由此引燃全面抗战的导火索，影响他“最后五分钟剿共”。因此在绥远抗战中，指示傅部“打到一定程度适可而止”，“以免共匪借题发挥，影响中央誓死剿共政策。”④并千方百计阻挠全国各地的援绥运动，致使桂系李、白发出了若在处理援绥问题上有所不当，势必使两广地区战畔重启的警告。⑤特别是蒋介石对张学良、杨虎城援绥助战要求的拒绝，成为张、杨发动西安事变的直接诱因之一。这说

① 吴相湘：《第二次中日战争史》上册，第345页。
② 吴相湘：《第二次中日战争史》上册，第345页。
③ 蒋纬国：《抗日御侮》第1卷，第62页。
④ ［日］古屋奎二：《蒋总统秘录》第10册，台北中央日报社译印1977年版，第151页。
⑤ 西安《解放日报》1936年12月25日。

明蒋介石此时仍在抗日与内战的交叉点上徘徊。紧接着张、杨发动西安事变，迫使蒋接受全国人民的抗日要求，使蒋介石基本转到抗日的方面来，为抗日民族统一战线建立和抗日战争的发动铺平了道路。

第二，地方实力派促使蒋介石走入抗日民族统一战线的阵营。蒋介石集团走入抗日民族统一战线的主要标志是停止内战、联共抗日，而促使蒋介石实现这一步骤的便是张、杨为首的地方实力派所发动的西安事变。

蒋介石向联共的转变，经历了与中国共产党由秘密接触到公开谈判的过程，如前文所言，国共两党进行了历时一年余的秘密谈判，因国民党推翻了对谈判条件的承诺而导致两党谈判的终止。其结果虽增进了双方之间的了解，在一定程度上消除了对立情绪，为蒋介石实行联共的方针，建立抗日民族统一战线，准备了一定的前提条件，但并没有使蒋介石放弃“剿共”方针而走上联共道路。

以张学良、杨虎城为首的西北地方实力派在劝告蒋介石联共抗日无效的情况下，对其实行兵谏，发动了西安事变。西安事变标志着蒋介石“安内攘外”政策的彻底破产，它使蒋介石在被扣押的情况下，不得不接受中国共产党、东北军、西北军提出的停止“剿共”的建议，被迫许下“决不打内战，我一定抗日”的承诺。

西安事变恢复了两党之间一度中断了的谈判，并在蒋被扣押西安的特殊条件下进行了最高级的会谈，直接向蒋介石表达了中国共产党捐弃旧嫌、停止内战，一致抗日的诚意与决心。从此两党的谈判由秘密转为公开。西安事变既是蒋介石向联共转变的起点，又是国共由分裂到合作的转折点。毛泽东在当时就说：“西安事变成为国民党转变的关键。没有西安事变，转变时期也许会延长，因为一定要有一种力量来逼着他来转变。”“十年的内战，什么来结束内战？就是西安事变。”①由此可见，地方实力派无疑起了关键性作用，这也是地方实力派对抗日民族统一战线和抗日战争做出的最大贡献。

---

① 胡绳主编：《中国共产党的七十年》，中共党史出版社 1991 年版，第 163 页。

总之，在抗日民族统一战线形成过程中，地方实力派以其特殊的政治地位和军事力量，在一定程度上影响和推动蒋介石集团的对内、对外政策，对抗日民族统一战线的最终形成发挥了自身的力量，起到了一定却也是不容忽视的作用。

四、全国抗日救亡运动的高涨

1935年，以华北事变开始的日本帝国主义对华北侵略的深入，使中国的民族危机日益加深。中国面临着沦为日本殖民地的严重危险。在民族危亡的刺激和中国共产党“八一宣言”的号召影响下，以北平学生发动的一二·九运动为起点，全国各地掀起了声势浩大的抗日救亡运动。这股浪潮推动着国内各党派与阶层在抗日大旗下聚结。

1. 一二·九运动

在民族危亡的严重时刻，北平的爱国学生深感“华北之大，已经安放不下一张平静的书桌了！”他们满腔怒火，首先发出抗日救亡的怒吼，中共中央北方局积极支持和领导了学生的爱国运动。

1935年12月3日，北平学联召开代表大会，决定联合北平各大中学校进行请愿示威，反对“华北自治”和冀察政务委员会的成立，经过深入发动，北平学联决定于12月9日发动全市学生进行反对“华北自治”、反对日本侵略的大请愿。

12月9日，被长期压抑的抗日怒火像火山一样爆发了。北平各大中学生的爱国学生6000余人涌上街头，奔向新华门，向国民党军政部长何应钦请愿，愤怒的学生振臂高呼：“打倒日本帝国主义！”“反对华北省自治！”“打倒汉奸卖国贼！”“立即停止内战！”这呼声划破了笼罩在古城上空的乌云，喊出了全国各族人民的心声。请愿群众代表向国民政府提出六项要求：（1）反对华北自治及其类似组织；（2）反对一切中日间的秘密交涉，立即公布应付目前危机的外交政策；（3）保障人民言论、集会、出版自由；（4）停止内战，立刻准备对外的自卫战争；（5）不得任意逮捕人民；（6）立即释放被捕学生。当天，学生的游行队伍经西单时，遇到国民党军警的阻挡与镇压。但爱国学生并没有因此而被吓倒，国民党当局的镇压反而激发了学生们的坚强斗志。第二天，北平学联决定举行更大规模的示威游行，抗日救亡怒潮席卷了整个北平城。

12月14日报载，国民政府在日本的压力下，打算于16日成立冀察政务委员会。中共北平党组织决定在这一天举行更大规模的游行示威，反对冀察政务委员会的成立。12月16日清晨，北平各校学生从四面八方涌向天桥，在天桥举行了三万多人的市民大会，大会通过组织民众，共同抗战，誓死反对日本帝国主义侵略中国等决议案。会后举行数万人的示威游行。国民党政府再次派军警阻挡，致使学生400余人受伤，30余人被捕。

北平学生的示威游行，犹如一颗火星，引燃了布满全国的干柴，抗日救国的烈火在全国各地熊熊燃烧起来。广州的6000多铁路工人，上海的邮务工人和沪杭甬铁路工人首先行动起来，召集群众大会，发出通电，援助学生，要求对日宣战，武力讨伐殷汝耕等。上海邮务工会给北平全体学生的通电指出：学生的爱国热忱“已激起全国同胞坚强之民族意识；足见国家虽弱，民心尚有可为，奸宄虽暴，难逃民意制裁”。①中华全国总工会和华北文化劳动者协会，在12月18日和19日，分别发表宣言，声援北平学生的救国运动，并号召全国工友和职工参加到抗日救国的斗争中来。使“运动发展和扩大成为全民族抗日救国的伟大联合力量”。②对抗日救亡，工商界也不甘人后。纸业、纱业等93个行业工会发表宣言说：“吾工商业，自经一八暨一二八之变，衰败之势，日甚一日，兵火浩劫，既断伤其元气，经济侵略，复暂决其生机……吾人当痛定思痛之余，深知非巩固国权，万不足以言工商业之复兴。……吾工商界当一二八淞沪之役，踊跃输将，救国未敢后人，现值生死存亡，间不容发之

① 《北大周刊》第1期（一二·一六示威特刊），1935年12月28日。

② 《一二九运动》（中国现代史资料丛刊），人民出版社1954年版，第150页。

一霎，惟望政府速下最后最大之决心，维护国家领土主权之完整。”①这表明，在民族矛盾上升为主要矛盾的时候，民族资产阶级也改变了政治态度，积极参加到救亡运动中来。

和五四运动一样，在一二·九运动掀起的全国抗日救国运动中，青年学生走在最前列。各地学生在北平学生运动鼓舞和影响下，纷纷举行罢课和游行示威，几天之内，一二·九运动点燃的抗日救国烈火燃遍了全国几十个大中城市和一些县镇，天津爱国学生12月18日举行示威游行，19日起实行罢课；上海爱国学生和文化、教育各界以及广大工人、群众于12月24日举行全市示威游行；南京、杭州、武汉、广州、开封、济南、太原等城市，爱国学生纷纷走上街头，声援北平学生的爱国斗争。

一二·九运动在国际上引起强烈反响。广大爱国华侨、各地学生组织和进步团体，对中国人民反对日本侵略的斗争，给予了有力的声援。一二·九运动后，他们便组织各种救亡团体，采取有效行动。各种抗日救国会，绝大多数是一二·九运动后组织起来的，或本来有而工作消沉，一二·九运动后才活跃起来的。②纽约华侨抗日救国会召开侨界抗日大会，通过了发往国内的四封电报稿，致北平学生的电文说：“抗日运动，侨界同钦，政府媚日，九省沦亡，请反对一党专政，发动武装抗日，促进国防政府，愿为后盾。”致南京政府的电文说：“媚日卖国，九省沦亡，侨情激愤，应即觉悟，组织国防政府，积极抗日，否则声罪致讨。”③同时还致上海《大美晚报》转全国学生，致电香港《大众报》转粤桂政府和原十九路军将领，表示了上述主张。另外，旅德华侨、东南亚华侨等也发表通电，声援学生运动，表示了抗日救国的殷殷之情。

一二·九运动掀起的全国抗日救亡热潮，还博得了世界各国人民的广泛同情与支持。首先是世界青年学生团体群起响应北平学联的呼吁。当时援助中国学生运动的有三个国际学生团体，它们是：世界学生保障

---

① 《北大周刊》第1期（一二·一六示威特刊），1935年12月28日。

② 《北方青年》第1卷第2期，1937年6月25日。

③ 北平《学联日报》1936年2月18日。

和平、自由、文化联合会（简称“世界学联”），社会主义学生国际联盟，世界学生公社筹备处。同情和支持中国学生的还有：英国大学劳动联盟、大不列颠北爱尔兰基督教学生运动会、剑桥和平评议会、牛津国际同志会、皇家大学社会主义者社等26个团体；法国的学生保卫文化自由和平联合会、大学学生联合会等5个团体；美国的有美国学生联合会，它包含了200所大学和100所中学的社会主义者、共产主义者、进步思想者和自由主义者；此外，还有10个留学英国、法国、比利时、荷兰的中国学生组织。一二·九运动，使中国青年和中国人民的反侵略斗争第一次在世界上引起如此强烈的响应。它为中国人民在抗日战争中争取国际支援创造了良好条件。

关于一二·九运动的意义，毛泽东指出：一二·九运动“轰动了全国。它配合着红军的北上抗日运动，促进了国内和平和对日抗战，使抗日运动成为全国的运动。所以，一二九运动是动员全民族抗战的运动，它准备了抗战的思想，准备了抗战的人心，还准备了抗战的干部。”①

2. 全国抗日救亡运动进一步高涨

1935年12月20日，中国共产党通过共青团中央发表《为抗日救国告全国各校学生和各界同胞宣言》，号召青年学生“把反日救国运动扩大起来！到工人中去，到农民中去，到商民中去，到军队中去！唤起他们救国的觉悟，推动他们建立救国的组织。进一步建立各地各界救亡大会和全国救亡大会，实行全民抗日救国大联合，和实行全国各界同胞武装抗日的共同战斗！”②《宣言》给学生运动指出了正确的发展方向。1935年12月26日，在北平成立了平津学生联合会。随后，平津学联组织了南下扩大宣传团。1936年1月初，宣传团成员出发沿途每到一处，都迅速展开多种形式的抗日救国宣传活动，帮助当地农民和中小学师生组织抗日救国会等爱国团体。在平津学生组织南下扩大宣传团深入农村进行抗日

① 毛泽东：《一二九运动的伟大意义》，1939 年 12 月 9 日。
② 中央档案馆编：《中共中央文件选集》第 9 册，第 597 页。

救亡宣传的前后，上海、济南、杭州、武汉等地的学生也组织了宣传团，深入农村扩大宣传。在一二·九爱国学生运动推动下，参加抗日救亡的各界各派的联合，迅速向全国规模发展。继1936年1月华北学生联合会、上海各界救国会后，各地先后成立各界救国会。1月29日，西北工农商学兵抗日救国代表大会在瓦窑堡召开，到会苏区代表和白区代表共140余人，决定在西北各省开展广大的抗日救国运动，普遍组织各界抗日救国联合会。5月31日至6月1日，在上海召开了全国各界救国会成立大会，主要领导人有：宋庆龄、何香凝、马相伯、沈钧儒、沙千里等全国知名人士。大会通过了《全国各界救国会联合会成立大会宣言》《抗日救国初步政治纲领》等文件，作为各党各派共同抗日的基本纲领草案。大会选举宋庆龄、何香凝、马相伯、邹韬奋、胡愈之等40人为执行委员，沈钧儒、章乃器等14人为常务委员。救国会是以爱国知识分子和共产党员为骨干，接受中国共产党的抗日民族统一战线主张，具有广泛社会基础的抗日救国阵线组织。全国各界救国联合会成立后，从多方面展开了救亡活动。

1936年7月15日，沈钧儒、章乃器、陶行知、邹韬奋联名发表《团结御侮的几个基本条件与要求》，要求国民党联合红军共同抗日、指出“先安内后攘外”的方针对敌人有利，表示坚决站在救亡阵线的立场，为中华民族解放运动的胜利而奋斗。他们的主张得到了社会的广泛支持。1936年8月，南京各界救国会成立，简称“南救”。接着，在香港成立救国华侨会华南区总部，简称“南总”。其他各地，包括海外华侨，也纷纷建立救国会。随着全国抗日救亡运动的开展和抗日救亡团体的成立，救亡刊物大批涌现。据不完全统计，全国救亡刊物有千余种。邹韬奋主编的《大众生活》，每期发售15万份以上。

在推动全国抗日救亡运动的发展中，文化界起了特别重要的作用。在中共中央宣传部文化工作委员会领导下，中国左翼作家联盟（简称“左联”）、中国左翼文化界总同盟（简称“文总”）等左翼文化团体，积极投入文化战线的抗日救亡运动。九一八事变后的第三天，“左联”领导人鲁迅在《答文化新闻社问》中，揭露日本帝国主义侵华的反动面目。接着，“左联”发表《告国际无产阶级及劳动大众的文化组织书》，抗议日本的侵略，呼吁国际社会的支援，号召全国人民奋起抗日。在“左联”领导下，文化界出版了数十种进步刊物和数百部进步作品。这些作品从不同侧面反映了在日本侵略下中国人民的悲惨遭遇，教育和呼唤中国人奋起抵抗，不当亡国奴。其中，由田汉作词、聂耳作曲的《义勇军进行曲》成为一首激励全中国人民起来抗争的战斗之曲。那“把我们的血肉，筑成我们新的长城”，“我们万众一心，冒着敌人的炮火前进！”的雄壮悲慨之声久久回响在中华大地的每一个角落。

华北事变后，不同阶层和派别的文艺工作者纷纷表示要在抗日救国的旗帜下联合起来。为了建立文艺战线的抗日统一战线，1936年初，“左联”自动解散。10月1日，鲁迅、郭沫若、茅盾、巴金等21位文艺界新旧各派领导人，在共同签署的《文艺界同人为团结御侮与言论自由宣言》中，明确提出：“在文学上，我们不强求其相同，但在抗日救国上，我们应团结一致以求行动之更有力”。“为民族计，我们又甚盼民族解放的文学或爱国文学在全国各地风起云涌，以鼓励民气”。[①]《宣言》的发表，促进了文艺战线抗日民族统一战线的初步形成。10月19日，鲁迅不幸逝世。22日，宋庆龄、蔡元培、沈钧儒等著名人士参加了上海数万群众为悼念鲁迅的送葬，队伍行进中高呼“打倒日本帝国主义”的口号，高唱救亡歌曲。这次送葬实际上成为学习鲁迅的伟大爱国主义精神，动员人们献身抗日斗争的救亡示威大游行。

3. 绥远抗战与全国援绥运动

1936年11月爱国将军傅作义领导的绥远抗战，是九一八事变以来继淞沪抗战、长城抗战后，中国军队又一次武装反抗日本侵略者的斗争。绥远抗战获得重大胜利，挫败了日本侵略者吞并绥远的计划，鼓舞了全国军民的抗日士气，掀起了援绥抗日热潮。绥远抗战成了七七卢沟桥抗战的先声。

1936年春，日军指使伪满军侵占中国察北六县，同时还派遣大量军

① 《文学》第7卷第4号，1936年10月1日。

官担任伪军部队的训练和作战指挥，补给大批军需品。令蒙奸德穆楚克栋鲁普部驻嘉卜寺，李守信部驻张北及庙滩，王英部驻尚义，伪蒙古军第7师驻百灵庙，并抽调伪满骑兵5000人由热河东部开驻察北多伦、平定堡地区，企图集中兵力侵占绥远。

1936年6月，日本派其关东军参谋长板垣征四郎“访问”绥远。板垣拜见了绥远省主席傅作义，在对他进行一番恭维后，即要求傅“改善”日中关系，并说日本将给予全力支持。傅作义正告板垣：华北是中国的领土，绝不许任何人出来搞一个独立局面。内蒙和绥远都是中国的领土，不许任何人来分割独立，也不许任何人来侵占蹂躏。①板垣的“离间”阴谋没有得逞。1936年8月7日，伪蒙军李守信部约两万人进犯绥东陶林。10日，日军由热河开抵张北。8月14日，毛泽东致函傅作义，指出：“迩者李守信卓什海（卓什海即卓特巴札普，当时任伪蒙古军副司令）向绥进迫，德王不啻溥仪，蒙古傀儡国之出演，咄咄逼人。日本帝国主义卧榻之侧，岂容他人鼾睡！先生北方领袖，爱国宁肯后人？保卫绥远，保卫西北，保卫华北，先生之责，亦红军及全国人民之责也。今之大计，退则亡，抗则存；自相煎艾则亡，举国奋战则存。”他还指出：“近日红军渐次集中力量加厚，先生如能毅然抗战，弟等决为后援。”②毛泽东还希望互派代表，速定抗日救亡大计。傅作义得此信后，更加坚定了抗日救亡的决心。15日，伪军进犯集宁，遭到傅部的坚决反击。

1936年11月5日，日军在嘉卜寺召开侵绥军事会议，决定集中兵力向绥东进犯，企图侵占红格尔图后，直迫绥远省会归绥。同日，德王和卓特巴什普以察境蒙政会正副委员长名义向傅作义发出宣战性通电，对绥远当局进行无端指责，向傅作义提出许多无理要求，并威胁说：绥远当局如不反省错误并满足其要求，由此而演成的任何事变，均应由绥远当局负责。对德王的挑衅，傅作义给予迎头痛击。

---

① 《从九一八到七七事变——原国民党将领抗日战争亲历记》，中国文史出版社1987年版，第691页。

② 《毛泽东书信选集》，第43页。

11月5日，王英部1500人对红格尔图展开猛攻。傅作义率部反击，振奋全国人心的绥远抗战爆发。晋绥军在绥远抗战中表现得英勇顽强，在三天内连续打退敌人七次冲击。18日零时，晋绥军利用里应外合，在红格尔图前线发起全面进攻，激战至上午7时，敌人溃败而逃。这次战斗进行了七天七夜，晋绥军阻止了敌人对红格尔图的进犯，击毙敌军1000余人，缴获枪支弹药甚多。伪军侵犯红格尔图受挫后，田中隆吉企图增兵伪蒙古军驻地百灵庙，准备以此为基地再次组织反扑。11月16日，在洛阳的蒋介石致电阎锡山，让阎“即令傅主席向百灵庙积极占领，对商都亦可相机进攻。”并说不如此“则绥远不能安定也。”①傅作义迅速调集部队，向百灵庙方向进发，23日晚10时发起总攻，24日上午收复百灵庙。随后，晋绥军还收复了敌伪军盘踞的百灵庙以东的另一个战略要地——大庙。12月中旬挺进到绥东前线南壕堑一带。百灵庙的收复，绥远抗战的胜利，震动了全中国。它振奋了全国人心，鼓舞了全国人民的抗日士气，全国各界立刻发起了声势浩大的援绥运动，抗日救亡运动随着绥远抗战的胜利再度掀起高潮。

11月21日，毛泽东、朱德发贺电给傅作义，称：“足下孤军抗日，迭获胜利，日伪军不能越雷池一步，消息传来，全国欢腾，足下之英勇抗战，为中华民族争一口气，为中国军人争一口气”。②中国共产党还派出代表团赴绥慰问。

国内外向绥远前线抗日将士祝贺与慰问的电信，如雪片飞来。北平、上海、天津、西安、武汉等大城市的人民团体代表，携带慰问品和捐款，到前方慰劳军队，款200余万元。北平学生为节资援助绥远抗日将士，发起绝食一日活动；著名爱国华侨陈嘉庚向绥远军队捐赠大批医疗药物；上海著名民族资本家王晓籁、民主人士黄炎培亲临绥远前线慰问抗日将士。据不完全统计，当时前往绥远的慰问团80余个。南京救国会推动国

① 秦孝仪主编：《中华民国重要资料初编——对日抗战时期》第六编·傀儡组织（二），第228页。

② 《红色中华》1936年11月23日。

民党政府中的上层人士如孙科、张继等发起援绥抗日运动。在南京召开了各界人士参加的援绥大会，大会通过成立了“首都各界援绥后援会”。这次大会使南京的救国运动出现高潮。绥远抗战的胜利，也推动各地方实力派走向抗日。在陕甘的张学良、杨虎城受绥远抗战胜利的鼓舞，更加坚定了联共抗日的决心，他们向蒋介石“请缨杀敌”，援绥抗日，遭拒绝后，毅然发动兵谏，组建抗日援绥联军。主政冀察的宋哲元在绥远抗战鼓舞下，公开发表不屈服于日方压力、力保国土的讲话，对日态度更趋强硬。西南的李宗仁、白崇禧在绥远抗战爆发后发表通电，要求把出动攻击西安之中央军，从速转开绥远前线，将“广西军一部北上援绥”。①广东的余汉谋支持其部下王庆贞组织“出察援绥军”，准备北上援绥。伴随着一二·九学生运动和傅作义部的绥远抗战，全国抗日救亡运动的高潮一浪高于一浪。它表明，全中国人民已经普遍觉醒，团结抗日，拯救危亡已成为全国上下一致的呼声与愿望。日本侵略者如若再胆敢深入侵略中国一步，遭到的必然是中国人民英勇无畏的猛烈抵抗。

五、西安事变与一致对外

1936年12月12日，张学良、杨虎城在全国抗日救亡浪潮推动下，毅然发动“兵谏”，扣押了前来西安布置反共内战的蒋介石及其随行的一大批国民党高级军政人员，随即通电全国，提出著名的“八项主张”（即改组南京政府，容纳各党各派，共同负责救国；停止一切内战；立即释放上海被捕之爱国领袖；释放全国一切政治犯；开放民众爱国运动；保障人民集会结社一切自由；确实遵行总理遗嘱；立即召开救国会议），这八项主张的核心和要旨是“集合全国各党各派的力量，以民众的总动员，去抗日救国”。②这就是震惊中外的西安事变。在外患日深，内争不已，

---

① 西安《解放日报》1936 年 12 月 25 日。

② 《西安事变档案史料选编》，档案出版社 1986 年版，第 20 页。

中华民族何去何从之际，作为国民党最高掌权者的蒋介石被扣押，引起的震动可想而知。国内外各党各派，包括普通民众，以及国际社会对此高度关注。这一事件的最终结果将直接影响中国社会的走向，它不能不成为中国及世界注目的焦点。

1. 中国国内的反映

西安事变爆发后，国民党中央首先做出反应。

蒋介石被扣时的身份是国民党总裁、国民政府行政院院长和军事委员会委员长，集党、政、军大权于一身，他的被扣引起了南京中央的极大恐慌，国民党要员都担心和关注蒋介石的安全。其做出的最初反应是由国民党中央常务委员会和中央政治委员会召开联席会议，决定由孔祥熙代理行政院长，军事委员会由常务委员负责，同时决定剥夺张学良本兼各职，交军事委员会严办。旋即任命何应钦为“讨逆”军总司令，调集大军向西安进逼。①但是，国民党内部意见并不统一，以何应钦为首的一派主张武力讨伐，而以宋美龄、宋子文、孔祥熙为首的一派则主张和平解决事变。两派相持不下，在宋美龄等人四处奔走，为营救蒋介石而力主和平结束事变的同时，何应钦则调集大军，准备围攻西安，一场大厮杀顿成一触即发之势。当此危急之际，国内舆论大声疾呼：祖国利益高于一切！中国人不应再自相残杀！谁挑起内战谁就是民族罪人！国际舆论也普遍要求南京与西安各方采取克制态度，避免事态恶化。强大的舆论压力，有力地遏制了南京方面主战派的战争叫嚣，对促进西安事变的和平解决起了重要作用。

中国共产党没有参与西安事变的策划与发动，但事变发生后旗帜鲜明地拥护张、杨的行动，给张、杨力所能及的支持。西安事变发生后，《红色中华》连续发表评论，称赞张学良、杨虎城的抗日义举，呼吁全国人民团结一致，以实际行动反击日本企图借西安事变挑起中国内战的阴谋。同时谴责南京政府调集大军进攻西安“正是日本需要的帮助日本

① 《革命文献》第 94 辑，第 307 页。

侵略中国的行径。”①中华苏维埃中央政府和中共中央于12月19日发表通电，称：“自西安提出抗日纲领以后，全国震动，南京的安内而后攘外政策，不能再续。平心而论，西安诸公爱国热心，实居诸首列，其主张是立起抗日”，“以目前大势，非抗日无以图存，非团结无以救国，坚持内战，无非自速其亡！当此危急存亡之秋，本党本政府谨向双方提出如下建议：（一）双方军队暂以潼关为界，南京军队勿向潼关进攻，西安抗日军亦暂止陕甘境内，听候和平会议解决。（二）由南京立即召集和平会议，除南京、西安各派代表外，并通知全国各党各派各界各军选派代表参加。本党本政府亦准备派代表参加。（三）在和平会议前，由各党各派各界各军先提出抗日救亡草案，并讨论蒋介石先生处置问题，但基本纲领，应是团结全国，反对一切内战，一致抗日。”②中共中央不仅在舆论上声援张学良、杨虎城，还应张、杨之邀，派周恩来、博古、叶剑英为代表，赴西安参加事变的善后处理，并将红军主力星夜南调，以实际行动警告南京方面，不要轻举妄动，挑动内战。

作为中国政治生活中的一支重要政治势力的地方实力派，也力主西安事变的和平解决。西安事变发生后，公开声援张、杨的地方实力派不多，明确支持国民党中央讨伐张杨的地方实力派亦不多，绝大多数地方实力派都呼吁和平解决事变。两广实力派表示张、杨扣蒋的行动虽“不敢苟同”，但其抗日主张“我们是赞同的”。12月16日，南京政府发布“讨伐张杨令”，当夜，李宗仁、白崇禧发表通电，表示反对内战，主张建立抗日政府，举国一致对外，通电要点是：“（一）西安事变主张用政治解决；（二）统一抗日战线，立即对日宣战；（三）反对独裁政治，确立举国一致的政府；（四）出动攻击西安的中央军，从速移至绥远前线；（五）广西军一部北上援绥。”③与两广关系密切的李济深也发表通电，批评国民党中央的武力讨伐政策。“值兹强邻压境，国家民族，危在旦夕，方

① 《红色中华》1936年12月16日。

② 《西安事变资料》第1辑，人民出版社1980年版，第162—163页。

③ 西安《解放日报》1936年2月25日。

深解救之不暇，何忍再为箕豆之煎。况汉卿通电各项主张，多为国人所同情者，屡陈不纳，迫以兵谏，绝不宜以叛逆目之，而政府遽加讨伐，宁不顾国人责以勇于对内，怯于对外。况以国家所有之军队，应用以保卫疆土，尤不应供私人图报复也。务望顾念大局，收回成命，国家民族，实利赖之！”①华北地方实力派宋哲元、韩复榘联名发表通电，提出解决西安事变的三大原则：“第一，如何维持国家命脉？第二，如何避免人民涂炭？第三，如何保护领袖安全？”强调“万不容在国难严重之际，再有自伐自杀之行动。”②雄踞天府之国的刘湘是当时地方实力派中一个具有举足轻重影响的人物，四川毗邻陕西，刘湘的态度殊关大局。12月18日，刘湘发表致国民政府及各省军政当局通电称，由于“强邻蚕食，有进无已”，“国势之危，殆如累卵”，“如再继以大规模的内争，不啻蹈西班牙的覆辙，我国家民族，将陷于万劫不复的悲境，各方所争，既在抗敌的时间与方法，而不在抗敌的是非，更何心忍自耗国力，使强敌坐收渔人之利？所望各省军政同人，以政治方法翊赞中枢，稳定全局，促成和平解决之办法，以保全御侮救国的实力，以求我国家民族的生存。”③其他地方实力派，如云南的龙云、山西的阎锡山等，也都主张和平解决事变。

全国各界民众团体也呼吁和平解决事变。12月14日，在西安的全国各界救国联合会代表团、西北各界救国联合会代表团、西安学生救国联合会、东北民众救亡会、西京文化界协会、西安中等教职员联合会等18个救亡团体联合发出通电呼吁：“全国同胞万众一心，精诚团结，共赴国难，以挽危亡。”④东北救亡总会在北平发表宣言，一方面揭露蒋介石和南京政府种种误国害民政策，一方面代表3000万东北同胞提出：“反对假借任何名义实行内战！”“要求政府接受张、杨救国主张！”“速召救国大会实行抗日！”⑤全国各界救国联合会于12月15日发表紧急宣言：

① 《桂林日报》1936年12月24日。
② 《世界日报》1936年12月24日。
③ 《桂林日报》1936年12月25日。
④ 西安《解放日报》1936年12月25日。
⑤ 《西安事变资料》第1辑，第178页。

“全国各界救国联合会一向主张以联合求得真正的统一，以团结争取抗战的胜利。我们坚决反对一切兄弟阋墙的内争和内战，要求全国民众和各方实力派能精诚团结，共赴国难。因此，对于当前局势，我们只有迫切地希望全国各方实力派、各军政领袖，在抗敌救亡的大前提下，立刻捐弃前嫌，和衷共济为全国抗战而努力，为收复失地而奋斗。我们尤其希望政府当局对于陕事，能谋迅速和平的解决，实行抗日救亡的主张……我们坚决反对自相残杀的内战”。“我们要求政府立即开放民众救亡组织，公开保护救国运动”。①两日后，全国各界救国联合会又致电国民政府：“当兹寇氛日亟，抗战紧张之秋，任何内战，均足消耗国力，援敌以可乘之机。万恳督励将士，继续抗战，而对陕事慎重处理，务期避免内战，庶几各方实力，得以精诚团结，共赴国难。”②《救国时报》对南京政府提出正告：“现在的军心民心，决不允许任何人在强敌入境的时候掀起内战！”③“我们要求南京和东北军当局特别注意到日本（企图利用西安事变来造成我国的内战）这一巨大阴谋，无论如何，不要坠入敌人的圈套，不为内战的祸首。我们要求南京和东北军当局特别注意，全国团结，一致御侮为中华民族唯一救亡的出路，无论如何，要在团结救亡的基础上来使西安事件达到和平的解决。只有团结御侮是使西安事件达到和平解决的唯一正确和唯一可能的道路。”④《大公报》也呼吁国民政府不要诉诸武力，否则：“一旦西安成为战区，充其量将玉石俱焚，同归于尽，然而螳螂捕蝉，黄雀在后，国家大局将陷于坐受宰割的境地。彼时救国的方法与力量又安在乎？”⑤国内舆论的和平呼吁，对国民党中枢的决策不能不产生重要影响，为西安事件的和平解决烘托了一个强大的舆论氛围。

---

① 《救亡情报》西安事变号外，1936年12月18日。

② 《救亡情报》西安事变号外，1936年12月18日。

③ 《救国时报》1936年12月16日。

④ 《救国时报》1936年12月20日。

⑤ 上海《大公报》1936年12月15日。

2. 国际社会的反响

不仅国内舆论普遍要求国民政府采用政治方式解决西安事变，国际舆论也都呼吁南京和西安各方采取克制态度，避免事态恶化导致爆发内战。

苏联是最早对西安事变做出反应的国家。事变发生后，国内外许多人都认为苏联会对西安事变持积极支持态度。在国内，不仅张学良，一些进步人士和中国共产党人如此期望；南京政府中的许多人也认为西安事变与苏联有关，甚至怀疑苏联是张、杨的后台。苏联政府为表明自己与西安事变“毫无关系”，在《真理报》《消息报》上连续发表评论，对张、杨横加指责，同时希望中国政府采取政治方式，“迅速而和平地”处理西安事变的善后。①

苏联之所以如此表态，是基于当时国际环境下其外交的需要，是它在远东地区推行联蒋遏日策略的要求。1936年末，苏联面临的国际环境十分恶劣，处于被日、德法西斯夹击的严重威胁中。为避免被夹击，苏联既需要认真对付东线日本的威胁，又需要应付西线的德国。相对而言，德国对其的威胁更大，因为苏联的政治、经济、文化中心在欧洲部分，应以主要力量对付来自西方的威胁。苏联在远东推行联蒋遏日的方针，希望中国抗日，牵制日本侵略势力，以减轻其东线的压力，而对中国的抗日，它又把期望寄托在蒋介石身上。如此，苏联对中国的政策是极力支持蒋介石统一中国，反对中国国内发生的反蒋事件。张、杨发动的西安事变，本来与其联蒋遏日政策并不矛盾，某种程度上讲，是更有利于这一方针的实施，但苏联当局没有做具体分析，而是把它作为“反蒋事件”横加指责，以此回答南京方面的怀疑与责难。在西安与南京10多天的对峙和较量中，苏联明显地站在南京一边。这使张学良大失所望，也使他承受着巨大压力，这对西安事变的善后处理产生了消极影响，张学良匆匆释放蒋介石，苏联的态度不能不是原因之一。

---

① 《消息报》1936 年 12 月 14 日。

在苏联政府表态的同时，英美等西方国家基于维护其在华利益和侨民安全，也十分关注西安事变，他们希望保持蒋介石在中国的统治地位，不希望中国再发生内战，主张西安事变和平解决。

12月18日前，英美两国主要是严密注视事变的发展，对蒋的安全表示关切。18日后，由英国发起，英美两国主动表示愿意充当调停人，调解南京与西安之间的冲突。美国驻华大使詹森和英国驻华大使许阁森二人正式向孔祥熙提出建议，由英美政府居间调解，使南京与西安双方达成协议，并使张、杨得以在天津或国外某处安全居住。[①]这个建议的主旨是避免发生内战，张学良、杨虎城释放蒋介石，蒋介石保证不报复张、杨。如二人对蒋不放心，可由英美帮助安排到天津租界或国外居住。它反映出英美政府不希望西安事变演变成为大规模内战而损害中国抵御日本的实力，进而损害英美在华利益的心态。德国和意大利两国，对待西安事变的态度是：一方面说张、杨发动西安事变是“受苏俄支使”，“企图赤化中国”，对张、杨进行指责，并运用外交手段对张、杨施加压力；[②]一方面向南京建议：“中国政府当局，须沉静持重，以善其后。”[③]西方国家不论是指责张、杨也好，还是建议南京当局“慎重”处事也好，表明的基本态度都是希望事变和平解决。

日本的态度却恰恰相反。西安事变爆发的消息传到日本后，日本政要与军方连续召开会议，研讨中国局势，确定“对西安事变采取不干涉方针。倘国府与张学良以容共为妥协条件，日本则断然抨击。”[④]它露骨地表明了日本对张学良、杨虎城联共抗日主张的极端仇视和反对西安事变和平解决的态度。日本《朝日新闻》12月18日发表的社论《希望妥当处理邻邦的危局》，反映出日本当局对西安事变的态度。社论说：“西安事变发生以来，日本陆军当局以甚深的注意，注视着西安事件本身的全

① 《代理国务卿穆尔致驻华大使詹森电》，1936年12月19日夜，载《历史档案》1991年第4期。

② 南京《中央日报》1936年12月23日。

③ 《盛京日报》1936年12月17日。

④ 《西安事变资料》第1辑，第210—211页。

貌。中国全局的动向，张学良与第三国际及至中国红军的关系、南京政府的动静等等。今乃一旦破沉默而表明了态度，故极可重视。对于它所表明的内容，吾人亦甚表赞同。其大体的旨意，是说日本陆军当局一面表示满腔的同情。同时警告邻邦一部分军阀，切勿被弄于赤祸的魔手，并且切望中国为政者勿陷于赤祸的陷井，而宜立脚于与邻邦协和亲善的大精神上。”《朝日新闻》的社论最后明确地说：“这可以说完全表明了日本的对华希望。”日本极其敏感地注视着西安事变的进展。日本驻中国各地的外交机构和特务机关，几乎每日每时都向国内报告事变的进程和中国各界的反应。在实行静观方针的同时，日本也做了武装干涉的准备。西安事变爆发后，日本海军第三舰队加强警戒，17日增派海军陆战队到上海、汉口、日本国内的部分舰队、航空队和三个大队的陆战队，也奉命进入临战状态。随着宋氏兄妹前往西安，和平解决西安事变的迹象出现，日本反对西安事变和平解决的步伐更为加紧。日本驻华大使川越茂匆忙从国内赶回中国，于12月22日、23日两次会见孔祥熙，向中国政府转达日本政府的态度，企图阻挠和平解决西安事变的进程。但是，日本的阴谋没有得逞。

国内外舆论的强大声势，有效地遏制了国民党内主战派的内战企图，坚定了主和派的信心，推动事变向和平解决的方向发展。

3. 西安事变的和平解决

迫于国内外的强大舆论，国民党中央决定暂缓执行讨伐计划，而派宋子文以私人身份赴西安，谋求和平解决事变善后。1936年12月22日，宋子文、宋美龄兄妹二人在戴笠、蒋鼎文陪同下，从南京乘飞机至西安，开始与西安方面的谈判。在中共代表周恩来的斡旋下，双方进行了开诚布公的谈判。经过两天的谈判，于12月24日达成六项协议：“一、改组国民党和国民政府，驱逐亲日派，容纳抗日分子；二、释放上海爱国领袖，释放一切政治犯，保证人民的自由权利；三、停止剿共政策，联合红军抗日；四、召集各党各派各界各军的救国会议，决定抗日救亡大计；五、与同情中国抗日的国家建立合作的关系；六、实行其他具体的救国办法。”[①]当天晚上，周恩来在宋氏兄妹陪同下去见蒋介石，当面向他说明中国共产党抗日救国的主张，蒋介石表示同意宋氏兄妹同张、杨达成的六项协议，并邀请周恩来去南京谈判。12月25日，张学良陪蒋介石乘飞机离开西安，经洛阳飞往南京，西安事变得到和平解决。

蒋介石回南京后，张学良被交由国民党军事委员会审判。蒋对事变的后续处理采取的策略是：拆散西北的“三位一体”，迫使张、杨离开自己部队，中央军进驻西安和陕西，不容许西北存在半独立状态，要完全置于南京中央的直接控制之下。1937年元旦，蒋介石在南京召集朱培德、顾祝同等举行座谈，决定解决西北问题时采取以政治为主、军事为从的方针，但在具体行动上，他要采取军事压迫手段迫使西安就范。蒋做出上述决策后，立刻部署五个集团军的兵力对西安形成夹击之势。同时，对东北军和西北军内部实行分化政策。

蒋介石的军事高压，使东北军和十七路军广大将士十分愤慨。1937年1月6日，杨虎城、于学忠等领衔发表通电，抗议南京政府扣押张学良、挑动新内战的行为，并严正声明：“国危至此，总不应再有箕豆相煎之争，有可以促成举国一致，枪口对外之策，虎城等无不乐于听令。若不问土地主权丧失几何，西北军民的诚意如何，全国舆论的向背如何，而唯以同胞的血汗金钱购得的武器，施于对内自相残杀，则虎城等欲求对内和平而不得，欲求对外抗日而不能，亦唯有起而周旋，至死不悔。”[②]东北军和西北军相应做了军事准备，内战危机又一次笼罩在西北上空。

力主西安事变和平解决的中共中央于1937年1月8日发表通电，指出：自蒋介石返南以后，“亲日派一面扣留张汉卿先生，一面指挥已奉蒋先生命令正在撤退的中央军又向西安进攻，企图爆发空前的内战，为日寇效忠。日寇与亲日派的阴谋毒计，凡属国人，已洞若观火。当此危急关头，本党、本政府站在停止内战，一致抗日亡立场，坚决要求南京当局

① 中共中央党史研究室：《中国共产党历史》第一卷上册，人民出版社 1991 年版，第 442 页。

② 西安《解放日报》1937 年 1 月 6 日。

立刻下令停止军事行动，肃清亲日派，召开各党、各派、各界、各军的救国会议，使国内和平立即实现。”①《红色中华》也发表社论，一方面以大量事实揭露“南京政府的亲日派在日本积极策动之下，又在制造大规模的新内战”；另一方面严正警告国民党当局“西北军队与民众武装为保卫抗日根据地计，正积极自卫的布置”。“全国抗日人民军队与抗日红军，为着贯彻抗日主张，为着民族利益计，将不惜以任何牺牲给亲日派所指挥进攻抗日力量的部队施以迎头痛击，彻底肃清抗日途径中的障碍，消除日寇的爪牙”②《大声周刊》也连续发表时评，呼吁国民党当局：“以团结御侮为前提，用政治手段来谋和平统一！”“当危急的外患正严重之时，不要再从事内争。”③《救国时报》亦载文揭露日本假亲日派的手阴谋制造中国内战局面，呼吁全国人民加强团结粉碎日寇及亲日派的阴谋。④《大公报》《申报》《国闻周报》等也纷纷发表文章，要求杨虎城、于学忠等服从“中央命令”。各地方实力派函电交驰，一方面呼吁国民党当局顾念大局，俯顺民意，以和平方法解决陕甘善后；另一方面呼吁东北军和十七路军接受国民政府行政院和军政部关于陕甘善后的决定。美、英、苏等国政府也对中国再次发生内战危机表示关注，而日本扶植的伪蒙军则在绥远发动了新的攻势。抗日御侮形势的需要，国内外的和平呼吁，使双方虽对峙却都没有冒然采取行动，蒋介石用军事高压和政治分化手段迫使西安就范，此又恰好东北军发动内哄，蒋介石适时派出代表与西安方面进行谈判，具体商讨解决善后的办法。最终达成协议，使西安事变善后得以和平解决。

西安事变的和平解决，结束了中国十年内战的局面，基本实现了国内和平，成为时局转换的枢纽，为抗日民族统一战线的形成和全民族团结抗战局面的出现奠定了基础。

---

① 《西安事变资料》第 1 辑，第 170 页。

② 《红色中华》1937 年 1 月 16 日。

③ 《大声周刊》第 1—13 期合刊，1937 年 5 月 4 日。

④ 《救国时报》1937 年 1 月 10 日。

六、冀察政权“中央化”

在华北政局中，地方实力派有着举足轻重的地位与影响。某种程度上讲，他们的对日态度，与国民党中央、中国共产党以及其他派系的关系决定着华北政局的走向。尤其是1935年以后，中华民族正面临着严重的民族存亡问题，他们的态度便显得尤为重要。地方实力派，作为握有一定军权，左右某一地区政权局势的人物，不可否认的是，他们首要的任务是维护自身权益，并在可能的情况下，扩充和发展自己的实力与地盘。实力与地盘是地方实力派的命根子，不到万不得已的时候，他们绝不会轻意放弃自己的利益。他们与以蒋介石为代表的国民党中央势力争斗了十几年，屈服也罢，对立也罢，目的都是一个：保存实力，伺机发展。同样不可否认的是，地方实力派基本上也是具有民族心和爱国心的。当“中日矛盾变动了国内的阶级关系，使资产阶级甚至军阀都遇到了存亡的问题”①时，地方实力派，尤其是处在华北地区的地方实力派，面临着日本侵略的直接威胁，这就迫使他们不得不考虑如何处理国家利益与地方利益、民族利益与阶级利益的关系。值得庆幸的是，他们选择了前者。在民族危机日益深重的情况下，在中国共产党抗日民族统一战线政策的感召下，他们逐渐抛开了小集团利益的狭隘思想，溶入到全民族团结抗战的浪潮中。他们的对日态度渐趋强硬并开始由“地方化”而“中央化”的转变，华北地方实力派的代表人物宋哲元、阎锡山、韩复榘、傅作义等人在不同程度上的“抗日热情”与“联共举措”，对华北地区团结抗日局面的出现，起了积极作用。其中尤以扼守华北前沿的冀、察两省，平、津两市的宋哲元集团的对日态度于华北政局的走向影响颇大，在外侵日亟的情势下，宋哲元集团选择了“抗日”“联共”与“服从中央”的道路。

---

① 《毛泽东选集》第1卷，人民出版社1991年版，第233页。

1. 宋哲元的“联共”举措

随着中国共产党华北工作斗争策略的调整以及对宋哲元第29军统战工作的开展，宋哲元对待中国共产党的态度，对待学生运动的态度都有所改变，华北地区的抗日局面也因他的转变而趋于团结高涨。

从1936年4月起，宋哲元对爱国学生运动的态度开始出现明显变化。4月下旬，他下令释放了在学潮中抓捕的爱国学生，坦率接受冯玉祥的批评，承认“哲元生性愚直，处事多有失当。”①声言对学潮中被捕学生，“除有特别情形者外，均即随时释放，决不认真追究”。②

8月，宋哲元派刘子青为联络代表，到延安同中共中央接洽，表达他联合御侮的决心，中共中央领导人亲切与之交谈，充分赞扬了宋哲元的爱国精神。8月14日，毛泽东亲笔给宋哲元写了一封回信，信中饱含了中国共产党对他的关注、希望和鼓励之情。信中写道：

> 曩者日寇入关，先生奋力边陲，慨然御侮，义声所播，中外同钦。况今日寇得寸进尺，军事政治经济同时进攻，先生独力支撑，不为强寇与汉奸之环迫而丧所守。对华北民众运动，亦不复继续去冬之政策。果然确立抗日决心，一面联合华北人民群众作实力之准备，一面恢复一九二五年至一九二七年西北军光荣历史时期曾经实行之联俄联共政策，一俟时机成熟，实行大规模的抗日战争，则不但苏维埃红军愿以全力为先生及29军助，全国民众及一切抗日力量均将拥护先生及贵军全体为真正的抗日英雄……③

毛泽东的书信与中共中央特使张金吾的到来，使宋哲元大受鼓舞，进一步加深了他对中国共产党倡导的“停止内战，一致抗日”政策的理解，也使他增强了联合御侮的信心。

1936年9月11日，宋哲元签署了冀察绥靖公署法政字2619号训令，将

---

① 王华岑：《冯玉祥营救爱国师生实录》，载《北京文史资料选编》第15辑，第44页。

② 王华岑：《冯玉祥营救爱国师生实录》，载《北京文史资料选编》第15辑，第45页。

③ 《毛泽东书信选集》，第40—41页。

关押在“北平军人反省分院”即草岚子监狱的薄一波、安子文、刘澜涛等61名中共党员悉数释放，表达了自己“联合御侮”的诚意。

与此，宋哲元和爱国学生之间的关系进一步融洽。北平市学联在中共领导下不断组织爱国学生到第29军部队驻地进行抗日宣传工作，同官兵广泛接触，还教士兵打篮球、踢足球、搞田径赛，开展各种形式的抗日救国的文娱活动，增强彼此友谊。9月18日，第29军与日军在丰台发生激烈冲突，学联闻讯立即组织学生前往慰问作战的第29军官兵，使官兵甚为感奋。

10月10日，北平学联发表文章说：“我们曾经激烈反对过冀察政委会，但当我们见到宋哲元公忠爱国，始终不肯与冀东伪自治政权同流合污；我们也就改变了一向对冀察政委会的嫉视态度。”①

11月初，第29军在红山口举行演习，清华大学爱国学生350多人前往参观，还为演习官兵代拟打靶誓词：“我们以百姓血汗换来了子弹，须诚心竭力，期望命中，歼灭仇敌——日本鬼子。”11月13日，第29军又在河北固安举行大规模军事演习，宋哲元亲临指挥，北平学联迅速派各校代表组成参观团到达固安。演习结束后，宋哲元发表讲话，对参观团表示欢迎。他说：“各位不畏劳顿随军而来，足见其吃苦耐劳的精神，甚为钦佩，本人一向主张，无论何人，只要是以国家、社会及民族利益来相谈者，本人极愿虚心接受。本人本此主张，绝不怕任何艰难与压迫。”②对宋哲元的演讲，学生们表示热烈欢迎，学生代表在讲话中，热情地期望爱国官兵保持喜峰口抗战的光荣传统，保卫领土主权，并表示学生愿意同士兵携起手来为民族的解放抛头颅、洒热血。随后，参观团向宋哲元和第29军献旗纪念，一面锦旗上书：“拥护二十九军保卫华北”，另一面锦旗上写“国家干城”四个大字。宋哲元见后十分高兴，连声说：“好！好！”慰问参观结束后，宋哲元指示第29军派四辆军用汽车送参观团回北平。

12月12日，为了声援绥远抗战，中共地下组织和北平学联组织了示

---

① 《一二九运动资料》第2辑，人民出版社1983年版，第103页。

② 《一二九运动资料》第1辑，人民出版社1981年版，第54页。

威游行，队伍在西单商场附近的东槐里胡同，遇到宋哲元的汽车，同学们围着他的汽车高呼："拥护二十九军保卫冀察！""拥护宋将军领导抗日！"宋哲元很感动，脸上露出微笑。他开了车门，向学生要了传单，学生向他诉说了这次游行示威的意义，并要求宋哲元接见。宋哲元认真听取了同学们的意见和要求。

同日下午，北平当局在"善意劝阻"学生游行未果后，决定在景山与学生对话，宋哲元准备到场讲话，但届时宋哲元因正召集第29军高级将领开会商讨有关西安事变如何表态应付的问题，未能到会。他派秦德纯代表他接见学生，秦德纯一踏进景山大门，学生就高呼："拥护二十九军抗日！""拥护秦市长领导救亡！"秦德纯显然受到西安事变严重事件的影响，认识到民众抗日热情不可欺，首次向同学们表示："二十九军跟你们一样是爱国的，跟你们一样热诚，愿意和你们共同站在国防最前线来担负起抗敌救国的责任。"秦又说："你们是有组织、有纪律、有精神的，……因此，希望你们回去的时候，要整齐严肃，表现出你们的精神来。"学生代表向秦德纯提出三点要求：一、保卫冀察，讨伐冀东，恢复察北；二、保障爱国自由；三、释放被捕的十几位同学，秦都一一答应。①而后，学生整队回校，沿途未受任何拦阻。爱国学生称这次游行为"成功的一二·一二！""是一个伟大的新页"。②这次示威游行的成功，既是中共的抗日民族统一战线政策在实践中的成功运用，又是宋哲元集团走上联合御侮道路的新起点。它标志着华北地区团结抗战局面的初步形成。

2. 反对内战，力主和平

在宋哲元主政冀察政局期间，中国国内出现了两次大的波动：一为两广事变，一为西安事变。两次事变均有导致内战爆发的危险。而作为华北重要地方实力派的宋哲元在这两次事件中，均表示了反对内战力主

① 《救国时报》第85期，1936年12月28日。

② 《一二九运动资料》第2辑，第188页。

和平解决事变的立场。

两广事变的起因是两广地方实力派陈济棠、李宗仁、白崇禧等以“抗日救国”相号召，反对蒋介石的“统一”政策。6月6日，李宗仁等发表通电，表示要“北上抗日”并进兵湖南永州。南京政府除命前线军队进逼衡阳外，并调湖北驻军增援湖南，准备应付两广的行动。双方剑拔弩张，大有演变为一场内战之势。军事对峙双方为了争取北方将领的支援，均欲对宋哲元、韩复榘进行游说。宋哲元在了解双方立场后，沉着应付，于6月12日正式表态，宣称在任何情况下，决不参加内战。6月20日，宋哲元还南巡至鲁、冀边界，与韩复榘会晤，协调行动，决定假若内战爆发，冀、鲁将宣布中立。21日，宋、韩联合发表“马电”，向南京政府发出和平呼吁。

> 国难严重，违言即尚纷起，倘竟不幸而酿成内乱；人民糜烂，国力日消，袍泽疚心，万邦腾笑，哲元等待罪边隅，困心衡虑，惧陆沉之无日，不得不先涕泣呼吁，伏祈垂念国土民生，克日停止各方军事行动，务期开诚相济，大局幸甚。①

电文以中立姿态，重申力主和平之意，反对双方用武力解决争端，对缓和一场迫在眉睫的内战危机是有一定作用的。

1936年12月12日，张学良、杨虎城发动西安事变当晚，张学良即致电宋哲元，向其说明事变原委和主张，并提出“希兄接电后亲来西安，或派全权代表前来，共商国事。”②宋哲元接电后，心情十分沉重。他与张学良有较深的历史关系。1930年中原大战西北军失败后，宋哲元在蒋介石眼中是一个“称兵作乱，逆迹昭著”，“着即免职，缉拿惩办”的“罪犯”，但他不到一年出任了察哈尔省主席，得到东山再起的资本，个中原因，不能不说是张学良的作用。当年西北军被改编时，可以做军长的不乏其人，而张学良选中宋哲元自是非同寻常，有了军长这个职衔，宋哲元才有了出任疆吏的资格。为此，宋哲元对张学良是怀有深深的感

---

① 南京《中央日报》1936年6月24日。

② 《张学良文集》第二册，新华出版社1992年版，第1061页。

激之情的。1932年“汪张交恶”（汪精卫与张学良之间的争吵），张学良愤而辞职，宋哲元等华北将领发表通电，表示与张共进退。1932年8月，宋哲元出任察哈尔省主席也系张学良推荐。[①]1935年8月，宋哲元当了平津卫戍司令，原东北军王树常部参谋长刘家鸾把大印专车送到天津宋公馆，当他手捧大印送到宋手上时，宋随即又把大印送回到刘手上，说：“这就交接完毕，从今后你就是我的参谋长了”，叫他乘原车回北平照常上班。又说：张副司令（指张学良）的人我一个不能动，司令部的原班照常办公，要不是王司令（指王树常）有了新职，我还不接呢。宋还感慨地说道：“没有张副司令哪有我的今天！”[②]正是缘于此，张学良发动西安事变时，估计会得到宋哲元的支持，而南京十分害怕宋哲元与韩复榘站到张、杨一边。孔祥熙、何应钦分别致电宋、韩，并委托与他们关系密切的戈定远、李世军、李毓万等前往笼络。冯玉祥在事变爆发当天，派高级幕僚邓长耀北上，叮嘱其原部属宋、韩要“小心说话为主”，[③]事变宜持谨慎态度。各方意见叠重，宋哲元感觉压力很大。

宋哲元于12日深夜收到张学良电报后，第二天即召集其高级将领和幕僚研究对策。会上各种意见都有，宋哲元最后发言，他认为张学良发生“兵谏”一定有背景，情况相当复杂，主张对西安事变要想一想，看一看，头脑要冷静，不宜轻易表态。会上，宋哲元作出决定：第一，暂不派代表赴陕，即日电张学良以国事为重，务请保护蒋介石的安全，国是应由国人解决，一切问题从长计议。第二，为免除猜疑，引起混乱，复电何应钦，说张学良是被赤色包围而“叛变”，表示愿全力营救蒋介石脱险。第三，为杜绝日方提出“共同防共”要求，宣布“加强防共”。第四，为保护东北军眷属在北平住宅及人身安全，决定立刻派人分门别户进行访问，嘱咐他们切勿出门，少来往，以免发生意外。[④]

---

① 李云汉：《宋哲元与七七抗战》，载台北《传记文学》第21卷第2期，第51页。
② 刘家鸾：《日寇侵略华北与冀察政权的形成》，载《文史资料选辑》第63辑，第66—67页。
③ 《冯玉祥日记》，载《民国档案》1986年第4期。
④ 李世军：《宋哲元其人》，载《团结报》1988年7月30日。

在对待西安事变的态度上，宋哲元虽与张学良有旧交，但他没有公开站在张学良一边，而是采取了“沉毅静耐”，冀求政治解决西安事变，极力避免内战的立场。事变发生后，宋哲元与韩复榘保持着密切联系，双方随时交换对时局的看法，商定在必要时采取一致行动。12月16日，南京空军轰炸了陇海铁路沿线的渭南、华县。同时，地面“讨伐”部队亦已开进潼关，节节进逼，大军压境，新的大规模的内战有一触即发之势。17日，中共中央代表周恩来等人抵达西安。正当周恩来、张学良、杨虎城和蒋介石代表宋氏兄妹就和平解决西安事变进行谈判并达成协议之际，12月21日，韩复榘径自发出“马电”，称赞张学良的行动是英明壮举，并通知张、杨说他的部队“奉命西开，祈勿误会”。电文未说明“奉”谁之命，顿时引起南京政府军政人员的惊慌。何应钦、孔祥熙等怀疑宋哲元将与韩复榘联合行动。而其时，宋哲元则以为韩的“马电”太莽撞，会使局势更加复杂化，反而不利于政治解决西安事变，结果只能使日本坐收渔人之利。

为了替韩转圜，第二天，他偕秦德纯、邓哲熙赶往山东德州与韩会晤。在分析形势的基础上，宋哲元力陈利害，说服韩与他再次联名通电。12月23日，宋、韩联名发出“漾电”，指出：

“……慨自西安非常事变，举世惊痛无已……万不容在国难严重这际，再有自伐杀之行动……所谓亲痛仇快者是己，目前急务，约有三大原则：第一，如何维持国家命脉？第二，如何避免人民涂炭？第三，如何保护领袖安全？以上三义，夙夜彷徨，窃维处穷处变之道，迥与处经处常不一，似宜尽量采取沉毅与静耐，以求政治妥善通适之解决，设趋极端断然的途径，上列三义，恐难兼顾，或演至兵连祸结，不堪收拾之时！……倘蒙俯察，由中央召集在职人员，在野名流，妥商办法，谋万全无遗之策。”①

宋哲元公开发表的这一主张和平解决西安事变的通电，符合国家民族利益，赢得了国内各界有识之士的赞同，受到中国共产党的高度赞

---

① 《西安事变档案史料选编》，第193页。

赏。1936年12月28日，中共《红色中华》发表题为《要求蒋介石履行其允诺》的社论说："全国人民与有血性的军政将领，在此日寇挑拨内战，进攻中国严重形势下，均热烈地一致反对对张、杨的讨伐行动，呼吁和平解决……最近，宋哲元，韩复榘的联名通电及广西、四川、广东等省的会议……无一不是反对内战的表示"。但是，它引起了南京方面的不快。在南京当局看来，在蒋还被扣押的情况下召开这样的会议，无疑会使当时的局面"旷日持久，众说纷纭"[①]。因此，南京政府立即派人前往冀、鲁进行解释，企图说服宋、韩收回"漾电"。孔祥熙当天又命李世军致电北平市长秦德纯，请秦对宋哲元进行说服，并透露南京对西安采取的策略，李给秦的电报说："此间今日下午收到宋公与韩主席自济南发出联衔漾电后，中央负责诸公，咸认为在此时期，中央表面上虽声张讨伐，而实际则仍积极求政治途径的解决，在双管齐下政策下，庶可以断绝张、杨与共党的联合，而救介公的安全，亦以求事变的和平妥善解决也。"[②]李世军第二天又奉孔祥熙的命令致电秦德纯，明确提出：孔甚盼宋、韩"能立即郑重发表谈话，说明漾电系完全本中央应付事变的既定政策，阐明反共救国及迅速恢复介公安全之至意，以故目前急要之事，为介公早日回京主持大计，至于主张召集在职，在野名流，共议大计，系在介公回京后应有此集思广益之举。"李世军在电报中对秦德纯说："宋、韩如能发表如此谈话，一则抑制张、杨气焰，一则免为日本藉口，发生种种外交之压迫。"[③]孔祥熙本人也在24日致电宋、韩，就二人提出的三个问题答复说："现欲维持国家命脉，避免人民涂炭，非健强政府的力量不可；健强政府的力量，非先整饬国家的纪纲不可；整饬国家的纪纲，非先恢复领袖的自由不可。"对宋、韩关于召开在职、在野人员会议的提议，孔祥熙在电报中答复说：在蒋未获释的情况下，"所谓召集会议一节，更将群龙无首，力量分散。"孔接着说："兄等现殷殷以领

① 《西安事变档案史料选编》，第78页。

② 《李世军致秦德纯电》，1936年12月23日，载《团结报》1991年2月13日。

③ 《李世军致秦德纯电》，1936年12月23、24日，载《团结报》1991年2月13日。

袖安全为念，即祈还为共同设法，劝促汉卿，早将介公护送回京，对于党国大计，或可以从长计议。”孔祥熙明白宋、韩之所以提出三个问题，是由于他们反对南京对西安实行的武力讨伐方针，所以他在给宋、韩的电报中解释说：“至于讨伐令，原为明是非，别顺逆，平军民之公愤，示胁从以坦途，而军队的调遣，尤在促汉卿之觉悟，防共匪的猖獗，使和平之途径顺利进行，和平的解决早日实现。”①

尽管孔祥熙苦口婆心，但宋哲元仍然坚持反对武力“讨伐”、和平解决西安事变、国人共商国是的初衷，没有听从孔祥熙、何应钦的劝阻而收回原电。西安事变的和平解决，是中国共产党统一战线政策的胜利，是逼蒋抗日方针的成功运用；而作为实力派的宋哲元在促成和平解决西安事变的过程中尽到了自己的努力。

3. 冀察政权走向“中央化”

冀察政权趋向于“中央化”的标志是西安事变发生后对日方的应对。西安事变发生后，宋哲元最为关心的事不是蒋介石的安全，而是冀察这样一个情形特殊的局面万一应付失当，就会招来日本方面借机寻事。

西安事变的消息传到北平之后，日方立即派人来访，面促宋哲元对西安事变公开表明态度。日方认为蒋介石的被扣，完全是共产党的幕后策动所致，因而要求冀察当局必须采取措施，加强“防共”，以免冀察地区遭受意外。

为应付日方，宋哲元于12月14日发表声明，表示要全力维持冀察的和平秩序，继续执行“防共”政策，继续执行南京政府的一切命令。宋哲元的声明实质上是拒绝了日本方面试图借西安事变挑动冀察与国民党中央的关系，明确表示冀察政权有能力维护辖区内的安定并且服从南京中央的指示的态度。

16日，宋哲元又发布紧急治安命令，规定在其统辖区内禁止集会、结社、严禁散发传单。同时派冀察政务会秘书长戈定远赴南京表示对

---

① 李金洲：《西安事变亲历记》，载《革命文献》第94辑，第241页。

国民政府的忠诚。宋哲元如此做，一方面是应付日本人，免得他们乘机在冀察滋事；另一方面是表明自己服从中央的立场，宋哲元在布置完上述措施后，对身边的人说："日本人谈论西安事变的时候，竟是那样的兴高采烈，好像这个事件对他们有多大的好处一样，日方认为南京方面应立即采取断然行动，出兵讨伐张、杨，削平叛乱。并说日本政府考虑对南京给予有力的支持，日本对中国向来不怀好意，看来，在那里又施展阴谋诡计了。"①

宋哲元对日本人的企图是有警惕的。为此，他呼吁和平解决事变，并明显地站在了南京方面。应该说这是维护国家民族利益的正确选择。宋哲元在西安事变中的应对是其走向"中央化"的开始，以后随着国内局势进一步走向团结与抗日，冀察政权的"中央化"倾向更加明显，与此相对立的便是对日态度的强硬。促使宋哲元集团政治态度明朗化的原因有三：

第一，1936年4月日本向华北增兵，直接威胁着宋哲元集团在华北的生存。5月30日，宋哲元就日本增兵华北发表谈话："华北外交刻所争者，为保全我国主权，凡不损我国主权者，方可本平等互惠原则向前去做。"②他还表示："若日本仍增兵华北，余将与二十九军将士实行抗日"③当天晚上，宋哲元召集第29军将领开会研究安定人心的办法。大家一致主张对日采取强硬态度，咬牙苦撑局面。"一均应下最大决心，以彻底保全我国主权为前提，向前努力奋斗。"④"二十九军誓不与日方妥协，誓不由华北撤退。"⑤10月，冀东伪政权保安第3总队在日本顾问率领下，窜扰河北房山县，第29军立刻奋起截击，一举将伪军击溃，大部分缴械。10月底11月初，日军连续在平津地区示威性地举行了八天大规

① 王式九：《宋哲元对西安事变的态度》，载《西安事变亲历记》，中国文史出版社 1986 年版，第 308 页。

② 李云汉：《抗战前华北政局史料》，第 763 页。

③ 《救国时报》1936 年 6 月 8 日。

④ 李云汉：《抗战前华北政局史料》，第 764 页。

⑤ 《救国时报》1936 年 6 月 8 日。

模演习，一周以后，宋哲元也不甘示弱亲自指挥第29军在同一地区举行了三天对抗性大演习，以显示保卫平津的决心，表示了绝不屈服于日方压力的姿态。

第二，绥远抗战胜利的鼓舞。1936年11月底，绥远传来百灵庙抗战大捷的消息，平津爱国民众又一次掀起抗日救亡高潮。耳闻目睹绥远抗日的光荣战绩和民众的爱国热情，宋哲元为之激动不已，他激昂地向民众宣言："我宋哲元绝不做卖国贼"。绥远抗战前，国内舆论曾希望第29军在平津有所行动，以牵制日军对绥远的增援，但他除下令驻张家口的刘汝明师扣留日本步枪500支、野炮4门外，没有其他作为。但当百灵庙大捷传来，宋哲元看到傅作义率领部下奋起抵抗，击溃了汉奸李守信、王英等匪部。"日本虽然叫闹了一阵，但也未明目张胆地对李、王等如何的支持"，宋哲元为此受到鼓舞，计划趁势指挥第29军进攻通州，将冀东伪组织一举消灭，由此造成既成事实。但正考虑间，日方已得密报，加强了戒备，这个计划便搁置未行。①但从这个事实看，宋哲元已有消灭伪政权，进而抗日的思想趋向。

第三，西安事变后全国团结抗战形势的影响。西安事变和平解决后，中国国内出现了前所未有的团结抗战局面，全国抗日情绪进一步高涨，国民政府确立了对日抵抗的方针，这些对身处华北前沿，饱受日人欺凌的宋哲元集团来说，无疑是一副强心壮身的剂药。进入1937年后，宋哲元屡次表现了不与日方妥协的态度，并不时申明其服从"中央"命令的意志，在行政措施和军事训练方面，亦逐渐趋向"中央化"。

1937年1月20日，宋哲元在天津发表政策声明——《告同志书》和《冀察政务委员会与冀察绥靖公署会衔通令》。在《告同志书》中，宋哲元提出：

> 一，拥护国家统一，推行中央命令，誓以自力图强，实现政治修明之象。二，国家三大要素：即主权、土地、人民；誓尽军人

---

① 刘汝明：《七七抗战与二十九军》，载《宋故上将哲元将军遗集》下册，台北传记文学社1985年版，第1168页。

天职，尽力保护之。①

在《通令》中，宋哲元令其所属军政各机关恪守如下政策坚决实行，努力不懈：

> 一，枪口不对内，中国人不打中国人。换言之，即不参加内战。二，侵占我土地，侮辱我人民，即是我们的敌人，我们一定要打他。三，扰乱社会治安的土匪，人人应得而诛之。四，剿匪不得视为内战，剿共更不得视为内战，应彻底肃清，以安社会。②

宋哲元此项声明显然包括服从"中央"与"抗日"两大重点。宋哲元在发表此项政策声明之前，曾于1937年1月12日接受了冀察政务委员会外交委员会主席陈中孚的辞职，任命自己的亲信贾德耀接任此职。陈是有名的亲日派，宋免其职，是力图摆脱亲日派包围所采取的步骤。日方对此大为不快，妄称依据1935年的"何梅协定"，任何华北高级官员的变动，非经日本同意，不能有效，但宋没有理睬这些。宋哲元于1月19日离开北平前往天津，应田代皖一郎的邀请，继续谈判某些问题。当田代于1月21日向宋提出华北"防共"一事时，宋表示"有绝对把握可以防共匪不入境"，并转而向田代要求饬令冀东伪组织交还香河、宁河、顺义、昌平四县，田代则谓此系关东军的责任，以为搪塞。③其后田代又提出华北经济开发事项，唆使宋仿冀东办法，偷漏关税，接收芦盐，宋则答以须等戈定远自南京请示归来后再说。④

两个月以后，日方再度威逼宋组织华北自治政府，宋坚予拒绝。⑤当和知参谋奉命访宋要求表明态度时，宋的答复是"在政治问题未解决前，一切均暂不谈。"⑥

2月，宋哲元不顾日方反对，派秦德纯南下，参加国民党五届三中全

---

① 平津《时报》1936年1月21日。
② 北平《实报》1936年1月21日。
③ 《中日外交史料丛编》（五），第486—487页。
④ 《中日外交史料丛编》（五），第487页。
⑤ 《中日外交史料丛编》（五），第489页。
⑥ 《中日外交史料丛编》（五），第490页。

会。据国民党北平特派员程锡庚向外交部报告：“秦德纯代宋出席三中全会消息传出后，日方要员纷纷探询并加劝阻。秦因赴津谒宋请示，宋意坚决，故毅然南下”。①在会议期间及会议之后，秦德纯代表宋哲元多次公开发表谈话宣布：“冀察外交今后将严格遵守中央政策。”②秦德纯返回北平后，宋召集部下重要将领听取秦的汇报并会商今后政策。

3月10日，宋哲元在北平接见中央社记者时郑重宣称：“奉行中央政府的命令是我神圣的任务，过去如此，将来亦是如此。”③与此同时，他还较少顾忌地表现出坚决抗日的姿态。

西安事变后，为了阻止日伪军的骚扰，宋哲元下令沿冀东伪区边界加强了军事戒备，增添守卫部队，“配置军备，加紧操演”。1937年2月，他又命令第29军第37师何基沣旅出击，一举围歼窜出冀东骚扰北平西郊的汉奸武装冀东民团宁雨时部的数千伪军，使冀东伪政权再也不敢轻举妄动。

总之，在中国共产党抗日民族统一战线的感召下，在绥远抗战和西安事变和平解决后国内抗战潮流的鼓舞下，宋哲元集团的政治态度进一步明朗化，冀察政权的种种举措表明：中华民族已进入了一个团结救亡，共同对付日本侵略的新时期。

---

① 《中日外交史料丛编》（五），第 388 页。

② 《正风半月刊》第 3 卷第 12 期，1937 年 2 月 1 日。

③ 李云汉：《卢沟桥事变》，台湾东大图书公司印行 1987 年，第 263 页。

‖第五章‖ 侵略与抵抗

西安事变让和平代替了内战，团结代替了分裂。中国政局结束动荡，走向新的开端。为应对日军的侵略，国共两党开始了抗战的准备工作。身处抗日前沿的冀察政权也在做着抗日的准备。同时，日本也在密谋与实施着新的侵华步骤。1936年底中国爆发的绥远抗战与西安事变被日本视为“决定命运”的两件事。它不但宣告了日本既定对华政策的失败，也促进了中国抗日形势的迅速发展。日本统治集团被迫自1937年初开始，进行“对华再认识”，再次调整对华政策。最终，“对华一击论”成为新的侵华方针。而中国为抵抗日本的侵略所做出的努力不断改变着“懦弱”与“不抵抗”的形象。对此，美、英、苏各国在对华问题上也相应表现出积极的倾向。

当卢沟桥事变作为日军侵华的借口发生后，第29军奋起抵抗，由此揭开了中华民族全面抗击日本侵略者的民族解放战争的序幕。而伴随着卢沟桥的枪声，蒋介石“庐山谈话”接踵而来。这是彰显中华民族不屈气节、不谓强暴的谈话。从此，人不分老幼，地不分南北，守土抗战，一场悲壮慷慨的中华民族抵抗日本侵略的战争全面展开。

一、大战前夕美英苏的对华政策

西安事变后，中国国内出现了团结一致共图抗日的新局面。而同时，日本也在密谋着新的侵华步骤，中日之间更大规模的冲突如箭在弦上，大有一触即发之势。而对此种状况，美、英、苏各国在对华问题上表现了不同的倾向。美国与过去相比，显示了在援华问题上较积极的态度。英国则表现了非常矛盾，既不愿日本对中国的进一步侵略扩张，又担心中国团结一致起而与日本抗衡，从而导致更大规模的冲突，有损英国在中国的利益。苏联则表现了积极帮助中国的态度，这些都是有助于提高中国的抗日信心的。

1. 对华贷款：美国迈出援华的重大一步

西安事变后，国民政府在南京召开了五届三中全会，这次大会国民政府确定了新的内政外交方针，并对人事做了重大调整，所以颇为外界所瞩目。美国驻华大使詹森及时地将这种变化告诉了华盛顿。詹森认为：国民党五届三中全会的召开表明中国的局势已趋于稳定，蒋介石重新控制了政府，亲日势力受到遏制。3月5日，蒋介石在会见詹森时指出，现在中国普遍认为英国政府在对华政策上日趋积极，但美国看来对远东缺乏兴趣，希望美国能重新表明其在太平洋地区和中国有着重大的利益。①这是西安事变之后蒋介石首次会见詹森，蒋的中心话题是不满美国对华政策中的消极倾向。因为前此不久（1937年1月），中国方面要求美国财政部再从中国购买5000万盎司白银，但是美国财政部长摩根索认为，西安事变后中国的局势尚不明朗，他怀疑国民政府在阻止内战、抗衡日本方面的决心与能力，因而拒绝中方的售银要求。对此，国民政府深感失望。所以，蒋介石在会见詹森时呼吁美国应像英国那样，对中国和远东局势予以密切关注，积极介入。蒋介石强调，这是太平洋地区

① ［美］美国国务院编：《美国对外关系外交文件集》1937年第3卷，第36—37页。

维持和平的关键。

詹森将蒋介石的话迅速传递给了美国政府，引起了美国政府的重视。美国国务院远东司重新审阅了1932年以来美国对华政策的主要文件，分析了中美关系的现状，得出的结论是：在外交行动方面，美国并不落后于英国，但在投资和发展贸易方面，美国金融家和企业家对中国的兴趣看来比不上英国的金融家和企业家。①

1937年4月，美国驻华大使詹森同其他驻华外交官员一起，就美国在华经济事业问题进行了广泛的讨论。他们认为，中国正进入一个新的经济发展时期，为抵御日本的扩张，中国政府正致力于发展交通事业和工业；自从1935年11月的币制改革之后，中国货币趋于稳定；中日关系出现了缓和的变化；英国、德国、法国已采取了前所未有的行动，为对华出口铁路设备而提供长期信贷。基于此，他们建议，美国政府应采取积极措施，加强美中经济关系，美国政府应该支持在华美国企业采取新的大胆行动，应在美国进出口银行的支持下，成立一个专门委员会，以促进美中贸易的发展。②詹森等人的建议触动了美国政府，中国方面希望美国加强援助的呼声又日渐高涨。在这种情势下，基于自身在华利益，美国政府不得不重新审视其对华政策，采取较为积极的态度。

1936年底至1937年春，美国的一些厂商数次向美国政府所属的进出口银行提出要求，希望为中国购买美国铁路设施提供信贷。为了评估为中国提供信贷的可行性，美国进出口银行总裁皮尔逊于1937年4月5日访问中国。国民政府铁道部长张嘉璈同皮尔逊就美国对华提供铁路信贷问题进行了多次会谈。最后，双方达成如下协议：美国向中国提供150万美元的铁路贷款，由中国银行出面作担保。这笔信贷的年利息率为6%，期限为三年。③中国方面原本要求美国进出口银行提供500万美元的信贷，对最终达成150万美元并不十分满意，而美方则较为满意。皮尔逊认

① [美]美国国务院编：《美国对外关系外交文件集》1937年第3卷，第44—45页。
② [美]博格：《美国和1933—1938年的远东危机》，第265—266页。
③ 《张公权先生年谱》，传记文学出版社1982年版，第177页。

为这是今后多年里美国大批工业设备销往中国的良好开端，詹森则从政治角度出发，赞成进出口银行提供这笔信贷。

从客观上讲，美国的这次对华贷款是继1933年的棉麦贷款之后的再次对华贷款，由于进出口银行是美国政府所属的机构，这笔贷款虽未能充分满足中国方面的要求，数额有限，却也表明美国政府在对华关系方面已开始采取较积极的态度了。一个多月后，在美国驻华使馆的参与下，国民政府交通部又同美国厂商达成协议，美国方面向中方出售价值40.8万美元的电报、电话制备。

1937年5月，尚在欧洲访问的孔祥熙致电摩根索，要求美国方面买下中国抵押在美国的5000万盎司白银，并提供其他财政援助。美国政府在确定方案之前，先急于了解孔祥熙在英国洽谈借款的情况，然后又分析了应持有的态度。就在美国国务院迟迟不做决定，犹豫不决时，美国总统罗斯福却表现了积极的态度。他指示财政部，“尽一切可能使中国强大”。所以，当孔祥熙6月30日到美国后，美国财政部长摩根索立即与孔祥熙进行谈判。1937年7月8日，也即卢沟桥事变的第二天，摩根索与孔祥熙达成下列协议：

(1) 美国将买下中国政府在美国的存银共6200万盎司，价格为每盎司45美分；

(2) 美国将以黄金支付购银款，价格按每盎司黄金35美元计，这些黄金将存于纽约的联邦储备银行，仅用于稳定中国法币的目的；

(3) 如果中方提出要求，美国政府将在短期内向中国政府提供3000万美元以内的贷款，用以维持中国法币对美元的汇价。①

摩根索与孔祥熙达成的新的购银、贷款协议，是继1936年的购银协定和1937年5月进出口银行150万美元信贷之后，美国政府在对华政策上所采取的一个重大步骤。据此可以认为，美国政府至少在经济方面已经认识到中国市场的重要性；认识到扶植南京国民党中央政权，是符合美

---

① ［美］美国国务院编：《美国对外关系文件集》1937 年第 4 卷，第 610 页。

国在华利益乃至整个远东政策的基本目标的。但是，美国对华政策仍是囿于不能冒与日本发生冲突的危险，对华援助也是有限的和有条件的。并且，美国在对中国援助的同时，也从中国攫取了相当多的利益，中国每得到美方的一项援助，必须相应地做出某些让步与承诺。可以说，在七七事变前，美国对华援助仍是极为有限的。

2. 举棋不定：英国在远东问题上的矛盾心态

国民政府的币制改革获得英国的支持后，继续谋求英国的对华投资和贷款。以英国为首的欧洲各国，自1936年下半年起，便在增加对华资本输出方面，采取了较积极的方针。

1936年底，应中国方面的要求，英国汇丰银行准备在中国铁路建设上贷款1000万英镑。1937年1月，中国铁道部长张嘉璈同英国方面达成了具体的谅解，英国把贷款额增加到1500万英镑。为了切实可行地为中国提供贷款，英国方面考虑到中国国际银行团有关不得单独对华贷款的规定，曾向中方建议，让银行团的其他成员（美、日、法）也加入这一贷款项目，但国民政府表示，中国不同银行团打交道。为此英国方面认为没有必要再受银行团规定的束缚了。

1937年2月10日，英国外交部照会美国驻英国大使馆，正式提议取消中国国际银行团。英方的照会指出：由于中国当局强烈反对与中国国际银行团发生任何联系，特别是在得知日本也想参加有关贷款项目后，已经拒绝中国国际银行团就贷款问题作进一步的讨论。因此，银行团以目前的形式继续存在，实际上已是与其宗旨相悖，它阻止其成员参加中国的复兴，它正在妨碍而不是帮助这一复兴。英方明确提出了应该让银行团的成员恢复必要的行动自由。①英国的建议得到了美国的支持。

1937年3月20日，蒋介石决定派行政院副院长孔祥熙等人赴英，以祝贺英王加冕为由，同英国及欧洲其他国家进行外交联络活动，商咨借款及购置武器，以为抗战做准备。孔祥熙先后在伦敦、巴黎、柏林与英、

① 《罗斯福与外交事务：1937—1939 年》第 1 卷，纽约 1979 年版，第 117 页。

法，德当局接触，探询其对日本的态度，表明中国政府的抗日意志，并积极争取西方各国对中国提供贷款。英国是中国争取外援的主要对象之一。孔祥熙在欧洲滞留三个多月，与英国政界要人进行了多次接触、谈判，其结果据英国外交部6月21日秘密告知美国方面的：中英关于对华贷款的谈判尚在初始阶段，但英国政府倾向于向中国提供英镑贷款，以稳定中国的币制；英国政府希望在中国建立起一个独立的中央储备银行，由该银行通过出售该笔英镑贷款，来维持法币的汇价；中方将以海关收入作担保。英方则要求保存现有的关税制度并重新聘用外籍关员，贷款额可能为1000万至2000万英镑。①

英国在援华问题上总的态度还是积极的，但落实到实际行为上又步履迟缓，其原因，还得追溯到英国的远东政策。英国是列强中在华利益最大的国家。保护英国的在华利益，维护英国的海上生命线和英属的印度、太平洋属地的安全是英国远东政策的既定目标。但英国的远东政策又受到欧洲局势的发展及英国国内重整军备进程的制约。日本在中国的侵略扩张与英国维护其在华利益的既定政策是对立的，张伯伦一再强调，决心尽最大的可能使英国的利益不在一场既没有责任又没有利害的冲突中受到伤害。同时强调，在欧洲局势变得如此严重之时，不能想像有比在这同一时刻与日本挑起事端更自我毁灭的事情了。②既要保护英国在华利益，又要力保不与日本发生冲突，英在对华问题上便表现出了十足的矛盾心态。一方面，在中国濒临危难时，英国不得不考虑对华进行援助；另一方面，又不愿因为援华而开罪日本，引起英日间的冲突。正是缘于为了维护自身的在华利益，英国采取既要扶植国民政府，又要与日本进行必要的谅解与妥协的两面政策，导致英国在援华问题上虽态度积极却行动迟缓。而就在孔祥熙英国之行洽商对华贷款一事时，英方同时正在致力于同日本进行谈判，英国企图通过谈判签订一个绥靖日本的政治协定。英国希望通过这个协定，承认日本在满洲的势力范围和在华北的特殊地位。即承认并帮助日本巩固已经取得的侵略成果，并希

① ［美］美国国务院编：《美国对外关系外交文件集》1937年第4卷，第605—606页。
② 洛欧：《英国与太平洋战争的起因》，牛津大学出版社1977年版，第27页。

望以此换来日本尊重其在华中和华南的利益范围，阻止日本进一步南下，从而保证在远东的巨大的领土与财产安全。为达到此目的，英方拒绝了来自各方面要求缔结旨在联合对付侵略的太平洋公约的建议，并以中国国际银行团还未解散为由拖延对中国的贷款问题。只是由于日本发动了七七事变，进一步暴露了其侵略全中国的野心，以及中国人民坚决抵抗日本侵略的决心，使英日间的协定没有达成，英国也迟至8月初才下定了对华贷款的决心并签署了相应的协议。

3. 中苏互不侵犯条约的签订

1937年是中苏关系重大发展的一年，首先由于国际形势的变化，中苏两国确定了结盟的方针。1936年11月25日，日本和德国缔结日德《反共产国际协定》。协定规定，当缔约国一方同苏联作战时，另一方不得采取实质上会改善苏联处境的任何协定，并保证不同苏联签订与协定精神相违背的政治协定。从协定内容看，其矛头主要指向苏联。参与策划协定的重要人物日本驻德武官大岛承认：牵制苏联，日德必须缔约，“这次如果日德两国结为盟友，就会迫使苏联两面作战。它再想干预日本的对华政策也不会那么容易了。”①

日德协定及其意旨引起了苏联的不安。苏联意识到不仅德国而且日本也是严重威胁苏联安全的主要敌人。为此，苏联希望尽快同抵抗日本的中国结盟，而此时，中苏结盟的障碍也进一步缩小了，曾为中苏结盟的主要障碍的中日谈判和国共关系问题发生了很大变化。绥远抗战后，中日谈判结束——实质上通过外交途径解决中日间纠纷的路行不通，中日之间的矛盾冲突日趋尖锐，中日战争的扩大是必然的（只要日本不放弃对中国的侵略政策），中苏已有共同对日的基础。在国共关系上，西安事变的和平解决，结束了国共内战的局面，中国国内开始走上团结统一，国共两党开始商谈联手合作抗日问题，这就为中苏结盟创造了有利条件。另外，苏联在西安事变时对蒋介石的支持，赢得了蒋介石的高度评价，蒋

① 铃木健二:《神秘的使者武官》,中译本,军事译文出版社1984年版,第37—38页。

介石表示将采取一切措施来改善中苏关系。①中苏结盟的各方面条件日趋成熟。为了孤立和遏制日本的侵略，苏联政府于1937年3月在中苏会谈中提议由中国发起太平洋地区公约。3月11日，苏联外长李维诺夫在莫斯科向中国驻苏大使提出这个建议。他认为，“只有这样的公约才能最终制止日本侵略和保障远东和平，”因为，“日本不可能和不敢与其太平洋国家对垒，它迟早自己也要参加这个联盟”。②4月1日和2日，苏联驻华大使鲍格莫洛夫分别与孔祥熙和陈立夫会谈，向他们转达了苏联政府请中国发起太平洋公约和苏联准备向中国提供军用投资的建议。3日，蒋介石会见了鲍格莫洛夫。蒋建议，由鲍与王宠惠（新任外长）具体商谈中苏之间的外交关系问题。

4月12日，王宠惠与鲍格莫洛夫的首次会谈在南京举行。根据苏联政府的指示，鲍格莫洛夫提出三点建议：1.建议中国政府率先提议太平洋国家参加太平洋区域性公约的“谈判”（主要国家为中、美、苏、日、美、法）。假如中国政府肯这么做，苏联“定将对这个建议作出肯定的答复”，“定将全力促成中国政府办理此事”。2.如果太平洋公约不能签署，那我们准备以后重新考虑缔结苏中双边互助条约可能性的问题。3.建议立即开始苏中互不侵犯条约的谈判。③

1937年4月，立法院长孙科与鲍格莫洛夫会谈，详细讨论苏联援华方式，苏以战争贷款的方式提供军事装备，贷款利率优惠，但必须以不发动内战为担保。孙科告之国共和谈进展，请予宽虑。④

1937年6月，苏联倡议国民政府召集包括苏、美、英、法、日、荷等国的国际会议，起草太平洋地区性集体安全条约，如遭拒绝，苏联则准备与中国单独签订一项共同安全条约。⑤国民政府外交部长王宠惠曾与苏大使磋商该项议案，但毫无进展。

---

① 《苏联对外政策文件集》第20卷，莫斯科1976年版，第156页。

② 《苏联对外政策文件集》第20卷，第117—118页。

③ 《苏联对外政策文件集》第20卷，第117—168页。

④ 程天放：《中俄关系史》，第211页。

⑤ [苏]维戈斯基：《外交史》第3卷，第896页。

正当中苏两国代表讨论这些问题时，北平城外卢沟桥畔响起了枪声，日本发动的全面侵华战争开始了。形势的发展，促使中苏两国合作抗日的谈判更加紧步伐，进入新阶段。

7月中下旬，国民政府要员孙科、陈立夫、王宠惠、张冲等先后多次与鲍格莫洛夫会谈，商讨两国缔约问题。中国方面希望与苏联马上开始谈判互助条约，同时并希望苏联给予中国借款和军火订货。7月31日，李维诺夫电告鲍格莫洛夫，苏联政府已批准南京政府的军事贷款和军火订货。电文说："武器的订货拟增至一亿中国元，一年内交货，可给200架飞机带装备和200辆坦克"，并提出"拟向南京派一个小的团组，去了解中国的军需请求"，并"准备招收中国飞行员和坦克手前来接受培训"。李维诺夫同时指出："与过去相比，目前时机更加不宜签署互助条约，因为这样的条约意味我们立即对日宣战"①，一语道破了苏联当时坚持不与国民政府签订互助条约的原因，是不愿立即与日本开战。

8月2日，蒋介石会晤鲍格莫洛夫。鲍格莫洛夫向蒋介石口述了莫斯科关于军事贷款的答复。并声明"苏联政府认为不可能在目前就互助条约进行任何谈判"。蒋介石则希望苏联贷款的数字更大些，提供"飞机的数量也不是200架，而是500架"。在谈判签署互不侵犯条约时，两人发生了争论。蒋介石表示，军事援助与互不侵犯条约不能以任何形式联系起来。他说，如果互不侵犯条约中不会有任何招致侵犯中国主权的内容，他原则上同意立即签约。如果把这样一个互不侵犯条约说成是为军事援助而付的报酬，那他是绝对不会同意的。鲍格莫洛夫解释说："互不侵犯条约的实质在于双方承担互不进攻的义务；十分清楚，不进攻另一方这个义务绝不可能被说成是为什么事而付出的报酬"。他接着说："中国政府也应该了解我们的处境，我们如果连不以互不侵犯条约的形式作为起码的让中国不用我们的武器来打我们的保证都没有，那我们是不能向中国提供我们武器的。"②这里，双方的分歧显然在于：蒋介石

① 《苏联对外政策文件集》第 20 卷，第 430 页。

② 《苏联对外政策文件集》第 20 卷，第 437—438 页。

担心苏联的军火援助要以中国的权益为代价，而鲍格莫洛夫害怕国民政府在得到苏联的军火援助后，再与日本和好反苏。对此，蒋介石回答说："中国绝对不会进攻苏联，这一点是毫无疑义的"。他说，"日本极力要求和中国结成反苏军事同盟，为实现这一要求，日本愿做出很大的让步。然而中国政府断然拒绝了这个要求，任何时候也绝不会同意这个要求"。[①]经过讨论，蒋介石表示只要没有侵犯中国主权的内容，同意立即签订互不侵犯条约。

8月上旬，两国交换了互不侵犯条约草案，并继续进行谈判。8月21日，双方正式签订条约。条约规定双方保证互不侵犯主权、互不使用武力和遭到第三国侵犯时对第三国不得提供任何直接或间接的支持与援助。条约签订后，苏联给予中国许多实际援助，但是中国希望苏联直接参加对日作战的愿望没有实现。

从西安事变到七七事变这一时期，以英美为首的西方各国及苏联在对华援助问题上表现出比以前较为积极的姿态，虽然这些援助是极为有限的，而且是以避免与日本矛盾激化为前提条件的，然而，它对国民政府以及中国的抗战是十分有益的，它从一个方面坚定了国民政府的抗战决心，支持了中国对日本侵略的抵抗。这是值得肯定的。

二、国共两党的抗战准备

西安事变后，中国政局结束动荡。全国人民的精力和注意力都集中在应对日军随时可能发动的侵略战争上。国共两党开展进一步的合作谈判，同时，积极进行抗战的准备工作。

1. 国民政府确立新形势下的内外政策

1937年2月15日至22日，国民党五届三中全会在南京举行。会议的中

① 《苏联外交政策文件集》第20卷，第439页。

心任务是讨论和决定西安事变后国民政府的内外政策。国民党的五届三中全会是标志国民党政策转变的一次重要会议。会议根据形势发展的需要，确立了新的对内对外政策。

在对外政策方面，会议确立了对日抵抗的方针。会议通过的宣言指出："蒙受损失超过忍耐之限度，而决然出于抗战。"①这比国民党第一次（五届二中全会）提出"牺牲来到最后关头，决不轻言牺牲"前进了一大步。2月16日，全会通过了冯玉祥等16人提出的《促进救国大计案》，决议"密交常务委员会及国民政府分别切实办理。"此决案提出要"努力收复察北、冀东以为收复东北四省之准备"，议案还提出要"采取积极外交"，改变长期以来外交的被动局面，"今后应采取积极方针，以图废除不平等条约，收回被侵占之土地。"②

在对内政策方面，宣布放弃武力统一政策。会议宣言提出："此后唯当依据和平统一之原则，以适应国防，且以奠长治久安之局。"③会议主张在某种条件下开放言论和释放政治犯，潘公展等21人提出的《请确定巩固和平统一之实施步骤案》中指出："在不违背建国最高原则，不抵触中央最近国策范围以内，尽量宽放言论自由之路，使正当舆论得以宣扬"。④孙科、冯玉祥、于右任等六人提出的《请特赦政治犯案》，批评南京当局近10年来对"人民从事爱国活动，或发为政治言论者，动辄指涉嫌疑，且为反动，罗致既多，冤抑日久，或致流离失所，或者幽羁图圄"。孙科等人主张"清自民国十六年北伐以后，历次政变，所有一切政治犯，无论已被逮捕或尚在通缉判决，应由国府明令予以

① 《中国国民党第五届中央执行委员会第三次全体会议纪录》，中国第二历史档案馆藏，第 67 页。

② 《中国国民党第五届中央执行委员会第三次全体会议纪录》，中国第二历史档案馆藏，第 68 页。

③ 《中国国民党第五届中央执行委员会第三次全体会议纪录》，中国第二历史档案馆藏，第 69 页。

④ 《中国国民党第五届中央执行委员会第三次全体会议纪录》，中国第二历史档案馆藏，第 98 页。

特赦。”①

会前，中共中央于2月16日致电国民党五届三中全会，提出：

当此日寇猖狂，中华民族存亡千钧一发之际，本党深望贵党三中全会，本此精神，将下列各项定为国策：（一）停止一切内战，集中国力，一致对外；（二）保障言论、集会、结社之自由，释放一切政治犯；（三）召集各党各派各界各军的代表会议，集中全国人才，共同救国；（四）迅速完成对日抗战之一切准备工作；（五）改善人民生活。

中共中央的电报接着说：

如贵党三中全会果能毅然决然确定此国策，则本党为着表示团结御侮之诚意，愿给贵党三中全会以如下之保证：（一）在全国范围内停止推翻国民政府之武装暴动方针；（二）工农政府改名为中华民国特区政府，红军改名为国民革命军，直接受南京中央政府与军事委员会之指导；（三）在特区政府区域内，实施普选的彻底民主制度；（四）停止没收地主土地之政策，坚决执行抗日民族统一战线之共同纲领。②

国民党五届三中全会主席团对中共中央的来电决定不做公开的正面的处理，而以该会主席团名义另提“根绝赤祸案”，经2月21日大会第六次会议通过。该案对中国共产党虽多有指责之词，但它没有拒绝中共提出的两党合作共同抗日的要求。它提出四项“最低限度之办法”，即“彻底取消红军”“彻底取消所谓‘苏维埃政府’”“根本停止其赤化宣传”“根本停止其阶级斗争”。③对此，周恩来评论说：“这个东西是双关的，因为红军改了名称，也可以说是取消红军，但红军还存在；苏区改了名称，也可以说是取消苏区，但苏区还存在；所谓停止阶级斗争，停止

① 《中国国民党第五届中央执行委员会第三次全体会议纪录》，中国第二历史档案馆藏，第99页。

② 中央档案馆编：《中共中央文件选集》第11册，第157—158页。

③ 《中国国民党第五届中央执行委员会第三次会议记录》，中国第二历史档案馆藏，第97页。

赤化宣传，就是不许我们在国民党统治区有政治活动。”①这个决议同中共中央致国民党五届三中全会电提出的“四项保证”相当接近，因此可以说，国民党五届三中全会实际上接受了中国共产党提出的抗日民族统一战线主张。

五届三中全会是国民党国策转变的开始。正如中国共产党对此做出的评价：“国民党五届三中全会是一个有重大意义的会议，虽然三中全会的宣言和决议，没有明确性和具体性，没有坚定的方针，没有批评自己过去的政策的错误，有许多非常含混的语句，但无论如何它表示了国民党政策开始转变。”“在对共产党问题上——虽然指责我们，但提出了四个条件，表示可以进行谈判。在他的四个条件与我们给三中全会的通电，原则是非常接近的，因此国共合作的原则是已确定”。②

国民党五届三中全会，表明其结束了停止内战、一致抗日的阶段，开始了巩固国内和平、准备对日作战的新阶段。

国民党的这种转变，不仅反映在五届三中全会的文件上，也体现在会后的行动中。这对正遭受日本侵略的中国人民而言是件幸事，而对力图阻挠和破坏中国抗日民族统一战线的日本侵略者来说，无疑是一个沉重打击。

国民党政策的转变，为国共两党合作抗日的谈判提供了前提。

1937年1月，潘汉年在南京与蒋介石、宋子文、张冲等商谈两党合作的政治纲领问题。2月中旬至3月中旬，周恩来、叶剑英、林伯渠与顾祝同、贺衷寒、张冲在西安进行谈判。3月下旬至4月初，周恩来等到杭州同蒋介石直接谈判。6月初，周恩来又到庐山与蒋介石、宋子文进行最高级谈判。与1936年谈判不同的是：前次谈判主要是试探性的，非实质性的；而此次谈判主要是实质性的，而且非常具体。在这些谈判中，围绕着红军改编、陕甘宁根据地改制和两党合作的组织形式等问题展开了激烈争辩。由于某些分歧，到七七事变前，国共两党的多次谈

① 《周恩来选集》上卷，人民出版社1980年版，第194页。
② 中央档案馆编：《中共中央文件选集》第10册，第216—217页。

判没能达成实质性协议，但双方的合作已是大势所趋。随着日军挑起七七事变给中国带来的新的更大的危机，两党的最终达成协议，便成为必然的结局。

2. 国民政府准备对日抗战

国民党五届三中全会后，国民政府确立了对日抗战的方针，在对日外交上也进行了相应调整。1937年3月3日，王宠惠接替张群出任外交部长。众所周知，张群出任外长的目的在于利用他曾在日本留过学，对日情况较了解，又有不少日方关系这一层，来协调中日关系，并就“广田三原则”问题进行谈判，其对日政策正在由妥协到强硬的转变之中，张群的上任正是适应这一转变。王宠惠作为宋子文一派的亲英美人物出任外长，实质上表明国民政府正由隐性的对日抗争走向公开抵抗，它既不愿也不想再对日妥协了。

恰在此时，日本新组建的林铣十郎内阁推出了“佐藤外交”。“佐藤外交的任务，是改善目前完全陷入僵局的对华关系。”①主张推行“新政策”以缓和中日间的关系，对华暂不谈政治问题，集中实行“经济提携”。佐藤尚武3月3日出任林内阁外相（巧的是王宠惠也与此日出任中国政府外长），佐藤上任的背景是广田内阁在对华政策上陷于困境，不得不被迫辞职下台，日本国内叫嚣要“对华再认识”。因而，佐藤一上台便提出要“推行对华政策”，改善对华关系，实现与中国的“经济提携”。

3月8日，佐藤在贵族院会议上提出要以“新的出发点”来检讨对华关系，主张以平等原则，协调精神，努力打开中日僵局。②同日，中国外长王宠惠到部视事，发表就任谈话，表示：要以国家的领土与主权的完整和平等、互利为基础，建立国际关系。③

3月12日，日本派出以日华贸易协会会长儿玉谦次为团长的经济考察

---

① ［日］信夫清三郎：《日本外交史》下册，第616页。

② 张蓬舟：《近五十年中国与日本（1932—1982）》第2卷，第218页。

③ 《中华民国史事纪要（1937年1至6月份）》，台北1985年版，第250页。

团来华访问。国民政府对此表示欢迎，“中国的对日舆论有所缓和”。①

在中日两国政府推动下，12日至22日，日本经济考察团访问了南京、上海，会见了蒋介石、孔祥熙、王宠惠等要人。国民政府虽在表面上对考察团欢迎备至，但实际上对日本带有战略意义的“经济提携”要求十分戒备。蒋介石在会见儿玉谦次时表示，两国交往“仁亲以为定”，并记住“己所不欲勿施于人”的古训。②孔祥熙则坦言：“贵国政府允军部扩军预算，而企图约束军部，实无异抱薪救火，危险极矣。贵国不欲发展对华贸易则已，不然则唯有设法消除敝国民众之对日反感，实为当务之急。”③王宠惠也告之：“经济提携绝不能漠视人民之感情，而欲求两国人民感情之融洽，则政治问题势亦不得不加以改善。”④而实业界人士周作民更直截了当地对儿玉说：“必须解除两国间的政治障碍，然后才可以谈经济提携。”⑤

中国从官方到民间的态度让日本经济考察团的代表之一藤山袋一郎感到：“中国各方有力人士均以为：中日两国苟政治问题不解决，则实行经济合作即不可能。此种意见，极为坚强。”⑥而儿玉谦次在回国后向日本政府提出报告的结论是：“废止殷汝耕冀东政府和冀东走私贸易是一切交涉的前提，因此将来日本应该考虑废除治外法权，使中国与日本站在平等互惠的立场。”⑦

佐藤推行的对华“新政策”——“经济提携”没有得到中国方面实质性的响应，而日本军部早就不满意佐藤外交推行的对华政策的方式（自由主义外交），⑧不断攻击佐藤外交的“软弱”，并代之以强硬的

① ［日］天羽英二：《天羽英二日记·资料集》第3卷，《天羽英二日记·资料集》刊行会1990年版，第275页。
② 张蓬舟：《近五十年中国与日本（1932—1982）》第2卷，第219页。
③ 《中日外交史料丛编》（四），第114页。
④ 《中日外交史料丛编》（四），第117页。
⑤ 胡适：《中日问题的现阶段》，载《独立评论》1937年4月25日，第131页。
⑥ 《中央周报》第461期，1937年4月5日。
⑦ 李云汉：《卢沟桥事变》，第177页。
⑧ ［日］天羽英二：《天羽英二日记·资料集》第3卷，第276页。

“对华一击论”。当5月31日林内阁总辞职后，“佐藤外交”也不足三月便草草收场，日本在“对华一击论”政策下，开始加快了军事侵华的步伐。国民政府对此在军事上做了迎接大规模战争的准备。1935年11月，国民党五大通过了《请改良兵役制度，实行征兵案》和《应速行全国征兵制》案。1936年3月1日，国民党政府明令实行“兵役法”。当年底，首批征集新兵5万名入营训练。与征兵制相关的是建立师管区。1936年3月1日，国民党政府军政部划分全国为60个师管区、10个预备师管区，每一师管区配置一个调整师为主，一个整理师为从。1936年，先在苏、浙、皖、赣、豫、鄂六省设立了12个师管区（各辖四个团管区）。1937年春，又在湘、鄂、赣、豫、苏、闽六省设立八个师管区，在川、黔、陕、甘、桂、滇、鲁、冀、晋、绥、宁等省设立19个师管区筹备处。师管区的基本任务是：现役兵之征集补充，各兵役召集教育，动员计划实施等。

在实行兵役法的同时，国民党政府对壮丁和学生推行国民军训。

壮丁训练：1936年，国民党政府发布《壮丁训练实施纲要》并予实施。同时订立《县军训教育官遴选办法》，由中央统一训练各县军训教官，分配各省任用。计第一期至第四期共训练县军训教官968人。至1936年底，壮丁训练完毕者50余万，正在训练者100万余人。

学生军训：1935年国民党政府对大、中学生全面推行集中军训制度，每期三个月，授以预备役军士和候补军官教育。首先实行学生军训的有苏、浙、皖、闽、赣、鄂、鲁、晋、冀、滇等省和京、沪、青三市，尔后逐渐推行到全国。到1936年底，全国高中及同等学校受训合格为预备役军士者有17490人，专科以上学校受训合格为候补军官者有888人。到1937年上半年，全国已受军训的高中学生约224000人，专科以上学生64340人。

1936年制定的《民国二十五年度国防计划大纲草案》《作战计划》等和后来的《民国二十六年度国防作战计划》，在战略上提出了不少有意义的构想，分析和估量了当时的军事形势，提出了“持久战”和“消耗战”的方针；对以平时转到战时的有关问题做出了相应安排和部署，并加强了在武装力量、国防工程和军事后勤方面的建设。军队建设方面，于1936年秋开始逐步充实计划整编军队，组建装甲兵、机械化重炮兵、铁道兵、通讯兵等特种部队；计划常备兵额1170万人，平时部队多至180师以上；全国设六个空军军区，拥有九个空军大队，262个机场，600余架大小飞机。海军也经过整编。同时各部还加强了军事训练。国防工程建设方面：1935年，虎门要塞改归军政部直辖，经过调整，71门火炮分别修配齐全。1936年3月，对镇海要塞进行了调整，为增强火力，国民政府向德国订购的一批要塞重炮先后装置在江阳、镇江、南京、武汉各要塞，到1937年上半年，全国共有南京、镇江、江阴，宁波、虎门、马尾、厦门、南通、连云港等九个要塞区整建完毕，拥有炮台41座，各种要塞炮273门。①

国民政府按照国防区域、作战计划以及战场划分构筑国防工事，从1936年开始大规模展开，主要是在按敌情设想的下列地区构筑阵地，（1）山东区：潍河、鲁南、鲁西，（2）冀察区：北平、天津、张家口、沧县、保定、德县、石家庄，（3）河南区：豫北、归德、兰封、开封、郑州、巩县、洛阳，（4）徐州区：海州、远河、徐州、蚌埠、淮阳，（5）山西区：晋东、晋北，（6）绥远区：绥东、绥北，（7）浙江区：沪杭线、宁波、温州、台州、京杭，（8）江苏区：京沪线、南通、南京，（9）福建区：龙岩、延平、福州、厦门，（10）广东区：潮州、汕头、雷州、琼州、广州、惠州。②

上述战场的工事构筑，又分为若干道防线，如京沪间分为淞沪阵地、吴福阵地和锡澄阵地三道防线。至1937年上半年，江苏、浙江、山东、河南、山西、绥远、冀察各区第一期国防工事基本完成。其中规模较大的有淞沪：吴福、锡澄、乍平嘉、乍澉甬、宁镇、鲁南、豫北、豫东、沧保德石、娘子关雁门关内长城等阵地工事。

另外，武汉地区的国防工事，也于1935年夏开工，从北面的武胜关，南部的城陵矶，东至田家镇，构筑东向的武汉外围国防工事，断断续续构筑了两年之久，至1937年上半年，仍未竣工。

国民党政府修筑的国防工事和整建的要塞，大部分在不同程度上为其后的抗战起到了一定作用。

---

① 《中国要塞现状一览表》（1937），中国第二历史档案馆藏。

② 《国民政府筹备抗战档案史料一组》，载《民国档案》1997 年第 2 期。

军事后勤建设方面，兵工生产以抗战需要向内地陆续转移；加速武器生产，扩大军火制造规模。后方战略基地的建立：1935年以后，西南各省"统一"问题渐归解决，国防中心开始由西北转向西南，"对倭应以长江以南与平汉路以西地区为主要线，以洛阳、襄樊、荆宜、常德为最后之线，而以川黔陕三省为中心，甘滇为后方。"①强调四川是"立国的根据地"，"民族复兴的根据地"，并着手进行了一定规模的建设工作。国民政府"通盘规则"抗战事宜，确定抗战根据地和防卫区域，并设定阵地线，开始大规模构筑抵御阵地，加强抗战的经济准备工作。这些都在日后的抗战中起到了相当的作用。

进入1937年6月，由于日方渐渐露出军事侵华的端倪，国民政府迅速作出了以下几项决策：

（一）6月12日，国民政府决定将政府的重要部门迁至庐山，决定行政院各部在庐山设立办事处，只将少数人留在南京，职员全部赴庐山办公。在政府迁移的同时，国民政府增加了庐山、南京间的专用电话，开辟了庐山南京间的定期航班。并决定在庐山发行国民党的机关报《中央日报》。同时，已在庐山的蒋介石急电召考试院长戴季陶，监察院长于右任，司法院长居正，立法院长孙科到庐山商讨国是。

（二）6月21日，蒋介石在庐山官邸，召集冯玉祥、戈定远（宋哲元的代表）、张招堂（韩复榘代表）召开华北对策会议，商讨华北防务问题。

（三）6月24日，蒋介石、汪精卫联合电邀全国各界知名人士300余人，于7月15日到23日之间在牯岭图书馆召开国是座谈会。

（四）6月25日，蒋介石以军事委员会委员长的身份决定从7月20日起用五天时间，在庐山召开全国陆军军事长官会议，向全国各军长、师长、参谋长等约200余名军官发出通知，并决定7月27日召开各省主席会议，还计划召开各省主席与军长、师长、参谋长的联席会议。②

各种迹象与事实表明，国民政府已在积极准备应付日本随时可能发

① 张其昀：《中国国民党党史概要》第2册，第747页。
② 任常毅、蔡德金编译：《战前华北风云录》，第193页。

动的侵华战争。

3. 中国共产党为实现全国抗战而努力

为适应国内和平基本实现和抗日民族统一战线初步形成后的新形势，规定党在新阶段的任务，1937年3月23日至31日，中共中央在延安召开政治局扩大会议，这是全面抗战爆发前夜中国共产党召开的一次重要会议。会议分析和讨论了西安事变和平解决和国民党五届三中全会后，中国抗日民族统一战线的新形势和党在这个阶段的新任务。会后，根据会议精神发布了《中国共产党员中央委员会告全党同志书》《国民党三中全会后我们的任务》，要求全党努力促成抗日民族统一战线的最后形成，并在抗日运动中发挥中国共产党的领导作用，号召全党彻底转变过去的斗争与工作方法，适应新的形势，争取民主权利，实现对日抗战。

为了争取千百万群众参加抗日，扩大抗日民族统一战线并为贯彻中央政治局扩大会议精神，进一步动员全党和全国人民为巩固和平，争取民主，实现抗战而斗争，1937年5月2日至14日，中国共产党在延安召开全国代表会议。会上，毛泽东作《中国共产党在抗日时期的任务》的报告和《为争取千百万群众进入民族统一战线而斗争》的结论。毛泽东在报告和结论中，着重阐述了两个方面的问题：（一）在新阶段，党的主要任务是“巩固和平”“争取民主”“实现抗战”；（二）着重指出抗日民族统一战线中无产阶级领导权的重要性。他指出：在为民族统一战线的民主共和国而斗争的总任务之下，红军和抗日根据地的任务是：（1）使红军适应战争的情况，应立即改组为国民革命军，并将军事的政治的文化的教育提高一步，造成抗日战争中的模范兵团。（2）根据地改为全国的一个组成部分，实行新条件下的民主制度，重新编制保安部队，肃清汉奸和捣乱分子，造成抗日和民主的模范区。（3）在此区域内实行必要的经济建设，改善人民的生活状况，（4）实行必要的文化建设。会议根据毛泽东的报告，批准了红军改编为国民革命军，苏维埃政府改为民主政府。这样，中国革命就在事实上由国内革命战争转到建立抗日民族统一战线和准备对日抗战的新时期。会后，为加强党的思想建设，毛泽东发表了《中国革命战争的战略问题》《实践论》《矛盾论》等著名文章。为加强干部队伍建设，党又致力于培养干部的工作。

在此基础上，红军抓紧加强自身建设，为实现早日直接对日作战，积极进行着准备。在全军大力开展政治工作，加强思想教育和组织整顿，提高全军对新形势下新任务的认识，自觉地为实现党和红军的伟大历史任务而奋斗。同时，加强军事训练和文化教育，掀起群众性的练兵热潮。在军事训练方面，红军各部队通过举办教导团、教导队和各种轮训班，轮训基层干部，班长和参谋人员等，提高基层干部的组织指挥能力和参谋业务工作能力。各部队有计划、有步骤地进行以战术、技术为主要内容的军事训练，普遍开展以射击、刺杀、投弹为主的练兵活动，并组织野外操练和演习，加强战术演练，提高了部队的军事素质。同时结合军事训练，建立和健全了部队的正规生活。各部队进行的扫盲教育使许多战士学习了语文、算术和自然常识，提高了部队的文化素质。与此，为保证红军成为将来抗日政府和抗日军队中的一支重要力量，中国共产党把扩大和巩固党所领导的抗日武装力量作为一项重要的工作进行，利用一切机会，发动群众，参加红军队伍。到1937年7月初，在陕甘宁地区主力红军和地方红军总数已有74万余人，拥有各种枪支四万余。此外，根据地还开展了肃清土匪、巩固后方的工作，为保证红军出师抗日创造条件。红军各部队还进行了组织调整工作。中共中央军委对红军的编制、序列进行了初步调整，并酝酿了红军改编为国民革命军的方案。中国工农红军从思想上、组织上和军事训练等方面的积极准备，为实现由国内革命战争到抗日民族战争的转变，为早日出师抗日，提供了可靠保证。

加强党和军队思想、政治、军事建设的同时，中国共产党还加强了陕甘宁边区的建设。

政治方面：建立民主政治，实行普选。由于日本帝国主义侵华的不断扩大和国内阶级关系的变化，为了团结全民族共同对敌，中国共产党在边区实行了广泛的抗日民族统一战线政策，停止没收地主的土地，恢复了抗日的地主、资本家、富农、僧侣的公民权，在边区内实施普遍的彻底的民主制度。为实现这种转变并创造陕甘宁地区成为抗日的民主的模范地区，依据抗日民族统一战线的总政策，陕甘宁地区在1937年4月制定出了第一个选举条例，并在广泛动员的基础上，从5月开始，实行了乡、区、县人民的普选运动，使各级政府在民主选举的基础上建立起来，奠定了抗日民主政权的群众基础。

经济方面：发展生产，改善人民生活。为了建立巩固的模范的抗日根据地，恢复和发展生产，改善人民生活，以便积蓄力量，支持抗战，在中共中央直接领导下，边区政府和人民积极进行了恢复和发展生产的经济建设。边区政府在实行保障农民既得利益的土地政策的同时，坚决执行了抗日民族统一战线政策，适当调整了边区内各阶级的关系和土地政策。1937年4月26日，中华苏维埃共和国中央政府公布了关于处置回苏区豪绅地主的办法，规定："在已分配了土地区域，地主豪绅回来，可在原区乡分配他以和农民一样多的土地和房屋。但已没收了土地不许还原，已经取消了租债，不许再索取。""在没有分配土地的统一战线区域，地主豪绅的土地停止没收。"5月，又在政治上恢复了地主、富农、资本家、僧侣的公民权。这些规定宣布后，许多在土地革命时期离开边区的地主、富农和资本家纷纷返回边区，参加了边区的生产建设。

1937年4月，边区政府制定了恢复和发展生产、活跃商业贸易、发展交通运输的《陕甘宁特区经济建设计划草案》。6月29日，又公布了《陕甘宁边区经济建设实施计划》，要求发展水利，开垦荒地，改良土地，增加粮食，发展畜牧业，培养农业干部等。

为了发展生产，边区政府采取了多方面措施。在农业方面，鼓励大量垦荒，除发动现有农民加垦外，规定地主豪绅回家的，外籍士兵志愿在此落业的，外籍逃荒来的，皆给予足够的土地，一经垦熟，即永为所有。实行农贷，帮助农民解决耕牛、农具、种子的困难。由政府开办水利，以利农耕，改良土地。同时，发动群众组织互助社，以调剂劳动力，动员妇女、儿童参加生产，以增加生产力，奖励劳动英雄，以提高群众的劳动热忱。在畜牧业方面，从外地购入良种，以改良畜种，并加强畜病防治。在工矿业方面，废除苛捐杂税，帮助手工业恢复生产，欢迎资本家投资开发矿产。在商业方面，保护正当商人利益，并大力发展合作社运动。维修和开辟公路，发展交通，以利物资流通。同时，为适应党政军机关人员的需要，还着手建立和扩大公营经济。在财政上休养民生，最大限度减轻人民负担，借以恢复和发展人民经济，政府根据需要与可能，仅向人民征收一定的税收和救国公粮。1937年仅收救国公粮13000石，占全年农业实际收获的1.24%。除烟、酒、盐税外，其余一律豁免。

通过上述有力措施，陕甘宁边区的经济得到迅速恢复和发展。1936年的耕地面积为8431000亩，1937年扩大到8626000亩。1936年的粮食收获1034301石，1937年增加到1116381石。1937年工矿增加30%，商店增加60%，汽车路、大车路增加90%，牛羊数增长迅速，手工业亦大为发展。人民生活迅速得到改善。①

文化教育方面：开展群众文化运动，实行国防教育。1937年4月，中华苏维埃共和国中央政府西北办事处文化教育建设委员会颁布《关于群众的文化教育建设草案》，提出实施民众教育的纲领："（一）实施民族解放和民主政治为民众教育的中心内容。（二）在一定时期内（大约若干年）普及最低限度（规定课程标准）的教育于四十岁以下的成年和青年男女，及十四岁以下七岁以上的男女儿童。（三）动员广大的男女群众无论识字与不识字的自动的参加教育工作，从工作中创造教育干部，从学生中创造他们自己的领袖。同时需要迅速的建设大规模的程度较高的学校以训练专门替教育服务的人员。（四）实行优待小学教员，不断的提高小学教员的文化政治水平，使之成为乡村中文化教育的支柱。（五）小学校免收学费书籍费，中等以上的学校免收学膳等费，使学生不致因生活问题妨碍学习，同时使已在社会服务的人员得已暂时抛弃谋生职业学习更高的学问。"边区政府还确定了教育方针：（一）以民族解放运动为教育的根本内容，党的主义和宗教的信条不列入普通教育科目，任个人信仰自由及在大学研究，以实现不分党派不分阶级不分宗教

① 军事科学院军事历史研究部：《中国抗日战争史》上卷，第504页。

的统一的教育。（二）消灭文盲提高大众文化政治水平是教育的中心标准。（三）取消区分劳心劳力双轨制的教育制度，一切人民不分男女、不分阶级，给予受教育的均等机会。

在中共中央及边区政府直接领导和号召下，陕甘宁边区的群众文化运动迅速开展起来。

首先是学校教育大大发展。许多干部学校培养出大批干部人才，同时增加了许多中小学校，吸收了更多青年、儿童到学校学习。以小学教育发展为例：边区成立以前，仅有学校120所。1937年春季，小学增至320所，学生为5000人；到1937年秋季，小学增加到545所，学生增加到10396人。

其次在社会教育方面，采取了多种多样的形式开展群众性扫盲运动。一切不能脱离生产的青年和成人，可以参加为他们设立的识字组、夜校、半日校和冬学等，还设立巡回补习学校到各地巡回扫盲。由于人民群众积极参加，扫盲运动发展迅猛，1937年原定设立冬学400所，招收学生6000人，结果达到600所，10000人。随着群众文化运动的开展，陕甘宁边区开始逐渐摆脱文化落后的状态。①

陕甘宁边区是中共中央和毛泽东领导抗日战争的政治中心，是红军出师抗日的出发点和总后方，通过边区政府和军民的努力建设，边区日益成为中国抗战、团结、进步的旗帜。

中国共产党为抗击日本的侵略，做好了各方面准备。

三、日本确立新的侵华方针："对华一击论"

1936年底中国爆发的绥远抗战与西安事变被日本视为"决定命运"的两件事。②它不但宣告了日本既定对华政策的失败，也促进了中国抗

① 军事科学院军事历史研究部：《中国抗日战争史》上卷，第506页。

② ［日］防卫厅防卫研究所战史室：《战史丛书·大本营陆军部（1）》，第213页。

日形势的迅速发展。以此为契机，日本统治集团被迫自1937年初开始，进行“对华再认识”，并考虑再次调整对华政策。受此影响，日本国内政局出现了自“九一八”以来的第二次大动荡。在对华政策上走投无路的广田内阁于1月28日总辞职。1937年2月15日，中国国民党召开五届三中全会，实际上开始了国共合作的政策，日本大使为此急电东京，称：三中全会的矛头集中于华北问题，贯彻了抗日的内容。鉴于新的形势，日本统治集团开始进行对华政策的再检讨。最终，“对华一击论”成为新的侵华方针。

1.“佐滕外交”出台

在掌握制定政策主导权的日军部中存在着两种不同的认识：“加强对苏战略论”和“对华一击论”。

以参谋本部第一部（作战部）部长石原莞尔少将和宇垣一成陆军大将为代表的一些人认为，对华开战有可能成为长期战争，会过早地消耗实力，不利于日本对欧美及对苏的战略地位。主张当前日本应竭力充实国力，一心完成对苏战略。石原莞尔建议：对苏暂不过分刺激，以五年以上时间完成对苏战备之后，根据国际形势的变化，再决定是否对苏开战，对华则无需行使武力。他在1936年底赴华北视察时曾向中方表示只要中国承认“满洲国”，日本既可将冀东归还中国，不干涉中国内政等，意在“缓和时局，逐步向东亚联盟的方向推进。”①

1937年1月，石原起草给陆军省的建议，指出要以“公正”的态度对待中国统一运动，“华北分治工作应予停止”。②而日本军部的大部分人自“天羽声明”发表后即大力推行其“武力外交”，在华北蚕食中国领土和主权，认为只有用军事手段才能奏效。1936年12月8日，寺内寿一陆相公开发表对华威吓性谈话后，军内要求“对华一击”的呼声渐高，主张首先解决华北问题，以后再伺机解决“中日间全盘性根本问题”。面对内

① ［日］防卫厅防卫研究所战史室：《战史丛书·大本营陆军部（1）》，第425页。
② ［日］《现代史资料8》，第384页。

部的意见分歧，广田内阁曾采取折中手法，一方面强调要与中国国民政府交涉，一方面则在“中日悬案”交涉中强行向中方提出变中国为日本保护国的种种无理要求，并声称日方的条件已不能后退，多次暗示中方拒绝的后果是战争。中国国民政府先是耐心与之周旋，绥远事件爆发后又趁势中止了与日方的交涉。广田内阁一无所获，发动战争的外交准备又极不充分，广田本人被迫承认“近时政情，微力不堪其任”，[①]只得于1937年1月28日以总辞职结束了这一阶段的对华外交。这时，日本军政内部就对华政策的争论更趋激烈，宇垣一成大将组阁因此而流产，经过内部协调，才于2月2日组成林铣十郎内阁。林铣十郎组阁后，一改广田内阁的对外策略，鼓吹“渐进主义”，在对华政策方面，暂时将广田内阁时期强调的“广田三原则”隐去。为调整对华外交，林内阁决定由“素持协调外交理念”的驻法大使佐藤尚武出任外相。

佐藤上任几天后即在贵族院发表演说，鼓吹所谓自由主义外交。[②]对华外交方面，主张推行“新政策”以缓和中日间关系，对华暂不谈政治问题，集中实行“经济提携”。“佐藤外交”由此出台。佐藤上台后即召集外务省有关局、部核心成员着重研究对华政策。经过一个月的策划，于陆海军协议后于当年4月初制定《关于调整对华政策之文件》。该文件认为：“鉴于最近中国的统一运动等，此际要暂时停止交涉华北五省分治、缔结防共军事协定，缔结中日军事同盟等重大政治性问题，目前宜专心推行以日中提携为目的的文化、经济工作，首先树立以日中大众为基础的两国不可分割的经济上相互依存关系，以此谋求渐次调整国交。”[③]这仍然是要求中国由亲英美转向亲日，并通过派遣顾问确立在国民政府内的发言权，以后随着“两国不可分离的经济上相互依存关系”的形成，上述全盘“政治性问题”即可迎刃而解，从而实现企盼已久的“日中邦交的全面调整”，使中国全面依靠和服从日本。这即是“佐藤

① 《木户幸一日记》上卷，东京大学出版社 1991 年版，第 537 页。
② ［日］天羽英二：《天羽英二日记·资料集》第 3 卷，第 276 页。
③ 日本外务省档案：《对华政策一般》，A110—10，日本外交史料馆藏。

外交”暂时停止交涉“重大政治性问题”，转而首先推行“经济提携”的主旨所在。

在华北自治问题上，“佐藤外交”也无意加以实质性修改，佐藤一方面提出对“华北自治”要采以渐进方式，告诫说：“过去我方的施策给中国及列国以帝国企图扩张停战地域。推进满洲国国境乃至促进华北独立等误解，今后要特别注意此点。”①另一方面又与陆军省共同策划《对中国实施的策略》《指导华北的方针》两个文件，规定“指导华北的重点在于使该地区实质上成为巩固的防共、亲日满地带，并有助于获取国防资源和扩充交通设备。由此防备赤化势力的威胁，成为实现日满华三国合作互助的基础。”②在实行中“要指导其自行协助实现”。③在此，“佐藤外交”提出的“误解”和华北当局“自行协助实现”之类，只是要求军方暂时不要采取过激行动，以与外务省一致的步骤，通过“经济提携”逐步实现。这说明，“佐藤外交”不过是军部推行对华政策的一个招牌而已，它是以“和”的一手，掩盖了日本的大战准备，但仅仅是这么一张招牌，它的“渐进”的方式也难以为日本军方所忍受。这便决定了“佐藤外交”的短命。

“佐藤外交”的对华政策尚未及实施，针对当年初以来的“对华再认识论”，5月初，日本又掀起“对华再认识论的再认识”。在军部“对华再认识”的影响下，“佐藤外交”这个被视为软弱外交的招牌，于5月31日随着林内阁的总辞职而迅速宣告失败，继之而起的是“对华一击论”的政策。

2. 否定“佐滕外交”

“对华一击论”以1937年初南京总领事须磨弥吉郎回国汇报中国局势为契机而明显抬头。须磨对军部说：近来中国激烈的动向有二：一

① 日本外务省档案：《对华政策一般》，A110—10，日本外交史料馆藏。
② [日]外务省编：《日本外交年表及主要文书》(下卷)《文书》，第361页。
③ [日]外务省编：《日本外交年表及主要文书》(下卷)《文书》，第361页。

是"最近中国开始轻视日本的压力","小看日本",认为"日本患了恐苏病",中国大可以放心了;二是南京坚信英美同情中国,"英国帮助中国"。因此,从1936年1月以来南京政府充实军备,军队士气高涨,中国青年充满肩负国家责任的热情,须磨还传达了张群、孔祥熙的口信:目前中国主张彻底抗日,不惜使用武力和容共一派势力最大,而主张避免与日本磨擦、企求平等与和平的蒋介石、汪精卫等知日派认为,日本如果不消除过去非法制造的既成事实,并保证今日予以杜绝,则抗日派的势力还会增强,那时知日派的处境将日益不稳。他们感到抗日为不可避免。①须磨总领事对军部断言,中国已谈到冀东、冀察问题,日本如果后退一步,中国很可能发展到要求取消"满洲国"的地步。

须磨的汇报为军部"对华一击论"者提供了依据和口实,军部中有些军人认为:日本修订对华政策后,日中关系仍然恶化,到万不得已时日本"准备(给中国以)彻底的痛击";日本目前最要紧的事情是"准备和战两手"。②

3月上旬,参谋本部将驻华大使馆武官喜多诚一、中国驻屯军参谋和知鹰二、关东军参谋大桥熊雄召回东京,听取他们对中国形势的看法。喜多等认为:蒋介石政权的抗日政策不会改变,他们正在加强内部,充实军备,依赖英美。日本如果采取软弱政策,反而会招致事态恶化。当前中日关系已非一般手段可以调态,应采取应急方针,即:(1)从对苏作战出发,调整对华国交;(2)在上速调整不可能时,在对苏行动前,要首先对华加以一击,摧毁蒋政权的基础;(3)不论上述两种情况如何,目前应调整对华关系,充实战备。③这表明,日本军部一开始就对"佐藤外交"持有异议。5月开始,日本又掀起"对华再认识论的再认识"。川越回国关于中国情况的报告为此提供了依据,而中国税警队进驻青岛一事又为此提供了借口。

5月10日,军令部提出针对"税警团事件"的《山东问题对策意见》。

---

① [日]《现代史资料 8》,第 417—420 页。

② [日]《现代史资料 8》,第 420 页。

③ 《日本帝国主义侵华资料长编》(上),第 293—294 页。

要求当此之际“既使冒全面战争之危险，也要断然派遣讨伐之师”。①军部主张“采取断然措施”之时，“佐藤外交”已走入绝境。

5月14日，根据佐藤的指示，日高驻华代理大使往访汪精卫，就两国关系征求意见。汪提出两条原则：（一）两国合作，共同谋求生存发展；（二）一方不可能为生存而损害另一方，并主张：目前“应以解决政治问题为前提……具体地说，首先可举华北问题，此问题对日本并非死活问题，但对中国则实为死活问题。解决不了这一问题，国民政府将在国民中失去威望。因此，无论何人当政，都难以实行将这一问题搁置起来的政策。”②

基于这一认识，中方要求日方同意解散冀东伪政权，废除《塘沽协定》等。而佐藤的“对华新政策”则要求逐步实现华北自治，并强调要将冀东伪政权统辖的地区建成符合“华北自治”要求的“模范地区。”③因此，日高代理大使对汪的意见没作任何回答。既然双方立场根本对立，也就无法重开正式交涉。至此，“佐藤外交”已难以取得进展，军部对佐藤及林内阁的“渐进主义”一开始就表示不满，此时更是发动猛烈攻击。

5月15日，佐藤主持召开外、陆、海三省会议，听取川越报告后，对华北政策进行“再检讨”，提出要以“新的出发点”重开日中谈判。④佐藤仍表示要继续设法推进其“新政策”，但军部对此早已不耐烦了。20日，担负华北警备的海军下村司令官致电外务次长：“如今调整国交，经济侵入的策略不可能成功，莫如以开战来整顿一切战备和指导适应国际形势的外交，乃为良策。”⑤陆军方面则于14日设立综合国策机关“企划行”，并于29日向政府提出《重要产业五年计划纲要》，以待有事之日，

① [日]《现代史资料 8》，第 433—435 页。

② 日本外务省档案：《对华政策一般》，A110—10，日本外交史料馆藏。

③ 日本外务省档案：《对华政策一般》，A110—10，日本外交史料馆藏。

④ [日]《战史丛书·中国方面海军作战（1）》，第 30—31 页。

⑤ [日]《战史丛书·中国方面海军作战（1）》，第 127 页。

可以在日、满及华北获得重要资源的自给。①此外，5月中下旬，陆军还派出教育总监香月清司、永津佐比重等要员，陆续到华北考察，以根据实情制定新的对华政策。这便从根本上否定了“佐藤外交”。“佐藤外交”这块被视作软弱外交的招牌，也就被继之而起的“对华一击论”而取代。

美国驻日大使格鲁在观察因“佐藤外交”而出现的日本侵华周期性退潮时，曾感到：“佐藤外交”“只不过是扩张主义运动中一次周期性的退潮”，“坚信潮是在涨，而不是落，重涨起来的侵略扩张运动的浪潮必定要比以前的潮水冲得更远。”“在这里（日本），总觉得有点象坐在火山上，不知道火山将在什么时候爆发”。②佐藤外相在辞职时也不无担忧地感叹：“如今中日两国的形势已处于这样一种危急状态，即如果就此发展下去，不知何时就会飞起战火。”③他们的预言在继任的近日内阁初期很快就实现了。

3. 确立“对华一击论”

6月4日，日本“举国一致”的新内阁——“近卫内阁”出台。近卫内阁的重要人员陆相与海相仍为前任，外相则由广田弘毅出任。就职伊始，近卫宣布：日本对外政策的基本方针是基于“国际正义的真正和平”，“而不是单纯维持现状的真正和平”。④这表明，近卫内阁试图在对外政策上有所作为。

近卫文磨是一位一向鼓吹“国际主义”论的大陆扩张主义者。什么是“国际主义”论？按照近卫的阐释，“国际正义非到公平分配世界领土时不可能彻底实现的”。退一步的办法是确保三项必要的条件，这就是：获得资源的自由、开拓销路的自由和移动劳力的自由。他强调：“我

---

① ［日］防卫厅防卫研究所战史室：《战史丛书·大本营陆军部（1）》，第427页。
② ［美］约瑟夫·C·格鲁：《使日十年》，中译本，商务印书馆1992年版，第211页。
③ ［日］佐藤尚武：《回顾八十年》，时事通讯社1970年版，第376页。
④ 矢部贞治：《近卫文磨》，东京1977年版，第363页。

们日本属于'没有资源的国家'之列，不能不保障我民族本身的生存权，日本的大陆政策就是基于保障这一生存权必要性而制定的，现在国际正义尚未实现，就是我国实行大陆政策属于正当的根据。"①持上述"国际正义"论的政治主张正是这位贵族政治家受到天皇、元老和军部一致期待而执政的原因所在。而"对华一击论"在近日时期被确定为新的对华政策也就势不可避了。

面对已陷入僵局的日中关系，近卫内阁的使命就是在对外政策上解决日中两国多年的"悬案"，调整两国国交。②这个使命则历史地赋予再次出场的"广田外交"。5日，广田外相声称：以前的广田之原则，今日已不适用，"因中日关系已经由抽象三原则，从企图实现提携之时代，进至实际问题，应加以解决之阶段"。③7日，广田在会晤中国驻日代理大使杨云竹时再次表示：中日间一切悬案应予解决。④在近卫内阁企图在对华关系上打破现状，实际解决问题的主旨下，继上月以来"对华再认识"之趋势，6月初开始，日本各派政治势力纷纷以新内阁成立为契机，迅速表达其关于对华政策的见解与对策。

这时，军部派往华北视察的人员纷纷汇报来对实地的考察情况和相应的对策。6月5日，香月清司报告说：华北形势相当危急，必须增强中国驻屯军的兵力。⑤8日，永津佐比重报告说：不知何时就会在华北发生什么事件，需要对青岛一带严加戒备。⑥6日，驻青岛总领事大鹰正次郎电告东京，将负责缉私的税警团正常换防青岛夸张为"中央正视部队"驻扎山东，助长中国人"侮日"。一旦发生武装冲突，"恐将招致整个华

---

① 矢部贞治：《近卫文麿》，第363页。

② [日]风见章：《近卫内阁》，日本出版协同公司1951年版，第27页。

③ 《中华民国史事纪要（1937年1至6月份）》，第545页。

④ 《日本外务省档案》，IMT300，第204页。

⑤ [日]防卫厅防卫研究所战史室：《战史丛书·中国事变陆军作战（1）》，第133—135页。

⑥ [日]防卫厅防卫研究所战史室：《战史丛书·中国事变陆军作战（1）》，第133—135页。

北或中日全面冲突”。①

一片声浪中的最强音是关东军参谋长东条英机。对前内阁政策强烈不满的关东军，于6月初便派东条英机到东京，表达其意见。东条先是严厉批判了林内阁的对华方针，指出：不伴随政治工作的经济工作实行起来相当困难，这只要想到满洲事变前满洲的状况即可明了；而日本要求与南京亲善，反而会助长排日、侮日的态度。东条于9日代表关东军向军部提出意见书，强调：“从准备对苏作战的观点观察目前的中国形势，关东军相信：如为我军力所允许，首先对南京政权加以一击解除我背后的威胁，此最为上策。”②关东军的“对华一击论”与1927年初以来军部的主张一脉相承，成为此时日本对华政策的代表和强音，左右了近卫内阁初期对华政策之基调。18日，视察了华北各要地的井本参谋向本部报告说：中国的排日、侮日、抗日气氛已达到沸点，驻华军部官员对此看法大致相同，在对策上，大部分人的意见是“对于中国不加以一击，则不能打开局面。”③这证明关东军的观点已获华北驻军的认同。

与此同时，被石原莞尔派去视察卢沟桥现地情况的冈木参谋也报告说：必须预先准备强有力的应急措施。④在军部及现地官员影响和推动下，外务省的对华方针亦趋于强硬。广田外相认为：前内阁的“中国再认识论”过高地估价了中国，这反而会使中国更加傲慢。他在进行对华再认识之后，提出了对华的强硬方针与积极态度。⑤

外务省的上述宗旨，表现于20日对川越驻华大使的归任训令中，提出要“侧重对华自主积极的推进，对佐藤外交之后退色彩予以修

---

① ［日］岛田俊彦等编：《现代史资料》卷8“日中战争史”，东京1973年版，第436—437页。

② ［日］秦郁彦：《日中战争史》，河山书房新社1961年版，资料附录，第333页。

③ ［日］防卫厅防卫研究所战史室：《战史丛书·中国事变陆军作战（1）》，第135页。

④ ［日］防卫厅防卫研究所战史室：《战史丛书·大本营陆军部（1）》，第428—429页。

⑤ ［日］防卫厅防卫研究所战史室：《战史丛书·大本营陆军部（1）》，第31页。

正”。[①]川越离日返任前，曾与外务省东亚局长石影、陆军省军务局长后宫及海军省军务局长丰田举行会议，彼此交换了对华政策的意见后，25日在东京发表谈话：

> (一) 华北系为适应“满洲国”生存与发展之必然的命运而存在；(二) 华北经济合作问题，日本仍与地方合作而使之实现；(三) 华北驻军问题系据《辛丑条约》，当然不能废除，《塘沽协定》、《何梅协定》亦然；(四) 华北日机之飞行业已实现，南京政府无论如何争辩，于事无济。[②]

川越的谈话表明了日本政府的对华外交方针。这也是针对6月18日中国外长王宠惠在京答日记者问所言的中国外交方针的回答。王宠惠表示：中日经济合作如因政治问题悬而不决，恐难有良好结果；冀东伪组织之存在，于中国有损，于日本无益，取消伪组织乃简单易行之问题，如尚不能解决，则复杂问题更难解决。[③]这表明，中日两国间的问题已难有和平解决之望，两国关系已形成互不退让的僵局。

如何打开这一僵局？川越返华后，在会晤了中国驻日大使许世英及王宠惠外长后，7月5日提出日本当前最适当的办法是：“实行满洲事变以来我一贯坚持之对华根本方针的急转弯。”[④]6日，在近卫内阁确立施政方针的阁议上，广田外长也表示：虽然对华方针与以往并无改变，但如今即使实现了日中亲善，也难望有成效；对于不能不说不满的日本而言，“除毅然推行正确政策外，别无他途”。他的意见，得到与会全体阁僚的一致同意。[⑤]至此，在卢沟桥事变前夜，近卫内阁初期的外交政策终于走到与军部主张相同的“正确政策”，亦即以“首先对华一击”来打开僵局的政策。剩下的问题便是在何时何地以何事件为借口来加以实施了。这样，揭开中日间全面战争序幕的卢沟桥事变也就应需而生了。

---

① 《中日外交史料丛编》(四)，第128页。
② 张蓬舟：《近五十年中国与日本(1932—1982)》第2卷，第228—229页。
③ 张蓬舟：《近五十年中国与日本(1932—1982)》第2卷，第228—229页。
④ [日]臼井胜美：《围绕中国的近代日本外交》，筑摩书房1983年版，第121页。
⑤ [日]防卫厅防卫研究所战史室：《战史丛书·大本营陆军部(1)》，第429页。

四、宋哲元集团与卢沟桥抗战

宋哲元集团在1937年——这一看似平静实质却并不平静的年月里，表面上，依然和日本打着各式各样的交道，依然本着：“不说硬话，不做软事”的宗旨维护着华北跌宕起伏的局面。而暗中，他们并没有放松对日本侵略华北的警惕，在全国人民高涨的抗日情绪下，冀察政权也在做着抗日准备，并且在政治、军事、与日交涉方面都逐步与全国的抗日形势合拍。在渡过了1935至1936年那些惊涛骇浪、进退维谷与艰苦应付后，宋哲元集团终于顺应时代，走上与日抗争之路。日本欲通过各种阴谋手段使华北“独立”或“半独立”于中国之外的侵略计划彻底破产。妄图侵吞中国的侵略者便迫不急待地动用武力，卢沟桥事变终于被日军作为侵华的借口发生了，而第29军的奋起抵抗，也揭开了中华民族全面抗击日本侵略者的民族解放战争的序幕。

1. 冀察政权的抗日准备

国民党五届三中全会后，在全国团结抗战局面逐步形成的形势下，冀察政权面对日本咄咄逼人的侵略也相应表示出了抗日的姿态。

政治上，冀察政权与国民党中央的关系日渐融洽，其突出的表现便是冀察政权准备进行“国大”代表的选举。1936年5月5日国民政府立法院公布《中华民国宪法草案》，国民党五届二中全会决定于1937年1月12日召开制宪国民代表大会，并由内政部通令各省市办理国民大会代表的选举。各省均已照办，唯有冀察当局因情况特殊而未加办理。1937年5月24日，民政部长蒋作宾到北平晤见宋哲元，双方达成共识，冀察政权开始办理选举一事。6月10日，河北省国大代表选举事务所成立。不久，冀察政权所辖区域相继成立选举办事处，正式开始“国大”代表的选举。这种看似平淡的事，却极大振奋了当时关注中国时局的人们。胡适认为此是“给全国人民一件最好的消息”。冀察政权进行选举的意义在于：

“（一）让全世界都知道，这两省两市当然是整个中华民族的一个不可分离的部分；（二）让我们的强邻知道，一切‘分化’‘特殊化’的阴谋是必须失败的；（三）让全国国民知道，冀察平津的军政当局是拥护国家统一的，是不受浪人汉奸的煽惑或离间的”。①

一位署名为“叔棣”的作者，在一篇题为《冀察当局的表现和局势动向》的通讯中评论说：“冀察的局面经过了好多次的风浪和危险，而直到今天还能保持着现在这种样子，没有出现日方所希图的什么‘特殊化’，总算是侥幸的事。夸张地说，简直是出人意外的事，这自然由于国际国内的种种条件，不过，有一个条件，我们也不能忽略，那就是：冀察当局的艰苦应付”。②

与此同时，冀察政权还注意维护国家主权，采取了加强缉私，禁止盗卖土地，停止河北省银行券的发行，推行法币政策等措施。这些都使日本人感到不安与不满，其中尤以抵制日本窃据卢沟桥地区土地最使日方不快。对日军在平津及北平铁路沿线不断扩充军事设施的行为，冀察当局采取断然措施予以制止。日方企图圈购丰台到卢沟桥之间大井村的6000余亩土地，用来修建兵营和飞机场。冀察当局就此事与日方进行严厉交涉和阻止，同时对日方诱惑当地居民出卖土地，下令“凡盗卖国土者处死刑”。③挫败了日方企图借此控制卢沟桥的阴谋。另外，在与日方的交涉中，实际上中止了与日方有关华北经济开发的要求。

军事上：扩充实力加强训练。冀察政权的抗日准备主要体现在军事上。冀察政权的主要军事力量是宋哲元任军长的第29军。第29军以一军之力防守冀察两省和平津两市，着实有些应付不暇。为维持华北防务，应付与对抗日军的侵略，宋哲元在征得蒋介石同意后，开始扩充军队，改善装备。1936年1月，第29军增编了四个混成旅和八个保安旅，不久又增加了一个骑兵师和一个骑兵旅、一个特务旅，总兵力10万人以上。3月，军

① 《国闻周报》第14卷第26期，1937年7月5日。
② 《申报周刊》第2卷第5期，第99页。
③ 《正风杂志》第4卷第9期，1937年6月16日。

政部长何应钦批准发给第29军步枪2000支，步兵炮8门，子弹400万发；决定每月发给补助军费80万元，军械不足部分由宋筹款向国外购买，中央发给护照。5月，宋用巨款从国外购买捷克式步枪一万支，自来得手枪400支，附子弹百万发及高射炮12门。同时，宋还利用辖区内的大沽造船厂制造轻重机关枪、迫击炮和掷弹筒等，并在天津制造子弹作补充。至此，第29军的实力和装备大为改善。第29军以一军之名实际拥有三个军以上的实力，各部分驻华北要地和国防前线，担负着保卫华北的使命，其地位和作用十分重要。

在整军扩备的同时，宋哲元加强了对部队的爱国主义教育。爱国主义教育是西北军的优良传统，在日寇亡我的危急时期，这种传统被第29军继承和发扬。他们把日军作为"国民之敌"，把"九一八"作为"国耻日"，时刻谨记国耻，对日军的侵略保持高度警惕。第29军的爱国教育丰富多样。如士兵在吃饭前要唱《吃饭歌》："这些饭食，人民供给；我们应该，为民努力，日本军阀，国民之敌；为国为民，我辈天职。"与此相同的还有《起床歌》《睡觉歌》等。逢国耻日要在馒头上印上"勿忘国耻"四个字或令官兵禁食一天，深思反省，以期知耻发奋。部队还时常举行大规模"国耻"演讲，官兵们声泪俱下地痛陈日本侵略者的罪行。①

在这种旗帜鲜明的爱国主义熏陶下，第29军全体官兵，尤其是下层官兵无不同仇敌忾，铭记国耻，抗日情绪十分激昂。因而，日本人曾对第29军下过这样的评语："它（指29军），以冀察为根据地，因为参加过热河作战，实战经验较多，受过极好的训练，年轻干部的抗日意识极强烈，是这个军的特点。"②

宋哲元还加强了部队的军训，成立了第29军军官训练团与军事训练委员会。绥远抗战发生后，他感到中日之间的战争势不可免，便锐意加强第29军的训练以提高官兵素质。宋一方面成立军事训练团，以培养优秀的中下级干部；一方面派遣团长以上高级军官赴南京投考陆军大

---

① 《七七事变——原国民党高级将领亲历记》，中国文史出版社1978年版，第91页。
② 《中华民国史料丛稿·中国事变陆军作战史》第1卷第1分册，第94页。

学，以求深造，并接受中央军校毕业生到第29军服役。6月，设置29军军事训练委员会，聘石敬亭为委员长，计划对第29军实施全面训练。根据张克侠建议，成立29军情报处，派靖任秋（中共地下党员）担任处长。靖任情报处长后，积极派遣情报人员了解敌情，甚至到东北敌后去侦察日本兵力、部署和动向。宋哲元还加强与绥远省主席傅作义的联系。傅作义于4月6日访宋暗谈。宋哲元并于4月27日亲往张家口巡视。这期间，他还进一步加强了对伪军的策反工作，除派专人继续与冀东保安总队长张庆余、张砚田保持联系外，对在察北的伪军也做了大量工作使之反正抗日。

5月，宋哲元下令恢复平津地区中等以上学校学生的暑期军训。由何基沣负责，在北平西苑的第29军营区举办学生的军训活动。自九一八事变以后，各中等以上学校均实施军事训练，每逢暑期，则举办学生军训班，集中予以训练，但自1936年暑期起，由于日方的干涉被迫停练。时至1937年5月，宋哲元不顾日方的反对，下令恢复暑期军训，以增加青年学生自卫保国的能力。

1937年四五月间，第29军研究了对日的具体作战计划。

5月，为避开日军的滋扰与恐吓，宋哲元回山东老家“休养”。所有这一切都表明，宋哲元已不愿再对日妥协了，抵抗日军的侵略成为唯一的和必然的抉择。

2. 日军在华北寻衅

1937年1月8日，日本华北驻屯军在平津两地举行示威性大演习，对华北当局实行武力威胁。尽管东京内阁为调整对华关系，推出了“佐藤外交”，在政治上诡称要协助中国的统一与复兴；在经济上继续鼓吹“中日提携”，表示要以“谅解的态度”来“开发华北经济”；在对待冀察政权上，表示要“采取公正的态度”，以“形成中日间的友好的关系。”但是，华北驻屯军不断举行演习，显示其向中国第29军挑战的企图。

自1935年12月日方制造“华北自治运动”，最终导致了一个令他们极不满意的冀察政权后，日方便一刻也没有放松对冀察政权的武力压迫，妄图通过武力威慑扩大“自治运动”的成果，1936年一年内，日军最少有五次大规模演习活动：

1月22日，北平日军在朝阳门外实弹演习。

5月10日，天津日军在唐家口钢炮演习，同日又在军粮城附近举行手枪演习。

9月18日，丰台日军演习，返程途中与中国驻军发生冲突，北平城戒严。

9月30日，北平、天津日军同时举行大演习，北平城陷入恐慌状态。

10月26日至11月4日，平津日军在卢沟桥、长辛店、军粮城、大直沽、通州等地举行“秋季大演习”。

进入1937年，日军的示威演习更加频繁。1月至5月，就有三次大规模演习：

1月18日，北宁铁路的雷庄、古冶地区大演习，以日军第二联队步、炮兵为主，共演习四天。①

4月24日，日军在通县一带大演习。②

5月9日，平津日军大演习、大检阅。③

与频繁的军事演习相照映的是日军开始制订出“对华作战计划”。日本1937年度的侵华计划，是在1936年就准备付诸实施的计划上修改而成的。这个计划的主要内容是：

“当以中国为敌时，依下列要领进行作战，根据华北、华中以及华南地区形势，以击溃必要方面的敌人，并占领各要地为目的。为此陆军应协同海军击溃必要地区之敌，并占领各要地。”“在决定对华北作战时，除过去的两个集团军（5个师）外，根据情况再增加3个师，必要时还可能在华北5省进行作战。”“对华中方面原来计划以第9集团军（3个师）占领上海附近，但是这方面的中国军队增加了兵力，构筑了坚固的阵地

① 《申报周刊》增刊第2卷第5期，1937年1月30日。
② 《申报周刊》增刊第2卷第17期，1937年5月3日。
③ 《中央周报》第467期，1937年5月17日。

线……因此，计划调新编第10集团军（2个师）从杭州湾登陆，从太湖南面前进，两集团军策应向南京作战，占领和确保包括上海、杭州、南京在内的三角地带。”①

同1936年的计划相比，1937年的对华作战计划的特点是大幅度增加对中国的兵员配置，以总兵力的一半14个师团用于中国。为了贯彻1937年度的侵华作战计划，便于侵华日军各兵团制定具体作战方案，日本陆军参谋部又发出《昭和十二年度（1937年）帝国陆军作战计划要领》，训令规定：

1. 日本陆军在华北方面作战的作战要领大体规定如下：

（1）河北方面军（中国驻屯军司令官属下部队以外，还包括关东军司令及朝鲜司令官派遣的部队，以及从国内派来的部队），以主力沿平汉铁路地区作战，击溃河北省南部方面之敌，并占领黄河以北的各要地。此时，可根据需要以一部自津浦铁路方面协助山东方面作战军作战，也可根据情况，向山西及绥东方面进行作战。

（2）山东方面作战军，在青岛或其他地点登陆击溃敌人，并占领山东各要地。

2. 帝国陆军在华北作战时，中国驻屯军司令官的任务如下：

作战初期要以原有的属下部队确保天津、北平、张家口，可能的话包括济南等要地，为在华北方面的陆军初期作战创造有利条件，尔后的任务随机而确定。②

日本历来把中国作为首先要侵吞的假想敌国，照例编制年度对华作战计划，而且对作战方针、原则与入侵战略方向，以及作战兵力的编成和部署、军事与外交如何配合等，谋划得愈来愈具体和周密。

日本为了进一步了解中国方面的政略战略动态，摸清现地中国军队的防御部署与作战准备，掌握必要的兵要地志情况，便于策划侵华战争

① ［日］防卫厅研究所战史室：《中国事变陆军作战》（1），朝云新闻社1983年增印，第102—104页。

② ［日］防卫厅研究所战史室：《中国事变陆军作战》（1），第138—139页。

的全面升级，在1937年3月至6月短短三个月内，由陆海军中央部派出六批将校幕僚以所谓“视察”“旅行”等名目，前往中国华北、华中和华东地区进行战略性侦察。同时，日军为了检验和完善全面侵华的作战计划，训练部队以适应新作战计划的要求，提高其战斗准备程度，在日本国内和中国现地进行了反复的指挥官演习和部队战术演习。1936年末，日本陆军参谋副总长西尾寿造中将率领将官10余名，在日本京都、名古屋进行了一次异乎寻常的图上军事演习。即设想一旦发生日本对中苏的战争，日本首先打击中国，夺取中国的人力、物力资源，用以支援其后的对苏战争。这是日本将侵华战争不断升级，尔后自第三国发动侵略的世界战略的预演，因而日本组织全部现役和退役上将，参观了这次演习，以统一战略思想。亲自参加演习的将军，随后都担任了日军全面侵华战争各兵团的司令官。①

中国驻屯军在中国现地的军事演习又将这些战术具体化。

1936年4月17日，按照陆相寺内寿一的提议，广田内阁批准将中国驻屯军的兵力由2200名增至8400名。陆军次官梅津美治郎坚持增兵一部配置在北平南郊北宁、平汉两铁路的枢纽——丰台。在不通知中国政府的情况下，5月15日，日军增兵一部分到达，并将旅团部设在北平，旋又在丰台构筑兵营。此后，侵驻丰台的日军不断向中国驻军寻衅。9月15日，参谋本部向中国驻屯军发出命令：“在华北，万一发生有关帝国军队威信的事件，中国驻屯军应立即给予惩罚。”②三天以后，日军就制造了向中国军队武力挑衅的“丰台事件”，终于迫使第29军将驻军撤离丰台。此后，日军以宛平城卢沟桥为攻击点的军事演习更加频繁。日军明火执仗地以中国军驻地为目标，指挥部队演练攻击。有时，日军的演习部队竟无理要求通过中国军队警戒线内百余米，以及通过中国军队驻守的宛平城和卢沟桥，企图以武力威胁，逼退中国守军。日军演习的次数由每月或半月

① ［日］《现代史资料9　日中战争2》，美铃书房1978年版，第370页。
② 天津市政协编译委员会译校：《日本军国主义侵华资料长编——〈大本营陆军部〉摘译》上册，第284—285页。

一次，增加到每三至五日一次；演习的时间由白天而增至昼夜演习；演习用弹由空包弹射击演习到实弹射击演习。与此同时，在华北各地的驻军均在现地进行军事演习。驻塘沽日军30余人乘小艇在海河进行军事演习，竟悍然在中国驻军防守的东大沽阵地登陆，并且不听劝阻，开枪射击，酿成“大沽冲突事件”。在北平市内的日军，更野蛮地擅自在东单牌楼和长安街附近东交民巷使馆区一带演习巷战。日军在民房顶上以沙袋筑垒，架设机枪，坦克由街面隆隆而过，俨然成了城市的“占领者”。

1937年上半年，日本中国驻屯军的军事演习更是进入紧张的阶段。连、营级的战术演习不分昼夜地进行，实弹射击经常不断，已进入全面战争升级的待命阶段。日本方面对此记载：“我们部队的以下行动可能刺激了他们的神经，兹举数例如下：（1）驻丰台部队的中期（5月至6月为连及营教练演习期间，特别是连教练的完成期为5、6月）的连教练，不分昼夜地进行。（2）（驻屯）军司令部随时对驻丰台部队进行检阅。5月下旬，军的大部幕僚齐集于一文字山（即大枣园山），检阅该部队。（3）团长去丰台部队按教育计划检阅了连教练，以后辅助官又经常去该地一带检查。（4）旅长、团长去该地附近视察了演习情况。（5）本年6月至7月上旬，步兵学校教官干田上校为普及新步兵操典草案，曾在卢沟桥城北面实施演习，北平及丰台部队干部多数参加。”①中国驻屯军不昼夜地紧张演练，旅、团各级指挥官反复督促检阅，力求完成预定的扩大侵华战争的准备，以便东京一声令下，能立即挑起事端，进而按照规定的侵略计划，发动全面侵华战争。

3. 卢沟桥畔的枪声

卢沟桥位于北平西南，广安门外约15公里处，横跨于永定河上，为北平一重要门户。桥东七公里的丰台是平汉、平绥、北宁三条铁路的交汇之地，是北方铁路交通枢纽。丰台的战略地位十分重要，因而，日军便通过第二次丰台事件将丰台占据。这样，北平实际已处于三面被围之

---

① ［日］防卫厅防卫研究所战史室：《中国事变陆军作战》（1），第144页。

中。由丰台向东延伸的北宁铁路沿线，均有日军驻扎。北平东面，为日军卵翼下的冀东防共自治政府控制；北面有集结于热河的日伪军；在西北方向，有日本豢养的李守信伪蒙古军和王英的伪“大汉义军”；只有南面的南苑和西南方面的卢沟桥尚在第29军控制之下，北平与内地的相通联系，只有通过卢沟桥地段的平汉铁路一途了。第29军如果不想被日军控制，守住平津，继而守住华北，只有坚守卢沟桥。反之，则平津失、华北失。而急欲侵略华北的日军也将攻击目标集中在卢沟桥。控制了卢沟桥，就等于扼住了北平的咽喉。在1937年这一年，对日本侵略者来说，发动侵华战争演变成这样一个简捷的公式：占领华北，必先夺取平津；完成对北平的包围，必须控制卢沟桥。卢沟桥，成为中日双方必争之地。

在近卫内阁确定了“对华一击论”方针后，从6月开始，日驻军在卢沟桥地区进行的有预谋的军事演习骤然频繁起来。6月21日，日本中国驻屯军紧急成立临时作战课，平津气氛格外紧张。

面对着剑拔弩张的日军，第29军将各部配置在冀察两省和平津两市广大地区。第143师刘汝明部，驻察哈尔省及平绥铁路沿线；第132师赵登禹部，驻河北省任丘、河间、满城一带；第38师张自忠部，驻天津附近的韩柳墅、小站、廊坊、马丁、大沽等地，其一部，驻北平南苑；骑兵第9师郑大章部，分驻南苑和固安、易县；特务旅孙玉田部驻南苑，一部驻北平城内；石友三和阮玄武两个保安旅，分驻黄寺和北苑。卢沟桥和宛平城，是第29军特别重视的守备地区，驻守在这一带的是第37师冯治安部，该师以第110旅驻西苑、八宝山、卢沟桥和长辛店等地。鉴于日军可以随时寻找借口发动战争，从6月初起，第29军进一步加强了第一线的防守战备。向长辛店增兵两个营；在卢沟桥为中心的永定河左岸地区，修筑碉堡，对宛平东的沙岗实行夜间警戒，加强了北平市区、郊区的巡逻和城门的守卫。26日起，对北平实行夜间特别警戒。①

卢沟桥和宛平城驻军更是严阵以待。

战事一触即发！

---

① 郭廷以：《中华民国史事纲要》第三册，1937年纪事。

7月6日，日军又一次在卢沟桥东北龙王庙前演习场上以卢沟桥为目标，进行攻击式演习，日军步、炮、战车动作，均指向卢沟桥。同一天，驻丰台日军还无理要求通过宛平县城到长辛店地区演习，遭到中国驻军的严辞拒绝。

日军占据卢沟桥的意图日渐昭然，第29军也做了随时投入作战的准备。第110旅旅长何基沣要求第219团吉星文团长密切“注意监视日军的行动”，并命令全体官兵：“如日军挑衅，一定要坚决回击”。①接着，守卫宛平城和卢沟桥的金振中营召开军事会议，布置战斗任务，全营进入战斗状态。

日军蓄谋已久的侵略计划，步步加紧付诸实施。7日下午，驻丰台的日军河边旅团第1联队第3大队第8中队，在中队长清水节郎指挥下，荷枪实弹又开往卢沟桥附近的龙王庙一带进行军事演习。与往日不同的是，参加演习的日军迟迟不散，并加紧构筑工事。针对这一反常情况，何基沣电促冯治安回平，共同商定了应战措施。

日军演习，由下午延续到夜间，晚11时，在宛平城东北日军演习方向传来枪声数响。不久，日军即声称丢失一名士兵，要求进城搜查，中国驻军拒绝入城，大队日军立即包围宛平县城，并开枪示威。晚12时，日方驻北平特务机关长松井太久郎以“搜寻失踪士兵”及追查“第一枪”责任为题，开始向冀察当局外交委员会提出交涉。秦德纯令外交委员会答复松井：“卢沟桥是中国领土，日本军队事前未得我方同意在该地演习，已违背国际公法，妨碍我国主权，走失士兵我方不能负责，日方更不能进城检查，致起误会。惟姑念两国友谊，可等天亮后，令该地军警代为寻觅，如查有日本士兵，即行送还。”②8日凌晨，松井打电话告诉冀察当局，对中方答复不满。如中方不许进入宛平城搜查，日军将以武力保卫前进。交涉结果，由日方的冀察绥靖公署顾问樱井、辅佐官寺平、秘书斋

① 《七七事变——原国民党将领抗日战争亲历记》，第57页。

② 秦德纯：《七七卢沟桥事变经过》，载《革命文献》第106辑，台北1986年版，第23页。

藤和中方的宛平县长王冷斋、冀察政务委员会外交委员林耕宇、交通处副外长周永业六人，于3时共同驱车前往宛平调查。

在与冀察当局交涉的同时，日军业已做好了扩大事态的准备。8日凌晨1时30分，驻屯军司令部召开会议决定：由驻屯军参谋和知鹰二中佐与铃木京大尉前往卢沟桥与现地日军联络，驻屯军在天津各部于3时前做好出动准备；命令在秦皇岛演习场的河边旅团长立即回平。①4时20分，驻屯军第1联队长牟田口廉大佐“命令可以开始战斗”。②

面对日军的嚣张气焰，第29军官兵毫不示弱，秦德纯一面拒绝日军要求，一面命令宛平驻军团长吉星文：“保卫领土是军队天职，对外战争是我军人的荣誉，务即晓谕全团官兵，牺牲奋斗，坚守阵地，即以宛平城为我军坟墓，一尺一寸国土，不可轻易让人”。③何基沣也传达三条命令：1.不同意日军进城；2.日军武力侵犯则坚决回击；3.我军守土有责，决不退让，放弃阵地军法从事。④

晨5时30分，一木清直下令日军向宛平城中国守军进攻，日军炮火直指宛平城和卢沟桥，沉重的炮火震撼着平津大地，卢沟桥事变爆发了！

日军发起进攻后，秦德纯、张自忠、冯治安等29军将领联名发表声明：“彼方要求须我军撤出卢沟桥外，方免事态扩大，但我方以国家领土主权所关，未便轻易放弃，倘彼一再压迫，为正当防卫计，当不得不与竭力周旋。”⑤同时，第29军军部向卢沟桥前线发出命令：“卢沟桥即为尔等坟墓，应与桥共存亡，不得后退！”⑥宋哲元在乐陵得知消息后，也立即回电命令：“扑灭当前之敌”。⑦

忠勇爱国的第29军官兵，早已愤怒在膺，热血沸腾，当得到坚决抗

---

① 《中华民国史料丛稿·中国事变陆军作战史》第1卷第1分册，第134页。
② 《中华民国史料丛稿·中国事变陆军作战史》第1卷第1分册，第132页。
③ 《七七事变——原国民党将领抗日战争亲历记》，第34页。
④ 《七七事变——原国民党将领抗日战争亲历记》，第14页。
⑤ 《中日外文史料丛编》(四)，第194—195页。
⑥ 何基沣：《七七事变纪实》，载《文史资料选辑》第1辑，第3页。
⑦ 李云汉：《宋哲元与七七抗战》，第290页。

击日军进攻的命令时，无不摩拳擦掌，官兵们冒着敌人猛烈的炮火沉着应战，英勇还击，以往的含垢忍辱和对侵略者的仇恨都在激战中得到了尽情的发泄，守卫铁路桥的士兵在打死了上百个日军后，两排勇士也几乎全部战死在桥头阵地上。宛平守军同样是冒着敌人的炮火顽强抗击，打退了日军的猖狂进攻。

7月8日这天，战火纷飞不断。傍晚的战斗更为残酷，日军炸毁了宛平城的大批房屋，几次发动疯狂的进攻，想夺取宛平城。经过喜峰口战火熏陶的英勇的第29军官兵，抱定至死不退让一寸国土的决心，打响了抗击日军侵略的枪声，由此点燃了中华民族全面抗战的圣火。

4. 日军发动总攻，北津失守

1937年7月8日凌晨4时25分，日本陆军省接到日本中国驻屯军参谋长发来的一份紧急电报，报告丰台驻屯军一部在夜间演习时，因受到中国军队的非法射击，立即进入敌对状态的情况。9时10分，第二份电报发来，称："我军于5时30分对其进行攻击，并占领永定河堤防线。对卢沟桥（宛平）城内的中国军队，正予以解除武装中。"

接到卢沟桥事变的报告后，日本军方顿时爆发出一片按捺不住的狂欢：等待已久的时机终于到来。

主战派断言：中国政府和军队支撑不了三个月！

日本陆军大臣杉山元明确对天皇说："事变大约两个月就可以解决。"

这绝非杉山元个人的认识。当时，日本政府和军方乃至日本国内，都流行一种极端蔑视中国的看法。自从1895年甲午战争以来，历次侵华战争都十分顺利，"中国不堪一击"论始终占据上风。而1931年九一八事变后，日本并未全国动员，陆军仅用三个月即占领了中国的东三省。因此，此次事变发生后，日本军部中即洋溢着十分轻松的气氛，一般人都认为此次不过是旧梦重温，可以迅速将中国击败。尽管如此，军部还是慎重研究了这个问题。

然而，日本中央统帅部还未决定，驻扎在东亚的日军却等不及了。

7月8日，关东军司令官植田谦吉大将、参谋长东条英机中将，急电中央统帅部及参谋总长："鉴于华北局势，现命独立混成第1旅团（机械化部队），独立混成第11旅团之主力以及航空部队之一部，做好随时出动之准备。"

同日，日本驻朝鲜军司令官小矶国昭中将致陆军省杉山元陆相急电："由于华北事件之爆发，已命第20师团之一部采取随时出动的态势。"①

当天下午18时10分，关东军司令植田谦吉大将和参谋长东条英机中将，竟以伪满洲国武装部队首脑的身份发表声明："兹因暴戾之中国第29军挑战，华北发生事端。关东军正拟以极大关心及重大决心，密切注视本事件之发展。"②

同日，关东军和驻朝鲜军首脑致电日本中央统帅部主脑机关，强烈要求当机立断，痛下决心，以卢沟桥事变为契机，实现彻底征服中国之"雄图大业"。

8日深夜，日本陆相杉山元下令原定于7月9日复员的士兵延期复员，并于9日的临时内阁会议上提出派兵案，但有阁僚提出异议。此时闻悉中日双方于9日凌晨达成三项口头协议，此派兵案遂暂时被搁置起来。

然而，是否由此为开端，对中国发动全面战争？这直接关系到日本今后的国家命运，对此日本统帅部内部是有不同意见的。

这种歧见主要是，长期以来军部在对外侵略认同的基础上，就到底是立即进行战争的"激进"还是逐步扩大战争的"缓进"认识的内部之分。

所谓"激进派"，主要是长期以来在日本国内军国主义熏陶下培养的一批年轻将校。他们具有浓烈的法西斯军国主义对外扩张意识，只是地位卑贱，资历不够，人称"佐官幕僚层"。③然二二六政变后，他们逐渐掌握了陆军的实权，其强硬的要求与行动造成的"下克上"之风盛

① 《中华民国史料丛稿 · 中国事变陆军作战史》第1卷第1分册，第136页。
② 《中华民国史料丛稿 · 中国事变陆军作战史》第1卷第1分册，第136页。
③ [日]黑羽清隆:《日中十五年战争》(中)，株式会社教育社1979年版，第28页。

行，此也恰与陆军高层将领们的主张相吻合，形成了上下合流。卢沟桥事变后，“激进派”积极主张出兵，将战争扩大到全中国，故也被称为“扩大派”。他们虽未掌握大权，但其主张直接或间接地影响了一批上层人物，与之不谋而合，其代表人物有陆相杉山元、陆军次官梅津美治郎、朝鲜军司令官小矶国昭等，成为主流派。

所谓“缓进派”，以参谋本部作战部（第一部）长石原莞尔、参谋本部次长多田骏等为代表。他们是所谓的稳健派，主张在日本还未完全准备好全面战争时，应控制事变，防止扩大为全面战争。其中，石原是代表人物。石原的所谓“不扩大”，并非主张不要侵华，而是暂时不宜扩大为全面侵华战争。卢沟桥事变发生后，作为一个“中国通”，他看到中国整个民族热情高涨，抗日高潮此起彼伏，国共两党正在抗日的基础上达成一致，谈判合作。同时，苏联在远东一带兵力强大，已远远超过日军兵力，对日军在中国的侵略计划造成极大威胁，故力主对苏备战，扩充战备，取得在远东的军事优势后，再实行“积极的方针”。而在当时，则应迫使蒋介石政权求和，而不应过分逼迫，导致其对立、抗日。“如果使用武力即扩大战局，一旦导致日华抗争，从中国近来的民族意识来看，事态是不易收拾的，而且还将会使我国向无边无际的原野作无限的进军。以我国现有的力量，支持这样一场全面的日华战争是有问题的”。故“此时宜慎重从事，不可陷于武力纷争”。他甚至提出，只要中国承认伪满洲国，日本即可让步。

基于这样的认识，石原利用在参谋本部的特殊地位，提出“事件不扩大，就地解决”的主张，并努力将此作为政府的决策。参谋本部中，参谋总长载仁亲王不管具体事务，此时适逢参谋次长今井清及第二部部长渡久雄卧病。石原遂以参谋总长的名义，于7月8日晚上向日本中国驻屯军司令官发出“为防止事件扩大，应避免更进一步行使兵力”的命令。翌日，又以中枢的名义，提出“以撤退卢沟桥左岸中国驻军；对将来作出保证；处罚直接负责人；赔罪”等四项条件，作为解决事变的基础。应该说，他的努力确实产生了影响，以至于其后的四相会议上，由于内部意见不一，而决定“不扩大事件”的“模棱两可”的方针。①

然而，在强大的扩大派面前，石原等不扩大派昙花一现，旋即烟消云散。

本质上，扩大派与不扩大派之间，在侵略中国这个问题上并无区别。区别仅仅在何时、何地以及方式与策略上的不同。说到底，所谓不扩大派也是积极主张侵略的。

7月11日上午，日本政府召开五相会议，经过激烈的讨论，最终达成一致，做出五项决议，其主要内容就是出兵华北。

傍晚6时，经天皇批准后，日本政府在军部支持与推动下，正式发表《派兵华北的声明》，宣称“为维持东亚和平，最重要的是中国方面对非法行为，特别是排日侮日行为表示道歉，并为今后不发生这样的行为采取适当的保证。由此，政府在本日内阁会议上下了重大决心，决定采取必要的措施，立即增兵华北。”②

日本政府与军部的战争政策，大大激励了在华日军的侵略野心，战争迅速扩大化。从7月9日开始，日军加紧对卢沟桥、宛平城攻击。至11日，战事已扩大到八宝山、长辛店、廊坊、杨村、南苑等地。第29军在各地苦苦支撑，组织抵抗。

当天晚上，日本参谋总长立即向关东军和驻朝鲜军司令官下达调兵命令，急调两个旅团（第1、第11）和第20师团，分别在17、18日前集结于华北天津、唐山、山海关等地。并准备从国内调三个师团（第5、第6、第10）增援中国驻屯军。空军也紧急动员起来，紧急调集18个飞行中队分赴中国，集结于华北，准备大规模的战争。旋任命持强硬态度的原教育总监部部长香月清司中将为“中国驻屯军”司令官，迅速完成军部的计划，拟定作战方案。

日本政府与军部携起手来，决心扩大侵略战争。

对华侵略战争的机器，终于开动起来。

---

① 忻平：《灾难与转折：1937》，上海大学出版社 2008 年版，第 44—45 页。

② [日]外务省编：《日本外交年表和主要文书（1848—1945）》下卷，第 366 页。

即便如此，日本仍未放弃“不扩大”的口号。这固然是因为世界舆论的压力也与日本毕竟面临要应付苏联在远东的强大军事压力有关。况且，对中国发动全面战争，调兵遣将也需要一定时间。因此，日本在决定对华用兵的同时，仍然高唱“不扩大”。意图“对华一击”后，迫使中国立即签订“城下之盟”。

与此同时，中日两国政府开始了外交谈判。

7月10日，北平。日方向中国冀察方面提出：（1）29军派代表谢罪；（2）处分当事者，并保证以后不再有同类事件发生；（3）永定河左岸不驻扎中国部队；（4）严厉取缔共产党、蓝衣社等；（5）中国接受以上条件后，双方部队各自撤回原防地。7月11日，第29军代表、天津市长张自忠和日方代表、日驻北平特务机关长松井谈判，接受以上条件。

7月10日，南京。日本驻华大使会见中国政府外交部长王宠惠，不仅不理睬王宠惠于9日向他发出的强硬抗议，反以咄咄逼人的口气通告日本政府对卢沟桥事变的要求：（1）中国赔偿一切损失；（2）中国军队撤出卢沟桥、永定河地区；（3）惩办在卢沟桥自卫还击的中国军官长；（4）中国政府向日军赔礼道歉。①

王宠惠外长对日本的无理要求予以严厉驳斥，并通告日方：中国政府和军队不希望战争，但也不害怕战争，决不向侵略者低头，一旦侵略军进攻，中国军队将予以坚决还击，直至彻底打败侵略者。

国民政府外交部并照会日本当局，要求将肇事日军撤回原地，等待合理解决。

7月16日，鉴于直接谈判无效，中国政府邀请英国驻华大使出面“调停”，为日方所拒绝。

7月17日，日本政府对中国政府发出强硬通告，要求：（1）停止“挑战”态度；（2）不得妨碍与冀察当局和平解决条件的实行；（3）撤回北上部队。

对此，国民政府针锋相对，做出相应回答：（1）中日双方同时撤退

---

① 《中国外交史料丛编》（四），第511页。

军队；（2）由中日政府通过外交谈判解决；（3）现地解决须取得南京政府许可；（4）南京政府准备对现地谈判进行斡旋调停，乃至仲裁。

双方均未接受对方的条件，谈判未取得进展。

外交谈判未取得进展。而日本军队正在加紧进攻。

战争在不断扩大化。

此时，蒋介石得知卢沟桥事变后日军的战争扩大化后，即令何应钦召开军事会议，组织当日作战方案，急调四个师北上，向石家庄集结。同时，对中国空军开始动员，准备应战。故日本极为忌讳，又欲利用和扩大宋哲元与南京中央的矛盾，控制宋哲元，将南京势力排斥在华北以外，以迅速占领华北。

7月11日，宋哲元启程返平。

日军侦知这一消息后，即在其必经之地埋设定时炸弹，企图将其炸死。所幸的是，火车过了丰台站后炸弹才爆炸，宋哲元竟然无恙。王冷斋得知后，作诗一首曰："寇公千里急归旌，恰好危途过一程。忽报雷声起车辙，北门幸未坏长城。"诗后"藉醒眉目"的附注记道："宋明轩将军适请假回籍，闻警赶回，途经丰台，日人置炸弹轨下，幸车过一站爆发，否则将为张作霖之续矣。"①

宋哲元安全返回华北后立即视事，部署对日军事。日军视之如眼中钉，丰台谋炸不成，日军再谋炸宋。

7月19日，宋哲元赴北平部署军事，车到北仓，地雷爆炸，然宋哲元如有神助，再次幸免，未及受伤。

日本中国驻屯军一面与宋哲元交涉，压迫其接受种种苛刻条件，一面调兵遣将，调整部署，陆续将新到达的部队部署于指定位置：独立混成第1旅集结于怀柔地区；独立混成第11旅进抵高丽营；第20师分布于天津、唐山、山海关一线。

7月25日，从朝鲜调来华北的日军第20师一个连以维修电话线路为名，由天津乘火车于16时30分抵达廊坊，并占领火车站。中国驻军反复

① 李惠兰等编：《七七事变探秘》，中共中央党校出版社2013年版，第159页。

提出交涉，日军坚持不退，遂发生武装冲突。日军立即以第20师第77团和驻屯军步兵旅一部在飞机和装甲车配合下，于26日晨向中国守军发动猛烈攻击。中国守军顽强抵抗，损失严重，被迫向东转移，廊坊即被日军占领，平津间铁路交通中断。

26日下午，中国驻屯军向第29军发出最后通牒，要求该军于28日前全部撤出北平地区，否则将采取行动。紧接着，由天津乘火车抵达丰台的驻屯军步兵旅第2团第2营，分乘26辆卡车于19时到达广安门，企图强行入城。广安门守军交涉无效，遂关闭城门阻止。于是双方发生战斗，日军一部入城，大部被阻于城外。至22时左右，已入城的日军进到使馆区兵营，未入城的日军退回丰台。

日军挑起廊坊和广安门事件后，日军参谋部于27日命令中国驻屯军向第29军发动攻击，并下令国内进行第二次动员，增调第5、第6、第10师和第11、第3师共5个师20余万人到中国。这时，宋哲元进一步感到，日军大举进攻迫在眉睫。26日，他连续两次致电何应钦转呈蒋介石，报告平津形势，并请求援助。蒋介石复电说："平津增援部队，可直令仿鲁（孙连仲）随时加入。"①

日本中国驻屯军于26日晚下达了进攻中国第29军的命令，攻击时间为27日正午。其部署是：以廊坊及天津的第20师主力集中于团河和马驹桥附近，准备从东南和西南两面主攻南苑；以驻屯步兵旅主力及其另一部，分别由丰台和通县出发，向南苑西北和东北方向进攻；以独立混成第11旅从瓦窑附近攻占西苑，然后进入永定河一线；以独立混成第1旅从沙河镇方面向永定河一线攻击；以第20师三个营为预备队，位于天津；以集大成飞行团于拂晓轰炸西苑兵营，临时航空兵团支援各兵团地面作战。

中国第29军在廊坊和广安门战斗之前，讨论了作战计划。决定以第132师一部守北平城，其余部队协同第37师攻击丰台和通县之敌；以第

---

① 中国第二历史档案馆：《抗日战争正面战场》上，江苏古籍出版社1987年版，第298页。

143师向南口出击，进攻昌平、密云、高丽营等，切断古北口到北平的通路；以第38师进攻天津海光寺日军司令部。26日，蒋介石曾电令宋哲元：北平城防立即准备开战，宛平应死守勿失，决心大战，从速部署。27日，宋哲元下令设立北平城防司令部，以张维藩为城防司令；任命正在接防的第132师师长赵登禹为南苑方面司令官，同时将军部由南苑移到北平城内怀仁堂；又派戈定远星夜驰赴保定，催孙连仲、万福麟等部迅速北上协同第29军作战。同日，宋哲元还向全国发出了“自卫守土”通电。

日军对北平发动总攻前一天，在航空兵支援下，首先对第29军驻通县、团河和小汤山等地的部队发动袭击，并占领这些要点。27日下午，宋哲元电请蒋介石速派大军兼程北进，以解北平之围。蒋立即复电宋：“请兄镇静谨守，稳打三日”，“严令各部，加深壕沟，固守勿退，中央必星夜兼程，全力增援也。”28日凌晨2时，日本北平特务机关长松井通知宋哲元：日军“将单独采取行动”，并要求第29军“立即全部撤出”北平城。①

7月28日，日本中国驻屯军在香月清司指挥下，对北平附近的中国第29军发起总攻，攻击的主要目标是南苑。当时，第29军驻南苑部队有第38师、骑9师和军特务旅共五个团（含一个骑兵团），7000余人。前敌总指挥为第132师师长赵登禹。赵于27日傍晚赶到南苑部署应敌，并急调其所辖之第1、第2旅到南苑参战。不料，28日拂晓，日军第20师和驻屯步兵旅主力突然从东、南、北三面向南苑发起进攻，中国守军被迫仓促应战。由于冀察当局7月11日以后的妥协，平津前线放松了战备，事先没有构筑防御工事。所以，当日军展开进攻时，中国守军被包围在狭小的营区内，仅凭围墙作掩护，进行抵抗。日军在飞机、大炮火力支援下，向守军猛烈攻击。在五个多小时的惨烈战斗中，中国守军伤亡2000人以上，副军长佟麟阁不幸牺牲，师长赵登禹在指挥部队后撤时，亦壮烈殉国，南苑遂陷敌手。

---

① 秦孝仪主编：《中华民国重要史料初编——对日抗战时期》第二编·作战经过（二），台北1981年版，第70页。

在此期间，日军独立混成第1旅和第11旅主力，分别向北苑等地的中国守军发动进攻。中国第29军所部节节抵抗。第37师和第38师一部曾在丰台、廊坊和卢沟桥一带与日军激战；独立第39旅曾迫使进攻北苑的日军转攻黄寺；伪冀东保安队亦举义反正，一度占领通县城。但是，在日军增援反攻下，这些部队都被迫撤退。宋哲元见大势已去，遂派张自忠代理冀察政务委员会委员长兼北平市长，自己于28日23时偕秦德纯、冯治安、张维藩等离平去保定。第37师等部亦奉命于当晚经门头沟开始南撤。何基沣旅担任掩护，任务完成后，该旅于30日退往涿县。至此，北平乃告沦陷。

当日本中国驻屯军主力集中在北平地区作战时，天津仅有日军5000余人，分散配置在海光寺军司令部、天津各火车站和东局子飞机场等处。第29军在天津的部队有第112旅和第26旅等部。第38师副师长兼公安局长李文田接到宋哲元“自卫守土”通电和北平守军克复丰台的消息后，立即召开紧急军事会议，决定集中第38师驻津部队和天津保安队，乘势向天津日军出击。29日凌晨1时，第38师第26旅、师部手枪团和天津保安队等部，在李文田指挥下，分别向海光寺、天津各车站和东局子机场等处日军发起进攻。各攻击部队很快袭入飞机场，烧毁日机十余架，并攻占了天津总火车站和东站。日本驻屯军司令官闻讯后，立即抽调北平第20师的四个营及关东军堤支队增援天津，并以临时航空兵团对中国军队进行狂轰滥炸。在日军轰炸和猛烈炮火反击下，第29军转攻为守。经过15个小时的战斗，部队伤亡严重，遂于30日放弃天津，向马厂方向撤退。

天津继北平后，也告失守。

五、“最后关头”与全民抗战

卢沟桥枪声响起，蒋介石“庐山谈话”接踵而来。这是彰显中华民族不屈气节、不谓强暴的谈话。从此，人不分老幼，地不分南北，守土抗战，一场悲壮慷慨的中华民族抵抗日本侵略的战争全面展开……

1．“最后关头”的到来

鉴于日本的侵略野心，中国民族危机日益严重，中国各党派、各民众团体及各地方军队与全国各阶层人民都纷纷要求抗日，保家卫国。

1937年7月8日，从中共中央所在地延安发出的一道电波迅速传到全国各地。

《中国共产党为日军进攻卢沟桥通电》表达了中国共产党的态度：

> 全国同胞们！平津危急！华北危急！中华民族危急！只有全民族实行抗战，才是我们的出路！我们要求立即给进攻的日军以坚决的反攻，并立即准备应付新的大事变。全国上下应该立即放弃任何与日寇和平苟安的希望与估计。
>
> “要求南京中央政府立即切实援助第29军，并立即开放全国民众爱国运动，发扬抗战的民气，立即动员全国陆海军，准备应战。”“我们的口号是：武装保卫平津！保卫华北！不让日本帝国主义占领中国寸土！为保卫国土流最后一滴血！全中国同胞，政府与军队团结起来，筑成民族统一战线的坚固长城，抵抗日寇的侵略！国共两党亲密合作抵抗日寇的新进攻！驱逐日寇出中国！”①

《通电》还赞扬第29军的英勇行动，要求政府予以支持；要求立即肃清潜藏在中国境内的汉奸卖国贼及一切日寇侦探，巩固后方。同日，红军将领毛泽东、朱德、彭德怀、贺龙、刘伯承、林彪、徐向前、叶剑英等，代表红军全体指战员致电蒋介石，慷慨陈词，说明平津乃华北重镇，万不容再有疏失。要求蒋介石本着“三中全会御敌抗战之旨，实行全国总动员，保卫平津，保卫华北，恢复失地”。并表示红军将领“以抗日救国为职志，枕戈待旦，请缨杀敌，已非一日，当此华北危急存亡之紧要关头，敦请我国民政府，速调大军增援河北英勇抗战之29军，我全体红军，愿

---

① 《解放日报》第1卷第1期。

即改名为国民革命军，并请为授命抗日前锋，与日寇决一死战！”①

7月8日，在庐山蒋介石的寓所，接连不断的告急电报传来。蒋介石接到报告后，反复推敲日本此举的意图与中国的应对之策。他在《日记》中写道：“倭寇已在卢沟桥挑衅矣。彼将乘我准备未完之时使我屈服乎？或故与宋哲元为难使华北独立乎？……倭已挑战，决心应战此其时乎？”②

蒋介石采取了外交与战争两手准备等一系列措施。即一方面命令外交部于8日、9日、10日相继向日本驻华大使提出严重的口头和书面抗议，要求日方立即撤回原防，中国保留一切合法要求。另一方面，电令正在重庆主持四川整军的何应钦，立即返回南京，谋划抗战事宜。

7月9日，电令二十六路军总指挥孙连仲等速派四个师火速北上，增援第29军。同时，命令正在山东乐陵老家休养的第29军军长宋哲元“速回保定指挥”，以稳定华北大局。

7月10日，蒋介石决定调集100个师集中于华北第一线，与日军作战。另以80个师为预备队。当晚，蒋在日记中写道：“战事势必扩大，不能不亟谋应付之方。”③

7月13日，蒋介石电告宋哲元：“中央已决心运用全力抗战，宁为玉碎，不为瓦全，以保持我国家人格。”④

日本的挑战与扩大战争的行动，使得蒋介石再无退路。

7月16日，日军在准备停当后，全力向华北发动大规模进攻，中国军队奋起抵抗，然难以抵挡日军的疯狂进攻。噩报不断传来：第29军伤亡极大；副军长佟麟阁将军、第132师师长赵登禹将军相继阵亡；短短十几天之内，北平、天津相继失守。蒋介石急调中央精锐部队汤恩伯的第13军团和卫立煌的第14军团驰援华北。

---

① 《毛泽东、朱德致蒋介石电》，载《解放周刊》第 1 卷第 10 期。

② 《蒋介石日记》，1937 年 7 月 8 日，斯坦福大学胡佛研究所藏蒋介石手稿影印件。

③ [日]古屋奎二：《蒋总统秘录》第 11 册，台北中央日报社译印 1977 年版，第 18 页。

④ 秦孝仪主编：《中华民国重要史料初编——对日抗战时期》第二编·作战经过（二），第 43 页。

卢沟桥事变爆发后，国民政府原希望争取时间，争取国际舆论的支持，以钳制日本。然而，日本不仅没有谈判的诚意，而且积极调兵遣将，实行全国总动员，断然向华北增兵，发动对中国的全面侵略战争。其战略意图已十分明显，即集中主力于华北平原，首先击败第29军，彻底占领华北，打开通往南方的门户，然后挥师南下，打击中国军队之精锐主力部队，摧毁中国的中央政权，从而彻底占领中国。为此，在华中、华南等地，以海军的一部分力量担任牵制任务。

至7月中旬，日军在华北已集结了五个师团的兵力，总计10万人以上，并配有数百架飞机和大批坦克战车。

华北危急！中国危急！中国面临着千古未有的民族危机！

面临如此危局，中国已经忍无可忍，到了不能不应战的地步。

7月16日，庐山牯岭图书馆大礼堂，国民政府为共赴国难而召开的庐山谈话会在此开幕。应邀前来参加庐山谈话会的来宾与陪客共230人。来宾均以个人身份出席，不代表任何党派与团体。多为知识界、工商界名流、社会贤达与知名人士。陪客均为国民党与国民政府军政要员及各省市县地方官员。由如此级别的官员作为陪客，可谓空前，以示慎重与重视，同时显示了这次谈话会非比寻常。

16日，举行第一次谈话会。会议由汪精卫主持。汪精卫谈话的主题是“精诚团结，共赴国难”。汪谈道：“自九一八以来，……不但本党同志共本此心，努力不懈，全国知识界、产业界有力分子，也是共本此心。对于国家危急，只宜设法挽救，不宜因见解或政策之不同而轻易破坏。对于政府所处的困难，加以体谅，予以扶助。最近卢沟桥事件突发，危急情况更加严重，根本办法仍是精诚团结，将全国的心力、物力溶成一片。”

汪精卫的讲话只是“务虚”，并没有提出明确的应对办法。

17日，举行第二次共同谈话会。会议将由蒋介石发表谈话。

台下，各位来宾及听众早已到达，按座位就座，心情焦急地等待着蒋介石的到来。

前一天，美国国务卿针对卢沟桥事变发表了一项关于国际政策基本原则的声明，自称是站在“公正”的立场上来呼吁“和平”。他恳请远东各国一体遵循，要求中日两国政府“切戒在推行政策中应用武力”，而“以和平谈判及协议之程序，调整国际关系中之问题”，从而促进全世界的“经济安全与稳定”。这些话，中国方面是听得懂的，因为动武并非中国所愿，而是日本在中国的土地发动侵略战争，这场战争不仅直接给中国人民带来了极大损失，也给列强在华利益造成了损害，是日本对列强在华的权益的严重威胁和挑战。因此，美国的声明也可以视为对日本侵略者的警告和对被侵略者中国的声援。连列强都态度明朗化了，中国政府无论如何应该有一个明确的态度，这不仅是对美国声明的回应，更是对日益汹涌澎湃的民众抗日要求的答复。国民政府到了明确表态的时候了。这也是当时中国人的普遍心态。

面色严峻的蒋介石匆匆走进会场，走上了主席台。

随即，他代表中国政府发表《蒋委员长对卢沟桥事件之严正声明》，慷慨激昂地提出了著名的“最后关头”的说法，郑重地宣布中国准备抗日的方针：

> 中国正在对外求和平，内求统一的时候，突然发生了卢沟桥事变，不仅我举国民众悲愤不置，世界舆论，也都异常震惊。此事发展结果，不仅是中国的存亡问题，而将是世界人类祸福之所系。诸位关心国难，对此事件，当然特别关切。兹将关于此事之几点建议，为诸君坦白说明之。
>
> 政府的一贯主张：
>
> 第一，中华民族本是酷爱和平，国民政府的外交政策，向来主张对内自存对外求共存。本年2月三中全会宣言，于此更有明确宣示。近两年来的对日外交，一秉此旨向前努力，希望把过去各种轨外的乱态，统统纳入外交的正轨，去谋正当解决。这种苦心与事实，国内外都可共见。我常觉得我们要应付国难，首先要认识自己国家的地位，我们是弱国，对自己国家力量要有忠实估计，国家为建设，绝对的需要和平，过去几年中，不惜委曲忍痛，对外保持和平，即是此理。前年五全大会，本人外交报告所谓：“和平未到根本绝望，决不放弃和平；牺牲未到最后关头，

决不轻言牺牲”。跟着今年2月三中全会对于“最后关头”的解释，充分表示我们对于和平的爱护，我们既是一个弱国，如果临到最后关头，便只有拼全民族的生命，以求国家生存，那时节早不容许我们中途妥协，须知中途妥协的条件，便是整个投降，整个灭亡的条件。全国人民最要认清，所谓最后关头的意义，最后关头一到，我们只有牺牲到底，抗战到底，唯有“牺牲到底”的决心，才能博得最后的胜利。若是彷徨不安，妄想苟安，便会陷民族于万劫不复之地！

卢沟桥事件能否解决，是最后关头的境界。

第二，这次卢沟桥事件发生以后，或有人以为是偶然突发的，但一月来对方舆论与外交上直接的表示，都使我们觉得事变的征兆。而且在事变发生的前夜，还传着种种的新闻，说是什么要扩大塘沽协定的范围，要扩大冀东伪组织，要逼宋哲元离开，诸如此类的传闻，不胜枚举。可想见这次事件并不是偶然的，从这次事变中的经过，知道人家处心积虑的谋我之亟，和平已非轻易可得。眼前如果要求平安无事，只有让人家的军队无限制地进入我们的国土，而我们本国军队反要任受限制，不能在本国土地内自由驻扎，或是人家向我们开枪，而我们不能还枪，换言之，就是“人为刀俎，我为鱼肉”。我们已快要临到这个人世悲惨的境地，这在世界上稍有人格的民族，都无法忍受的。我们的东四省失陷，已有六年之久，继之以塘沽协定。现在冲突地点已到了北平的卢沟桥，如果卢沟桥可以受人压迫强占，那么我们五百年古都、北方政治文化的中心与军事重镇的北平，就要变成沈阳第二，今日的冀察亦将成为昔日的东北四省，北平可变成沈阳，南京又何尝不可变成北平？所以卢沟桥事变的推演，是关系中国国家整个的问题，此事能否结束，就是最后关头的境界。

我们是应战而不是求战。

第三，万一真到了无可避免的最后关头，我们当然只有牺牲，只有抗战；但是我们的态度只是应战而不是求战，应战是应付最后关头，逼不得已的办法。我们全国国民必能信任政府，已在整个的准备之中。因为我们是弱国，又因为庇护和平是我们的国策，所以不可求战。我们固然是一个弱国，但不能不保持我们民族的生命，不能不负起了祖宗先民所遗留给我们历史上的责任，所以到了逼不得已时，我们不能不应战。至于战端既开之后，则因为我们是弱国，再没有妥协的机会，如果放弃尺寸土地与主权，便是中华民族的千古罪人。那时候便只有拼民族的生命，求我国的最后的胜利。

希望和平解决，但固守我方立场。

第四，卢沟桥事件能否不扩大为中日战争，全系于日本政府的态度；和平希望绝望之关系，全系于日本军队之行动。在和平根本绝望之前一秒钟，我们还是希望由和平的外交方法，求得卢沟桥事件的解决。我们的立场有极明显的四点：一、任何解决，不得侵害中国主权与领土之完整。二、冀察行政组织，不容任何不合法之改变。三、中央政府所派地方官吏，如冀察政务委员会委员长宋哲元等，不能任人要求撤换。四、第29军现在所驻地区，不能受任何约束。这四点立场是弱国外交最低限度，如果对方犹能设身处地，为东方民族作一远大打算，不想促成两国关系达于最后关头，不愿制成中日两国世代永远的仇恨，对于我们这最低限度之立场，应该不至于漠视。总之，政府对于卢沟桥事件已确定始终一贯的方针和立场，且必以全力固守这个立场。

到最后关头，只有抗战到底。

我们希望和平但不求苟安，准备应战而决不求战。我们知道全国应战以后之局势，就只有牺牲到底，无丝毫侥幸求免之理。如果战端一开，就是地无分南北，年无分老幼，无论何人皆有守土抗战之责任，皆应报（抱）定牺牲一切之决心。所以政府必特别谨慎以临此大事，全国国民亦必须严肃沉着，准备自卫。在此安危绝续之交，惟赖举国一致，服从纪律，严守秩序，希望各位回到各地，将此意转达社会，俾咸能明了局势，效忠国家，这是兄弟所恳切期望的。①

蒋介石的讲话博得了一片热烈的掌声，纷纷表示拥护。

蒋介石的此次讲话，博得众人如此掌声绝非偶然。其根本一点就是，一直声称却始终未到的“最后关头”，终于到来了。

自从1931年“九一八”以来，国民政府始终执行“攘外必先安内”的国策，集中力量打击中国共产党领导下的红军，又排斥异己，打击各地方势力，使得人人自危。从而使日本在华的侵略野心得以日益膨胀，国土沦陷，民族危机日益严重。蒋介石一直是以“忍辱负重”“攘外必先安内”为由，压制中国社会各阶层的抗日要求。同时，幻想依赖国联制裁日本，故以后的态度也始终是不明确的，与整个社会要求抗日的浪潮极不相符。

然而，依靠国联和国际社会制裁日本的希望最终落空，蒋介石的态度有所转变。1934年底发表的《敌乎？友乎？》已明确指出：“各国尽有其难处，不能有积极的援华阻日行动。”在1935年11月的国民党第五次全国代表大会上的讲话中，提出“和平未到完全绝望时期，决不放弃和平，牺牲未到最后关头，决不轻言牺牲”。“和平有和平之限度，牺牲有牺牲之决心。”1936年7月的五届二中全会上及1937年2月的五届中央执行委员会第三次会议上，也均讲到“御侮限度未到”，“最后关头”未到。所以“不能轻举妄动”。

那么，怎样才是“御侮限度”？何时才到“最后关头”？连国民党内一些中央委员也产生了疑问。蒋介石一再解释说：“假如有人强迫我们欲签订承认伪国等牺牲领土主权的时候，就是我们不能容忍的时候，就是我们最后牺牲的时候。”对此种模糊的讲法，许多人仍然不清楚，更不能理解。因为日本自从九一八事变以来，一直在占领中国领土，一直在要求承认伪满洲国，事态的发展早已超过了蒋介石的“最后限度”的标准，但国民政府始终妥协忍让。从事实来看，蒋介石所谓关头的“最后

① 《中华民国史事纪要初稿》（1937年7月—12月），台湾国史馆1987年版，第146—147页。

限度”，就是以平津为中心的华北的存亡。现在，他终于宣布到了“最后关头”，也就是说中国政府准备抗战了。①

蒋介石此次讲话比较全面地阐述了国民政府对卢沟桥事变的基本态度，确立了对日的总方针，十分明确。蒋介石的这次庐山讲话后来以《最后关头》为题，在报纸上公开发表。

国民党蒋介石的抗战具有重大的意义，因为这代表了一个国家的权力中枢——中国政府对侵略者的应战态度，而且基本上是贯彻始终，并未中途而废。

蒋介石的此次讲话，在全国引起极大反响与震动，得到各阶层人民的支持，毛泽东对此积极意义加以正面肯定：“这个谈话，确定了准备抗战的方针”，是国民政府“多年来在对外问题上的第一次正确的宣言”，因而受到包括中国共产党在内的全国同胞的欢迎。②

当天晚上，蒋介石在《日记》中写道：“政府对和战表示决心，此其时矣！人以为危，我以为安。立意已定，无论安危成败，在所不计。对倭方最后之方剂，唯此一着耳！书告既发，只有一意应战，不再作回旋之想矣！”③

2. 抗日民族统一战线的正式形成

蒋介石庐山的“最后关头”的讲话，标志着中国政府转入抗战轨道。同日，中央军炮兵第7团与晋军商震部一个师先后进至保定与石家庄，这表明中国政府决心以全面抗战的实际行动来捍卫自己的主权，维护民族的尊严。

7月9日，中国共产党代表周恩来等前往庐山会见蒋介石，共商抗日救国大计。7月13日，毛泽东在延安召开的共产党员和工作人员会议上，勉励大家“完成一切必要的准备，随时出动，到抗日前线”。在中国共

---

① 忻平：《灾难与转折：1937》，第64—65页。

② 《毛泽东选集》（合订本），人民出版社1964年版，第316页。

③ [日]古屋奎二：《蒋总统秘录》第11册，第23页。

产党的号召、组织和影响下，全国各族、各界、各阶层人民积极行动起来，抗日御侮，支援前线，鼓舞了第29军广大官兵守土抗战、奋勇杀敌的信心。7月21日，中共中央发出《关于目前形势的指示》。指出："事变的发展有两种可能的前途，或者是事变发展为积极的抗战，以至发展到全国性的抗战……或者是由于冀察当局的让步，由于南京对于发动全国性抗战的迟疑及英法的态度而暂时求得妥协。"指示提出："我们的总任务，是在争取第一个前途的实现，反对一切丧失任何中国领土主权的妥协。"23日，中共中央又发表《为日本帝国主义进攻华北第二次宣言》。指出："平津冀察的存亡，千钧一发。我们应该向全世界宣言，我们对于日本帝国主义的侵掠，再不能有任何让步与妥协了！"并号召所有中华民族的儿女们"紧急动员起来，拼着我们民族的生命去求得我们民族的最后胜利！"①这个宣言再次表明了中国共产党抵抗日本侵略的坚决态度。

日本在向华北调集重兵，准备进行会战的同时，也在积极准备出兵上海，伺机把战争由华北扩展到华中。7月12日，日海军军令部秘密制订了对华作战方案，确定第一阶段配合陆军进行华北会战，第二阶段在陆军配合下进行上海作战，然后把战争扩展到华中和华南。7月16日，日本驻上海第3舰队司令官长谷川清中将得知军令部的上述意图后，向东京提出《对华作战用兵的意见》。他认为："要想用武力打开中日关系现状，只有惩罚中国，使中国中央势力屈服。"他还认为："欲置中国于死地，以控制上海南京最为重要"，因此主张派五个师的兵力，进行京沪会战，攻占南京、上海。②7月27日，日本海军省和军令部还达成《关于处理时局及准备的协议要点》，正式提出："鉴于今后形势有很大可能导向对华全面作战，因此，海军应做好对华全面作战准备。"③7月28日，日本政府训令将长江沿岸的2.9万多名日侨于8月9日前撤到上海。8月8日，

---

① 中央档案馆编：《中共中央文件选集》第11册，第274—297页。

② ［日］《现代史资料9　日中战争2》，第187页。

③ ［日］防卫厅防卫研究所战史室：《战史丛书·中国事变陆军作战（1）》，第224页。

长谷川清遵照东京的指令，要求驻上海第3舰队做好应付事态扩大的一切准备，并重新部署了兵力。

8月9日18时30分前后，驻上海日本海军陆战队中尉大山勇夫和水兵斋藤与藏，肆意驱车闯入上海虹桥机场警戒线内，与中国保安队卫兵发生冲突，当场被击毙，是为虹桥事件。日本立即以此事件为借口，提出撤退上海保安队、拆除所有防御工事等无理要求，准备进攻上海。8月10日，日本陆海军中央紧急磋商向上海派兵，并得到内阁会议的确认。8月12日，日本陆军省和参谋部提出向上海派兵的方案，计划动员30万兵力和8.7万马匹，并向上海和青岛各派两个师。同日，日参谋部和军令部还达成陆海军协同作战协定和陆海军关于在华中作战的航空协定。13日9时30分，日军在上海北站和北四川路之间与中国守军发生冲突。下午4时，驻上海日本海军陆战队司令官大川内少将下令向中国军队发动全线进攻。中国守军当即予以猛烈反击。于是，八一三事变爆发，淞沪会战由此开始。

8月14日，中国政府发表《自卫抗战声明书》，指出："中国为日本无止境之侵略所逼迫，兹已不得不实行自卫，抵抗暴力。"①并调集陆军和空军投入自卫战斗。同日，日本海军航空兵轰炸了中国华中地区的杭州、南京和南昌等城市。当天，日本海军军令部给第3舰队司令官发布命令，要求消灭当面的中国陆军及华中的航空兵力。是晚，在日本临时内阁会议上，内阁成员要求全面进行对华战争，迅速建立战时体制，正式对华宣战。8月15日，日本政府发表《帝国政府声明》，宣称："为了惩罚中国军队之暴戾，促使南京政府觉醒，如今不得不采取断然措施。"还称：此举是为了"消灭类如此次事变所由发生之根源，并达到日、满、华三国融合和提携"之目的。②同一天，日本国内开始第三次动员。日军参谋部下达了组建上海派遣军的命令，任命松井石根上将为司令官，下辖两个师，迅速开赴上海作战。8月下旬以后，日本国内增援部队陆续抵达中

① 《中国近代对外关系史资料选辑》下卷第2分册，上海人民出版社1977年版，第11页。

② [日]外务省编：《日本外交年表和主要文书(1848—1945)》下卷，第370页。

国，投入华北和上海的作战。9月2日，日本内阁会议在讨论施政方针时，决定将“华北事变”正式改为“中国事变”。9月4日，日本召开第72届临时帝国议会，根据不久前四相会议的决定，以开幕式的天皇敕语代替宣战诏书，内称：“今朕之军人，正排除万难，发扬忠勇，只为促使中华民国醒悟，迅速确立东亚之和平，别无他意。朕期望帝国臣民鉴于今日之局势，忠诚奉公，同心协力，以襄助达到所期之目的。”①日本近卫首相也在会上发表了施政演说，要求各界支持对华战争，建立举国一致的战时内阁和与紧急事态相适应的财政经济体制。据此，第72届临时议会做出一系列重大决定，加快了日本转入战时体制的步伐。

日本加紧发动全面侵华战争，给中华民族提出了迅速建立以国共合作为基础的全国抗日民族统一战线的迫切要求。中国共产党为实现这一目标进行了不懈努力。

如前所述，到1937年2月国民党五届三中全会为止，中国抗日民族统一战线已初步形成。为谋求国共第二次合作和全国抗日民族统一战线的正式建立，2月中旬、3月下旬和6月中旬，中共代表周恩来、秦邦宪、叶剑英等同国民党代表蒋介石、顾祝同、宋子文等，先后在西安、杭州和庐山举行三次高级会谈。在这几次会谈中，由于国民党企图以成立国民革命同盟会，向红军和陕甘宁边区派遣主要官员等办法，取消中共在组织上的独立性，控制红军和陕甘宁边区，致使谈判无进展。6月25日，中共重新提出合作方案，在一些重大问题上再次让步，谈判尚未达成协议，卢沟桥事变爆发。在中华民族生死存亡的危急关头，中共又一次呼吁与国民党合作，共同抗日。事变后第二天，中共中央就发出通电，提出“国共两党亲密合作抵抗日寇的新进攻！”为了尽快促成国共合作抗日，中共代表周恩来、秦邦宪、林伯渠，二上庐山与国民党谈判。7月15日，中共代表团向蒋介石提交《中共中央为公布国共合作宣言》。在《宣言》中提出发动全民族抗战、实行民权政治和改善人民生活三项政治主张，作为国共合作的总纲领和全国人民的共同奋斗目标。同时向全国郑重声明：愿

① ［日］防卫厅防卫研究所战史室：《战史丛书·中国事变陆军作战（1）》，第305页。

为彻底实现孙中山的三民主义而奋斗；停止推翻国民党政权和没收地主土地的政策；取消苏维埃政府，改称特区政府；取消红军名义及番号改编为国民革命军。这个宣言，再次显示出共产党以民族利益为重，促成全民族抗战的诚意。7月17日，中共中央代表周恩来、秦邦宪、林伯渠与国民党代表蒋介石、张冲、邵力子举行第四次国共谈判。在谈判中，蒋介石把《宣言》搁在一边，另提一套方案。他坚持红军改编后不设统一的指挥机关，三个师的管理教育直属西安行营，三个师的参谋长由南京派遣，政训处只管联络，无权指挥部队。由于他不愿承认共产党的平等地位，坚持按他的一套改编红军，并企图通过改编逼朱、毛“出洋”，致使谈判未获结果。7月底平津失守，8月中上海又起事端，中国军队被迫在华北和华中两面作战。8月9日，中共中央应邀派周恩来、朱德、叶剑英赴南京参加国防会议，并同国民党举行第五次谈判。由于蒋介石欲调动红军开赴抗日前线，放弃了一些不合理要求，双方于18日就陕甘宁边区人事、红军改编和设立总指挥部以及在若干城市设办事处、出版《新华日报》等问题，达成协议。8月22日，南京国民政府军事委员会发布命令，将西北红军改编为国民革命军第八路军，并任命朱德、彭德怀分别为正副总指挥。9月中旬，国共两党代表康泽和秦邦宪等，在南京举行最后一轮会谈。双方就发表《合作宣言》问题取得一致意见，并签了字。9月22日，国民党通过中央通讯社发表《中国共产党为公布国共合作宣言》。23日，蒋介石发表《对中国共产党宣言的谈话》，指出团结御侮的必要，认为：“此次中国共产党发表之宣言，即为民族意识胜过一切之例证”，①事实上承认了共产党在全国的合法地位。《中国共产党为公布国共合作宣言》和蒋介石《对中国共产党宣言的谈话》的发表，宣布了国共两党第二次合作的正式成立。第二次国共合作的实现，是大势所趋，人心所向；是中国共产党顺应历史潮流采取正确政策的结果，也与国民党政策的转变分不开。

---

① 中国社会科学院近代史研究所：《中华民国史·大事记》第八卷（1937—1939），第5608页。

第二次国共合作的实现，受到了全国人民、各民主党派和爱国民主人士的欢迎。国民党左派领袖宋庆龄表示："中共宣言与蒋委员长谈话都郑重指出两党精诚团结的必要"。①"国难当头，应该尽弃前嫌。必须举国上下团结一致，抵抗日本，争取最后胜利。"②国共合作的实现也推动了全民族抗日统一战线的发展。中国国家社会党、中国青年党、中华职业教育社和乡村建设派等党派，都先后表示拥护国共合作抗日，并对抗战表现出极大热情。全国救国会领袖沈钧儒、邹韬奋等七人从国民党政府监狱获释后，拥护以国共合作为基础的全国抗战大团结，更加积极地从事抗日活动。中华民族解放行动委员会向国民党政府提出普遍动员民众、实行民主政治等八项政治主张，并积极投入抗日工作。国民党内的李济深、陈铭枢等领导的中华民族革命同盟，也以大局为重，从原来抗日反蒋的立场转到拥蒋抗日的方面。在面临日本灭亡中国战争的大是大非面前，一个以国共两党合作为基础的，全国各族人民、各民主党派、各爱国军队、各阶层爱国人士及海外华侨参加的抗日民族统一战线，终于建立了起来，汇成一股不可抗拒的洪流，去猛烈冲击日本侵略者。对此，毛泽东曾给予很高的评价。他指出："这在中国革命史上开辟了一个新纪元。这将给予中国革命以广大的深刻的影响，将对于打倒日本帝国主义发生决定的作用。"③

抗日民族统一战线的形成，标志着中华民族一致对外。从此，松花江畔，长城内外，中原大地，珠江两岸，地无分南北，人无分老幼，父教其子，兄勉其弟，妻子送郎，母亲送子，中华民族一致奋起，共赴国难，开始了空前伟大的民族解放战争。

---

① 《抵抗》三日刊第 12 号，1937 年 9 月 26 日。

② 宋庆龄：《为新中国奋斗》，人民出版社 1952 年版，第 109 页。

③ 《毛泽东选集》第 2 卷，人民出版社 1991 年版，第 364 页。

结　语

随着卢沟桥畔抗击的枪声，中华民族进入了神圣的民族解放战争时期，中国历史进入了一段空前悲壮的历程。

追述与阐释从九一八事变到全面抗战爆发前这一段时期内中国政局的演进过程，我们不能不由衷地感到：一个民族如果一味以强权与武力侵占他国、他民族的权益，遭到的必然是失败与唾弃的命运；一个民族如果只为了自身的利益不受损害，妄图以其他国家的牺牲的绥靖办法来换取自身的安危，遭到的必然是最终的引火烧身；一个民族如果不发奋图强，不团结统一，必成为强邻的凌压对象，而一旦觉醒自悟、携手共存、奋起抵抗，赢得的必是民族的解放和国家的强大。

日本对中国的侵略，是在低估中国抗战力量的前提下进行的。但是，就像当时日本国内有些人担心日本的横蛮压服中国，与中国全民族为敌，会给日本带来严重危险一样，历史的进程证明，日本从武装侵略中国东北的那一天开始，便已注定了自己失败的命运。虽然由于中国贫弱与内争，日本的侵略阴谋暂时在局部达成。但是，一旦中华民族觉醒，这头东方的“睡狮”便抛开了“昏迷不振”的状态，而以激昂的姿态开始与民族敌人搏战。中华民族是不可辱的，大敌当前，民族存亡的决定关头，是一定可以觉醒、团结起来的。国民党与共产党进行了10年内战，但在民族大义前，由内战转而合作抗日，建立起抗日民族统一战线，并由此揭开了中国历史新的一页。

卢沟桥事变爆发后，日本国内曾经有人指出：“华北问题现在已经成为整个支那问题，我们重视的是整个支那问题的解决，不仅是对付支那统一政权的国民政府，而是与整个支那民族为敌”，国民政府的武力大概没什么了不起，“与支那民族阵线的全面抗日战争相冲突，才是更为严重的问题。”“四亿民众觉醒与复兴的命运，并不是日本一国势力所能长期压服的”，“现在日本帝国真正面临着兴亡歧路的选择”，等等。但日本当权势力根本无视这个事实，不把民族复兴思想日益增长起来的四亿中国人放在眼里，确信日军只须“对支一击”，便可凯旋班师，结果走上了最后覆灭的道路。

在中国，20世纪以来，日本军国主义日益成为对中华民族生存的最大威胁。“二十一条”、巴黎和会上的山东问题、九一八事变、上海一二八事变和“华北自治运动”，这一连串悲惨与屈辱的事实，唤醒并教育着每一个有爱国心的中国人。正是在日本军国主义者一手策划的所谓“华北自治运动”达到高潮的1935年，诞生了唱响中华大地的《义勇军进行曲》。“中华民族到了最危险的时候！每个人被迫发出最后的吼声”，“把我们的血肉筑成我们新的长城”，这些悲壮慨然的语言表达了中华民族共同的心声。著名记者和作家曹聚仁在1947年出版的《中国抗战画史》中写下这样一段话：

“从敌人进攻沈阳那天起，中国民众心里，就燃起了一种不可遏止的抵抗暴力的情绪；这情绪也就寄托在这样一首流行歌曲上。一个英国的记者在北戴河初闻此歌，为之感动流泪；一个日本的文化人，在上海街头听之不觉心中震动；这首歌曲曾流行于印度河上，也曾漾溢于旧金山的一角；有着中国人的踪迹，就流行着这首悲愤的歌。”

在这种举国上下、同仇敌忾的强烈情绪下，以1937年7月7日卢沟桥事变为起点，中国全民族抗战爆发了。第二天，中共中央发表宣言：“只有全民族实行抗战，才是我们的出路。”7月17日，蒋介石在庐山谈话会上讲了一段十分有名的话：“如果战端一开，那就是地无分南北，年无分老幼，无论何人，皆有守土抗战之责任，皆应抱定牺牲一切之决定。”这些话在全国范围内引起强烈反响。它表明，中华民族在经历了来自日本的一系列侮辱和欺凌后，再也不能继续退让下去了，奋起抗争、拯救民族，才是中华民族共同的心愿与目标。在此情势下，中国赢得了抗日战争的胜利，彻底打败了日本侵略者。

在中日民族的矛盾冲突中，在中国及远东有着巨大利益的英美国家扮演了极不光彩的角色。英美在日本侵华问题上，虽然态度有所不同，但实质上执行的是绥靖日本的政策。从九一八事变到七七事变，日本步步加深对中国华北的侵略扩张，美英带头制定的“九国公约”和《凯洛格——白里安公约》受到挑战，华盛顿条约体系被打破，英美面临远东政策的决策。在这个外交的十字路口，美国胡佛政府因经济萧条的困扰和孤立主义思潮的制约，采取了既不默认日本的扩张，又避免刺激日本的办法。即由国务卿史汀生发表了一个照会，表示不承认“满洲危机”所造成的事实上的情势的“合法性”。这就是通常所说的“史汀生主义”。由于没有实际行动，不承认侵略并不能有效制止侵略，这就是史汀生主义的根本弱点。1932年12月，罗斯福当选总统，他挑选了谨慎持重的赫尔任国务卿。罗斯福上台后推行的“新政”，主要致力于国内经济难题，在远东政策方面，除了扩充海军军备外，也是缩手缩脚，推行的是“一条不刺激、不谴责”的路线。这也可以说是对日本的绥靖政策。至于英国，九一八事变发生后，英国的同情是在日本一方。只有到了华北事变，日本在华北进行扩张时，英国才表现出较以前积极的姿态，帮助国民政府进行币制改革，并谈判与商洽给中国贷款一事。但是，英国一刻也没有放弃与日本在中国乃至远东问题上妥协，以在中国问题上的让步换得日本尊重英国在远东的利益。英国的张伯伦便是一个积极推行对日绥靖政策的典型人物。正是由于英美没有对日本侵略中国的行为做出有力的反应与措施，助长了日本的侵略野心。日本不但发动了对中国的全面侵略战争，同时把战火烧到了英美门前。英美自食其果。终于在太平洋战争中与日本遭遇了，英美不得不与日本对垒交锋，并同中国结盟共同进行反法西斯的第二次世界大战。

当全面抗战前中国政局这一跌宕起伏、矛盾重重、复杂错综的历史诉诸文字时，笔者的感叹如潮而来。只愿我们能记住这一段历史，汲取这个过程中许多有益的经验教训，以便更好地强大中国、繁荣民族。

本书写作时，正值抗日战争胜利70周年来临之际，而70年前的侵略者日本今天又在做着种种针对中国的“不善之举”。因此，借此，谨愿日本正视历史事实，能够认真反省以往的战争之责，彻底根绝军国主义；谨愿全世界爱好和平的民族与人民共同努力，将我们这个世界大家园建设得更加美好。

中国人民爱好和平，但再也不惧怕任何战争威胁了！

主要参考文献

1.《列宁选集》第2卷，人民出版社1972年版。

2.《列宁军事文集》，战士出版社1981年版。

3.《毛泽东选集》，人民出版社1991年版。

4.《毛泽东书信选集》，人民出版社1983年版。

5.《周恩来选集》，人民出版社1980年版。

6.《刘少奇选集》，人民出版社1981年版。

7.《日本军国主义侵华资料长编——〈大本营陆军部〉摘译》上册，四川人民出版社1987年版。

8.《华北事变资料选编》，河南人民出版社1983年版。

9.《一二九运动资料》第1辑，人民出版社1981年版。

10.《一二九运动回忆录》第1集，人民出版社1982年版。

11.《西安事件档案资料选编》，档案出版社1986年版。

12.《西安事变资料》第1辑，人民出版社1980年版。

13.《西安事变资料》第2辑，人民出版社1981年版。

14.《西安事变亲历记》，中国文史出版社1986年版。

15.《从九一八到七七事变——原国民党将领抗日战争亲历记》，中国文史出版社1978年版。

16. 中央档案馆编：《中共中央抗日民族统一战线文件选编》，档案出版社1985年版。

17.中央档案馆编：《中共中央文件集》第9册，中共中央党校出版社1986年版。

18. 中央档案馆编：《中共中央文件集》第10、11册，中共中央党校出版社1991年版。

19. 中央档案馆编：《日本帝国主义侵华档案资料选编——九一八事变》，中华书局1988年版。

20. 中共党史资料征集委员会编：《第二次国共合作的形成》，中共党史资料出版社1989年版。

21. 复旦大学历史系编：《日本帝国主义对外侵略史料选编》（1931—1945），上海人民出版社1983年版。

22. 王铁崖：《中外旧约章汇编》第2册，生活·读书·新知三联书店1962年版。

23. 张蓬舟：《近五十年中国与日本（1932—1982）》第二卷（1935—1937），四川人民出版社1985年版。

24.中国社会科学院近代史研究所：《中华民国史大事记》第六卷（1931—1933）、第七卷（1934—1936）、第八卷（1937—1939），中华书局2011年版。

25.中国军事科学院：《中国抗日战争史》（上），解放军出版社2005年版。

26.李云汉：《抗战前华北政局史料》，（台）正中书局1982年版。

27. 李云汉：《宋哲元与七七抗战》，台北，传记文学出版社1973年版。

28. 李云汉：《卢沟桥事变》，台北，东大图书公司1987年版。

29.秦孝仪主编：《中华民国重要史料初编——对日抗战时期》绪编·（一）、（三）；第三编、第六编；台湾中国国民党中央委员会党史委员会编印1981年版。

30. 罗家伦：《革命文献》，（台）中央文物供应社1978年版。

31. 吴相湘：《第二次中日战争史》上册，台北综合月刊社1973年版。

32.《宋故上将哲元将军遗集》，台北，传记文学出版社1985年版。

33.张其昀主编：《先总统蒋公全集》第1卷，台湾，中国文化大学出版社1984年版。

34.《中日外交史料丛编》（四），台湾中华民国外交问题研究会编印1960年版。

35.《中日外交史料丛编》（五），台湾中华民国外交问题研究会编印1966年版。

36.《中美关系资料汇编》第1辑，世界知识出版社1957年版。

37.中国社会科学院近代史所译：《顾维钧回忆录》第2册，中华书局1985年版。

38.萧振瀛：《华北危局纪实》，中国国际广播出版社1988年版。

39.周开庆编：《一九三六年之中日关系》，（台）正中书局1937年版。

40.张群口述，陈香梅笔记：《张群先生话往事》，中国友谊出版公司1992年版。

41.《中国国民党历次代表大会及中央全会资料》下，光明日报出版社1985年版。

42.张其昀：《中国国民党党史概要》第2册，台北1979年版。

43.《蒋廷黻回忆录》，（台）传记文学出版社1979年版。

44,《秦德纯回忆录》，（台）传记文学出版社1981年版。

45.杭立武：《国民政府时代之中英关系（1927—1950）》，台湾商务印书馆1983年版。

46.方连庆等：《现代国际关系史资料选辑》上册，北京大学出版社1987年版。

47.中国社科院近代史所编：《日本侵华七十年史》，中国社会科学出版社1992年版。

48.入江昭、孔华润编：《巨大的转变：美国与东亚（1931—1945）》，复旦大学出版社1991年版。

49.[日]岛田俊彦等编：《现代史资料8》，东京，美铃书房1973年版。

50.日本国际政治学会：《太平洋战争之路》资料篇，朝日新闻社1963

年版。

51.[日]外务省编:《日本外交年表和主要文书(1848—1945)》下卷,原书房1969年版。

52.《日本外务省档案》(昭和期),缩微胶卷,北京图书馆藏。

53.信夫清三郎:《日本外交史》,商务印书馆1980年版。

54.任常毅、蔡德金编译:《战前华北风云录》,中国文史出版社1991年版。

55.重光葵:《外交回想录》,每日新闻社1953年版。

56.重光葵:《昭和之动乱》,中央公论社1952年版。

57.黑羽清隆:《日中十五年战争》,株式会社教育社1979年版。

58.上村伸一:《日本外交史》19,鹿岛研究所出版会1971年版。

59.日本防卫厅防卫研究所战史室:《战史丛书·中国事变陆军作战(1)》,朝云新闻社1975年版。

60.日本防卫厅防卫研究所战史室:《战史丛书·大本营海军部(1)》,朝云新闻社1974年版。

61.森松俊夫:《日军大本营》,军事科学出版社1985年版。

62.小林龙夫:《走向太平洋战争之路》,朝日新闻社1969年版。

63.关宽治、岛田俊彦:《满洲事变》,上海译文出版社1983年版。

64.古屋奎二:《蒋总统秘录》第9、10卷,(台)中央日报社译印1977、1982年版。

65.日参谋部:《满洲事变经过概要》第1、2卷,中华书局1981、1982年版。

66.日外务省情报部:《满洲事变及上海事件关公集表》,东京1934年版。

67.土肥原贤二刊行会:《土肥原秘录》,中华书局1980年版。

68.秦郁彦:《日中战争史》,原书房1979年版。

69.满铁调查部:《中国经济开发方策及调查资料(中国)·立案调查书类》2编1卷之二,1937年。

70.东亚研究所:《日本对华投资》上,原书房1974年复刻版。

71. 日本历史学研究会：《太平洋战争史》第一卷，商务印书馆1959年版。

72. 服部卓四郎：《太东亚战争史》第1册，商务印书馆1984年版。

73. 日本内阁统计局编：《日本帝国统计年鉴》第55回，东京1937年刊行。

74. 近代日本研究会编：《特集·近代日本与东亚》，东京山川出版社1980年版。

75. 铃木健二：《神秘的使者武官》，军事译文出版社1984年版。

76.《苏联对外政策文件集》第17—20卷，莫斯科政治文献出版社1971年版。

77. 沈志华主编：《中苏关系史纲》，社会科学文献出版社2011年版。

78. 安·安·葛罗米柯：《苏联对外政策史》，中国人民大学出版社1988年版。

79. 耶·马·茹科夫编：《远东国际关系史》，世界知识出版社1959年版。

80. C.U. 维戈兹基：《外交史》第3卷，三联书店1982年版。

81. 阿瑟·N·杨格：《1927—1937年中国财政经济基础情况》，中国社会科学出版社1981年版。

82. 约瑟夫·C·格鲁：《使日十年（1932—1941）》，商务印书馆1992年版。

83. 美国国务院编：《美国对外关系外交文件集》（Foreighn Rolations the Uneted States）1931—1937年各卷。

84. 孔华润：《美国对中国的反应》（Warren I Cohen, American Response to China），纽约，1980年。

85. 达勒克：《富兰克林·罗斯福与美国外交政策》（Robert Palek, Frankin D·Roosevelt and Ameerican Foreign Policy 1932—1935），纽约，1977年。

86. 博格：《美国与1933—1938年远东危机》（Dorothy Bory: The United States and the Far Eastern Crisis of 1933—1938），哈佛大学出版社1964年版。

87. 布勒姆：《摘自摩根索日记：危机的年代1928—1938》（Iohn Morton Blum, From the Morgenthau piares: rears of Crisis 1928—

1938)，波士顿，1959年。

88.《英国外交政策文件》(Poeuments on British Fortign Policy, 1919—1939)第2辑第20卷，伦敦，1984年。

89.弗里德曼：《英日关系1931—1939》(I.S.Friedman, British Relations, With China 1931—1939)，纽约，1940年。

90.路易斯：《英国在远东的战略1919—1979》(R. Lonis, British, Serategy in the Far East 1919—1939)，牛津，1971年。

91.恩迪斯特：《外交与企业：1933—1937年英国对华政策》[Stephen. I.Diplomacy and Enterpise: Brieish China Policy(1933—1937)]，曼彻斯特大学出版社1975年版。

92.李：《英国与中日战争，1937—1939》(Bradford A.Lee Britainand Sino—Japanese War, 1937—1939)，伦敦，1973年。

93.《文史资料选辑》，全国文史编撰委员会及江苏、广西、内蒙古、天津、乐陵等地。

94.《历史档案》《民国档案》《党史研究资料》《文献与研究》《党的文献》《中共党史资料》等档案研究资料。

95.《历史研究》《近代史研究》《抗日战争研究》《中共党史研究》《传记文学》(台)等全国各地社科杂志及各院校校报等学术刊物。

96.《国闻周报》《时事月报》《申报》《大公报(沪版)》《大公报(津版)》《益世报》(津)、《晨报》(京)、《东方杂志》《大众生活》《救亡情报》《救国时报》《政治周刊》《外交评论》《独立评论》《银行周报》《中央日报》(宁)、《解放日报》(西安)、《红色中华报》《世界日报》《文学》等旧报章与旧学刊。

97.《人民日报》《中国青年报》《光明日报》等报章。

98.苏联《真理报》、日本《朝日新闻》、英国《历史杂志》等外文报章。

99.中国第二历史档案馆馆藏资料。

后　记

对每一个中国人而言，20世纪30年代初开始的那场长达14年的抵抗日本侵略的战争，不管时间怎样流逝，都是心底挥之不去的记忆。

20多年前，读中国近现代史的研究生，开始了民国史的研究，后来便停留在抗日战争这一段了。而1931—1937年这段历史成了最主要的研究内容。而这部书，便是研究这段历史的一个印证吧。

其实，我现在从事的工作，已于这段历史的研究渐行渐远。但是，总有些东西让人无法忘怀，现实中日本种种行为又总在刺激我或许并不坚强的神经；历史、现实与情感让我拿起笔来……尽管工作十分忙碌，尽管已有多年不再深入而系统地研究有关抗日战争的问题（好在我从没有放弃资料的收集与最新成果的研读），但我还是决定利用有限的业余时间，整理过往的研究成果，撰写出这部书。希望可以在抗日战争胜利70周年之际奉献在读者面前。

我是个中国学者，我爱我的国家。但写这部书时，我没有任何狭隘的民族主义立场谴责什么，我只是在利用可供使用和参阅的史料、研究成果客观地陈述这段历史。是非曲直自有公论，历史不会被忘记，也不会因为掩饰与否认而失去存在的真相。

深知囿于自身的水平和学识，对这一历史时期某些问题的论述与阐释或许只可达其一二，所以，学界大师当可指正，我也自省并改进。

谨以此为记！

王 旸

2014年夏末秋初